Empirische Wirtschaftsforschung und monetäre Ökonomik

Festschrift für Stephan Koren

Empirische Wirtschaftsforschung und monetäre Ökonomik

Festschrift für Stephan Koren zum 60. Geburtstag

herausgegeben von

Prof. Dr. Werner Clement

Prof. Dr. Karl Socher

DUNCKER & HUMBLOT / BERLIN

Gedruckt 1979 bei Berliner Buchdruckerei Union GmbH., Berlin 61
Printed in Germany

ISBN 3 428 04523 8

INHALTSVERZEICHNIS

VORWORT

Nichts könnte einleitend die umfassende Persönlichkeit Stephan Korens besser kennzeichnen als die Frage, wem diese Festschrift zu widmen ist: dem Wirtschaftsforscher, dem akademischen Lehrer oder dem Wirtschaftspolitiker?

Es wäre unnatürlich, diese Facetten seiner Persönlichkeit trennen zu wollen. Gerade ihre Verbindung macht Koren zu einem außergewöhnlichen Mann. In der Geschichte finden sich genügend Beispiele von Personen, die Empirie, Theorie und Praxis nicht zusammenführen konnten. Selbst hervorragende Wirtschaftswissenschafter versagten oft bei ihrer Bewährungsprobe in der Wirtschaftspolitik; vielen Wirtschaftspolitikern andererseits fehlen Analysevermögen und ausreichende empirische Kenntnis. In Korens Werdegang reiften all diese Fähigkeiten entsprechend den Herausforderungen der Zeit. Selten ist heutzutage noch einem Menschen eine solche Entwicklung vergönnt:

STEPHAN KOREN,

der als Schwerverwundeter aus dem II. Weltkrieg heimkehrt und dann das Studium der Wirtschaftswissenschaften aufnimmt,

der nach dessen Abschluß für über zwei Jahrzehnte die empirische Analyse von Industrie, Energie und zum Teil der allgemeinen Wirtschaftsstruktur und Integration im Österreichischen Institut für Wirtschaftsforschung prägt,

der die Vollendung dieser empirisch-wissenschaftlichen Laufbahn nach seiner Habilitation an der Universität Wien als Universitätsprofessor erfährt,

der — zum Staatssekretär berufen — seine ganze Kenntnis und Erfahrung einsetzt, um in einer ökonomisch kritischen Zeit ein großes wirtschaftspolitisches Konzept zur Verbesserung der österreichischen Wirtschaftsstruktur zu entwerfen,

der dann als Finanzminister die größten Teile seines eigenen Planes verwirklichen kann und damit die Fundamente zu einer langanhaltenden Sanierung der österreichischen Wirtschaft legt,

der sich später als Oppositionsführer im Parlament über alle Parteidifferenz hinweg Anerkennung verschafft, weil es ihm — glaubwürdig — im Grunde immer um die wirtschaftspolitische Sache und nicht um parteipolitische Taktik geht und

der schließlich aus der Opposition heraus von der Regierung zum Präsidenten der Österreichischen Nationalbank ernannt wird und somit wiederum von zentraler Stelle die Geschicke der österreichischen Wirtschaft mitbestimmt.

Schon aus dieser Aufzählung nur der wichtigsten Etappen in Stephan Korens Laufbahn wird deutlich, daß seine Tätigkeit eigentlich nur im Zusammenhang mit einer Wirtschaftsgeschichte der II. Republik gerechte Würdigung erfahren kann. Dazu ist der zeitliche Abstand jedoch noch zu kurz. Diese Schrift soll nur als Zeichen der Verbundenheit von Kollegen, Mitarbeitern, Schülern und Freunden, die mit Stephan Koren länger oder kürzer zusammentrafen, gewertet werden. Dabei seien nur einige persönliche Impressionen aus den bisherigen Lebensabschnitten Korens in Erinnerung gerufen, ohne daß sich solche Rückblicke in biographischer Genauigkeit und Trockenheit zu verlieren haben:

Der langjährige Leiter des Österreichischen Instituts für Wirtschaftsforschung, Franz Nemschak, kann wie kein Zweiter die Arbeit Korens *in der empirischen Wirtschaftsforschung* und der damit verknüpften wissenschaftlichen Beratung der Wirtschaftspolitik würdigen. Auf seinen Aufsatz sei an dieser Stelle nur hingewiesen.

Die so erfolgreiche Ausfüllung seiner Tätigkeit am Wirtschaftsforschungsinstitut brachte es nahezu zwangsläufig mit sich, daß das *universitäre* Milieu auf Koren aufmerksam wurde. Es waren insbesondere Theodor Pütz und Wilhelm Weber, die in der Folge seine Habilitation förderten und 1964 zum Abschluß brachten. Unmittelbar darauf erfolgte seine Berufung zum Ordinarius an die Rechts- und Staatswissenschaftliche Fakultät der Universität Innsbruck. Die relativ kurze Zeit von 1965 bis 1968 genügte, um dort das „Institut für Wirtschafts- und Sozialpolitik" aufzubauen und die nationalökonomische Lehre an der Fakultät um eine wichtige Dimension zu bereichern. Er verstand es, die Studierenden nicht in traditioneller Lehrbuchmanier nüchtern in das Fach einzuführen, sondern konnte die Leistungsfähigkeit der Theorien (und ihre Grenzen) anhand aktueller wirtschaftspolitischer Probleme plastisch und motivierend darstellen. Da er selbst Produzent und nicht nur Konsument von Wirtschaftsdiagnosen war und da er stets persönlich mit wirtschaftspolitischen Institutionen verbunden war, kamen die Spontaneität und der politische Bezug seiner Lehrveranstaltungen aus persönlich erlebtem und nicht angelesenem Wirtschaftsgeschehen. Bestechend war auch seine Fähigkeit, schwierige und oft verworrene Probleme auf ihre grundsätzlichen Fragestellungen —

„Worauf kommt's denn an?" — zu reduzieren. Dies wurde nicht nur im Hörsaal in Innsbruck sowie nach seiner Ernennung zum Professor an der Hochschule für Welthandel in Wien 1968, sondern auch bei Vorträgen und Diskussionen außerhalb des akademischen Schutzraumes geschätzt. Besonders mag man sich jener Gespräche in der Himmelpfortgasse erinnern, wo er inmitten der Arbeit als Finanzminister sich ausreichend Zeit nahm, mit Wirtschaftspublizisten budgetpolitische Themen in einer Form zu behandeln, die fast nationalökonomischen Repetitorien ähnelten.

Wirtschaftspolitische Erfahrung, akademische Ausbildung und Beherrschung des empirisch-statistischen Handwerkszeuges müssen jedoch noch nicht auch schon Sicherheit beim Urteil in gesellschafts- und staatspolitischer Verantwortung abgeben. Hier wurde Korens Standpunkt und ordnungspolitischer Hintergrund von seinen umfassenden Studien zur geschichtlichen Entwicklung der österreichischen Wirtschaftsstruktur und der Verstaatlichung geprägt. Exemplarisch hierfür ist seine Schrift „Sozialisierungsideologie und Verstaatlichungsrealität in Österreich"[1], in der sowohl ideengeschichtlich wie auch in wirtschaftsstruktureller Analyse die Idee der Sozialisierung in der ersten und in der zweiten Republik untersucht wird. Eines seiner Hauptanliegen ist es aufzuzeigen, daß sowohl der sozialdemokratische „Fahrplan" der Sozialisierung Otto Bauers nach dem ersten Weltkrieg als auch die von allen Parteien getragene Verstaatlichung nach dem zweiten Weltkrieg letztlich unzulänglich waren. Als tiefere Ursache dafür macht er das Fehlen von deutlichen Organisationsschemas für die Gesamtwirtschaft und die ungeklärte Rolle der Gemeinwirtschaft in der Marktwirtschaft verantwortlich.

Korens Untersuchung ist ein Lehrstück für das, was politische Ökonomie sein kann. Das Ineinandergreifen von politischen Ideen bzw. Ideologien, historischer Entwicklung und Kontingenz, wirtschaftlichen Faktoren, organisatorischer Strukturen und Entscheidungsverhalten wird im Zusammenhang der Theorie und der detaillierten Analyse der Empirie dargestellt und wirtschaftspolitisch reflektiert.

Unerwartet rasch sollte Koren in die Lage versetzt werden, Probleme der *Gestaltung der Wirtschaft* nicht nur in Wort und Schrift zu behandeln, sondern sich durch die Tat zu bewähren. Die von Bundeskanzler Klaus 1966 ins Leben gerufene „Aktion 20" sollte die neuen Probleme für die österreichische Wirtschaft prüfen und Lösungsvorschläge erarbeiten. Ein Mitarbeiter der Aktion 20 war Professor Koren, der bald dem Bundeskanzler durch seine fundierten Kenntnisse und

---

[1] *St. Koren,* Sozialisierungsideologie und Verstaatlichungsrealität in Österreich, in: W. Weber, Die Verstaatlichung in Österreich, Berlin 1964.

Vorschläge auffiel. Im Jahr 1967 holte er Koren als Staatssekretär in das Bundeskanzleramt. Die Stelle war vor allem für die Koordinierung der Wirtschaftspolitik gedacht, allerdings ohne die entsprechenden Kompetenzen. Trotzdem verstand es Koren in kürzester Zeit, durch die ihm vom Ministerkomitee für wirtschaftliche Angelegenheiten übertragene Ausarbeitung eines Berichts über die wirtschaftliche Lage und die Aufgaben der Wirtschaftspolitik — später Koren-Plan genannt — grundlegende Maßnahmen der Strukturpolitik einzuleiten.

Der Koren-Plan[2] baute auf einer von Koren erarbeiteten Analyse der Wachstumsschwäche auf. Er wies darin nach, daß die Kräfte der Wachstumsverlangsamung nicht erst in der Konjunkturdämpfung von 1966/67 wirksam wurden, sondern schon Jahre vorher. Seit etwa 1960 traten Tendenzen auf dem Arbeitsmarkt, den Exportmärkten und bei den Löhnen und Preisen auf, die zu einer Verlagerung der Investitionen vom unmittelbar wirtschaftlichen Bereich auf die öffentlichen Investitionen und den Wohnungsbau führten. Als ernstestes Problem trat ein Rückgang der Industrieinvestitionen auf, die für die Zukunft verringerte Konkurrenzfähigkeit, unzureichende Anpassung der Produktionsstruktur und verminderte Wachstumschancen bedeutet.

Kernpunkt der von Koren vorgeschlagenen Wachstumspolitik war die Beseitigung der Hemmnisse, die eine rasche Anpassung der österreichischen Wirtschaft an die Dynamik der Märkte verhindern. Damit stand die Förderung des Wettbewerbes an erster Stelle. Unter anderem wurde die Gewerbereform (Abschaffung des Lokalbedarfs etc.) vorgeschlagen, die aber erst einige Jahre später verwirklicht werden konnte. Auf dem Gebiet der Investitionsfinanzierung wurden die Mittel der Investitionskredit A.G. erweitert, Beteiligungsgesellschaften, Bürgschaftsfonds und der Entwicklungs- und Erneuerungsfonds vorgeschlagen. Für die Förderung der Konzentration wurden eine Reihe von steuerlichen Maßnahmen in Form des Strukturverbesserungsgesetzes zusammengefaßt. Die regionale Entwicklungsförderung, die Forschungsförderung, die Beratung und Information mittlerer und kleiner Unternehmen und ausländischer Investoren wurde verbessert. Für die Bundesinvestitionen wurde ein fünfjähriges Investitionsprogramm erstellt, Reorganisationsmaßnahmen der verstaatlichten Industrie eingeleitet, ein Energieplan und ein Verkehrskonzept entwickelt, sowie Maßnahmen der aktiven Arbeitsmarktpolitik und der Koordinierung der Bauwirtschaft angeregt.

Der Koren-Plan basierte auf dem ordnungspolitischen Konzept einer Rahmenpolitik oder Globalsteuerung. Koren lehnte die von sozialisti-

---

[2] Der Koren-Plan, Das wirtschaftspolitische Konzept der Bundesregierung, Wien 1968.

scher Seite damals vertretenen Ideen der Planifikation und des Interventionismus ab, aber nicht aus rein ideologischen Überlegungen, sondern anhand sachlicher Argumente und Erfahrungen. So wies er darauf hin, daß jene Länder, die das stärkste industrielle Wachstum aufwiesen, wie die Schweiz, die BRD und die USA so gut wie keine Industriepolitik haben[3].

Bei der Erarbeitung der Maßnahmen fand Koren eine neue Zusammenarbeit mit den Sozialpartnern. Während bis dorthin die Beratung und Vorschläge der Sozialpartner im Beirat für Wirtschafts- und Sozialfragen erfolgten, schuf Koren das sogenannte Verbändekomitee, das zwar ebenfalls aus Vertretern der Sozialpartner zusammengesetzt war, aber doch unmittelbar den Staatssekretär beriet. Dadurch war ein unmittelbarer Kontakt der einzelnen Experten mit ihm möglich, während im Beirat nur über die Veröffentlichung von abgestimmten Vorschlägen eine Wirkung erzielt werden konnte.

Die Wirkungen der strukturpolitischen Maßnahmen des Koren-Plans lassen sich nicht quantitativ abschätzen. Es sind Maßnahmen auf einer Reihe von Gebieten, z. T. qualitativer Natur und während einer Zeit der Wirksamkeit vieler anderer Faktoren — insbesondere von der Außenwirtschaft her. Man kann aber feststellen, daß seit 1968 die Wachstumsschwäche der österreichischen Wirtschaft überwunden wurde, vor allem die Industrie wieder kräftig expandierte und der längste Konjunkturaufschwung der österreichischen Wirtschaftsgeschichte in Gang kam.

Neben den strukturpolitischen Maßnahmen enthielt der Koren-Plan eine Konjunkturdiagnose und -prognose sowie Vorschläge zur Budgetpolitik. Diese Vorschläge führte zum Teil dann Koren selbst als Finanzminister aus.

Die Situation, in der Koren Finanzminister wurde, war durch die kurz vorher zu Ende gegangene kurze, aber starke Rezession 1966/67 gekennzeichnet. Wie in den vorhergegangenen Rezessionen war das Budget dadurch und durch eine Steuersenkung ins Defizit geraten. Die Budgetvorschau zeigte eine wachsende Tendenz der zukünftigen Defizite auf, die beseitigt werden müßten, weil wachsende Defizite als nicht finanzierbar angesehen wurden und inflationistische Tendenzen erwartet wurden.

Tatsächlich gelang es Koren in seinen zwei Budgets 1969 und 1970, die Defizite durch z. T. harte Maßnahmen abzubauen. Der inlandsnachfragewirksame Saldo, der von 0,9 Mrd. Schilling im Jahr 1966 auf 4,2

[3] Wirtschaftspolitisches Konzept und industrielle Entwicklung. Vortrag vor der Industriellenvereinigung, 19. 6. 1969.

und 4,3 Mrd. Schilling in den Jahren 1967 und 1968 gestiegen war, wurde auf 0,8 im Jahr 1969 und 0,1 Mrd. Schilling im Jahr 1970 heruntergedrückt[4]. Das Schwergewicht der Sanierung (der sogenannte „Paukenschlag“) lag bei Ausgabenkürzungen und Steuererhöhungen. Dazu gelang es, die Investitionen des Bundes auszuweiten und verschiedene Schwerpunkte, insbesondere für Bildung und Forschung aufrechtzuerhalten. Auch von der budgetpolitischen Seite waren damit wichtige Grundlagen für einen Konjunkturaufschwung und für eine Aufrechterhaltung der konjunkturpolitischen Steuerfunktion des Budgets gelegt worden.

Als Klubobmann der ÖVP war Koren dann mit einem wirtschaftspolitischen Kurs der Regierung konfrontiert, der in wesentlichen Punkten von seinen eigenen Intentionen und den von ihm eingeleiteten Entwicklungen verschieden war. Die Inflation 1972 bis 1974, die große Ausdehnung der Budgetdefizite und das Entstehen des Leistungsbilanzdefizits waren Folgen einer Wirtschaftspolitik, die er im Parlament oft vehement kritisierte. Zahlreiche Probleme, die dann tatsächlich bestimmend für die wirtschaftspolitische Szene waren, wurden von Koren in seiner Kritik warnend prognostiziert.

Auf währungspolitischem Gebiet war Koren schon vor seiner Bestellung zum Präsidenten der Nationalbank tätig. Als Finanzminister hatte er Einfluß auf die Kreditpolitik. Im Rahmen des erstmals 1969 einberufenen „Währungsgipfels“, der über die österreichische Währungspolitik anläßlich der DM-Aufwertung beriet, trat Koren für eine gewisse Aufwertung des Schillings ein, um den Effekt einer effektiven Abwertung des Schillings durch die DM-Aufwertung zu kompensieren. Tatsächlich setzte sich diese Ansicht aber nicht durch, erst ein Jahr später wurde klar, daß diese effektive Abwertung zur nachfolgenden Überhitzung der Konjunktur und zu Preissteigerungen beitrug.

Es ist zu früh, um über Korens Tätigkeit in der Notenbank zu berichten. Die Situation bei seinem Antritt war die eines typischen Zielkonflikts: zur Belebung der Wirtschaft wäre eine expansive Geld- und Kreditpolitik notwendig gewesen, zur Inflationsbekämpfung und Zahlungsbilanzsanierung eine restriktive. Es sind Anzeichen vorhanden, daß durch die grundsätzliche Beibehaltung des restriktiven Kurses, durch eine Spaltung des Kreditmarktes zugunsten von Investitions-

---

4 Siehe dazu: *H. Seidel,* Bericht über die Lage der Finanzen der Republik Österreich, hrsg. vom Bundesministerium für Finanzen, Wien 1972, S. 76; Seidel kommt darin zum Schluß, daß die Budgetpolitik grundsätzlich konjunkturstabilisierend gewirkt hat.

Siehe zu dieser Periode auch: *D. Bös,* Die finanzpolitische Entwicklung in Österreich 1966 - 70, in: Finanzarchiv, N.F. Bd. XXX, 1971, S. 49 ff.

krediten und zu Lasten der zahlungsbilanzwirksamen Konsumkredite und ein Abgehen von der effektiven Aufwertung des Schillings eine Milderung des Konflikts eintreten wird.

Obwohl die Herausgeber mit diesen einleitenden Bemerkungen nur einige Stationen im Lebenslauf Stephan Korens subjektiv herausgriffen und interpretierten, mag die Reichhaltigkeit dennoch Erstaunen hervorrufen, daß er erst seinen sechzigsten Geburtstag feiert. Nirgends steht aber, daß Festschriften zwangsläufig am Ende einer beruflichen Karriere überreicht werden müssen. Es wird die Herausgeber, die Mitverfasser — und hoffentlich auch den Jubilar — freuen, wenn nach geraumer Zeit die neue Schaffensperiode Korens Anstoß zu einer weiteren Schrift gibt.

Werner Clement Karl Socher

I. Empirische Wirtschaftsforschung

EMPIRISCHE WIRTSCHAFTSFORSCHUNG IM WANDEL DER ZEIT

Von Franz Nemschak

Die empirische Wirtschaftsforschung basiert auf dem grundlegenden Werk „Business Cycles“ (1913) von W. C. Mitchell, der als erster eine Synthese zwischen wirtschaftstheoretisch-historischen und mathematisch-statistischen Arbeiten herzustellen versuchte. In weiterer Folge hat das „Harvard University Committee on Economic Research“, Cambridge (Mass.), Methoden der Konjunkturbeobachtung entwickelt, die auf die Bedürfnisse der Wirtschaftspraktiker und Wirtschaftspolitiker zugeschnitten waren. Mittels weniger, aber sehr reagibler Daten wollte man die Konjunkturausschläge feststellen und die Geschäftswelt informieren, in welcher Phase der Konjunktur sie sich befände bzw. welche Entwicklung demnächst zu erwarten sei („Harvard-Barometer“).

Die periodisch wiederkehrenden wirtschaftlichen Depressionen in den zwanziger und dreißiger Jahren und der Glaube an die Vorhersehbarkeit der „Konjunkturschwankungen“ sowie die Hoffnung, den Konjunkturverlauf günstig beeinflussen zu können, führten auch in Europa zur Gründung zahlreicher Konjunkturforschungsinstitute. Beim Einbruch der Weltwirtschaftskrise 1929 versagten allerdings die „Konjunkturbarometer“ auf der ganzen Linie, sie hatten weder Beginn, noch Ausmaß, noch Dauer der Großen Depression angezeigt. Die Notwendigkeit staatlicher Eingriffe in die Wirtschaft bewirkte auch in der Wirtschaftsforschung einen grundlegenden Wandel von der bloßen Feststellung vergangener und der Vorhersage wahrscheinlicher künftiger Abläufe zur Erforschung der *Ursachen* des Wirtschaftsgeschehens. Gleichzeitig gaben die Wirtschaftsforscher wirtschaftspolitische Empfehlungen, wie vorhandene Krisen bekämpft und künftige Konjunktureinbrüche abgewehrt oder zumindest gemildert werden könnten. Dabei spielten die staatliche Arbeitsbeschaffung und die Belebung der Investitionstätigkeit durch eine großzügige Kreditausweitung eine wichtige Rolle. Das 1936 erschienene Werk „The General Theory of Employment, Interest and Money“ von John Maynard Keynes, die von anderen Wissenschaftern systematisch ausgebaut wurde, ebenso wie die in den vierziger Jahren entwickelte volkswirtschaftliche Gesamtrechnung waren Meilensteine auf dem Wege der empirischen Wirtschaftsforschung.

Nach dem Zweiten Weltkrieg leistete die empirische Wirtschaftsforschung in aller Welt wichtige Beiträge zum Wiederaufbau der zerstörten Volkswirtschaften und zur Belebung des Welthandels. In Österreich wird diese Aufgabe vornehmlich vom *Österreichischen Institut für Wirtschaftsforschung* erfüllt, das 1945 bewußt an die Traditionen des früheren Österreichischen Institutes für Konjunkturforschung (das als fünftes Konjunkturforschungsinstitut in Europa im Jahre 1926 von Ludwig Mises und Friedrich Hayek gegründet worden war), anknüpfte. Aus dem Pionier der empirischen Wirtschaftsforschung in Österreich ist im Laufe der Jahre eine angesehene und in vielfältiger Weise im öffentlichen Leben verankerte Institution geworden. Wahrscheinlich gibt es neben Österreich kein anderes Land in der Welt, wo ein unabhängiges und überparteiliches Wirtschaftsforschungsinstitut so enge mit der Wirtschaftspolitik zusammenarbeitet, fruchtbare Kontakte mit Experten und Repräsentanten der Interessenvertretungen und mit zahlreichen Unternehmungen pflegt, mit seinen Arbeiten über die Massenmedien die öffentliche Meinung beeinflußt und, nicht zuletzt, auch auf Hochschulebene präsent ist (das Institut hat mehr als ein Dutzend Universitätsprofessoren und -dozenten hervorgebracht).

Die empirische Wirtschaftsforschung hat in den letzten Jahrzehnten große Fortschritte gemacht und ihr Instrumentarium ständig erweitert und verfeinert. Die sektorale und funktionelle Gliederung der volkswirtschaftlichen Gesamtrechnung ermöglicht eine gründliche Durchleuchtung des Sozialprodukts nach verschiedenen Kriterien, regelmäßige Konjunktur- und Investitionstests schaffen engere Kontakte mit der Wirtschaftspraxis, ergänzen und aktualisieren die laufenden Statistiken und geben wichtige Aufschlüsse über die Absichten der Unternehmungen, die Input-Output-Technik erlaubt die laufenden Statistiken auf Branchenebene zu koordinieren und liefert solide Grundlagen für Strukturanalysen, Computer und elektronische Datenbank erleichtern die Erhebung, Verwaltung und Verarbeitung großer Mengen statistischen Materials, mit Hilfe ökonometrischer Modelle können die Auswirkungen verschiedener wirtschaftspolitischer Maßnahmen simuliert werden u. a. m.[1].

Trotzdem muß sich die zeitgenössische empirische Wirtschaftsforschung den Vorwurf gefallen lassen, daß sie den raschen Veränderungen in der modernen Industriegesellschaft nicht immer gebührend Rechnung trug und die wirtschaftspolitisch verantwortlichen Stellen und die Öffentlichkeit nicht oder nicht eindringlich genug auf die Konsequenzen dieser Veränderungen aufmerksam machte. In diesem Zu-

[1] Siehe *H. Seidel*, Wirtschaftsforschung — ein dynamischer Prozess, in „Wirtschaftsforschung in Österreich, eine Standortbestimmung“, hrsg. von Hans Seidel und Helmut Kramer, Wien 1973.

sammenhang ist vor allem an die konventionelle, längst dubiose Berechnung des *Brutto-Nationalproduktes* zu denken, die den Veränderungen der natürlichen und sozialen Umwelt nicht Rechnung trägt, schädliche, Leben und Sicherheit der Menschen gefährdende Produkte und Leistungen in einen Topf wirft mit lebenswichtigen und wohlstandsvermehrenden, andererseits aber Leistungen, die für das Wohlergehen der Menschen wichtig sind, außer acht läßt (wie die vielfältigen Leistungen der Hausfrauen, sofern diese nicht über den Markt verrechnet werden). Ähnlich verhält es sich mit dem *Wirtschaftswachstum,* das ohne Bedachtnahme auf kurz- und längerfristige soziale Kosten und sozialen Nutzen zum wichtigsten Maßstab für die Leistungsfähigkeit einer Wirtschaft und für den Lebensstandard der Völker gemacht wird, und zwar im nationalen Maßstab als auch im internationalen Vergleich. In einer Welt, in der sich, wie der angesehene amerikanische Nationalökonom und Zukunftsforscher Kenneth Boulding glaubhaft darstellt, in den letzten fünfzig, sechzig Jahren ebensoviel ereignet hat wie in all den früheren Jahrtausenden zusammengenommen, muß vor allem die empirische Wirtschaftsforschung dieser starken Dynamik in Wirtschaft und Gesellschaft Rechnung tragen, auch wenn sie dabei auf den Widerstand von Wachstumsfetischisten und etablierten Interessen stößt[2].

Der Wirtschaftsforscher Stephan Koren

Daß empirische Wirtschaftsforscher auch zu höchsten Ämtern in Staat und Wirtschaft aufsteigen können, haben in Österreich vor allem zwei Persönlichkeiten bewiesen: Reinhard Kamitz und Stephan Koren. Kamitz war in den dreißiger Jahren wissenschaftlicher Mitarbeiter und zuletzt (1938) Leiter-Stellvertreter im Österreichischen Institut für Konjunkturforschung, dann hochqualifizierter Angestellter der Wiener Handelskammer und Professor an der Hochschule für Welthandel, nach 1945 Leiter der wirtschaftspolitischen Abteilung in der Bundeskammer der gewerblichen Wirtschaft, erfolgreicher Finanzminister und schließlich international anerkannter Notenbankpräsident.

Auffallend ähnlich war die Karriere von Stephan Koren, dem diese Festschrift gewidmet ist. Koren ist der Idealtypus des praxisorientierten, weltanschaulich und politisch engagierten Wirtschaftsforschers, in tiefem Grunde skeptisch und kritisch, zugleich aber konstruktiv, zielstrebig, verantwortungsbewußt auf gute Zusammenarbeit bedacht, tolerant, kollegial, einsatzfreudig, fleißig und überaus produktiv. Koren war 20 Jahre (1945 bis 1965) Wirtschaftsforscher im Österreichischen

---

2 Siehe *G. Bruckmann* und *H. Swoboda,* „Auswege in die Zukunft, Was kommt nach der Konsumgesellschaft?“, Wien—München—Zürich 1974.

Institut für Wirtschaftsforschung, dann Ordinarius für Nationalökonomie an der Universität Innsbruck, 1967 begann seine politische Laufbahn: zunächst war er Staatssekretär für „Strukturpolitik und wirtschaftspolitische Koordination" im Bundeskanzleramt, dann Finanzminister, Klubobmann der Österreichischen Volkspartei, seit 1. Februar 1978 ist Koren Notenbankpräsident.

In diesem Beitrag soll nur kursorisch über die Zeitspanne berichtet werden, in der sich Stephan Koren als empirischer Wirtschaftsforscher jenen reichen Fundus an Kenntnissen, Erfahrungen und Fertigkeiten aneignete, der ihn später in hervorragendem Maße befähigte, Spitzenfunktionen in Staat und Wirtschaft zu erfüllen.

Koren hatte sein wirtschaftswissenschaftliches Studium im Eiltempo absolviert. Im August 1944 hatte er sich im damaligen Wiener Institut für Wirtschaftsforschung als (kriegsversehrter) Student der Wirtschaftswissenschaften im 4. Semester vorgestellt und ersucht, im Institut sein sechsmonatiges studentisches Praktikum leisten zu können. Bereits im Frühjahr 1945, noch *vor* Kriegsende, wurde er an der Wiener Universität Diplomvolkswirt und ein Jahr später Doktor der Wirtschaftswissenschaften. *Nach* Kriegsende war Stephan Koren einer der ersten wissenschaftlichen Kräfte, die im neuen Österreichischen Institut für Wirtschaftsforschung, das sich anstelle des Wiener Institutes für Wirtschaftsforschung (1938 - 1945) zu formieren begann, eine Aufgabe suchten. Koren gab dem (provisorischen) Leiter des Institutes zu verstehen, daß er sich besonders für die Sachgebiete „Industrie" und „Energiewirtschaft" interessieren würde. Koren wurde mit 1. Juni 1945 als wissenschaftlicher Mitarbeiter des Institutes angestellt und mit der Aufgabe betraut, die in Aussicht genommenen Referate Industrie und Gewerbe aufbauen zu helfen und zunächst, bis geeignete Mitarbeiter gefunden würden, auch die Sachgebiete Energie- und Bauwirtschaft zu betreuen.

Für einen jungen Volkswirt, der eben erst von der Hochschule gekommen war, war das sicher eine „unmögliche" Aufgabe. Aber damals schien vieles, was getan werden mußte, „unmöglich" zu sein. So auch der erste Auftrag, den das Institut bereits am 30. Juli 1945 vom Staatsamt (später Ministerium) für Industrie, Gewerbe, Handel und Verkehr erhielt und der nicht weniger verlangte, als „möglichst rasch einen Überblick über die objektiven Voraussetzungen und Entwicklungsmöglichkeiten der österreichischen Wirtschaft zu gewinnen, ... die während des Krieges eingetretenen strukturellen Veränderungen unseres Wirtschaftskörpers entsprechend zu berücksichtigen und die ganze Untersuchung möglichst nahe an die Gegenwart heranzuführen". Weiters sollte das Institut, gemeinsam mit dem Statistischen Zentralamt, eine

Erhebung der technischen Ausrüstung der österreichischen Industrie vorbereiten und eine ungefähre Größenvorstellung von den im Kriege erlittenen Einbußen unserer Industrieausstattung vermitteln. Wir taten unser Bestes, setzten uns mit allen Dienststellen und Persönlichkeiten, die in Reichweite waren und uns halbwegs brauchbare Informationen liefern und weiterhelfen konnten, in Verbindung und brauten schließlich, mit viel Phantasie, ein Exposé zusammen, das notwendigerweise unzulänglich war, für die damalige Wirtschaftspolitik aber wichtige Informationen und wertvolle Orientierungshilfen enthielt. Es war praxisorientierte empirische Wirtschaftsforschung und Pionierarbeit reinsten Wassers! Für Koren war es wahrscheinlich eine herrliche Zeit, denn die Anforderungen, die damals an die Wirtschaftsforscher gestellt wurden, kamen in hohem Maße seinen Fähigkeiten und Neigungen entgegen. Es war typisch für Koren, daß er neben seiner in jeder Hinsicht anspruchsvollen und kräfteverzehrenden Tätigkeit im Institut noch genügend Zeit fand und Energie aufbrachte, seine Dissertation über das Thema „Die Rohstoff- und Energiegrundlagen der österreichischen Wirtschaft" zu schreiben, in der er bereits bestimmte wirtschaftspolitische Zielvorstellungen entwickelte.

1947 wurde das Institut von der Regierung mit der äußerst schwierigen und heiklen Aufgabe betraut, ein Konzept für die Neuordnung der damals chaotischen Preis-Lohnverhältnisse in Übereinstimmung mit der inzwischen fällig gewordenen Währungsreform auszuarbeiten. Das Institut wog die Vor- und Nachteile einer mehr planwirtschaftlich-dirigistischen Lösung gegen die einer mehr marktwirtschaftlichen ab und kam zu dem Ergebnis, daß sich die neuen Preis- und Lohn-Relationen hauptsächlich mit Hilfe der selbsttätig wirkenden Kräfte des Marktes einspielen sollten. Dieser Weg sei jedoch nur zielführend, wenn das inflationistisch aufgeblähte Geldvolumen durch eine Währungsreform entsprechend verknappt worden ist. Aber auch das marktwirtschaftliche Konzept werde noch einige Zeit verschiedener Lenkungselemente nicht entbehren können. Das Institut entwickelte in seinem Konzept konkrete Vorstellungen und Vorschläge über das künftige Preis-Lohn-Niveau, über wichtige Preis-Lohn-Relationen, das entsprechende Geldvolumen, die Geldumlaufgeschwindigkeit, Abschöpfung der überflüssigen Geldmenge, die relative Stabilisierung der Lebenshaltungskosten, die Festsetzung eines realistischen Wechselkurses, die Bewirtschaftung lebenswichtiger Güter, über den schrittweisen Abbau der Preis- und Lohnkontrollen für minderwichtige Güter, über eine adäquate Kredit- und Budgetpolitik, Vorkehrungen im Falle einer übermäßigen Arbeitslosigkeit u.a.m. Letztlich würde der Erfolg der Preis-, Lohn- und Währungsreform von der Steigerung der Produktion und der Produktivität abhängen. Regierung und Nationalbank akzeptierten das Konzept des Institutes und überließen es den Vertretern der Handels-, Arbeiter- und Landwirtschaftskammern, sich über die konkreten Details zu verständigen. Zu den Verhandlungen wurde als unabhängiger Experte der Leiter des Institutes beigezogen. Stephan Koren hat bei der Erarbeitung des Preis-Lohn-Währungskonzeptes an zahlreichen, höchst interessanten Arbeitsgesprächen teilgenommen und sich dabei auf verschiedene Weise nützlich gemacht.

In den Jahren 1948 bis 1952 bestanden zwischen empirischer Wirtschaftsforschung und Wirtschaftspolitik in Österreich besonders enge Beziehungen, da der Leiter des Institutes in Personalunion auch die volkswirtschaftliche Abteilung des ERP-Büros im Bundeskanzleramt leitete und die wissenschaftlichen Mitarbeiter des Institutes zu einem guten Teil auch für das Marshallplanbüro arbeiteten. So lieferte das Institut wichtige Beiträge zum „Österreichischen Investitionsprogramm 1950 - 1952", das mit Hilfe von Marshallplanmitteln verwirklicht wurde. Es formulierte die allgemeinen Grundsätze, die bei der Ausarbeitung des Planes zu berücksichtigen waren, schätzte das voraussichtliche Investitionsvolumen und entwickelte konkrete Vorstellungen, wie die Investitionen finanziert werden und zum Ausgleich der Zahlungsbilanz beitragen könnten. Da im „Marshallplan" auch über die Verteilung des Investitionsvolumens auf einzelne Zweige und Projekte entschieden wurde, war dieser Plan auch für die künftige Struktur der österreichischen Wirtschaft, insbesonders der österreichischen Industriestruktur, von ausschlaggebender Bedeutung. Koren, der sich bereits in seiner Dissertation Gedanken über die Entwicklung einer leistungsfähigen Industriestruktur gemacht hatte, konnte nunmehr im Auftrag des ERP-Büros mit verschiedenen Experten der verstaatlichten und der privaten Industrie sowie mit wirtschaftspolitischen Funktionären über die mannigfaltigen Probleme der österreichischen Industrie diskutieren, Industrieanlagen an Ort und Stelle besichtigen und die Ergebnisse seiner Arbeit in den wirtschaftspolitischen Entscheidungsprozeß einbringen.

Als in den fünfziger Jahren die Stellung Österreichs in der europäischen Integration aktuell wurde, untersuchte Koren die wichtigsten Industriezweige Österreichs im Hinblick auf ihre „Europareife". In einer gründlichen systematisch gegliederten Untersuchung, die unter dem Titel „Österreichs Industrie und der europäische Markt" in zwei Teilen (1957 und 1958) erschien, faßte er den umfangreichen Stoff in folgende Kapitel zusammen: Wichtige Strukturdaten, Entwicklung der Produktion und Produktivität, Technischer Standard, Kapitalausstattung und Rationalisierung, Investitionsbedarf und Investitionsfinanzierung, Binnenmarkt und Außenhandel, Zölle und Liberalisierung, Auswirkungen der Freihandelszone, spezifische Probleme der einzelnen Industriezweige[3].

In einer anderen, groß angelegten Untersuchung behandelte Koren unter dem Titel „Die Industrialisierung Österreichs vom Protektionismus zur Integration" das wechselhafte Schicksal von Österreichs Industrie, Gewerbe, Handel und Verkehr seit der Jahrhundertwende bis zur Gegenwart[4].

Koren wurde sehr bald auch für die Sachgebiete „Energie" und „Bauwirtschaft", die er ursprünglich nur provisorisch betreuen sollte, die Nummer Eins des Institutes. Von seinen zahlreichen einschlägigen Arbeiten ist vielleicht seine Studie über „Entwicklung, Struktur und Tendenzen der österreichischen Energieversorgung" besonders hervorzuheben, mit einer langfristigen Prognose des künftigen Energieverbrauchs Österreichs in den Bereichen Industrie, private Haushalte, Bahn- und Straßenverkehr. Wahrscheinlich war dies die erste Prognose des Energieverbrauchs in Österreich[5].

Koren leistete auch auf dem Gebiete der *Statistik* wichtige Pionierarbeit. Zu einer Zeit, als die Statistik in Österreich noch im argen lag und das Statistische Zentralamt seine Aufgaben noch nicht befriedigend erfüllen konnte, sprang das Institut für Wirtschaftsforschung, notgedrungen, in verschiedene statistische Breschen und führte in eigener Regie, zugegeben mit unzulänglichen Mitteln, statistische Erhebungen durch und ermittelte Indizes, die für die Beurteilung der Konjunktur unentbehrlich waren. Dabei ist vor allem an den Lebenshaltungskostenindex und an den Index der Industrieproduktion zu denken, der in erster Linie dank der Initiative und der Sachkenntnis Stephan Korens zustande kam (und in weiterer Folge einige Male revidiert wurde)[6].

Stephan Koren ist im Laufe der Jahre im Österreichischen Institut für Wirtschaftsforschung zu einem All-Round-Ökonomen von hohem Rang gereift, der sich nicht nur für Probleme der Produktion und der Produktivität, für neue Technologien und technologische Prozesse, für die er großes Verständnis hatte, interessierte, sondern der sich auch eingehend mit Problemen der Finanzierung, Rentabilität, internatio-

[3] Siehe „Österreichs Industrie und der europäische Markt", Teile 1 und 2, hrsg. vom Österreichischen Institut für Wirtschaftsforschung, Wien 1957 und 1958.

[4] Siehe „Österreichs Wirtschaftsstruktur: gestern — heute — morgen", Bd. 1, hrsg. von Wilhelm Weber, Berlin 1961.

[5] Siehe Beilage Nr. 64 zu „Monatsberichte" des Österreichischen Institutes für Wirtschaftsforschung, Wien 1960.

[6] Siehe Beilage Nr. 69 zu „Monatsberichte" ... „Der neue Index der Industrieproduktion", Wien 1961, und Beilage Nr. 71 zu „Monatsberichte " ... „Neue Indizes der Arbeitsproduktivität in der österreichischen Industrie", Wien 1962.

nale Wettbewerbsfähigkeit u.a.m. beschäftigte. Koren gehörte dem Fachbeirat für gewerbliche Wirtschaft des Statistischen Zentralamtes an, wo er sich tatkräftig um eine Verbesserung der österreichischen Wirtschaftsstatistik bemühte, er arbeitete im Beirat für Wirtschafts- und Sozialfragen mit (in der Arbeitsgruppe „Integration" war er Vorsitzender), er lieferte wichtige Beiträge bei der Einführung des Konjunkturtest- und Investitionstestverfahrens im Institut und bei der Input-Outputrechnung, nicht zuletzt war Koren bei der Abfassung volkswirtschaftlicher Gutachten und Memoranden des Institutes für Regierungsstellen und internationale Gremien maßgeblich beteiligt.

Schließlich sollen hier noch zwei Arbeiten des empirischen Wirtschaftsforschers Stephan Koren erwähnt werden, die für seine Laufbahn als Universitätsprofessor und für seine Karriere als Wirtschaftspolitiker einen besonderen Stellenwert besitzen: seine Habilitationsschrift über das Thema „Sozialisierungsideologie und Verstaatlichungsrealität in Österreich", die bereits den Rahmen der Wirtschaftsforschung sprengte und in eminent politische und weltanschauliche Bereiche vordrang[7]. Der im Februar 1964 eingereichten Habilitation folgte im Juli 1965 die Berufung Stephan Korens zum ordentlichen Professor für Nationalökonomie an der Universität Innsbruck.

Bei der zweiten Arbeit handelt es sich um einen Auftrag, den das Ministerkomitee für wirtschaftliche Angelegenheiten im Juli 1967 dem damaligen Staatssekretär für Strukturpolitik und wirtschaftspolitische Koordination im Bundeskanzleramt Stephan Koren erteilte: einen Bericht über die wirtschaftliche Lage Österreichs und über die Aufgaben der österreichischen Wirtschaftspolitik zu verfassen. Dieser Bericht war eine exzellente Leistung des *empirischen Wirtschaftsforschers* Koren, der nach eingehender Beratung im wirtschaftlichen Ministerkomitee als *der Koren-Plan* das wirtschaftspolitische Konzept der Bundesregierung bildete und vom *Finanzminister* Koren exekutiert wurde[8].

---

[7] Siehe „Die Verstaatlichung in Österreich", mit Beiträgen von Stephan Koren und Karl Socher, hrsg. von Wilhelm Weber, Berlin 1964.

[8] Siehe *der Koren Plan,* Das wirtschaftspolitische Konzept der Bundesregierung, hrsg. vom Bundesministerium für Finanzen, Wien 1968.

DIE ENTWICKLUNG DER ÖFFENTLICHEN PERSONALBESTÄNDE UND PERSONALAUSGABEN IN ÖSTERREICH, DER BUNDESREPUBLIK DEUTSCHLAND UND DER SCHWEIZ SEIT 1950

Von Clemens-August Andreae und Hubert Büchel*

I. Vorgehensweise und Grenzen der Untersuchung

Der Entwicklung des personellen Faktors im öffentlichen Sektor[1] ist in letzter Zeit vermehrtes Interesse entgegengebracht worden. Hier soll nun empirisch der Versuch unternommen werden, die Entwicklung der Personalbestände im öffentlichen Dienst und der öffentlichen Personalausgaben in Österreich[2], der Bundesrepublik Deutschland[3] und der Schweiz[4] seit 1950[5] aufzuzeigen.

---

* Die Autoren danken C. Wilflingseder und E. Theurl vom Institut für Finanzwissenschaft der Universität Innsbruck für wertvolle Hinweise.

[1] Vgl.: *Clemens-August Andreae,* Determinanten der Personalausgaben und adäquate Besoldungspolitik. Beiträge zur Theorie der öffentlichen Ausgaben, Berlin 1967, S. 299 - 344.

Clemens-August Andreae / Hubert Büchel / Cornelia Wilflingseder, Öffentlicher Dienst, II: Besoldung. Handwörterbuch der Wirtschaftswissenschaft, Stuttgart usw., ersch. demn.

Dieter Bös, Staatliche Personalausgaben, Handbuch der Finanzwissenschaft, Bd. I, 3. Aufl., Tübingen 1977, S. 797 - 860.

[2] Vgl.: *Bös.*

Günther Engelmayer, Die Diener des Staates. Das bürokratische System Österreichs, Wien 1977.

Viktor Hackl, Die Ausweitung des öffentlichen Dienstes in Österreich. Die Entwicklung des öffentlichen Dienstes, hrsg. von C. H. Ule, Köln usw. 1961, S. 358 - 374.

[3] Vgl.: *Clemens-August Andreae,* Tendencies in the Development of Personnel Outlays. Secular Trends of the Public Sector, Paris 1978, S. 111 - 128.

Clemens-August Andreae / Cornelia Wilflingseder, Die Entwicklung der öffentlichen Personalausgaben in Deutschland. Wirtschaftswissenschaft als Grundlage staatlichen Handelns. Festschrift Heinz Haller, Tübingen 1979, S. 481 - 502.

Rolf Borell, Die Personalausgaben der Gebietskörperschaften, Wiesbaden 1974.

Alfred Christmann / Rainer Skiba, Die Entwicklung der Gehälter der Beamten des Reiches und des Bundes von 1928 bis 1963. WWI-Studien zur Wirtschaftsforschung, Nr. 9, Köln 1964.

Thomas Ellwein / Ralf Zoll, Berufsbeamtentum — Anspruch und Wirklichkeit, Düsseldorf 1973.

Eine konsistente Darstellung dieser Größen im Zeitablauf bereitet nicht geringe Probleme, da die statistischen Grundlagen, anhand deren das Untersuchungsobjekt beschrieben werden soll, in jedem der Länder zahlreiche Brüche und Wechsel in der Erhebung, Abgrenzung und Auswertung des statistischen Materials aufweisen. Hat man schließlich die Zeitreihen der verschiedenen Staaten vorliegen, mag die Idee, einen Quervergleich anzustellen, naheliegen. Einem solchen Versuch wären jedoch erhebliche Vorbehalte entgegenzubringen. Dies aus mehreren Gründen:

Das personale Element im öffentlichen Dienst ist einer der Produktionsfaktoren zur Erstellung der öffentlichen Leistungen. Der Katalog der öffentlichen Aufgaben wird aber länderweise quantitative und qualitative Unterschiede aufweisen, ebenso die Kompetenzverteilung zwischen den Gebietskörperschaften und intermediären Gewalten. Auch könnte zur Erfüllung ein und derselben Staatsaufgabe eine verschiedene Faktorkombination gewählt werden. Weiters werden die Arbeitsbe-

---

Elmar Freund, Haushaltsstatistik, Handbuch der Finanzwissenschaft, Bd. I, 3. Aufl., Tübingen 1977, S. 587 - 609, Personalstatistik S. 604 f.

W. Nellesen, Die Entwicklung der Spannungsverhältnisse in der Beamtenbesoldung in den Jahren 1967 - 1973, Bonn 1973.

Claus Schäfer / Rainer Skiba / Hartmut Tofaute, Personalausgaben und Einkommensfindung im öffentlichen Dienst, Köln 1975.

Erich Strack / Heinz Silbermann, Die Personalstatistiken nach der Novellierung des finanzstatistischen Gesetzes. Wirtschaft und Statistik, Nr. 4/75, Stuttgart/Mainz 1975, S. 237 - 242.

Eckhart Sturm, Die Entwicklung des öffentlichen Dienstes in Deutschland. Die Entwicklung des öffentlichen Dienstes, hrsg. v. C. H. Ule, Köln usw. 1961, S. 1 - 285.

Hartmut Tofaute, Probleme des Personaleinsatzes im öffentlichen Dienst, Köln 1974.

Dieter Vesper, Die Personalausgaben der Gebietskörperschaften von 1961 - 1972. Deutsches Institut für Wirtschaftsforschung: Vierteljahreshefte Nr. 2/75, Berlin 1975, S. 95 - 107.

Walter Wiese, Der Staatsdienst in der Bundesrepublik Deutschland, Neuwied/Berlin 1972.

[4] Vgl.: *Hans Durrer,* Die Entwicklung des Personalbestandes im öffentlichen Dienst der Schweiz (1910 - 1960), Diss., Zürich 1967.

[5] Die Autoren standen vor der Wahl, entweder für alle drei Staaten den gleichen Zeitraum heranzuziehen oder den größtmöglichen Zeitraum mit dem relativ besten Datenmaterial, was verschiedene Zeitspannen für die einzelnen Staaten bedingt; sie entschieden sich für das letztere. — Eine Durchrechnung der ersten Variante (Zeitraum 1951 bis 1976 für alle drei Staaten) zeigte keine wesentlich anderen Ergebnisse.

Henner Kleinewefers, Die Personalbestände im öffentlichen Dienst der Schweiz 1950 - 1975. Schweizerische Zeitschrift für Volkswirtschaft und Statistik, 114. Jg., H. 3, Bern 1978, S. 421 - 446.

Rudolf Probst, Die Ausweitung des öffentlichen Dienstes in der Schweiz. Die Entwicklung des öffentlichen Dienstes, hrsg. von C. H. Ule, Köln usw. 1961, S. 375 - 389.

dingungen im öffentlichen Dienst nicht dieselben sein: Die Arbeitszeit, das Besoldungssystem, die Besoldungsrelationen innerhalb des öffentlichen Dienstes (Spannungsverhältnisse) und gegenüber der Privatwirtschaft, usw. Im übrigen beeinflussen das Niveau der Basisperiode und diverse Randbedingungen die jeweilige Entwicklung: Die Wirtschaftspolitik in ihren Komponenten (Ordnungspolitik usw.), die sektorale Wirtschaftsstruktur, die Konjunktur-, Preis- und Lohnentwicklung u. dgl. m. Schließlich kommt die qualitative Unterschiedlichkeit des vorhandenen statistischen Materials und der definitorischen Abgrenzung der relevanten Daten hinzu.

Um nicht zu vorschnellen Schlüssen bezüglich der Zusammenhänge und Ursachen[6] zu gelangen, muß sich der Leser deshalb bei den folgenden — durch den vorgegebenen Raum begrenzten und dementsprechend globalen — Ausführungen all dieser Schwierigkeiten bewußt bleiben.

Die Darstellung der mengenmäßigen Entwicklung erfolgt hier durch Aufzeigen der Anzahl der Beschäftigten im öffentlichen Dienst insgesamt und in den einzelnen Gebietskörperschaften[7], denen verschiedene Beziehungsgrößen gegenübergestellt werden. Als solche wurden Bevölkerung, Haushalte, Erwerbstätige und Erwerbstätige im Dienstleistungssektor herangezogen. Die ersten beiden Größen deswegen, weil sie als Empfänger von Staatsleistungen in ihrer Anzahl Einfluß auf die Menge der öffentlich Bediensteten bewirken können; die Gesamtheit der Erwerbstätigen, weil man dadurch Aufschluß über die strukturelle Entwicklung des volkswirtschaftlichen Arbeitspotentials erhält, was ebenso für die dritte Größe gilt, um so mehr noch, da der Staatssektor üblicherweise dem Dienstleistungssektor zugeordnet wird.

Die wertmäßige Entwicklung wird an Hand der Personalausgaben[8] aller Gebietskörperschaften und der einzelnen Ebenen aufgezeigt. Als Makro-Vergleichsgröße wurde das Volkseinkommen gewählt; für die budgetinterne Betrachtung sind die jeweiligen Gesamtausgaben angeführt[9].

---

6 Als Anhaltspunkt sei auf die verschiedenen Theorien (und empirischen Darstellungen) der Entwicklung der Staatsausgaben insgesamt verwiesen.

7 Für ein tieferes Vordringen (besonders auch um an die Ursachen heranzukommen) sind weitere Untergliederungen notwendige (wenn auch nicht hinreichende) Bedingung: Nach staatlichen Aufgabenbereichen, Laufbahnen, Alter, Ausbildung, Geschlecht, Aktivbeschäftigten und Pensionsempfängern, Voll- und Teilzeitbeschäftigten usw.

8 Bei der Zunahme der Wertgrößen ist deren inflatorische Aufblähung im Zeitablauf zu berücksichtigen.

9 Entsprechend Fußnote 7.

II. Die Entwicklung in Österreich

Aus Tabelle 1 ist für Österreich die Entwicklung der öffentlichen Personalbestände und vergleichbarer Größen zu ersehen. Die österreichische Bevölkerung hat sich von 1950 bis 1976 um 8 % erhöht, die Anzahl der Privathaushalte um 20 %, der unselbständig Beschäftigten um 37 %, der Beschäftigten im öffentlichen Dienst um 62 % und der unselbständig Beschäftigten im Dienstleistungssektor um 88 %. Bei einer weiteren Aufgliederung der Periode würden wir sehen, daß die Beschäftigtenzahlen im Dienstleistungssektor nur in den fünfziger Jahren stärker angestiegen sind als im öffentlichen Dienst, in den sechziger und siebziger Jahren dieser jedoch die erste Stelle einnahm, wenn auch nur mit kleinem Vorsprung.

Ein Vergleich der Entwicklung bei den einzelnen Ebenen wird einmal dadurch erschwert, daß für Länder und Gemeinden keine frühen Zahlen vorliegen, dann durch eine größere Umstellung in der statistischen Erfassung[10]. Wenn wir die Gesamtperiode wiederum zerlegen, sehen wir diese Rangfolge der Bediensteten-Zuwächse:

1950 - 60 + 11 % beim Bund,
öffentlichen Dienst + 6 %;
1960 - 70 + 41 % bei den Ländern (ohne Landeslehrer),
+ 21 % bei den Gemeinden
+ 9 % beim Bund (einschließlich Landeslehrer),
öffentlicher Dienst + 24 %;

1970 - 76 + 26 % bei den Gemeinden,
+ 12 % bei den Ländern (einschließlich Landeslehrer),
+ 5 % beim Bund (ohne Landeslehrer),
öffentlicher Dienst + 23 %.

Tabelle 2 zeigt uns die österreichische Entwicklung der öffentlichen Personalausgaben und von Vergleichsgrößen: Im gesamten Zeitraum erfuhr das Volkseinkommen den geringsten Zuwachs, was auch zutrifft, wenn man die fünfziger, sechziger und siebziger Jahre jeweils für sich betrachtet. Die Personalausgaben der drei Gebietskörperschaften zusammen[11] wuchsen langsamer als deren Gesamtausgaben; nur im ersten Jahrzehnt war die Reihung zwischen Personal- und Gesamtausgaben umgekehrt.

Beim Vergleich der einzelnen Gebietskörperschaften ist wiederum die vorerwähnte statistische Umstellung[12] zu beachten. Für die jeweiligen Perioden erhält man folgendes Bild der Personalausgaben:

---

[10] Bis Ende 1972 wurden die Landeslehrer dem Bund, seit 1973 werden sie den Ländern zugerechnet.

[11] Personalaufwand für Aktivbedienstete in der Hoheitsverwaltung und in den Bundes-, Landes- und Gemeindebetrieben, sowie Pensionsaufwand.

1950 - 60 + 300 % bei den Ländern,
+ 267 % beim Bund,
+ 233 % bei den Gemeinden,
Gebietskörperschaften insges. + 271 %;

1960 - 70 + 238 % bei den Ländern,
+ 173 % bei den Gemeinden,
+ 133 % beim Bund,
Gebietskörperschaften insges. + 147 %;

1970 - 76 + 324 % bei den Ländern (Umstellung!),
+ 133 % bei den Gemeinden,
+ 70 % beim Bund (Umstellung!),
Gebietskörperschaften insges. + 107 %.

Ein Vergleich des Zuwachses der Personal- gegenüber den Gesamtausgaben der einzelnen Ebenen in den einzelnen Perioden zeigt kein einheitliches Bild; zeitweise wiesen die Gesamtausgaben, dann wieder die Personalausgaben die größere Steigerung auf. Jedenfalls betrug der Anteil der Personal- an den Gesamtausgaben 1976 beim Bund 28,2 % (1950 34,1 %; allerdings hat der Bund durch die Landeslehrer-Umstellung etwa 5-%-Punkte „eingespart"), bei den Ländern 36,8 % (1950 25 %; etwa 14-%-Punkte sind durch die vorerwähnte Umstellung dazugekommen) und bei den Gemeinden 22,2 % (1950: 22,5 %).

III. Die Entwicklung in der Bundesrepublik Deutschland

Tabelle 3 zeigt uns, daß von 1950 bis 1977 in der Bundesrepublik Deutschland die Anzahl der Erwerbstätigen im selben Ausmaß angestiegen ist wie jene der Bevölkerung (23 %). Bei den Privathaushalten betrug der Zuwachs 45 %, bei den Beschäftigten im unmittelbaren öffentlichen Dienst[13] 64 %, bei den Erwerbstätigen im Dienstleistungssektor 102 % und bei den Beschäftigten der Gebietskörperschaften 105 %. Die Anzahl der Beschäftigten des unmittelbaren öffentlichen Dienstes ist jeweils in den fünfziger, sechziger und siebziger Jahren geringer angestiegen als jene des Sektors Dienstleistungen, während die Bedienstetenanzahl der Gebietskörperschaften nur in den fünfziger Jahren geringer, in den sechziger und siebziger Jahren stärker anstieg als die Summe der Beschäftigten im Dienstleistungssektor.

---

12 Seit 1973 wird der Aufwand für die Landeslehrer auf Grund von Bestimmungen des Finanzausgleichs-Gesetzes 1973 im Personalaufwand der Budgets der Länder veranschlagt (und vom Bund an die Länder zu Lasten des Sachaufwandes ersetzt); davor war er in den Besoldungsausgaben des Bundesbudgets enthalten.

13 Gebietskörperschaften, unselbständige Wirtschaftsunternehmen (ohne eigene Rechtspersönlichkeit) von Gebietskörperschaften, Bahn und Post.

Der Bund hat seine Bedienstetenanzahl in der Gesamtperiode verfünffacht, was auf die starke Ausweitung in den fünfziger und sechziger Jahren zurückzuführen ist. Erst in den siebziger Jahren wurde der Anstieg eingebremst. Die Länder haben im gesamten Zeitraum ihr Personal verdoppelt, der Zuwachs bei den Gemeinden betrug 65 %. Für die einzelnen Perioden sieht es so aus:

1950 - 60 + 218 % beim Bund,
+ 31 % bei den Ländern,
+ 24 % bei den Gemeinden,
Gebietskörperschaften zusammen + 37 %;

1960 - 70 + 46 % beim Bund,
+ 28 % bei den Ländern,
+ 19 % bei den Gemeinden,
Gebietskörperschaften zusammen + 27 %;

1970 - 77 + 23 % bei den Ländern,
+ 12 % bei den Gemeinden,
+ 9 % beim Bund,
Gebietskörperschaften zusammen + 18 %.

Die Betrachtung der Wertgrößen für die Bundesrepublik (Tabelle 4) zeigt uns, daß von 1951 bis 1978 die Personalausgaben der Gebietskörperschaften am stärksten gestiegen sind, und das Volkseinkommen (das sich immerhin mehr als verzehnfacht hatte) den geringsten Zuwachs aufweist. Die starke Ausweitung der Personalausgaben (Verachtzehnfachung) fällt in das erste und zweite Jahrzehnt; in den siebziger Jahren haben sie sich mit 92 % zwar schwächer als das Volkseinkommen (+ 167 %), aber immer noch stärker als die Gesamtausgaben der Gebietskörperschaften (+ 89 %) erhöht.

Die Personalausgaben des Bundes weisen die mit Abstand höchste Steigerung innerhalb der Ebenen auf (Versiebenundfünfzigfachung); freilich ist bei dieser Ziffer die besondere verfassungsrechtliche Situation der Bundesrepublik nach dem Zweiten Weltkrieg in Rechnung zu stellen[14]. Diese Ausgaben sind erst in den siebziger Jahren geringer gestiegen als die Gesamtausgaben des Bundes und haben ihren Anteil an den Gesamtausgaben bis 1978 auf 15,2 % ausgeweitet (1951: 2,8 %). Der Anstieg der Personalausgaben der Länder war nur in den sechziger Jahren höher als jener der Gesamtausgaben, was sich jedoch so auswirkte, daß diese Reihung auch für den gesamten Zeitraum zutrifft. Der Anteil an den Gesamtausgaben ist mit 40,9 % 1978 gegenüber 1951 (40,4 %) praktisch konstant geblieben. Die Ausweitung der Personalausgaben der Gemeinden war nur in den fünfziger Jahren geringer als jene der

---

14 Der Wiederaufbau des Staatswesens erfolgte zuerst bei den Ländern und Gemeinden; 1951 gab es praktisch „keinen Bund“.

Gesamtausgaben; diese Relation schlägt sich aber auch in der Gesamtperiode nieder. Bei den Gemeinden betrug 1978 der Anteil der Personalausgaben an den Gesamtausgaben 30 % und ist damit gegenüber 1951 (31,3 %) sogar gesunken. Die Erhöhung des Personalaufwandes ergibt für die einzelnen Perioden die untenstehende Reihung:

1951 - 61 + 660 % beim Bund,
+ 155 % bei den Ländern,
+ 139 % bei den Gemeinden,
Gebietskörperschaften insges. + 193 %;

1961 - 71 + 350 % beim Bund,
+ 205 % bei den Ländern,
+ 195 % bei den Gemeinden,
Gebietskörperschaften insges. + 226 %;

1971 - 78 + 100 % bei den Gemeinden,
+ 94 % bei den Ländern,
+ 68 % beim Bund,
Gebietskörperschaften insges. + 92 %.

IV. Die Entwicklung der Schweiz

Tabelle 5 zeigt die Entwicklung der Personalbestände in der Schweiz. Von 1950 bis 1975 betrug der Bevölkerungszuwachs 37 %, derjenige der Erwerbstätigen 18 %, der Erwerbstätigen im tertiären Sektor 63 % und der Beschäftigten im öffentlichen Dienst 65 %. Die Indizes für die beiden letztgenannten Größen und für die Haushalte haben sich damit etwa in gleichem Ausmaß entwickelt. Die Ausweitung der Personalbestände der Ebenen zeigt in den Zeiträumen folgende Zahlen:

1950 - 60 + 28 % bei den Kantonen,
+ 19 % bei den Gemeinden,
+ 16 % beim Bund,
öffentlicher Dienst + 20 %;

1960 - 70 + 52 % bei den Kantonen,
+ 38 % bei den Gemeinden,
+ 17 % beim Bund,
öffentlicher Dienst +35 %;

1970 - 75[15] + 4,5 % beim Bund,
öffentlicher Dienst + 1,4 %.

---

[15] Die Zahlen der Kantone und Gemeinden insgesamt für die siebziger Jahre waren nicht greifbar. Die Wachstumsrate 1970 - 1975 schwankte bei zehn betrachteten Kantonen zwischen 16 % und 94 %, jene der Städte Zürich und Lausanne betrug 11 bzw. 13 %.

Der Tabelle 6 entnehmen wir die Entwicklung der öffentlichen Personalausgaben und von Vergleichsgrößen in der Schweiz. Da die Personalausgaben der Gemeinden für die fünfziger Jahre nicht bekannt sind, beschränken wir uns zunächst auf die Zeitspanne von 1961 bis 1976: Das Volkseinkommen ist um fast 250 % gestiegen, die Gesamtausgaben und Personalausgaben der Gebietskörperschaften jeweils um beinahe 500 %, wobei die Gesamtausgaben eine etwas stärkere Steigerung aufwiesen. Von den Personalausgaben der einzelnen Ebenen sind in diesem Zeitraum jene der Kantone auf mehr als das Sechsfache und damit am stärksten gestiegen. Diese Steigerung lag jedoch unter jener der Gesamtausgaben, und zwar sowohl in der Gesamtperiode (1951 bis 1976 bzw. 1961 - 1976) als auch in den fünfziger und sechziger, nicht jedoch in den siebziger Jahren. Die Personalausgaben des Bundes haben sich von 1950 bis 1976 verachtfacht (1961 - 1976: verfünffacht) gegenüber einer Zerzehnfachung (1961 - 1976: Verfünffachung) der Gesamtausgaben. Der Besoldungsaufwand hat in der Gesamtperiode damit beim Bund den geringsten Anstieg erfahren. Die Personalausgaben der Gemeinden machten 976 beinahe das Sechsfache, die Gesamtausgaben etwas mehr als das Sechsfache gegenüber 1961 aus. In dieser Zeit hat sich ihr Anteil an den Gesamtausgaben von 32,6 % auf 30,9 % verringert. Beim Bund betrug diese Relation 1976 10,9 % (1950: 13,6 %), bei den Kantonen 34,6 % (1950: 38 %). Wiederum die Personalaufwands-Erhöhungen in den einzelnen Perioden:

1950 - 61 + 95 % bei den Kantonen und
+ 63 % beim Bund;

1961 - 70 + 172 % bei den Gemeinden,
+ 143 % beim Bund,
+ 132 % bei den Kantonen,
Gebietskörperschaften insges. + 147 %;

1970 - 76 + 167 % bei den Kantonen,
+ 112 % bei den Gemeinden,
+ 102 % beim Bund,
Gebietskörperschaften insges. + 138 %.

V. Vergleichende Betrachtung

Wenn wir nun die drei Staaten gesamthaft betrachten und grob festzustellen versuchen — immer im Bewußtsein der oben (Kapitel I) genannten Vergleichsprobleme —, ob sich gemeinsame Merkmale im Muster der Entwicklung herauslesen lassen, so wäre für die Entwicklung der öffentlichen Bediensteten-Zahlen zu bemerken, daß deren Ausweitung in der Bundesrepublik und der Schweiz in den fünfziger und sechziger Jahren im vollen Gange war und in den siebziger Jahren dann eine Einbremsung erfolgte. In Österreich hat die Entwicklung erst in den sechziger Jahren eingesetzt, dafür noch in den siebziger Jahren angehalten.

Wenn wir diese Entwicklung mit jener im Dienstleistungssektor vergleichen, erscheint sie uns als in etwa gleichlaufend. Dazu ist allerdings anzumerken, daß in den dargestellten öffentlichen Personalbeständen Österreichs und der Schweiz auch die Beschäftigten der öffentlichen Unternehmen (einschließlich Bahn und Post) enthalten sind und das Zahlenmaterial zeigen würde, daß gerade deren Anzahl stagniert hat und in den letzten Jahren sogar zurückgegangen ist, sodaß die Ausweitung vor allem den Gebietskörperschaften zuzurechnen wäre. Für die Bundesrepublik bestätigen die hier aufgezeigten entsprechenden Zahlen diese Annahme (Zunahme der Beschäftigten im unmittelbaren öffentlichen Dienst 1950 - 77 + 64 %, der Beschäftigten in Gebietskörperschaften + 105 %). Zudem liegt die Ausgangsbasis der Untersuchung für Österreich in einer Zeit, in der sich nach einer kräftigen Vermehrung der öffentlich Bediensteten die Ausweitung wieder abschwächte[16], was bedeutet, daß unsere Darstellung auf einem hohen Niveau einsetzt. Das gleiche gilt für die Bundesbediensteten in der Schweiz[17]. Und schließlich beruht ein Großteil der Entwicklung der Erwerbstätigen-Zahlen im tertiären Sektor auf jener des in ihm enthaltenen öffentlichen Dienstes.

Die Erhöhung des Volkseinkommens war in allen drei Ländern wesentlich niedriger als jene der öffentlichen Personalausgaben. Der Anteil des gebietskörperschaftlichen Personalaufwands am Volkseinkommen wuchs in Österreich 1950 bis 1976 von 13,2 % auf 19,5 %, in der Bundesrepublik 1951 bis 1978 von 8,3 % auf 14,3 % und in der Schweiz 1961 bis 1976 von 6,2 % auf 10,5 %. In Österreich war damit das Volumen der Einkommen aus Beschäftigung im öffentlichen Dienst (allein der Gebietskörperschaften) im Vergleich zu den übrigen Ländern zu jedem der Zeitpunkte relativ das höchste, in der Schweiz relativ das niedrigste. Die Jahreszuwachsraten dieser Relation allerdings zeigen eine umgekehrte Reihung: Österreich 1,8 %, die Bundesrepublik 2,6 % und die Schweiz 4,3 % durchschnittlicher Jahreszuwachs des Anteils der Personalausgaben (also nicht der Personalausgaben selbst) aller drei Ebenen am Volkseinkommen. Stellt man die Entwicklung des Personalaufwands der Gebietskörperschaften derjenigen ihrer Gesamtausgaben gegenüber, so war erstere in der Schweiz etwas, in der Bundes-

16 Vgl. *Hackl,* S. 363: „Die Veränderungen zwischen 1950 und 1957 sind im Vergleich mit dem Übergang von 1938 bis 1950 nicht sehr bedeutend."

17 Vgl. *Durrer,* S. XIII f. 1948/49 Anträge und Vorkehrungen zur Verminderung des Personalbestandes; Dez. 1952: Bundesratsbeschluß betr. Erneuerung der Personalsperre.

republik um einiges stärker als letztere. In Österreich war es umgekehrt, allerdings haben sich dort die Gesamtausgaben beinahe vereinundzwanzigfacht, während sie in der Bundesrepublik und der Schweiz auf etwa das Zehn- bis Elffache angestiegen sind. Die Personalausgaben haben sich in Österreich in der Gesamtperiode verneunzehnfacht, in der Bundesrepublik verachtzehnfacht und in der Schweiz etwa verzehnfacht.

Ein Quervergleich zwischen den Gebietskörperschaften der einzelnen Länder erscheint im ersten Moment auf Grund der unterschiedlichen Kompetenzverteilungen als wenig aussichtsreich. Gerade diese in ihrer wertmäßigen Darstellung geben jedoch zusätzliche interessante Einblicke. Dazu sei auf Tabelle 7 verwiesen, aus der die Zahlen für die jeweils jüngsten Jahre interpretiert werden sollen:

In Österreich liegt der Hauptanteil der gebietskörperschaftlichen Gesamtausgaben mit etwa 60 % beim Bund; vom Rest entfällt ein Sechstel auf die Länder und nicht ganz ein Viertel auf die Gemeinden. Der Anteil des Personalaufwandes des Bundes an der Summe der Personalausgaben aller Ebenen entspricht genau seinem Gewicht an den Gesamtausgaben. Die Länder erfüllen gemäß ihrem 22-%-Anteil relativ personalintensivere Aufgaben. Nur etwa 18 % sind es dagegen bei den Gemeinden.

In der Bundesrepublik sind die Anteile des Bundes (38,5 %) und der Länder (36,8 %) an den Gesamtausgaben der Gebietskörperschaften etwa gleich groß; auf die Gemeinden entfällt ein knappes Viertel. Die Personalausgaben-Belastung des Bundes ist mit einem Fünftel der Personalkosten aller Ebenen relativ gering. Der beachtliche 53-%-Anteil der Länder liegt darin begründet, daß sie für die personalintensiven Aufgabenbereiche. Unterricht und Wissenschaft zuständig sind[18]. Der Gemeinde-Anteil macht wiederum ein gutes Viertel aus.

In der Schweiz entfällt beinahe ein Drittel der Gesamtausgaben auf den Bund, während das Hauptgewicht hier mit 40 % bei den Kantonen liegt; der Gemeinde-Anteil beträgt 28 %. Dem Bund kommen relativ wenig personalintensive Aufgaben zu, da von ihm nur etwas mehr als ein Achtel der Personalausgaben aller Ebenen getätigt werden. Der Anteil der Kantone liegt über der Hälfte, jener der Gemeinden bei einem Drittel, was anzeigt, daß die beiden letztgenannten Ebenen für die personalaufwendigeren Funktionen kompetent sind.

Wenn nun eine Aussage getroffen werden soll, inwieweit die Entwicklung von öffentlichen Personalbeständen und Personalausgaben problematisch ist bzw. war, so könnte die Entwicklung für die erstere

---

[18] Vgl. *Andreae / Wilflingseder*, S. 496.

Größe vielleicht noch als im Rahmen des Strukturwandels zum tertiären Sektor hin angesehen werden, jedenfalls unter Berücksichtigung der in letzter Zeit beginnenden Einbremsung. Ähnlich großzügig könnte auch für die budgetinterne Entwicklung des öffentlichen Personalaufwands[19] argumentiert werden. Auch hier deutet vieles auf eine Abschwächung hin, um so mehr, als der Besoldungsrückstand gegenüber der Privatwirtschaft wettgemacht (wenn nicht sogar überkompensiert) sein dürfte. Die Entwicklung der öffentlichen Personalkosten gegenüber vergleichbaren volkswirtschaftlichen Makrogrößen allerdings müßte indirekt, d. h. über die Entwicklung der öffentlichen Gesamtausgaben beurteilt werden. Wenn wir dementsprechend mit den vorhandenen Zahlen eine Staatsquote bilden (Anteil der Gesamtausgaben der Gebietskörperschaften am Volkseinkommen)[20], stellen sich die drei Staaten wie folgt dar:

In Österreich erhöhte sich diese Quote 1950 bis 1976 von 43 % auf 69,3 %, in der Bundesrepublik 1951 bis 1978 von 40,1 % auf 43,2 % und in der Schweiz 1950 bis 1976 von 22,6 % auf 33,5 %. Die jahresdurchschnittlichen Steigerungsraten dieser Quote betrugen für die jeweiligen Zeiträume in Österreich 2,4 %, in der Schweiz 1,8 % und in der Bundesrepublik Deutschland 0,3 %.

Die Autoren erlauben sich, die Beurteilung dieser Daten und ihrer Entwicklung dem Leser zu überantworten.

---

[19] Die Entwicklung der Personalausgaben beruht auf einem Mengen-, Preis- und Struktureffekt. Ersterer zeigt sich in der Entwicklung der Personalbestände, der zweite wirkt über Lohnerhöhungen, der dritte über Veränderungen in der Personalstruktur (Beförderungen, Vorrückungen, Strukturwandel in Richtung relativer Vermehrung höherrangiger Dienstposten, usw.).

[20] Dabei handelt es sich um eine „unechte Quote", um eine Beziehungs-, nicht Verhältniszahl — Teilmenge und Gesamtmenge überschneiden sich. Damit ist weniger die Höhe der Quote als solche interessant, wohl aber der Quer- und Längsvergleich.

Tabelle 1: Entwicklung von öffentlichen Personalbeständen und Vergleichsgrößen in Österreich 1950 bis 1976

		1950	1960	1970	1976
Bevölkerung	in Mio.	6,9	7,1	7,4	7,5
	Index[a)]	100	102	107	108
Privathaushalte	in Mio.	2,2[c)]	2,3[d)]	2,5[e)]	2,6[f)]
	Index[b)]	100	105	115	120
Unselbst. Beschäftigte[g)]	in Mio.	2,0	2,3	2,4	2,7
	Index[a)]	100	118	123	137
Unselbst. Beschäftigte im Sektor Dienstleistungen	in Mio.	0,8	1,0	1,2	1,4
	Index[a)]	100	130	154	188
Beschäftigte im öffentlichen Dienst[h, i)]	in 1 000	291	309	383	472
	Index[a)]	100	106	132	162
Beschäftigte[k)]: Bund	in 1 000	267	296	323[l)]	
				271[m)]	285[m)]
	Index[a)]	100	111	121[l)]	
				102[m)]	107[m)]
Beschäftigte[k)]: Länder[n)]	in 1 000		37	52[m)]	
				104[l)]	116[l)]
	Index[p)]		100	141[m)]	
				283[l)]	317[l)]
Beschäftigte[k)]: Gemeinden[o)]	in 1 000		70[qu)]	85	106
	Index[p)]		100	121	152

a) 1950 = 100. — b) 1951 = 100. — c) 1951. — d) 1961. — e) 1971. — f) 1977. g) Stand jew. Ende Juli. — h) bis 1969: Betriebsklasse „öffentlicher Dienst“, ab 1970: Wirtschaftsklasse „Einrichtungen der Gebietskörperschaften, Sozialversicherungsträger, Interessenvertretungen“. — i) ohne öffentliche Unternehmungen. — k) einschließlich öffentliche Unternehmungen. — l) einschließlich Landeslehrer. — m) ohne Landeslehrer. — n) ohne Wien. — o) einschließlich Wien. — p) 1960 = 100. — qu) Schätzung (1956 = 65 300, 1964 = 74 500).

Quellen: Bundesministerium für Finanzen: Bundesfinanzgesetz, Arbeitsbehelf zum —, Erläuterungen zum —, Wien, div. Jg. — Kammer für Arbeiter und Angestellte für Wien: Wirtschafts- und Sozialstatistisches Handbuch 1945 - 1969, Wien 1970. — Österr. Statistisches Zentralamt: Gebarungsübersichten, div. Jg. — Österr. Statistisches Zentralamt: Statistisches Handbuch für die Republik Österreich, Wien, div. Jg. — Eigene Berechnungen.

Tabelle 2: Entwicklung von öffentlichen Personalausgaben und Vergleichsgrößen in Österreich 1950 bis 1976 (in jeweiligen Preisen)

		1950	1960	1970	1976
Volkseinkommen[b]	in Mrd. S	42	126	276	535
	Index[a]	100	302	664	1 285
Gebietskörpersch.: Ges. Ausg.	in Mrd. S	18	64	159	370
	Index[a]	100	358	891	2 069
Gebietskörpersch.: Pers. Ausg.	in Mrd. S	5,5	20,4	50,4	104,4
	Index[a]	100	371	916	1 898
Bund: Gesamtausgaben	in Mrd. S	12	45	102	222
	Index[a]	100	368	826	1 804
Bund: Personalausgaben	in Mrd. S	4,2	15,8	36,8	62,5
	Index[a]	100	376	876	1 488
Länder[c]: Gesamtausgaben	in Mrd. S	1,6	6,2	21,2	62,2
	Index[a]	100	388	1 325	3 888
Länder[c] Personalausgaben	in Mrd. S	0,4	1,6	5,4	22,9
	Index[a]	100	400	1 350	5 725
Gemeinden[d]: Gesamtausgaben	in Mrd. S	4,0	12,6	36,7	86,2
	Index[a]	100	315	918	2 155
Gemeinden[d]: Personalausgaben	in Mrd. S	0,9	3,0	8,2	19,1
	Index[a]	100	333	911	2 122

a) 1950 = 100. — b) Nettosozialprodukt zu Faktorkosten. — c) ohne Wien. — d) einschließlich Wien.

Quellen: Bundesfinanzgesetz, div. Jg. — Rechnungshof, Republik Österreich: Bundesrechnungsabschluß für das Jahr , Wien, div. Jg. — Statistisches Handbuch, Österr., 1978. — Verbindungsstelle der Bundesländer: Die Einnahmen und Ausgaben, die öffentlichen Abgaben und die Finanzschulden des Bundes, der Bundesländer ohne Wien, Gemeinden ohne Wien und der Bundeshauptstadt Wien als Land und Gemeinde, Entwicklung seit 1948, Wien 1964. — Dieselbe: Österr. Finanzwirtschaft, Entwicklung seit 1958, Wien 1972. — Dieselbe: Österr. Finanzwirtschaft, Entwicklung seit 1966, Wien 1978. — Eigene Berechnungen.

Tabelle 3: Entwicklung von öffentlichen Personalbeständen und Vergleichsgrößen in der Bundesrepublik Deutschland 1950 bis 1977

		1950	1960	1970	1977
Bevölkerung	in Mio. Index[a]	50 100	55,4 111	60,7 121	61,4 123
Privathaushalte	in Mio. Index[a]	16,7 100	19,5[b] 117	22 132	24,2 145
Erwerbstätige	in Mio. Index[a]	20,4[c] 100	26,2[d] 128	26,7[d] 131	25[d] 123
Erwerbstätige im Sektor Dienstleistungen	in Mio.	3,7[c]	5,3[c] 5,6[d]	6,7[d]	7,6[d]
	Index[a]	100	140[c] 149[d]	179[d]	202[d]
Beschäftigte: unmitttelb. öff. Dienst[e]	in Mio. Index[a]	2,1 100	2,6 125	3,1 146	3,5 164
Beschäftigte: Gebietskörperschaften[f]	in Mio. Index[a]	1,3 100	1,8 137	2,3 174	2,7 205
Beschäftigte: Bund[f] ..	in Mio. Index[a]	0,06 100	0,20 318	0,29 465	0,32 508
Beschäftigte: Länder[f] ..	in Mio. Index[a]	0,72 100	0,95 131	1,21 168	1,50 207
Beschäftigte: Gemeinden[f]	in Mio. Index[a]	0,51 100	0,64 124	0,76 148	0,85 165

a) 1950 = 100. — b) 1961. — c) ohne Berlin. — d) einschl. Berlin. — e) Gebietskörperschaften, unselbständige Wirtschaftsunternehmen (ohne eigene Rechtspersönlichkeit) von Gebietskörperschaften, Bahn u. Post. — f) einschl. Wirtschaftsunternehmen ohne eigene Rechtspersönlichkeit.

Quellen: Statistisches Bundesamt: Bevölkerung und Wirtschaft 1872 - 1972, Stuttgart/Mainz 1972. — Statistisches Bundesamt: Statistisches Jahrbuch für die Bundesrepublik Deutschland, Stuttgart/Mainz, div. Jg. — Eigene Berechnungen.

Tabelle 4: Entwicklung von öffentlichen Personalausgaben und Vergleichsgrößen in der Bundesrepublik Deutschland 1951 bis 1978 (in jeweiligen Preisen)

		1951	1961	1971	1978[d]
Volkseinkommen[b), c)] ..	in Mrd. DM	93	261	591	985
	Index[a)]	100	280	634	1 057
Gebietskörpersch.: Ges. Ausg.	in Mrd. DM	37	95	225	425
	Index[a)]	100	255	602	1 136
Gebietskörpersch.: Pers. Ausg.	in Mrd. DM	7,7	23	74	141
	Index[a)]	100	293	955	1 835
Bund: Gesamtausgaben	in Mrd. DM	18	45	99	189
	Index[a)]	100	249	549	1 050
Bund: Personalausgaben	in Mrd. DM	0,5	3,8	17	29
	Index[a)]	100	760	3 420	5 740
Länder: Gesamtausgaben	in Mrd. DM	12	39	89	181
	Index[a)]	100	325	731	1 488
Länder: Personalausgaben	in Mrd. DM	4,9	13	38	74
	Index[a)]	100	255	778	1 508
Gemeinden: Gesamtausgaben	in Mrd. DM	8,3	26	67	122
	Index[a)]	100	316	812	1 465
Gemeinden: Personalausgaben	in Mrd. DM	2,6	6,2	18	37
	Index[a)]	100	239	704	1 404

a) 1951 = 100. — b) Nettosozialprodukt zu Faktorkosten. — c) 1951 ohne Saarland und Berlin, ab 1960 einschließlich Saarland und Berlin. — d) Vorläufige Ergebnisse bzw. Voranschläge

Quellen: Bevölkerung und Wirtschaft 1872 - 1972. — Bundesministerium der Finanzen: Finanzbericht, Bonn, div Jg. — Sachverständigenrat zur Begutachtung der gesamtwirtschaftlichen Entwicklung: Jahresgutachten, Bonn-Bad Godesberg, div. Jg. — Statistisches Jahrbuch Bundesrepublik, div. Jg. — Eigene Berechnungen.

Tabelle 5: Entwicklung von öffentlichen Personalbeständen und Vergleichsgrößen in der Schweiz 1950 bis 1975

		1950	1960	1970	1975
Bevölkerung	in Mio. Index[a)]	4,7 100	5,4 114	6,3 134	6,4 137
Haushalte[b)]	in Mio. Index[a)]	1,31 100	1,59 122	2,06 157	
Erwerbstätige	in Mio. Index[a)]	2,16 100	2,67 114	3,00 128	2,78 118
Erwerbstätige im Sektor Dienstleistungen	in Mio. Index[a)]	0,80 100	0,97 120	1,26 157	1,31 163
Beschäftigte: im öffentlichen Dienst[c)]	in Mio. Index[a)]	0,23 100	0,28 120	0,38 163	0,39 165
Beschäftigte: Bund[d)] ..	in 1 000 Index[a)]	92 100	106 116	124 136	127 138
Beschäftigte: Kantone ..	in 1 000 Index[a)]	62 100	80 128	122 195	
Beschäftigte: Gemeinden	in 1 000 Index[a)]	77 100	92 119	127 165	

a) 1950 = 100. — b) Privat- und Kollektivhaushalte (davon Kollektivhaushalte 1970: 10.000). — c) Beschäftigte mit öffentlich-rechtlichem Dienstgeber. — d) Departemente und Regiebetriebe (inkl. SBB und PTT).

Quellen: Durrer, Hans: Die Entwicklung des Personalbestandes im öffentlichen Dienst der Schweiz (1910 - 1960), Diss., Zürich 1967. — Eidgenössisches Statistisches Amt: Statistisches Jahrbuch der Schweiz, 86. Jg., Basel 1978. — Expertengruppe „Wirtschaftslage“, Bericht der —: Lage und Probleme der schweizerischen Wirtschaft 1977/78, I. Gutachten, II. Statistische Grundlagen, Bern 1977. — Dieselbe: Lage und Probleme der schweizerischen Wirtschaft 1978/79, Bern 1978. — Kleinewefers, Henner: Die Personalbestände im öffentlichen Dienst der Schweiz 1950 - 1975. Schweizerische Zeitschrift für Volkswirtschaft und Statistik, 114. Jg., H. 3, Bern 1978, S. 421 - 446. — Schweizerische Kreditanstalt: Schweizerische Wirtschaftszahlen, (Zürich), 1969. — Eigene Berechnungen.

Tabelle 6: Entwicklung von öffentlichen Personalausgaben und Vergleichsgrößen in der Schweiz 1950 bis 1976 (in jeweiligen Preisen)

		1950	1961c)	1970	1976
Volkseinkommen b)	Mrd. Fr.	17	36	78	124
	Index a)	100	208	449	719
	Index d)		100	217	346
Gebietskörpersch.: Ges. Ausg.	Mrd. Fr.	3,9	7,7	20	42
	Index a)	100	196	520	1 065
	Index d)		100	265	598
Gebietskörpersch.: Pers. Ausg.	Mrd. Fr.		2,2	5,5	13,1
	Index d)		100	247	589
Bund: Gesamtausgaben	Mrd. Fr.	1,6	3,3	7,8	16
	Index a)	100	206	488	1 000
Bund: Personalausgaben	Mrd. Fr.	0,22	0,36	0,86	1,75
	Index a)	100	163	396	801
Kantone: Gesamtausgaben	Mrd. Fr.	1,5	3,2	9,5	19,9
	Index a)	100	213	633	1 327
Kantone: Personalausgaben	Mrd. Fr.	0,57	1,11	2,59	6,9
	Index a)	100	195	454	1 210
Gemeinden: Gesamtausgaben	Mrd. Fr.	1,2	2,3	6,8	14
	Index a)	100	192	567	1 167
Gemeinden: Personalausgaben	Mrd. Fr.		0,75	2	4,3
	Index d)		100	272	577

a) 1950 = 100. — b) Nettosozialprodukt zu Faktorkosten. — c) 1961, da für 1960 (u. Vorjahre) keine Personalausgaben-Zahlen für Gemeinden (und dementsprechend Gebietskörperschaften gesamt). — d) 1961 = 100.

Quellen: Eidgenössische Expertenkommission zur Bearbeitung der Grundlagen und Methoden einer langfristigen Finanzplanung im Bunde, Bericht der —: Schätzung der Einnahmen und Ausgaben des Bundes 1966 - 1974, St. Gallen 1966. — Expertengruppe „Wirtschaftslage“: 1977/78, I, II. — Dieselbe: 1978/79. — Statistisches Jahrbuch Schweiz, 1978. — Eigene Berechnungen.

Tabelle 7: a) Anteile (v. H.) der Gesamtausgaben der einzelnen Gebietskörperschaften an den Gesamtaufgaben der Gebietskörperschaften insgesamt, b) Anteile (v. H.) der Personalausgaben der einzelnen Gebietskörperschaften an den Personalausgaben der Gebietskörperschaften insgesamt, für Österreich, die Bundesrepublik Deutschland und die Schweiz für diverse Jahre

Land	Jahr	Bund	Länder bzw. Kantone	Gemeinden	Gebietskörperschaften insges.
		a) Gesamtausgaben			
Österreich	1950	68,7	8,9	22,3	100
	1976	59,9	16,8	23,3	100
Bundesrepublik ..	1951	46,8	31,6	26,6	100
	1978	38,5	36,8	24,8	100
Schweiz	1961	37,5	36,4	26,1	100
	1976	32,1	39,9	28,1	100
		b) Personalausgaben			
Österreich	1950	76,4	7,3	16,4	100
	1976	59,8	21,9	18,3	100
Bundesrepublik ..	1951	6,3	61,3	32,5	100
	1978	20,6	53,1	26,2	100
Schweiz	1961	16,0	50,2	33,8	100
	1976	13,5	53,2	33,4	100

Quelle: Eigene Berechnungen nach Tab. 1 - 6.

HUMANKAPITAL- UND STRUKTURANSÄTZE ZUR ERKLÄRUNG DER LÄNGERFRISTIGEN ZYKLIZITÄT DES MARKTES FÜR QUALIFIZIERTE ARBEITSKRÄFTE

Von Werner Clement

I. Einleitung

Zyklische Entwicklungen auf Bildungs- und Arbeitsmärkten sind grundsätzlich ein wohlbekanntes Phänomen. In journalistischer Überhöhung wird von „Schwemmen" oder „Defiziten" gesprochen. Dahinter stehen lang- und mittelfristige Schwankungen von Zahlenreihen der Schulgänger bzw. der Neueintretenden am Arbeitsmarkt[1] oder auch von Schulübertrittsraten bzw. relativen Schulbesuchsquoten.

Die Begründung für solch zyklische Verläufe scheint insofern selbstverständlich zu sein, weil sich eben die Geburtenwellen im Bildungs- und Beschäftigungssystem fortpflanzten. Intensivere Analysen lassen aber vermuten, daß dies nur ein Teil der Wahrheit ist. Variationen im Qualifikationsangebot sind sicherlich auch durch ökonomische Prozesse bedingt. Ein umfassender Ansatz, der beide Erklärungsperspektiven umschließt, ist derzeit jedoch noch nicht gelungen. Das vorliegende Phänomen ist nämlich komplizierter, als man zunächst vermuten würde.

Zum einen liegt ein mehrstufiger Produktionsprozeß vor, der noch relativ einfach beschrieben werden kann, wenn nur auf Quantitäten (Schülerzahlen z. B.) abgestellt wird. Der Prozeß kann durch Inflow-Outflow-Tabellen dargestellt werden, die den Durchstrom ausgehend von den völlig geburtenabhängigen Neueintritten in die Primärschulen, über den Bildungsverlauf, Schulabgang bis zum Eintritt auf den Arbeitsmarkt nachzeichnen. Die gegenwärtig vorherrschenden institutionellen Rigiditäten in den Schulen erlauben die Anwendung von Input-Output-Techniken in der Form von Flow-Modellen. Die Analogie dieser nachstehend kurz „Strukturansatz" genannten Analyse mithilfe einer

---

[1] Adalbert *Blüm* und Udo *Frenzel:* Quantitative und qualitative Vorausschau auf den Arbeitsmarkt der Bundesrepublik Deutschland — Stufe 3, in: Beiträge zur Arbeitsmarkt- und Berufsforschung 8.1, 1977. Department of Education and Science: Higher Education in the 1990s, London, February 1978, S. 3.

Produktionsfunktion für Bildung[2] hinkt aber erheblich. Den Individuen steht es nämlich an mehreren kritischen Verzweigungsstellen frei, über den weiteren Bildungs- oder Berufsverlauf zu entscheiden. Theorien des individuellen Wahlverhaltens, sei es aus konsum- oder investitionstheoretischem Blickwinkel, erscheinen hier angebrachter. Weiters sei auch auf die nicht-ökonomischen Determinanten der Bildungswahl aus psychischen, sozialen oder politischen Motiven hingewiesen.

Tatsächlich ist es für die Erklärung der Zyklizität notwendig, auch Veränderungen in den Bildungs- und Berufswahlentscheidungen zu berücksichtigen. Im Zentrum der Humankapitaltheorie steht dabei die Frage, ob es sich lohnt, mehr Bildung aufgrund von unterschiedlichen Ertragsraten für Bildungsinvestitionen nachzufragen. Dieses Bildungsnachfrageverhalten kann durchaus zyklisch sein, wie ökonometrische Funktionen der Bildungsnachfrage in Abhängigkeit von Einkommensdifferentialen beweisen. Damit wird mithin ein Beitrag zur Analyse der Variation von Bildungsübertrittsquoten durch ökonomische Verhaltensprozesse geleistet. Auf einer ähnlichen Ebene liegen die nachstehend nicht erörterten Theorien über Erwerbsquotenveränderungen (discouraged, additional labour effect), welche ebenfalls mittel- und längerfristige Schwankungen am Arbeitsmarkt (durch Veränderung des Erwerbsverhaltens) zum Untersuchungsziel haben.

Diese Mehrdeutigkeit in den Forschungsansätzen ist nicht gerade ein Vorteil für die Kommunikation zwischen empirischer Wissenschaft und Politik sowie Administration. Der Wissensdurst der für Politik Verantwortlichen ist verständlicherweise beträchtlich, gilt es doch Schul- und Lehrpersonalkapazitäten entsprechend zu dimensionieren, die Ansprüche an die Bildungsfinanzierung kennenzulernen, aktive Arbeitsmarktpolitik zu betreiben, Möglichkeiten und Grenzen der Strukturpolitik zu erkennen usw.

Nachfolgend soll daher im Überblick gezeigt werden, welche partialanalytischen Ansätze derzeit der Instrumentenkasten der Bildungs- und Arbeitsökonomie anbietet und in welche Richtung umfassendere, empirisierbare Konzepte gehen müßten.

---

[2] Hector *Correa,* The Economics of Human Resources, Amsterdam (2. Auflage) 1967. Henry M. *Levin,* Concepts of Economic Efficiency and Educational Production, in: Joseph T. Froomkin, Dean T. Jamison, Roy Radner, (Eds) Education as an Industry, Cambridge, Mass. 1976, S. 149 - 191.

II. Traditionelle Analysekonzepte: Humankapitaltheorie versus Strukturansätze

1. *Der Humankapitalansatz*

Im angelsächsischen Raum dominierte bei der Betrachtung von Arbeitsmärkten aus längerfristiger Sicht der Humankapitalansatz in der ursprünglichen Form des Ertragsratenkonzeptes. Die Humankapitaltheorie baut auf dem neoklassischen, individuellen Nutzenmaximierungskalkül auf. Im Zentrum steht die Entscheidung, ob und wieviel in längere Ausbildung investiert werden soll. Entscheidungsgrundlage sind die erwarteten Ertragsraten (bzw. Barwertvergleiche), die sich aus Lebenseinkommens- und Kostenverläufen errechnen lassen. Sie können „privat" für den einzelnen oder für die Gesellschaft ermittelt werden und sind in der Folge dann mit alternativen Anlagemöglichkeiten (und deren Renditen) zu vergleichen. Damit dieses Kalkül gerechtfertigt ist, muß ein einigermaßen funktionsfähiger Marktmechanismus, der Preissignale für Güter und Faktoren abgibt, vorausgesetzt werden. Marktunvollkommenheiten und institutionelle Barrieren machen den Modellansatz jedoch noch nicht invalid, wenn sie explizit in Form von Monopolgraden berücksichtigt werden. Teilmärkte für Bildung und Arbeit sind allerdings im allgemeinen nicht sehr tief disaggregiert abgrenz- und analysierbar. Üblicherweise werden z. B. nur wenige Bildungskategorien unterschieden. Im Zusammenhang damit geht häufig die kryptonormative Annahme der Humankapitaltheoretiker einher, daß zwischen den verschiedenen Bildungs- und Berufskategorien eine hohe Substitutionalität bestünde.

Von der statistischen Datenbasis dieses Ansatzes ergeben sich wohlbekannte Probleme insofern, als die bildungsspezifischen Faktorpreisdifferentiale aus Querschnittsuntersuchungen entnommen und als Längsschnittsdaten uminterpretiert werden. Damit entsteht aber die zentrale Schwierigkeit des ex-post-Charakters der Ertragsratenanalysen überhaupt. Einkommensdifferenzen spiegeln eben vergangene Knappheiten wider. Eine Projektion dieser vergangenheitsbezogenen Lohndifferenzen in die Zukunft — möglicherweise sogar unter der Konstanzhypothese — ist jedoch extrem fragwürdig. Im Hinblick auf eine Abstützung der Bildungsplanung wird dieses Kalkül dann gefährlich, wenn die beobachteten hohen Ertragsraten der Vergangenheit als Argument für eine — wegen der günstigen Rentabilität von Bildungsinvestitionen — stark expansive Bildungspolitik eingesetzt werden. Da diese meist lang wirkend und unteilbar ist, ist die Gefahr einer Fehlsteuerung und damit dann das politische Hervorrufen einer Zyklizität beträchtlich.

Immerhin ist es aber nicht von der Hand zu weisen, daß die Ergebnisse von Ertragsratenanalysen zu einem bestimmten Zeitpunkt oder im Zeitvergleich Knappheiten andeuten. Sie sind damit ein — behutsam zu interpretierender — Hinweis für Über- bzw. Unterinvestitionen in verschiedene Kategorien von Humankapital bzw. für das Verhältnis von Humankapital zu physischem Kapital. Ihr allfälliger Erklärungsgehalt steht und fällt jedenfalls mit der Rezentheit der Berechnung.

2. *Der Strukturansatz*

Als Strukturansätze werden kombinierte Social-demand/Manpower-requirement-Ansätze bezeichnet. Sie stellen den besten konsistenten Fortschreibungsraster für Personenströme durch das Bildungswesen und das Beschäftigungssystem dar. Da sie Personen(-gruppen) sehr genau nach Alter, Geschlecht, Bildungs-, Berufskategorie und eventuell sozialer und regionaler Herkunft identifizieren, vermögen sie die Auswirkungen von demographischen Veränderungen auf die quantitativen Dimensionen von Schüler- und Erwerbstätigengrößen sehr gut nachzuzeichnen. Keine andere Methode ist z. B. ähnlich geeignet zu ermitteln, in welchem Ausmaß das jährliche arbeitsmarktwirksame schulische Neuangebot die Abschreibungen von (stark oder schwächer besetzten) älteren Jahrgängen des Restangebotes kompensiert. Zyklizitäten des schulischen Outputs können durch solche Überlagerungen verstärkt, abgeschwächt oder sogar umgekehrt werden.

So interessant und wichtig solche Berechnungen sind, so muß doch betont werden, daß sie unfähig sind, Verhaltensänderungen explikativ in den Griff zu bekommen. Die Fortschreibungen beruhen auf dem Konservativismus der in der Vergangenheit festgestellten Mengenrelationen. Dieses Gerüst von technischen Koeffizienten kann zwar mechanisch-extrapolativ oder normativ umgebaut werden; die Quotenmatrizen sind ihrerseits aber nicht Resultat der Änderungen von ökonomischen oder sozialen Variablen. Da sich Strukturprognostiker natürlich bewußt sind, daß rigide Mengenrelationen unrealistisch sind, werden „Korridorisierungen" oder „Flexibilisierungen" eingeführt, in welchen Spielräumen sich dann Marktreaktionen vollziehen können. Diesen Verfahren kommt aber solange nur Alibicharakter zu, als Ausmaß und Richtung dieser Flexibilitätskoeffizienten wieder nur mechanisch und nicht explikativ bestimmt werden.

Kurz resümierend kann also festgehalten werden, daß traditionelle Humankapitalansätze zwar Hinweise auf Marktungleichgewichte und auf Grenzinvestitionsmöglichkeiten liefern können, ihnen aber eine Erklärungsfähigkeit für zyklische Verläufe von teilweise aggregierten Qualifikationskategorien versagt ist. Strukturansätze vermögen bei

Konstanz der Inflow-Outflow-Relationen die langfristige Grundrichtung des Verlaufes der Personenströme anzuzeigen. Im Gegensatz zu Projektionen mit Erwerbsquotenmodellen gelingt es ihnen auch, Strukturverschiebungen des Qualifikationsangebotes vorherzubestimmen. Schwankungen dieses Angebotes infolge veränderter mikroökonomischer Wahlentscheidungen sind allerdings nicht ermittelbar.

III. Einfache Modellierung von Anpassungsreaktionen

1. Die Ausgangshypothesen

Die Unzulänglichkeiten der beiden traditionellen Hauptforschungsrichtungen sind zu offenkundig, als daß nicht versucht worden wäre, Zyklizitäten am Arbeitsmarkt tatsächlich auch mit dem Instrumentarium von Markt-Preis-Analysen anzugehen. Wenn Entscheidungen über Bildungslaufbahn, Berufskarriere und Erwerbstätigkeit (auch) von Marktinformationen wie insbesondere Faktorpreisen bestimmt sind, dann können die entsprechenden Verhaltensreaktionen auch modelliert werden. Es ist das Verdienst R. B. Freeman's[3], solche Anpassungsvorgänge systematisch untersucht zu haben. Eine entsprechende Zeitstruktur der Variablen in den Einkommenserwartungs- und Berufsentscheidungsgleichungen vorausgesetzt, ergeben sich unterschiedliche, vollständige oder unvollständige Anpassungsprozesse der Neueintretenden auf den Arbeitsmarkt bzw. des Bestandes an Arbeitskräften.

Ausgangspunkt für solche Anpassungsprozesse am Arbeitsmarkt ist ein sehr einfaches Angebots-Nachfrage-Preismodell[4].

Gegeben sei eine Nachfragefunktion nach Ausgebildeten einer bestimmten Kategorie (E), mit den Verdiensten (W) und einer nachfrageseitigen Größe (D), die alle Verschiebungen dieser Funktion zusammenfassen soll:

$$E = - aW + D \, . \tag{1}$$

Die Angebotsfunktion laute analog unter Verwendung einer angebotsseitigen „Shift-Variablen" (S):

$$E = bW + S \, . \tag{2}$$

---

[3] Richard B. *Freeman*: The Market for College-Trained Manpower, Cambridge (Mass.) 1971.

[4] Richard B. *Freeman:* Overinvestment in College Training, in: Journal of Human Resources, Vol. 10, Number 3, Summer 1975, S. 307 ff.

Daraus erhält man durch Lösung die Faktorpreisgleichung:

(3) $$W = \frac{D}{a+b} - \frac{S}{a+b} \, .$$

Die Parameter dieser Verdienstfunktion wären in der Höhe gleich, haben aber umgekehrt Vorzeichen.

2. *Anwendungen*

Vor diesem primitiven Modellhintergrund können nun realistischere Funktionen z. B. für die zeitliche Entwicklung des Arbeitsmarktes für Akademiker gebildet werden, z. B. für Rechtsanwälte[5], für Physiker[6], für Ingenieure[7] usw.

Anfang der 70er Jahre stellte sich am akademischen Arbeitsmarkt in den USA eine fühlbare Angebotsexpansion an neu Graduierten ein. Dieser Angebotsdruck blieb nicht ohne Wirkungen auf die relativen Einkommensdifferenzen. Die Faktorpreise nivellierten sich. Die entsprechende Information wurde von den Neuinskribierenden aufgenommen. Eine Abschwächung der Übertrittsquote in Colleges war die Folge.

R. B. Freeman erklärt diese Tendenzen mit folgendem einfachen Drei- (eigentlich nur Zwei-)Gleichungsmodell. Es gibt eine Angebotsfunktion der Veränderung der Hochschulbeteiligungsquote (Anteil der Immatrikulierten an der altersgleichen Bevölkerung (ENR)). Diese wird aufgespalten in eine Funktion der Neuinskribenten und in die Funktion der Graduierungen in Abhängigkeit der Neuinskribenten[8].

(1) $$FRSH = a + b\,POP + c\,(CSAL - ASAL) + d\,FRSH_{-1} \, , \quad \text{und}$$

(2) $$BA = e + f\,FRSH_{-4} + g\,FRSH_{-5} \, .$$

Sodann wird noch eine Verdienstfunktion spezifiziert:

(3) $$CSAL = h + i\,BA_{-1} + j\,DEM + k\,ASAL + l\,CSAL_{-1}$$

5 Richard B. *Freeman:* Legal Cobweb's, The Planning Market for Lawyers, in: Review of Economics and Statistics, Vol. 57, Number 2, May 1975, S. 171 - 179.

6 Richard B. *Freeman:* Supply and Salary Adjustment to the Changing Science Manpower Market, Physics 1948 - 1973, in: American Economic Review, Vol. 65, Number 1, March 1975, S. 27 - 39.

7 Richard B. *Freeman:* A Cobweb Model of the Supply and Starting Salary of New Engineers, in: Industrial and Labor Relations Review, Vol. 29, Number 2, January 1976, S. 236 - 248.

8 Richard B. *Freeman:* The Overeducated American, New York 1976.

Die Symbole bedeuten:

FRSH ... Neuinskribenten,
POP ... 18 - 19 Jahre alte Bevölkerung,
CSAL ... gewichtete Anfangsgehälter für College-Graduierte,
ASAL ... durchschnittliche Jahresverdienste von Vollzeit-Erwerbstätigen,
BA ... Bachelor-Graduierte,
DEM ... Index der Nachfrage nach Graduierten, ermittelt aus der Beschäftigungsstruktur von 46 Wirtschaftssektoren.

Alternativ zu (3) wird auch spezifiziert[9]:

$$\frac{CSAL}{ASAL} = m + n\,DEM - o\,RSVP\ , \quad \text{mit} \tag{3a}$$

RSVP ... Verhältnis der Graduierten zur Gesamtbeschäftigung.

Alle Funktionen werden in logarithmischer Form geschätzt. Die empirischen Werte bestätigen die oben aufgestellten Hypothesen. Im Ergebnis lautet die Interpretation wie folgt:

Die Nivellierung der Einkommensspannen ist eine Folge des relativen Überangebotes an Neugraduierten. Die Nachfrage der Wirtschaft ist nicht so elastisch, daß sie dieses große Zusatzangebot zu gleichen Bedingungen absorbieren könnte. Dies führt zu einer Rezession auf dem Akademikermarkt. Die Neueintretenden reagieren auf diese Preissignale der relativen und z. T. absoluten Verschlechterung der Anfangsgehälter, die sich in einem Sinken der Ertragsraten einer College-Investition niederschlagen[10]. Auch eine Reaktion direkt auf Mengensignale (herrührend aus der Wirkung von *DEM* auf *ENR*) ist signifikant. Zur statistischen Basis ist zu sagen, daß es nicht gleichgültig ist, ob die Einkommensdifferenzen bzw. Ertragsraten aus Querschnitts- oder Verlaufsdaten stammen. Ein temporärer Angebotsüberschuß geht zu Lasten der frisch Absolvierten. Die Einkommen der Älteren erhöhen sich relativ. Deshalb sind für solche Arbeitsmarktentwicklungen eher Daten aus Verlaufserhebungen zu verwenden.

Im übrigen können — mutatis mutandis — solche Überlegungen nicht nur für den privaten, sondern auch für den öffentlichen Teil der Wirtschaft aufgestellt werden[11].

---

[9] Richard B. *Freeman:* Overinvestment in College Training, S. 307.

[10] Richard B. *Freeman:* Manpower Reqirements and Substitution Analysis of Labor Skills, A Synthesis, in: Ehrenberg, Richard (Ed.) Research in Labor Economics, Greenwich 1977, S. 151 - 183.

[11] Daniel S. *Hamermesh:* Labor in the Public and Nonprofit Sectors, Princeton University Press 1975.

Interessanter fast noch als diese globale Schätzungen für alle Akademiker sind Untersuchungen einzelner Fachrichtungen auf ähnlichem methodischen Fundament. Typisch ist es dabei, daß die oft vermutete Cobweb-Instabilität des Angebotsverhaltens nachgewiesen werden kann. Die Spezifikation solcher Cobweb-Modelle für Studienrichtungen muß verständlicherweise etwas sorgfältiger erfolgen als bei Aggregaten. Sie unterscheidet sich insbesondere durch Aufnahme zusätzlicher erklärender Variablen und durch eine genauere lag-Struktur, die das Entscheidungsverhalten bei der Hochschulbeteiligung abbildet, was wiederum die Berücksichtigung von Erwartungsgrößen impliziert. Für Hochschultechniker sieht dies im Modell[12] unter Verwendung der Notation von vorhin folgendermaßen aus:

(4) $$ENR = a_1\, SAL^* - a_2\, ASAL^*$$

(5) $$BA = b_1\, ENR_{-4} + b_2\,(SAL_{-3} + SAL_{-2}) - b_3\,(ASAL_{-3} + ASAL_{-2})$$

(6) $$SAL = c_1\, RD + c_2\, DUR - c_3\, BA$$

(6a) $$SAL^* = SAL \;;\quad ASAL^* = ASAL$$

(6b) $$SAL^* = \lambda\, SAL + ([1-\lambda]\, SAL^*_{-1})$$

$$ASAL^* = \lambda\, ASAL + ([1-\lambda]\, ASAL^*_{-1})\;,$$

mit *SAL* ... aktuelles Technikergehalt
ASAL ... alternatives aktuelles Gehalt
RD ... F & E-Ausgaben
DUR ... Produktion dauerhafter Konsumgüter
ein Stern * bezeichnet eine Erwartungsvariable.

In Gleichung (6b) wird eine distributed lag-Funktion angenommen.

Die eigentliche Cobweb-Zyklizität kann dann durch eine spezifische Angebotsfunktion wiedergegeben werden:

(7) $$ENR = a_1\,\lambda\,(c_1\, RD + c_2\, DUR - c_3\, BA) - a_2\,\lambda\, ASAL + (1-\lambda)\, ENR_{-1}\;.$$

Auch hier zeigt sich aus den empirischen Schätzungen die Sensibilität der Neuinskriptionen von Ingenieuren auf Veränderungen ihres spezifischen Arbeitsmarktes. Die Faktorpreiselastizitäten in bezug auf das Angebot liegen durchwegs hoch mit Werten um + 4[13]. Diese Arbeitsmarktbedingungen wirken sich auch noch auf die Entscheidungen während des Studiums (drop-out) aus. Im Ergebnis ist mit einer Über- bzw. Unterversorgung des Beschäftigungssystems mit Ingenieuren infolge dieser Übersteuerung zu rechnen.

---

12 Richard B. *Freeman:* New Engineers, S. 241.

13 John F. *O'Connell:* The Labor Market for Engineers, Ph. D. diss., University of Wisconsin 1970.

3. *Kritik*

So interessant der Freeman'sche Ansatz zweifellos ist, so ist er sicher nicht gegen Kritik gefeit und kann wohl auch nur ein Anfang für weitere Entwicklungen sein:

a) Am geringsten wiegt vielleicht ein erster Kritikpunkt. Der Ansatz beruht auf dem individuellen Wahlhandlungskalkül. Er vermischt dabei konsumtive und investive Entscheidungen, was aus der Sicht der puristischen Humankapitaltheorie zweifellos ein Verstoß ist.

b) Mit dem derzeitigen Konzept kann es nicht gelingen, die Interdependenzen verschiedener Qualifikationskategorien und deren jeweilige Reaktionspfade simultan zu spezifizieren. Im Vergleich zu Strukturansätzen muß man sich daher mit einem sehr hohen Aggregationsniveau oder mit isolierten Kategorieanalysen begnügen.

c) Die in diesem Ansatz spezifizierten Gleichungen sind so einfach, daß man oft den Verdacht nicht los wird, nur eine geschickt ausgesuchte distributed-lag-Mechanik bilde ebenfalls schon die Cobweb-Zyklizität ab. Gerade die Literatur zu Bildungsnachfrage- und Verdienstfunktionen ist so stark angewachsen, daß die entsprechenden Freeman'schen Spezifikationen gewiß unhaltbare Verkürzungen darstellen.

Von diesen drei wichtigeren Kritikpunkten soll zuerst der letzte etwas ausführlicher belegt werden, weil daraus auch die Komplexität von Bildungs- und Arbeitsmarktmodellen ersichtlich ist.

IV. Partialanalytische Entwicklungen: Bildungsnachfragefunktion und Verdienstfunktion

1. *Bildungsnachfragefunktion*

Bildungsnachfrage- und Verdienstfunktionen sind zwei der wichtigsten Entwicklungen der ursprünglich auf das Ertragsratenkalkül beschränkten Humankapitaltheorie. Obwohl beides nur Analyseausschnitte sind, bündelt sich doch in ihnen ein viel weiterer Problemzusammenhang. Die jeweiligen Einzelgleichungen können als reduzierte Form eines umfangreicheren, dahinter stehenden Strukturmodelles aufgefaßt werden.

Ökonometrische Bildungsnachfragefunktionen bringen die individuelle Nachfrage nach Bildung in Abhängigkeit von einer Fülle von erklärenden Variablen. Damit sollen das Bildungsbeteiligungsverhalten bzw. die Studienwahl erklärbar, prognostizierbar und u. U. beeinflußbar gemacht werden. Am Beginn der Studien steht die investitionstheoretische Verhaltenshypothese. Das Untersuchungsfeld deckt dann aber rasch soziale, psychische und Politikvariable ab.

Die Illustration des methodischen Vorgehens bei Bildungsnachfragefunktionen kann am zweckmäßigsten mit Hilfe dreier konkreter Studien in Angriff genommen werden.

Eine umfangreiche, frühe Untersuchung des Einflusses ökonomischer Faktoren auf die Bildungsnachfrage stammt von R. Campbell und D. N. Siegel[14]. Als abhängige Variable figuriert der Anteil der Immatrikulierten an der entsprechenden Altersgruppe der 18- bis 24jährigen oder noch besser an den „eligibles“, das sind jene 18- bis 24jährigen Personen mit Hochschulreife. Unabhängige Variable sind die deflationierten Studiengebühren (P) als Ausdruck der Kosten, die stellvertretend für eine Variable der relativen Preise in der landläufigen Nachfragetheorie stehen. Als Näherungsvariable der Kosten- und Ertragsströme bei der Betrachtung von Bildung als Investitions- und Konsumgut wird das reale verfügbare persönliche Haushaltseinkommen (Y_H) angesetzt.

Die Schätzfunktion ist somit:

$$\log \frac{N_t}{E_t} = \log b + \alpha \log Y_{Ht} + \beta \log P_t$$

Empirisch haben die Koeffizienten die erwarteten Vorzeichen. Der Einkommenseffekt ergibt sich aus $\alpha > 0$; der Preiseffekt aus $\beta < 0$.

Kritisch ist anzumerken, daß die Studie sich nicht in der Lage sieht, Opportunitätskosten aufzunehmen und daß es sich eingestandenermaßen um ein Hybridmodell handelt, bei dem Konsum- und Investitionswirkungen nicht getrennt werden können. Im übrigen wendet M. Blaug[15] ein, daß es sich möglicherweise eher um eine identifizierte Angebotsfunktion handelt und daß das Fehlen einer Variablen für erwartetes Einkommen ein deutliches Manko darstellt.

Einen der sorgfältigsten Beiträge zu Bildungsnachfragefunktionen stellt die Studie von M. B. Tannen[16] dar. Er geht von folgenden Kritikpunkten an manchen bisherigen Schätzungen aus: Meist würde das In-

[14] Richard *Campbell* and Dany N. *Siegel:* The Demand for Higher Education in the United States 1919 - 1964, in: American Economic Review, Vol. 57, Number 3, June 1967.

[15] Mark *Blaug:* The Empirical Status of Human Capital Theory: A Slightly Jaundiced Survey, in: Journal of Economic Literature, Vol. 14, Number 3, September 1976, S. 827 - 855.

[16] Michael B. *Tannen:* The Investment Motive for Attending College, in: Industrial and Labor Relations Review, Vol. 31, Number 4, July 1978, S. 489 - 497.

vestitionsmotiv überbetont. Dadurch wird das Risiko eines Spezifikationsirrtums wegen Geringschätzung des Konsummotivs beträchtlich. Weiters stellt sich das Aggregationsproblem. Eine einfache aggregierte individuelle Nachfrage ist nicht identisch mit dem Gruppenverhalten. Verteilungsparameter sind darum vonnöten.

Ausgangspunkt sind dann folgende individuelle Verhaltenshypothesen, die auf dem grundsätzlichen Modell von G. S. Becker[17] aufbauen:

Die erste Gleichung ist eine Angebotsfunktion der Finanzmittel:

$$i = i\,(c, y, w, l, m, d)\ . \tag{1}$$

i ... Grenzzinssatz der Finanzierung,
c ... Grenzinvestition (in \$),
y ... Familieneinkommen,
w ... Familienvermögen,
l ... verfügbare Stipendien pro Student,
m ... Marktzinssatz,
d ... günstige persönliche Charakteristika.

Die Nachfrage nach Finanzmittel ergibt sich aus

$$r = r\,(c, k, a, g) \quad \text{mit} \tag{2}$$

r ... erwartete Grenzertragsrate,
k ... durchschnittlicher gegenwärtiger Ertrag (in \$) für vorangegangene Investitionen,
a ... individuelle Begabung (Intelligenz),
g ... Index des Zugangs zu „guten" Berufen.

Das Konsummotiv wird repräsentiert durch

$$p = p\,(y, w, s_p)\ , \quad \text{mit} \tag{3}$$

p ... psychische Ertragsrate und
s_p ... Bildungsgrad der Eltern.

Diese drei Teilannahmen werden zu einer Verhaltensfunktion insgesamt für das Individuum zusammengeführt:

$$r\,(c, k, a, g) + p\,(y, w, s_p) \gtreqless i\,(c, y, w, l, m, d)\ . \tag{4}$$

Ist die linke Seite des Ausdruckes beispielsweise größer als die rechte, so wird eine zusätzliche Investition getätigt.

---

17 Gary S. *Becker:* Human Capital, New York, Columbia University Press 1964, Second Edition 1975.

Aus dieser individuellen Funktion wird sodann im Zuge eines Aggregationsprozesses über Verteilungsparameter und eine Kontrollvariable ein Gruppenverhalten entwickelt.

Empirisch erweist sich das Modell gegenüber konventionellen überlegen. Die Hypothese, daß finanzielle Renditeüberlegungen eine Rolle spielen, wird bestätigt. Damit, so meint der Autor, könne das Bildungsnachfrageverhalten als Vorstufe zur Berufsentscheidung interpretiert werden, wenn nämlich in einem so frühen Stadium rational-einkommensbezogen disponiert wird.

Die Brücke zu Analysen auf soziologischem Gebiet schließlich schlagen G. Psacharopoulos und C. Soumelis mit ihrer „A quantitive Analysis of the Demand for Higher Eduction“[18] in Griechenland. Statistische Ausgangsbasis ist eine eigene Stichprobe von 7425 Schülern mit Hochschulreife. Die Wahrscheinlichkeit für einen Schüler, ein Studium aufzunehmen, wird mit der Maximum-Likelihood-Methode nach einer Logit-Transformation geschätzt. Zur Erklärung dieses Verhaltens wird ein ganzes Spektrum von Einflußgrößen verwendet, die von persönlichen Kennzeichen, regionaler Herkunft, ökonomischen Faktoren bis zu Familienkennzeichen, Einstellungsvariablen und Attituden reichen.

Diese Beispiele für wichtige Entwicklungsstufen der Bildungsnachfragefunktion belegen ausreichend, welche Fülle von Faktoren Bildungswahlentscheidungen bestimmen, daß auf Veränderungen dieser Einflußgrößen sicher nur mit Verzögerungen reagiert wird und daß somit die Zyklizität des Qualifikationsangebotes nur mit Hilfe von differenzierten Untersuchungen zufriedenstellend erklärt werden kann.

2. *Verdienstfunktion*

Die zweite zentrale Gleichung in Freeman'schen Cobweb-Modellen des Marktes für qualifizierte Arbeitskräfte ist die Verdienstfunktion.

Verdienstfunktionen (earnings functions, income-generating functions) stellen für alle humankapitaltheoretischen Zusammenhänge eine Voraussetzung oder ein zentrales Bindeglied dar. Sie implizieren Ertragsraten, die Existenz von Lebenseinkommensprofilen und eine bestimmte — investitionstheoretische — Hypothese über die Relation Bildung und Einkommen. Einkommen können sodann als Ergebnis der, ebenfalls humankapitaltheoretisch gerechtfertigten, Bildungsnachfrage und des Qualifikationsbedarfes interpretiert werden. Selbst die Screen-

---

[18] George *Psacharopoulos* and C. *Soumelis:* A Socio-Metric Analysis of the Demand for Higher Education, in: Higher Education 1979, S. 159 ff.

ing-Hypothese bedingt eine Einkommens-Bildungs-Beziehung, auch wenn sie nicht mehr produktivitätstheoretisch fundiert wird.

Ist also der Zusammenhang Bildung und Einkommen zwar nachweisbar, so wird er doch mit sehr abweichenden, unterlegten Hypothesen erklärt. Die wichtigsten Annahmen lauten:

— Produktivitätshypothese: Dies ist das Herz der Humankapitaltheorie. Einkommen werden grenzproduktivitätstheoretisch bestimmt. Bildung trägt zur Steigerung des Wertgrenzproduktes bei. Ein Investitionskalkül ist die Folge. Hervorgekehrt wird die kognitive Seite von Bildung.

— Sozialisierungshypothese: Gemäß H. Gintis[19] und den „Radical Economics" erfülle Bildung die Funktion einer Anpassung des einzelnen an gesellschaftliche Produktions- und Hierarchieverhältnisse. Die Einkommenssteigerungen begünstigen nur die nach erhaltener Bildung sozialisierten und professionalisierten Personen. Es werden mithin die affektiven Seiten von Bildung hervorgehoben.

— Marktsignalhypothese: Nach M. Spence[20] befinden sich die Beschäftiger auf einem (Arbeits-)markt mit unvollkommener Information. Sie kennen daher nicht den potentiellen Grenzproduktivitätsbeitrag der Arbeitsuchenden. Als Signal und Indikator behilft man sich mit Bildungszertifikaten.

— Filter-(Screening)-Hypothese: Verwandt mit der vorigen Hypothese geht die Filtertheorie[21] noch einen Schritt weiter und meint, über Zertifikate würde von den Beschäftigern überhaupt ein Selektionsverfahren in Gang gesetzt. Die Ziele dieser Auswahl können sowohl ökonomisch als auch sozial sein.

— Sortierungshypothese: Auch hier wird ein Auswahlmodus unterstellt. E. N. Wolff[22] sieht aber die Rolle der Bildung vorerst darin, daß sie eine Sortierung (sifting function) für Berufe (occupational slots) durchführe.

---

19 Herbert *Gintis:* Education, Technology and the Characteristics of Worker Productivity, in: American Economic Review, Vol. 1, Number 2, May 1971, S. 266 - 279.

20 Michael A. *Spence:* Market Signaling — Informational Transfer in Hiring and Related Screening Processes, Harvard University Press, Cambridge 1974.

21 Kenneth J. *Arrow,* Higher Education as a Filter, in: Journal of Public Economics, Vol. 81, Number 3, July 1973, S. 193 - 216. Paul J. *Taubman* and Terence J. *Wales:* Higher Education and Earnings — College as an Investment and a Screening Device New York (NBER) 1974.

22 Edward N. *Wolff:* Schooling and Occupational Earnings, in: Review of Income and Wealth, Sept. 1977, S. 259 - 278.

Wählt man als Ausgangspunkt für das erklärungsbedürftige Phänomen die vorfindbaren, umgekehrt U-förmigen Lebenseinkommensprofile[23], so entwickelt sich das humankapitaltheoretische Procedere (bei Vernachlässigung der anderen Hypothesen) im strikten Sinne wie folgt:

— Basis ist der einfache Zusammenhang Einkommen-Bildung, mit Bildungsdauer und Alter als erklärende Variable („schooling model").

— J. Mincer argumentiert nun meritorisch und statistisch, daß erst die Investitionen nach der formalen Bildung („experience") die typischen Einkommensverläufe bewirkten („post-schooling" bzw. „overtaking model").

— In beiden Modellen ist noch der direkte und indirekte Einfluß von anderen Variablen (Begabung, Familie) zu ermitteln, weil sonst die Regressionskoeffizienten der unkorrigierten Schulvariablen verzerrt sind.

— Die weitere Vorgangsweise öffnet sich zu anderen Kausalrelationen (z. B. Screening)[24].

Da es hier unmöglich ist, die wichtigeren Probleme von Verdienstfunktionen auch nur im Überblick darzustellen, seien zwei zentrale Fragenkreise hervorgehoben:

a) Welche Komponenten bewirken eigentlich den Prozeß der Einkommensentstehung? Inwieweit können direkte und indirekte Effekte auf die Verdienste getrennt werden? Dies sind Fragen auch nach der Struktur- oder der reduzierten Form des Modelles.

b) Sind die Einkommensunterschiede schon durch die absolvierte formale Schuldauer angelegt oder werden sie insbesondere durch Weiterbildung i. w. S. bestimmt? Dies ist die „Schul- versus Post-Schul-Kontroverse".

Ad a): Struktur- oder reduzierte Modellform:

Bei nur oberflächlich spezifizierten Verdienstfunktionen wird nicht deutlich, ob und welche Annahmen über den „earnings generating process" dahinter stecken. Dies erschwert die Interpretation der errechneten Koeffizienten ungemein, weil nicht ersichtlich ist, ob nur direkte oder auch indirekte Wirkungen durch eine Variable eingefangen wurden. Hier interessiert nun nicht der bei der „ability-correction"

---

23 Giora *Hanoch:* An Economic Analysis of Earnings and Schooling, in: Journal of Human Resources, Vol. 2, Number 3, Summer 1967, S. 310 - 329. Jacob *Mincer:* Investment im Human Capital and Personal Income Distribution, in: Journal of Political Economy, Vol. 66, No. 4, August 1958, S. 281 - 302.

24 Paul J. *Taubman* and Terence J. *Wales:* Higher Education and Earnings, S. 153 ff.

durchzuführende Vorgang der Reduzierung der Verzerrung mittels einer besseren Abgrenzung des isolierten Einflusses der Variablen (z. B. bei der Begabung durch die Zwillingsforschung). Vielmehr geht es um die Kausalität des Einkommensentstehungsprozesses und um die wechselseitigen Abhängigkeiten der Variablen. Aus nicht näher erläuterten Ein-Gleichungsmodellen der Verdienstfunktion ist nicht erkennbar, ob es sich um die reduzierte oder Strukturform handelt und weiter, wenn es offenkundig die reduzierte Form ist, welches Strukturmodell dabei impliziert ist.

Bei den vorliegenden humankapitaltheoretischen Verdienstfunktionen kommt es somit insbesondere auf die Analyse des direkten und indirekten Einflusses von Bildung und Intelligenz auf Einkommen oder Bildung und Familienvariable auf Einkommen an. Die Diskussion ist insofern wertgeladen, als es Verfechter der Idee eines hohen direkten Einflusses von Bildung und einer nur nachrangigen Wirkung von angeborener Begabung und Familie gibt, was andere Gruppen wieder bestreiten und meinen, dominant seien Begabung und Familie, deren Effekte sich dann nur über „Bildung" verstärken. Der Sachverhalt kann an einem trivalen Beispiel illustriert werden:

Ausgangspunkt sei folgende Verdienstfunktion, die als erklärende Variable nur Schuldauer (*S*) und Familienhintergrund (*F*) kenne:

(1) $$Y = a_0 + a_1 S + a_2 F$$

In den Parametern drückt sich nur der direkte, lineare Einfluß der als exogen angenommenen Größen *S* und *F* aus. Die Vermutung ist nun aber gegeben, daß *S* ihrerseits von *F* abhängig ist, weil z. B. der Bildungsweg von den Eltern vorgezeichnet wird. Die Exogenität von *S* ist nicht haltbar. *S* wird deshalb zur endogenen Variablen.

(2) $$S = b_0 + b_1 F$$

Daraus geht aber hervor, daß nicht nur ein direkter Nettoeffekt von *F* auf *Y* gemäß (1) besteht, sondern auch ein indirekter Effekt von *F* über *S* auf *Y*. Dieser Gesamteffekt kann durch Einsetzen von (2) in (1) ermittelt werden:

(3) $$Y = c_0 + c_1 F$$

wobei die Koeffizienten $c_0 = a_0\ b_0$ und $c_1 = a_1\ b_1\ b_1 + a_2$ sind.

Somit ist (3) das Ergebnis einer umfassenderen Kausalkette. Dieses wird durch ein Simultanmodell repräsentiert, das hier glücklicherweise rekursiv und nicht interdependent ist[25]. Die Gleichungen (1) und (2) sind die Strukturform, die Gleichung (3) ist die reduzierte Form.

In dem Beispiel deuten sich gleichzeitig einige Probleme an. Es gibt selbstverständlich keine Regel, wie die Kausalketten verlaufen und wie einzelne Funktionen spezifizierbar und identifizierbar sind. Die Gefahr einer durch das jeweilige Forschungsinteresse verursachten Willkür ist jederzeit gegeben. (Auf Verdacht hin könnte man zitieren: S. Bowles[26], R. D. Morgenstern[27]). Auch aus diesen Gründen sind die ermittelten Schätzwerte der Koeffizienten immer nur vorläufig.

Realistischere Modelle auf demselben methodischen Konzept wurden vor allem von Z. Griliches und W. Mason[28], Z. Griliches und G. Chamberlain[29], Z. Griliches[30] und — nachstehend angedeutet — von P. Taubmann, J. Behrmann und T. Wales[31] vorgelegt. Das Konzept des letztzitierten Modelles sieht folgendermaßen aus[32]:

Structural Equations	Reduced Form
1) $Y_1 = S = aG + bN + u$	$Y_1 = S = aG + bN + u$
2) $Y_2 = OC_i = c'G + d'N + eG_1 + fN_1 +$	$Y_2 = OC_i = cG + dN + eG_1 + fN_1 +$
$gS + u_1$	$gu + u_1$
3) $Y_3 = OC_{67} = h'G + j'N + k'G_1 + mG_2 +$	$Y_3 = OC_{67} = hG + jN + kG_1 + mG_2 +$
$n'N_1 + pN_2 + qOC_i + rS + u_2$	$nN_1 + pN_2 + qu_1 + ru + u_2$
4) $Y_4 = \ln Y_{73} = s'G + t'N + v'G_1 + w'G_2 +$	$Y_4 = \ln Y_{73} = sG + tN + vG_1 + wG_2 +$
$xG_3 + y'N_1 + z'N_2 + \alpha N_3 + \beta OC_{67} +$	$xG_3 + yN_1 + zN_2 + \alpha N_3 + \delta u +$
$\gamma S + u_3$	$\lambda u_1 + \beta u_2 + u_3$

---

25 Ungünstiger wäre die Situation, wenn die Schuldauer auch wieder von einer Art antizipierten Verdienstfunktion abhängig gemacht würde; vgl. Zvi *Griliches:* Estimating Returns to Schooling. Some Econometric Problems, in: Econometrica, Vol. 45, January 1977, S. 13.

26 Samuel *Bowles:* Schooling and Inequality from Generation to Generation, in: Journal of Political Economy, Vol. 80, Number 3, May/June 1972, S. 74 - 82.

27 Richard D. *Morgenstern:* Direct and Indirect Effects on Earnings of Schooling and Socio-Economic Background, in: Review of Economics and Statistics, Vol. 55, 1973, S. 225 - 233.

28 Zvi *Griliches* and William M. *Mason:* Education, Income and Ability, in: Journal of Political Economy, Vol. 80, Number 3, Part II, May/June 1972, S. 74 - 103.

29 Zvi *Griliches* and Gary *Chamberlain:* Returns to Schooling of Brothers and Ability as an Unobserved Variance Component, in: International Economic Review 1975.

30 Zvi *Griliches:* Wages of Very Young Men, in: Journal of Political Economy, Vol. 84, Number 4, Part II, July/August 1976, S. 69 - 85.

31 Paul J. *Taubman*, J. *Behrman* and Terence J. *Wales:* The Roles of Genetics and Environment in the Distribution of Earnings, in: Zvi Griliches (Ed.): Income Distribution and Economic Inequality, Frankfurt 1978, S. 220 - 339.

32 Paul J. *Taubman*, J. *Behrman* and Terence J. *Wales:* S. 222.

$$\begin{array}{llll} \text{where} & c = c' + ag & k = k' + qe & y = y' + \beta n + \gamma b \\ & d = d' + bg & n = n' + qf & z = z' + \beta p \\ & h = h' + ra + qc & s = s' + \beta h + \gamma a & \delta = \gamma + \beta r \\ & j = j' + rb + qd & t = t' + \beta j + \gamma b & \chi = \beta q \\ & & v = v' + \beta k & \\ & & w = w' + \beta m & \end{array}$$

Dabei stehen G für genetische Indikatoren, N für Familienvariable (Status, Einkommen, Geschwister), S für Schuldauer, OC_i für Status im Anfangsberuf, OC_{67} für Status im Beruf 1967 und $\ln Y_{73}$ für den natürlichen Logarithmus der Verdienste 1973.

Für andere Beispiele, die sich hauptsächlich der in der Soziologie angewandten „Pfadanalyse" bedienen, sei auf das Buch von W. H. Sewell und R. M. Hauser[33] hingewiesen. Die Ergebnisse dieser Untersuchungen sind von folgendem Typ:

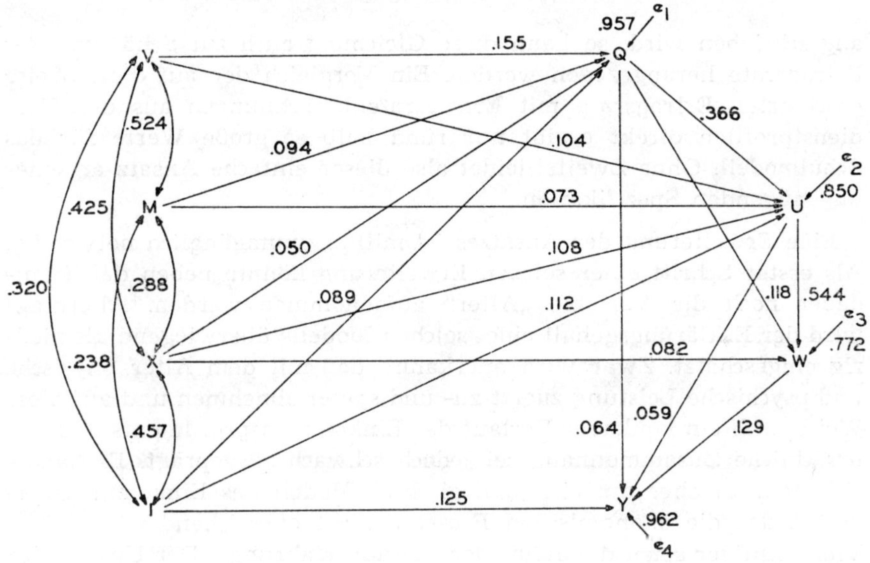

A path model of the influence of socioeconomic background on earnings: male Wisconsin high school graduates of 1957 with nonfarm background. Item identifications are: V = father's educational attainment; M = mother's educational attainment; X = status of father's occupation when son graduated from high school (Duncan SEI); I = parents' average income, 1957 - 1960 (in thousands of dollars); Q = son's score on Henmon-Nelson Test of Mental Ability; U = son's educational attainment; W = son's 1964 occupation (Duncan SEI); Y = son's canonically weighted average of 1965 - 1967 earnings (in thousands of dollars). Data pertain to 2069 respondents with nonfarm background, employed in the civilian labor force in 1964 and not enrolled in school, who had nonzero earnings in 1965 - 1967 and for whom there were data on parents' income. Numerical entries are regression coefficients in standard form. All path coefficients shown are statistically significant at the .05 level.

Ad b): „Schul- versus Post-Schul-Kontroverse" und „Alter versus Erfahrungs-Kontroverse":

Diese Kontroversen zentrieren um den Namen J. Mincer und den Begriff des „overtaking"[34]. Diskussionspunkt ist die Form der Alter-Einkommens-Profile und deren Erklärung. J. Mincer kritisiert an verschiedenen Stellen seiner Arbeiten das „heroische" Schul-Modell insofern, als es eine primitive Vereinfachung der Humankapitaltheorie sei. Gemäß dem reinen Schulmodel wären nach Abschluß der formalen Schuldauer die Humankapitalinvestitionen beendet. Die Verdienstfunktion bestünde in einer Regression der Einkommen nur auf die Schuldauer. Einkommensungleichheiten werden zwar zweifellos durch dieses Modell erklärt, jedoch ist die Erklärungskraft gering. Wenn das einfache Schulmodell in der Form

$$\ln Y_s = \ln Y_0 + r \cdot s \ ,$$

(mit s ... Schuldauer und r ... der Ertragsrate der Schuldauer)

angeschrieben wird, so kann diese Gleichung auch zur Schätzung der Ertragsrate herangezogen werden. Ein Vergleich der auf diese Weise geschätzten Ertragsrate mit Ertragsratenberechnungen aus den Verdienstprofilen direkt ergibt nur rund halb so große Werte für das Schulmodell. Ohne Zweifel leidet also dieser einfache Ansatz an einer ungenügenden Spezifikation.

Eine Erweiterung des Ansatzes ist mithin unumgänglich notwendig. Als erster Schritt einer solchen Erweiterung könnte neben der Schuldauer noch die Variable „Alter" aufgenommen werden. Allerdings wird der Erklärungsgehalt eines solchen Modells überwiegend als niedrig eingeschätzt. Zwar wird anerkannt, daß mit dem Alter physische und psychische Leistung zuerst zu- und später abnehmen und auf diese Weise auch ein konkaver Verlauf der Einkommensprofile entsteht. Der ursächliche Zusammenhang sei jedoch schwach ausgeprägt. Es handle sich nämlich eher um ein „biologisches" Modell des Einkommensverlaufes, das die ökonomischen Prozesse nicht ausreichend wiedergäbe. Viel wichtiger seien die Jahre der „Berufserfahrung". Der Unterschied zwischen „Alter-Einkommens-Profilen" und „Erfahrung-Einkommens-Profilen" ist tatsächlich drastisch[35]. Die Profile der (Logarithmen der) Jahresverdienste werden bei der Verwendung von „Erfahrungsjahren"

---

[33] William H. *Sewell* and Robert M. *Hauser:* Education, Occupation and Earnings, New York 1975.

[34] Jacob *Mincer:* The Distribution of Labor Incomes: A Survey in: Journal of Economic Literature, Vol. 8, March 1970, S. 1 - 26. Jacob *Mincer:* Schooling Experience and Earnings, New York 1974.

[35] Jacob *Mincer:* Schooling, Experience and Earnings, S. 68.

statt „Altersjahren" deutlich entzerrt. Gegen Ende der Zeitachse werden die Altersprofile eher flach, die Erfahrungsprofile stärker konvergent. Aus dem typischen Verdienstprofil zieht J. Mincer[36] noch einen weiteren Schluß. Wenn es wahrscheinlich ist, daß die Nettohumaninvestitionen aus Renditeerwägungen mit fortschreitender Zeit immer mehr zurückgehen, so muß sich (zumindest in relativen Zuwüchsen) der festgestellte, ausgeprägte konkave Verlauf der Profile ergeben. Eine aus dem Schulmodell abgeleitete vollständigere Verdienstfunktion sei deshalb um einen nicht-linearen (quadratischen) Erfahrungs-Term zu ergänzen. Die komplizierte Gewinnung von Berufserfahrung ist allerdings nicht leicht in einer einfachen explikativen Variablen auszudrücken. J. Mincer zerschlägt den gordischen Knoten dieses Problems, indem er einfach die „Erfahrungsdauer" ansetzt und dafür schreibt

$$j = (\text{Alter} - S - 5) \ .$$

Dieser Ansatz ist nun aber mindestens ebenso stark der Kritik ausgesetzt, wie das einfache „Altersmodell". Eine kritische inhaltliche Diskussion über Abgrenzung der Variablen Alter und Erfahrung und die nachfolgende Manipulation der Funktionsform sind nun sicher nur ein Teil des Problems. Wichtiger noch ist die Analyse des unterstellten Verhaltensprozesses. J. Mincer (und die Gruppe um G. S. Becker) haben aus dieser Sicht zumindest den Vorzug, dem (erweiterten) Schulmodell ein Post-Schul-Modell hinzugefügt zu haben. Der Ansatz geht von der einfachen Beobachtung aus, daß die Individuen auch nach dem formalen Bildungsabschluß noch weiter in sich investieren. Diese Humaninvestitionen können außerordentlich vielfältig sein: z. B. ein Zurückstauen einer kurzfristigen Einkommensmaximierung zugunsten einer längerfristigen Karriereplanung, Berufssuche, Mobilität, Freizeiteinbußen, Weiterbildung am oder außerhalb des Arbeitsplatzes usw. Mit einer gewissen Wahrscheinlichkeit investieren auch Personen mit höherem formalen Abschluß mehr in diese post-schulischen Aktivitäten. Eine Zeitlang liegt daher deren Einkommen unter jenem von Personen mit an sich niedrigerer formaler Bildung oder auch von „Nicht-Postschulinvestoren". Später ergeben sich allerdings Erträge aus dieser investiven Einkommensaufschiebung, so daß den Investoren nachher anhaltend höhere Verdienstströme zufließen. Nach einigen Jahren erreicht das Einkommen des Postschulinvestors die diskontierte Verdiensterzielungskapazität des Nicht-Investors. Dies erfolgt beim „overtaking" (crossing)-point, welcher nach Mincer rund 7 bis 9 Jahre Berufserfahrung fordert.

---

36 Jacob *Mincer:* Education, Experience and the Distribution of Earnings and Employment: An Overview, in: F. T. Juster (Ed.): Education, Income and Human Behavior, New York (NBER), 1975, S. 75.

Die empirische Erklärungskraft des Mincer-Ansatzes ist verblüffend. Über ein Drittel der jährlichen Verdienstungleichheiten wird auf Humankapitalfaktoren zurückgeführt. Im „overtaking"-Punkt wird sogar rund die Hälfte der Varianz mit diesem Ansatz erklärt, was von manchen[37] als unrealistisch hoch eingeschätzt wird.

V. Ausblick auf synthetische Ansätze

Der fast zwei Jahrzehnte dauernde akademische Disput zwischen Humankapitaltheoretikern und „Strukturalisten" scheint sich gegenwärtig totzulaufen. „Synthetische Ansätze" ist der neue Titel à la mode in der Bildungs- und Arbeitsökonomie; eine Richtung übrigens, die von undogmatischen Analytikern schon längst eingeschlagen wurde. Außer dem Titel ist allerdings in den vorfindbaren embryonalen Versuchen wenig Gemeinsames zu finden. Weiters dürfte erst nach einer Bestandsaufnahme aller partial-analytischen Entwicklungen deutlich werden, welch gewaltige — und wahrscheinlich unlösbare — Herausforderung eine Synthese tatsächlich darstellt.

Die möglichen Richtungen synthetischer Ansätze deuten sich in einer Reihe früherer Arbeiten an. So in einem linearen Programmierungsmodell von J. Adelman[38], in dem der Barwert des Sozialprodukts maximiert werden soll und die Qualifikationsnachfrage endogenisiert ist, in einem Cost-benefit-Modell von S. Bowles[39], in dem die Struktur des Bildungssystems optimiert wird, oder in der Analyse der Effekte von Faktorvariationen auf deren Grenzproduktivitäten mit Hilfe einer CES-Produktionsfunktion durch C. Dougherty[40].

Die grundsätzliche Aufgabenstellung einer solchen Synthese wurde neuerdings wieder von G. Psacharopoulos in einem allerdings eher didaktischen Entwurf skizziert[41]. Dieser Entwurf zeigt aber eher die Vorgangsweise bei einem Planungsverfahren und ist sicher kein Verhaltensmodell.

---

37 George *Psacharopoulos* and R. *Layard:* Human Capital and Earnings, British Evidence and a Critique, in: The Review of Economic Studies, July 1979.

38 J. *Adelman:* A Linear Programming Model of Educational Planning, in: J. Adelman und E. Thorbeck: The Theory and Design of Economic Development, Baltimore 1971.

39 S. *Bowles:* Planning Educational Systems for Economic Growth, Cambridge (Mass.) 1969.

40 C. *Dougherty:* The Optimal Allocation of Investment in Education, in: H. B. Chenery (Ed.): Studies in Development Planning, Cambridge (Mass.) 1971.

41 George *Psacharopoulos:* Synthetic Approaches in Manpower Planning, in: the Economist, No. 2, 1979.

Die Ausgangsfragestellung lautet, mit welchen Faktorkombinationen ein bestimmtes Sozialprodukt in der Planperiode erbracht werden kann. Für diese Qualifikationserfordernisse sind Bildungsinvestitionsentscheidungen erforderlich. Diese haben zwei Regeln zu beachten. Einmal ein Renditekriterium, gemäß welchem die Investitionen von Ertragsratenberechnungen geleitet werden müssen. Zum anderen eine „technische" Randbedingung, gemäß welcher die Faktorpakete nicht willkürlich für die Produktion gewählt werden können, sondern nur innerhalb von Substitutionsgrenzen. Die Kombination dieser beiden Kriterien dient dann der zukünftigen Qualifikationsplanung. Das Ertragsratenkriterium allein sagt nur etwas über die Richtung, nichts aber über das Ausmaß der zu tätigenden Humankapitalinvestitionen. In der „technischen" Qualifikationseinsatzrelation wiederum fehlt die die Beurteilung der jeweiligen cost-benefit-Relation bzw. der Allokationsefizienz. Wenn nun in einer Art trial-and-error-Verfahren zuerst mittels einer Arbeitskräftebedarfsprojektion eine erste Schätzung der Qualifikationsstruktur der Zukunft ermittelt wird, dann können für diese Faktoreinsatzmengen die entsprechenden Ertragsraten gemäß den ex-post-Schätzungen ermittelt werden. Die Faktoreinsatzmengen können hierauf variiert werden bis sich z. B. die Ertragsraten ausgleichen oder bis die errechneten Ertragsraten mit (politisch bestimmten) „Schatten"-Ertragsraten übereinstimmen. Das Variationsfeld ist durch die Substitutionsgrenzen eingeengt. In der Realität wären dann die entsprechenden Bildungsinvestitionen vorzunehmen.

Aus diesen wenigen Bemerkungen wird ausreichend klar, daß ein solches Vorgehen eventuell für die Planung effizienter Faktorallokation im Hinblick auf die Dualität der Mengen- und der Preislösung geeignet ist. Es ist aber in dieser Form kein operationaler Ansatz, um Verläufe und Anpassungsprozesse darzustellen.

Mittleres Aggregationsniveau und ein Bestandsanpassungsprozeß sind die zentralen Ingredienzen eines vom Verfasser entworfenen Modells[42]. Dieses mündet in die folgende Gleichung:

$$L^s_{i,t+1} = \mu_i \frac{\alpha_i Y_t}{w_{i,t}} + [1 - \mu_i] \left[(1 - \delta) L^s_{i,t-1} + \sum_{j=1}^{n} \varepsilon_{ji,t-1} L_{j,t-1} + \right.$$

$$\left. + \Delta L^s_{i,t} - \varrho L^s_{i,t-1}\right]$$

Dabei bedeuten L_i bzw. L_j die nach Qualifikationen gegliederten Bestände von Arbeitskräften in einer mittleren Aggregationstiefe, Y ist das Sozialprodukt, w_i der aggregatspezifische Lohnsatz, ΔL ist das Neu-

42 Werner *Clement:* Recurrent Education: Orientierung am Konzept beruflicher Flexibilität? in:Werner Clement und Friedrich Edding (Hrsg.): Recurrent Education und berufliche Flexibilitätsforschung, Berlin 1979 (in Druck).

angebot; μ_i ist der Anpassungskoeffizient, ε_{ij} ein Aggregationswechsel-(Mobilitäts-)koeffizient, ϱ ist die globale Verschleißrate und δ ein Koeffizient für den Rückstrom ins Bildungssystem. Das Modell müßte an sich in der Lage sein, Zyklizitäten hinreichend differenziert abzubilden, da es neben der üblichen Verfolgung von Rest- und Neuangebot noch Berufswechsel- und Rückstromvorgänge zuläßt sowie weiters auch die Nachfrageseite über eine (extrem einfach gehaltene) Produktionsfunktion einbezieht. Ungleichgewichte zwischen Teilaggregaten am Arbeitsmarkt werden im Zuge eines Bestandsanpassungsprozesses berücksichtigt[43]. Eine normative Erweiterung des Modells ist vorgesehen, wenn anstelle der Produktionsabhängigkeit eine politische Zielfunktion eingesetzt wird.

Von hier ist der Schritt zu makroökonomischen Modellen, in denen Bildung und Arbeitsmarkt expliziter modelliert werden als in traditionellen Makromodellen, nicht mehr groß. Beispielhaft seien erwähnt J. M. Ritzen[44] und G. Weißhuhn[45].

Nicht unerwähnt dürfen in diesem Panorama wichtigerer synthetischer Ansätze die Versuch des Rheinisch-Westfälischen Instituts für Wirtschaftsforschung[46] bleiben. Die Zielsetzung lautet dort, daß ausgehend von den strukturellen Arbeitsmarktungleichgewichten der Bildungs- und Berufsbilanzen berufliche Umsetzungsprozesse in Gang gesetzt werden sollen, die die qualitativen Mengenüberschüsse oder -defizite ausgleichen sollen. Basis dafür ist ein Optimierungsmodell (Lösungsalgorithmus des Transportmodelles). Die Umsetzungsvorgänge für über 200 Berufe erfolgen gemäß dreier Optimierungskriterien, nämlich Einkommensdifferenzen, Umsetzungszeiten und berufliche Verwandtschaftsgrade (später zusammengefaßt zu einer Nebenbedingung „Umsetzungswiderstand"). Wie schon aus der Aufgabenstellung hervorgeht, dient dieser Ansatz der Ausfüllung von Mobilitäts- und Substitutionsbändern mittels nachschulischer Bildungsmaßnahmen.

---

43 Gernot *Weißhuhn:* Sozioökonomische Analyse von Bildungs- und Ausbildungsaktivitäten, Volkswirtschaftliche Schriften 259, Berlin 1977.

44 Jozef M. *Ritzen:* Education, Economic Growth and Income Distribution, New York 1977.

45 Gernot *Weißhuhn:* Beschäftigungsgrad, Einkommensverteilung und Humankapitalbildung, Arbeitspapier, Berlin 1979.

46 Rose Marie *Kohler* und Siegfried *Lange:* Ein Konzept zur Bestimmung optimaler Umschulungswege, in: Mitteilungen des RWI, 25. Jg., 1974, Heft 1, S. 35 ff. Rose Marie *Kohler* und Willi *Lamberts:* Ungleichgewichte auf den Berufsmärkten und optimale Umschulungswege 1970 bis 1980, in: Mitteilungen des RWI, 27. Jg., Heft 1, 1976, S. 57 ff. Peter *Zangl:* Flexibilisierung von beruflichen Punktprognosen — Ein Modell zur Optimierung der Umsetzungen, in: Beiträge zur Arbeitsmarkt- und Berufsforschung 30, Bd. 1, Nürnberg 1978, S. 348 ff.

Eine andere Möglichkeit eines synthetischen Ansatzes besteht darin, in dem einfachen Freeman'schen Arbeitsmarktmodell, in das über die Formulierung der Angebotsfunktion noch humankapitaltheoretische Elemente einfließen, die potentielle Anschlußstelle für das Strukturkonzept zu nutzen[47]. Wenn man das schon angeführte Modell heranzieht, so findet sich die Anschlußstelle klarerweise in der Nachfragefunktion:

(1) $$E = D - aW$$

oder in prozentuellen Veränderungen formuliert

(1a) $$\dot{E} = \dot{D} - \eta \dot{W}$$ [48]

Die Shift-Größe $\dot{D}$, welche den Branchenstruktureffekt in Form einer Verschiebung der Nachfragefunktion nach Arbeit zum Ausdruck bringt, tritt natürlich auch in der reduzierten Form auf, die unter der Annahme der Räumung der Arbeitsmärkte abgeleitet werden kann:

(2) $$\dot{W} = \frac{\dot{D} - \dot{S}}{\eta + \varepsilon}$$

und

(3) $$\dot{E} = \frac{\varepsilon \dot{D} + \eta \dot{S}}{\varepsilon + \eta}$$

Dabei bedeuten in dieser prozentuellen Spezifikation η die Nachfrageelastizität und ε die Angebotselastizität.

Hier können nun in praktischer Form entsprechende Ergebnisse eines MRA-Modelles eingesetzt werden. Für einen Beruf gilt ursprünglich

(4) $$D_i = \sum_j a_{ij} N_j \,, \quad \text{mit}$$

N_j ... Zahl der Beschäftigten im Wirtschaftszweig j

a_{ij} ... Element der Berufs-Wirtschaftszweig-Matrix

Das dynamische Marktgleichgewicht $\dot{E}_i$ auf einem Teilmarkt für eine Berufsqualifikation i, unter Vernachlässigung von Interdependenzen

---

47 Richard B. *Freeman:* Manpower Requirements and Substitution Analysis of Labor Skills, A Synthesis, in: Ronald Ehrenberg (Ed.): Research in Labor Economics, Greenwich 1977, S. 151 - 183.

48 Es ist zu beachten, daß die Formulierungen in absoluten Zahlen (1) und in relativen Änderungen (1a) zwei alternative Spezifikationen darstellen, die nicht ineinander übergeführt werden können.

vermittelt über die verschiedenen Lohnsätze, lautet nun:

$$\dot{E}_i = \frac{\varepsilon_i \sum_j a_{ij} \frac{N_j}{D_i} \cdot \dot{N}_j + \eta_i \dot{S}_i}{\varepsilon_i + \eta_i} \tag{5}$$

Hiermit werden sowohl Änderungen der Arbeitsnachfrage aufgrund von Verschiebungen der industriellen (sektoralen) Struktur, als auch berufsspezifische Verschiebungen ausgehend von der Angebotsseite erfaßt.

In analoger Form könnte auch die gleichgewichtige prozentuelle Veränderung des berufsspezifischen Lohnsatzes ($\dot{W}_i$) bestimmt werden:

$$\dot{W}_i = \frac{\sum_j a_{ij} \frac{N_j}{D_i} \dot{N}_j - \dot{S}_i}{\varepsilon_i + \eta_i} \tag{6}$$

Damit hilft der „Arbeitskräftebedarfsansatz“, Verschiebungen der relativen Faktornachfrage insgesamt zu erklären. Ergänzt werden könnte dieses Vorgehen noch um eine differenziertere Analyse der Substitutionselastizitäten der Faktoren[49]. Die oben skizzierte partialanalytische Vorgangsweise bringt nämlich u. U. die Substitutionsbeziehungen zwischen den einzelnen Berufsqualifikationen nur ungenügend zum Ausdruck. Eine Weiterentwicklung zu einem interdependenten Modell könnte für die Angebots- und Nachfragefunktionen etwa folgendes Aussehen annehmen, wobei ob des bereits erreichten Grades der Komplexität bewußt eine lineare Spezifikation gewählt wurde:

$$\dot{E}^d = \dot{D} - (\eta_{ij}) \cdot \dot{W} \text{ , mit} \tag{7}$$

E^d ... Vektor der Nachfrage nach Berufen

D ... Vektor der jeweils berufsspezifischen Shift-Größen (Nachfrage)

W ... Vektor der Lohnsatzänderungen

(η_{ij}) ... Matrix der direkten und der Kreuzelastizitäten der Nachfrage[50]

---

[49] Für dieses wichtige Verbindungsstück gibt es eine umfassende Literatur. Vgl. George *Psacharopoulos* and Keith *Hinchliffe:* Further Evidence on the Elasticity of Substitution among Different Types of Educated Labor, in: Journal of Political Economy, Vol. 80, Number 4, July/August 1972, S. 786 - 792. Jan *Tinbergen:* Substitution of Graduated by other Labour, Kyklos, Vol. 27, 1974, S. 217 - 226. Reinar *Lüdeke:* Substitutionselastizitäten zwischen Arbeitskräften unterschiedlicher Bildungsqualifikationen: Alternative Interpretationen üblicher Schätzergebnisse, Kyklos, Vol. 31, 1978, S. 100 - 106.

[50] Diese Matrix ist im vorhergegangenen Fall eine reine Diagonalmatrix. Dasselbe gilt auch für die nachfolgende Matrix (ε_{ij}).

und

(8) $$\dot{E}^s = \dot{S} + (\varepsilon_{ij}) \cdot \dot{W} \,, \quad \text{mit}$$

$\dot{E}^s$ ... Vektor des Angebots nach Berufen

$\dot{S}$ ... Vektor der Shift-Größen (Angebot)

(ε_{ij}) ... Matrix der Angebotselastizitäten.

Die entsprechende Lösungen lauten nun:

(9) $$\dot{W} = (\varepsilon_{ij} + \eta_{ij})^{-1} \cdot (\dot{D} - \dot{S})$$

und

(10) $$\dot{E} = (\varepsilon_{ij}) \cdot (\varepsilon_{ij} + \eta_{ij})^{-1} \dot{D} + \eta_{ij} (\varepsilon_{ij} + \eta_{ij})^{-1} \dot{S}$$

Die Verknüpfung mit einem Strukturansatz würde dann entsprechend der oben eingeschlagenen Vorgangsweise erfolgen.

Die vorgeschlagenen synthetischen Modellansätze sind derzeit sicher die interessantesten Versuche, die bisherigen Methoden zu verbinden, um die Dynamik eines nach Berufs- und Bildungsmerkmalen gegliederten Arbeitsmarktes verstehen zu lernen. Problematisch sind dabei noch die einfachen Verhaltensmaßnahmen auf der ökonomischen Seite des Problems, sowie die Frage eines akzeptablen (Dis-)Aggregationsniveaus auf der Seite des Strukturmodells. Dabei sind die allzu simplifizierten institutionellen und Verhaltensannahmen, wie aus der Diskussion der Bildungsnachfrage- und Verdienstfunktion hervorgeht, wohl das gravierendere Problem:

— Die institutionelle Annahme der Markträumung könnte durch die Einführung nicht gleichgewichtiger Anpassungsprozesse ersetzt werden. Bei deren Spezifikation ist jedoch das Problem der ökonometrischen Schätzbarkeit ungleichgewichtiger Prozesse als schwerwiegend anzusehen.

— Die Angebotsseite in diesem Modell ist noch nicht ausreichend entwickelt. So wäre etwa die Shift-Größe der Angebotsseite als folgende Funktion gemäß der „Bildungsnachfragetheorie" vorstellbar:

(11) $S_i = f$ (tatsächliche und erwartete Einkommen bei Berufseintritt, Variable der sozialen Herkunft, genetische Variable, Schul(kapazitäts-)angebots- und Schulqualitätsvariable, Finanzierungsvariable etc.).

— Daneben könnte auch an die Schätzung vollspezifizierter Verdienstfunktionen zur Erklärung des Angebotsverhaltens im Rahmen des vorgestellten Marktgleichgewichtsmodelles gedacht werden.

Als Resultat der bisherigen Darlegungen für die theoretische Behandlung mittel- bis langfristiger Zyklizitäten auf dem Arbeitsmarkt könnte an die Formulierung folgenden einfachen Modells gedacht werden, in welchem der Einfachheit halber nur zwischen den Bildungsebenen universitäre und nichtuniversitäre Ausbildung unterschieden wird. Die Spezifikation erfolgt in absoluten Zahlen und nicht wie oben in Veränderungsraten, da weder langfristige Gleichgewichte, noch strukturelle Veränderungen, sondern zyklische Prozesse erfaßt werden sollen.

Die Angebots- und Nachfragefunktionen haben die oben entwickelte Gestalt und bringen auch die Interdependenzen der jeweiligen Teilmärkte zum Ausdruck:

$$E_i^s(t) = S_i(t) + \sum_j c_{ij} W_j(t) \tag{12}$$

und

$$E_i^d(t) = D_i(t) - \sum_j d_{ij} W_j(t) \ , \tag{13}$$

mit i, $j = 1, 2$, wobei 1 für universitäre und 2 für nichtuniversitäre Bildung steht. c_{ij} und d_{ij} sind die jeweiligen Anstiege der Angebots- und Nachfragefunktionen.

Das Interzept der Nachfragefunktion wird erklärt durch das in der Vergangenheit realisierte Arbeitsmarktgleichgewicht und die Veränderungen der berufsspezifischen Nachfrage der einzelnen Sektoren, die mittels eines MRA-Ansatzes bestimmt wird:

$$D_i(t) = E_i(t-1) + \sum_k a_{ik} \Delta N_k(t) \ , \tag{14}$$

wobei $\Delta N_j(t)$ mit $k = 1, \ldots, n$ die Änderungen der Wertschöpfungen der einzelnen Wirtschaftssektoren bedeutet.

Das Interzept der Angebotsfunktion nicht universitär Ausgebildeter wird determiniert durch

$$S_2(t) = E_2(t-1) + \{EL(t) - FRSH(t)\} \ , \tag{15}$$

wobei $EL(t)$ die „Eligibles" und $FRSH(t)$ die Studienanfänger bedeuten.

Die Studienanfänger werden durch eine einfache Bildungsnachfragefunktion vom traditionellen Typ bestimmt, wobei neben der demographischen Variablen der „Eligibles", noch die verzögerten, modellendogen Lohnsatzdifferenzen anstelle einer Verdienstfunktion zur Erklärung herangezogen werden:

$$FRSH(t) = b_1 EL(t) + b_2 \{W_1(t-1) - W_2(t-1)\} \ . \tag{16}$$

Aus Gründen der Einfachheit wird auf eine genauere Darstellung des Ausbildungsprozesses verzichtet und etwa das Problem der Drop-Outs vernachlässigt. Somit gilt also für die Absolventen:

$$ABS(t) = FRSH(t-4) \, , \tag{17}$$

und für das entsprechende Angebot:

$$S_1(t) = E_1(t-1) + ABS(t) \, . \tag{18}$$

Unter der institutionellen Annahme einer periodenweisen Räumung aller Arbeitsmärkte ($E_i^s \stackrel{!}{=} E_i^d$) ergibt sich somit folgendes Gleichungssystem:

$$\sum_j (c_{1j} + d_{1j}) W_j(t) = - \sum_k a_{1k} \Delta N_k - b_1 EL(t-4) - b_2 \{W_1(t-5) - W_2(t-5)\} \, , \tag{19}$$

und

$$\sum_j (c_{2j} + d_{2j}) W_j(t) = \sum_k a_{2k} \Delta N_k - (1 - b_1) EL(t) + b_2 \{W_1(t-1) - W_2(t-1)\} \, . \tag{20}$$

Dieses Gleichungssystem kann analog zur Gleichung (9) nach den verschiedenen Lohnsätzen $W_i(t)$ der jeweiligen Periode und nach Einsetzen etwa in die Gleichungen (12) und (14) nach den korrespondierenden Zahlen der im Gleichgewicht Beschäftigten $E_i(t)$ aufgelöst werden.

Die empirische Behandlung eines derartigen Modells und die Erfüllung der weiter oben genannten Anforderungen ist allerdings außerordentlich schwierig, weil einerseits noch keine Erfahrung bei der Behandlung solcher humankapitaltheoretischer Simultanmodelle mit so vielen erklärenden Variablen vorliegt, die noch dazu z. T. aus dem soziologischen und psycho-sozialen Bereich stammen.

Auf der anderen Seite bestehen auch große methodologische Ähnlichkeiten zu den in der Ökonomie wohlbekannten Verkoppelungen von Verhaltensfunktionen und Input-Output-Methoden in den sogenannten gemischten Modellen. Die entsprechenden ökonometrischen Probleme sind im gegenständlichen Falle jedoch noch komplizierter. Die Verknüpfung des MRA-Ansatzes mit dem beschriebenen Marktmodell soll zur analytischen Trennung von Struktureffekten und sonstigen Effekten des Arbeitsmarktes dienen. Im Gegensatz dazu liegen für die Verwendung in den gemischten Modellen (mixed models) von vornherein statistische Unterlagen vor, die eine gesonderte Untersuchung der Intermediär- und Endnachfragelieferungen erlauben; d. h. die Trennung und Zuordnung muß nicht erst nachträglich analytisch festgestellt werden. Hinzu kommt noch als weitere Erschwernis der Umstand, daß im Input-Output-Rahmen eine Konsistenzkontrolle möglich wird, während dies hier in der Analyse des Arbeitsmarktes nicht möglich ist. So stellt sich das Problem, daß an sich alle Parameter des Marktsystems mit simultanen Schätzmethoden geschätzt werden müßten. Dies würde im gegenständlichen Fall das Vorliegen von Zeitreihen implizieren, während die statistische Datenbasis jedoch Strukturmerkmale nur jeweils bei den umfangreicheren Zensen, die aber in größeren Zeitabständen durchgeführt werden, ausweist.

Weitere Ausführungen über noch andere theoretische Entwicklungsmöglichkeiten synthetischer Ansätze z. B. aus der neueren, von der Kontrakttheorie und Marktsignaltheorie inspirierten Arbeitsmarkttheorie[51] sollen nicht mehr gemacht werden. Es ist ausreichend deutlich, wohin die Forschungsstrategien zielen und die großen analytischen Probleme liegen. Um jedoch noch auf eine völlig andere Perspektive hinzuweisen, sei als Abschlußsatz an eine einleitend betonte Rand-Probleme liegen.

Um jedoch noch auf eine völlig andere Perspektive hinzuweisen, sei als Abschlußsatz an eine einleitend betonte Randbedingung erinnert: Die besprochenen Zyklizitäten sind zu einem wesentlichen Teil das Ergebnis von institutionellen Rigiditäten. Diese und eine hohe Verantwortlichkeit des Staates machen eine weitgehende Planung und damit eine möglichst gute analytische Fundierung erforderlich. So sehr also die Forschung an synthetischen Ansätzen zum besseren Verständnis und besseren Projektionen von Arbeitsmarktungleichgewichten vorangetrieben werden soll, darf dies doch nicht den Blick für eine völlig andere sozialtechnologische Möglichkeit verstellen: Diese besteht darin, die Institutionen in Richtung mehr Selbstanpassungsfähigkeit umzubauen, gleichgültig, ob dies Erhöhung der Durchlässigkeit im Bildungssystem, rekurrente Bildung, Flexibilisierung oder Erhöhung der Abstimmung zwischen Bildungs- und Beschäftigungssystem heißt. Die Bedeutung des ordnungspolitischen Datenkranzes[52] der Bildungs- und Arbeitsökonomie sei hiermit als ceterum censeo nur nochmals betont.

---

[51] Z. B.: S. C. *Salop:* Systematic Job Search and Unemployment, in: Review of Economic Studies, April 1973, S. 191 - 201. Hans J. *Ramser,* Die Kontrakttheorie als Beitrag zu einer ökonomischen Theorie des Arbeitsmarktes, Diskussionsbeitrag Nr. 114 der Universität Konstanz, September 1978. S. *Berninghaus* und Hans J. *Ramser:* Diskriminierung durch Desinformation, Diskussionsbeitrag Nr. 123 — Serie A der Universität Konstanz, März 1979. M. A. *Spence:* Market Signaling, Informational Transfer in Hiring and Related Screening Processes; Cambridge, Mass. 1974.

[52] Werner *Clement:* Unternehmerische Personaldisposition und Bildungsplanung, in: Beiträge zur Arbeitsmarkt- und Berufsforschung, Heft 15, Nürnberg 1977, S. 187 ff. Werner *Clement:* Qualifikationen und Zertifikate als Orientierungsgrößen für das betriebliche Verhalten in alternativen Abstimmungsprozessen von Bildungsangebot und Bildungsnachfrage, in: Wirtschaftspolitische Blätter, Heft 2, 24. Jg., 1977, S. 77 ff.

ZUR POLITISCHEN ÖKONOMIE DER ENTWICKLUNGSZUSAMMENARBEIT

Von Adolf Nußbaumer

I. Das Entstehen eines neuen Entwicklungsbewußtseins

Die Entwicklung der Weltwirtschaft in den letzten Jahren war gekennzeichnet von einer wachsenden gegenseitigen Abhängigkeit der wirtschaftlichen Entwicklung in den alten Industriestaaten und in den Entwicklungsländern. Die Sorgen um die Entwicklung der Weltwirtschaft haben damit eine neue internationale Dimension erhalten. Auch wenn seitens einzelner Entwicklungsländer gelegentlich erwogen wird, sich politisch wie ökonomisch von den Entwicklungen in den westlichen Industriestaaten abzukoppeln, so ist es doch überwiegend verbreitete Meinung, daß alle Staaten der Welt ein ähnliches Interesse an einer möglichst reibungslos funktionierenden internationalen Wirtschaftsordnung und Arbeitsteilung haben müssen.

Gedanklich tritt damit an die Stelle der Entwicklungshilfe immer stärker die Überzeugung von der Notwendigkeit einer Entwicklungszusammenarbeit. Unter Entwicklungszusammenarbeit wird hierbei sowohl die traditionelle, im ausschließlichen Interesse der Entwicklungsländer gelegene Hilfe wie die wirtschaftliche Kooperation und der Interessenausgleich mit Entwicklungsländern verstanden; welche Maßnahmen im Einzelfall gesetzt werden, hängt von den besonderen Erfordernissen der einzelnen Entwicklungsländer ab. Die häufig angeführte „Interdependenz" zwischen Entwicklungsländern und entwickelten Industriestaaten bedeutet allerdings für beide Staatengruppen auch dann, wenn diese bejaht wird, oft Verschiedenes. Während seitens der Vertreter der Industriestaaten meist an das gegenseitig aufeinander Angewiesensein zwischen Lieferanten und Abnehmern im Warenaustausch auf Märkten gedacht wird, freier Wettbewerb als unverzichtbar erscheint und Fragen der internationalen Einkommensverteilung nur eine untergeordnete Bedeutung zugemessen wird, sehen die Entwicklungsländer im freien Spiel der Marktkräfte und in der gegenwärtigen Form der wirtschaftlichen Interdependenz vielfach ein Relikt aus der Kolonialzeit oder zumindest ein Instrument der Ausbeutung, da ihnen für ihre Waren ein „gerechter Preis" verweigert werde.

Darüber hinaus ist zwischen den Entwicklungsländern selbst eine immer stärkere Differenzierung hinsichtlich wirtschaftlichen Entwicklungsstandes, Einkommensquellen und Entwicklungsmöglichkeiten eingetreten. Obwohl alle Entwicklungsländer weiterhin an einem einheitlichen Auftreten interessiert sind und allgemein eine engere politische Blockbildung als nicht wünschenswert angesehen wird, haben sich in den letzten Jahren doch drei zumindest hinsichtlich ihrer wirtschaftlichen Interessenslage und ihrer wirtschaftlichen Möglichkeiten deutlich unterscheidbare Gruppen von Entwicklungsländern gebildet. Es sind dies erstens die erdölproduzierenden Staaten, insbesondere seit diese infolge schnellen Ansteigens des Rohölpreises in ihrer wirtschaftlichen Entwicklung keinen wesentlichen finanziellen Beschränkungen mehr unterliegen und sie vielfach selbst zu Kapitalexporteuren geworden sind. Eine zweite Gruppe bilden jene Länder, welche zwar noch nicht den Entwicklungsstand der am weitesten fortgeschrittenen Industriestaaten erreicht haben, sich jedoch immer mehr als neue Industrieländer profilieren. Zu dieser Gruppe zählen einige südeuropäische Länder wie Spanien, Portugal, Griechenland und Jugoslawien, einige Länder Lateinamerikas, wie Brasilien und Mexiko, und schließlich einige neue Industriestaaten in Ostasien, wie Korea, Hongkong, Singapur und Taiwan[1]. Schließlich muß auf jene große Gruppe der ärmsten Entwicklungsländer hingewiesen werden, welche entweder wegen ihrer Rohstoffarmut, wegen ihres hohen Bevölkerungswachstums oder ihrer besonders ungünstigen Verkehrslage oder historischen Entwicklung durch besondere Armut gekennzeichnet sind. Entwicklungshilfe im engeren Sinn sollte gerade diesen Ländern zugute kommen.

Den Besonderheiten des einzelnen Falles muß deshalb in der Entwicklungszusammenarbeit noch stärkere Beachtung als bisher geschenkt werden. Sozialproduktvergleiche allein reichen für die Feststellung des Entwicklungsstandes und für die Erarbeitung einer Entwicklungskonzeption nicht aus. Weitere Indikatoren wie die Anteile der einzelnen Wirtschaftssektoren an der Gesamtproduktion, Größe und Struktur des Außenhandels, Entwicklung der Infrastruktur, sowie Zusammensetzung und Entwicklung der Bevölkerung sind unbedingt erforderlich[2]. Für alle Entwicklungsländer ist jedoch ein gewisser Dua-

---

[1] Die OECD hat über diese Staaten kürzlich eine eingehende Studie veröffentlicht: L'incidence des nouveaux pays industriels sur la production et les echanges mondiaux de produits manufactures, OECD-Document DOC 45, 610.

[2] Daß auch namhaften Wirtschaftswissenschaftlern hier Fehleinschätzungen unterlaufen, zeigen etwa die Ausführungen des bekannten amerikanischen Nationalökonomen P. A. Samuelson, welcher in seinem Lehrbuch „Economics", 9. Auflage, New York 1973, S. 767, zwar die Tschechoslowakei, Finnland und Puerto Rico gemeinsam mit der Schweiz und den Vereinigten Staaten in die

lismus typisch; unter diesem versteht man das gleichzeitige Nebeneinander moderner und traditioneller Produktions- und Lebensweisen. Neben einem sich rasch entwickelnden Sektor industrieller Produktion existiert ein sehr bedeutender, meist überwiegend landwirtschaftlicher und gewerblicher Sektor. Dieser Dualismus trägt häufig auch zur Verschärfung sozialer Spannungen bei, insbesondere dann, wenn, wie bei Stammesgesellschaften, die soziale Durchlässigkeit der Gesamtgesellschaft stark eingeschränkt ist. Die Verschiedenheit der Probleme in den einzelnen Entwicklungsländern macht deshalb Verallgemeinerungen sehr gefährlich und läßt ein näheres Eingehen auf den jeweiligen Einzelfall unumgänglich notwendig erscheinen.

Langfristige Schätzungen, die künftige wirtschaftliche Entwicklung in den wichtigsten Regionen der Welt betreffend, zeigen, daß sich in nahezu allen gewählten Szenarios die Ungleichgewichte zwischen den einzelnen Weltregionen weiter verstärken. Darüber hinaus gewinnt die von den erdölproduzierenden Staaten des Mittleren Ostens den anderen Entwicklungsländern gewährte Hilfe rasch im Verhältnis zur Entwicklungshilfe seitens der alten Industrienationen an Gewicht[3].

Es ist deshalb nicht verwunderlich, wenn die Entwicklungsländer eine neue Weltwirtschaftsordnung fordern, die ihnen wesentliche Verbesserungen bringen soll. Als gleichberechtigte Partner sind sie an einem Abbau der wirtschaftlichen Vormacht der Industrieländer interessiert; diesem Ziel dienen die Forderungen nach einem stärkeren Ressourcentransfer ohne ökonomische Bindung, nach einer Erleichterung ihrer Exporte in die Industriestaaten und nach vermehrter Gewährung ungebundener Hilfe, nach einer Begrenzung des technischen Fortschritts in den Industriestaaten, vor allem bei jenen Produkten, durch welche ihre Exporte substituiert werden könnten, und schließlich nach einer Verschärfung des internationalen Wettbewerbsrechts. In institutioneller Hinsicht soll ihren Forderungen durch eine Stärkung des Systems der Vereinten Nationen, durch ein allgemeines Mitspracherecht, durch verbesserte vertragliche Absicherung ihrer Rechte und Stärkung der UN-Kontrolle über die Einhaltung der Vereinbarungen, durch Ersatz bilateraler Abkommen durch multilaterale Vereinbarungen, sowie privater und staatlicher Instanzen durch internationale Gremien, und schließlich durch Schaffung internationaler Entscheidungsinstitutionen Rechnung getragen werden. Durch diese Forderungen sehen sie auch eine Stärkung ihrer nationalen Souveränität gewährleistet, da sie die

---

höchstentwickelte Staatengruppe einreiht, Österreich ebenso wie etwa Bulgarien und Panama nur als mittelmäßig entwickelt ansieht, die heute als neue Industriestaaten international anerkannten Länder Brasilien, Südkorea und Taiwan jedoch zur Gruppe der ärmsten Entwicklungsländer rechnet.

[3] *W. Leontief*, Die Zukunft der Weltwirtschaft, Stuttgart 1977.

Forderungen nach Selbstbestimmung und Nichteinmischung untermauern, zur Beseitigung direkter und indirekter Bevormundung beitragen und es erleichtern, ihr eigenes Rechtssystem einschließlich des Rechts der Nationalisierung ausländischer Investitionen an die Stelle der bisher üblichen Anwendung der Rechtsnormen der Industriestaaten zu setzen[4].

Diese Forderungen sollen der Erreichung folgender Zielsetzungen dienen: Erhöhung des Anteils der Entwicklungsländer an der Industrieproduktion von gegenwärtig 7 % auf 25 % im Jahre 2000, Zuweisung bestimmter Produktionszweige an die Entwicklungsländer bei gleichzeitiger Stillegung in den Industrieländern, Zuweisung von Marktanteilen, um die Importe von Halb- und Fertigwaren aus den Entwicklungsländern in die Industriestaaten zu steigern, sowie Schaffung eines Rechts auf Verstaatlichung ausländischer Investitionen, auch ohne Festsetzung einer Entschädigung. Weiters soll der Technologietransfer in die Entwicklungsländer zu Vorzugsbedingungen erleichtert werden, der Verbrauch nichtregenerierbarer Rohstoffe in entwickelten Industriestaaten soll quantitativen Beschränkungen unterworfen werden, es soll ein integriertes Rohstoffprogramm mit zentral gesteuerten, unter Mitwirkung der Entwicklungsländer festgelegten Preisen und Mengen geschaffen werden, die Rohstoffpreise sollen an die Entwicklung der Preise für Industrieprodukte gebunden werden. Die Entwicklungsländer wollen auch an der Nutzung der Rohstoffe im Meeresboden teilhaben, schließlich sollen vor allem die öffentlichen Schulden der Entwicklungsländer gestrichen werden.

Es liegt auf der Hand, daß ein derartig umfangreiches Forderungsprogramm nicht kurzfristig und nicht ohne tiefgreifende Veränderungen der Weltwirtschaft realisiert werden kann. Trotz intensiver Bemühungen, getragen von dem Bestreben, den Entwicklungsländern wirksam zu helfen, wird eine neue, den Interessen aller Staaten gerecht werdende internationale Wirtschaftsordnung deshalb nur nach langjährigen und schwierigen Verhandlungen realisiert werden können. Diesen Interessenausgleich zu finden und auch praktisch zu verwirklichen, wird nicht nur für die künftige wirtschaftliche Entwicklung der Welt von größter Bedeutung sein, sondern auch für die Sicherung des Friedens und der internationalen Zusammenarbeit zwischen den Völkern.

---

4 Siehe hiezu *Th. Dams* und *G. Grohs*, „Kontroversen in der internationalen Rohstoffpolitik.“ Ein Beitrag zur Rohstoffpolitik der BRD nach UNCTAD 4, München 1977.

II. Allgemein politische Perspektiven des Nord-Süd-Dialoges

Die Zusammenarbeit zwischen entwickelten Industriestaaten und Entwicklungsländern ist deshalb nicht bloß eine wichtige wirtschaftliche Aufgabe, sie hat auch eine bedeutende politische Dimension. Politisch ist vor allem relevant, daß sich die Bevölkerung in den Entwicklungsländern der großen Abstände, die sie vom Wohlstand und der Wirtschaftsentwicklung der reichen Länder trennen, in wachsendem Maße bewußt geworden ist. Diese Völker mißtrauen auch dem Wirtschaftssystem, das sie in der Armut beließ, und neigen dazu, einen Teil der Schuld den reichen Ländern zuzuschieben[5].

Während international deshalb mit einer Verschärfung der Konfrontation zwischen Arm und Reich gerechnet werden muß, ist sich ein großer Teil der Bevölkerung in den entwickelten Ländern der Armut in der Dritten Welt und der Notwendigkeit der Entwicklungshilfe und -zusammenarbeit noch immer nicht ausreichend bewußt. Dies gilt vor allem auch für die Bevölkerung jener Länder, welche früher keine Kolonien besaßen und in denen deshalb auch kaum ein historisch bedingtes Interesse an Entwicklungen in der Dritten Welt und kein Gefühl der historischen Verpflichtung zu Entwicklungszusammenarbeit besteht. Dennoch darf nicht übersehen werden, daß die Welt heute ökonomisch wie politisch eine Einheit bildet, daß bei Wahrung des Prinzips der strikten Nichteinmischung in die inneren Angelegenheiten anderer Länder Kooperation in der Entwicklungspolitik unerläßlich ist, und daß Entwicklungszusammenarbeit und Entwicklungshilfe in besonderem Maße Aufgaben der politischen Ökonomie sind, weil zwischen Hilfe, Handel und engen und freundschaftlichen politischen Beziehungen oft innere Konnexe bestehen.

Viel spricht somit für die direkte Zusammenarbeit zwischen einzelnen Staaten. Dennoch sollten die Vorteile der Einschaltung internationaler Organisationen nicht unterschätzt werden. Durch diese wird nicht nur dem Entstehen neuer politischer Abhängigkeiten vorgebeugt. Wird wirtschaftliche Hilfe über internationale Organisationen in ungebundener Form gewährt, so können die Empfängerländer die ihnen zufließenden Mittel vielfach auch rationeller nutzen, da sie über gelieferte Güter wie Lieferanten frei entscheiden können. Da die Gefahr besteht, daß bei Einschaltung internationaler Organisationen die Kontakte zwischen Lieferanten und Empfängern auf lange Sicht nicht so eng sind wie bei direkter Kooperation, verlangen die Entwicklungsländer im Rahmen internationaler Organisationen verstärkte Mitspra-

---

5 *K. Meyer*, Entwicklungsländer. Handwörterbuch der Raumforschung und Raumordnung, Band I, 2. Auflage, Hannover 1970, Sp. 622.

che und damit größeren Einfluß auf die Auswahl und die Realisierung der finanzierten Projekte.

Diese Mitsprache sollte allerdings überwiegend projektbezogen sein und eine starre Gruppenbildung, etwa in eine Gruppe der Industriestaaten und eine solche der Entwicklungsländer sowie das Entstehen politischer Untergruppen innerhalb der Gruppe der Entwicklungsländer sollte möglichst vermieden werden. Denn während rechtzeitiger Meinungsaustausch und Information zwischen Staaten mit ähnlichen Interessen internationale Verhandlungen durchaus erleichtern und beschleunigen können, kann die Festlegung einheitlicher Positionen seitens einzelner Gruppen und ein besonders starkes Gruppenbewußtsein die wünschenswerte internationale Kooperation im Einzelfall durchaus erschweren.

Gerade im Rahmen internationaler Finanzorganisationen dürfte es darüber hinaus besonders wichtig sein, auf die Dringlichkeit der Entwicklungserfordernisse gerade der ärmsten Entwicklungsländer deutlich hinzuweisen, da die Möglichkeit nicht ausgeschlossen werden kann, daß etablierte Verwaltungssysteme Länder und Arten von Entwicklungsprojekten bevorzugen, mit denen sie bereits Erfahrung besitzen und in denen infolge des bereits erreichten höheren Entwicklungsstandes die Gefahr des Fehlschlagens von Projekten geringer ist.

Bei multilateraler wie bilateraler Entwicklungszusammenarbeit sollten die Interessen der Entwicklungsländer, denen geholfen werden soll, im Vordergrund stehen. Hilfe sollten vor allem die ärmsten Länder empfangen, die Art der Hilfe sollte ihrer besonderen Situation angepaßt sein, und der Sicherung menschlicher Grundbedürfnisse wie der Bereitstellung von Nahrung, Wohnung und Beschäftigung sollte besondere Beachtung geschenkt werden. Auch die den Entwicklungsländern zur Verfügung gestellte Technologie soll diesen Bedürfnissen und ganz allgemein der besonderen Situation in den einzelnen Entwicklungsländern angepaßt sein. Aufgaben und Formen der Entwicklungszusammenarbeit werden demnach vielfach verschieden sein, je nachdem ob es sich um besonders arme Länder handelt, welche durch ungünstige Verkehrslage, schnelles Bevölkerungswachstum oder Ressourcenarmut besonders benachteiligt sind, ob es um die Entwicklung von mit natürlichen Rohstoffquellen reich gesegneten Ländern, die, wie etwa die ölproduzierenden Länder, finanzstark sind, geht, oder ob die weitere wirtschaftliche Entwicklung von Ländern beschleunigt werden soll, welche bereits an der Schwelle fortgeschrittener Industrialisierung stehen.

Gerade die letztgenannten, sogenannten neuen Industriestaaten, erzielen heute oft nicht unerhebliche Zahlungsbilanzüberschüsse und könnten deshalb ihren Handelsverkehr mit den alten Industrienationen allmählich liberalisieren und hierdurch zur Stärkung des allgemeinen internationalen Wettbewerbs im Interesse aller Länder beitragen. Trilaterale Kooperationen zwischen ihnen, alten Industriestaaten und besonders armen Entwicklungsländern könnten darüber hinaus neue Perspektiven für die Entwicklungshilfe an die ärmsten Länder eröffnen und gleichzeitig für die Produktion der neuen Industriestaaten zusätzliche Absatzmärkte erschließen helfen.

In der politischen Ökonomie der Entwicklungszusammenarbeit wird hierbei immer an den Engpässen und Schwachstellen der wirtschaftlichen Entwicklung in den einzelnen Staaten anzusetzen sein, sei es am Problem der Überbevölkerung, an Ausbildungsmängeln, Kapitalmangel, Rohstoffmangel oder Vorliegen und Bewältigung besonderer Umweltprobleme. Jede Entwicklungspolitik muß an den besonderen Hemmnissen in jedem einzelnen Land orientiert sein und diese zu beseitigen trachten.

Relative Kostendifferenzen in der Produktion einzelner Waren oder Dienstleistungen sind überwiegend Ausdruck besonderer Schwierigkeiten, mit denen die einzelnen Wirtschaftssektoren in den verschiedenen Ländern zu kämpfen haben; diese Kostendifferenzen müssen vorerst zur Kenntnis genommen werden. Sie geben aber Anlaß zur Überprüfung, welche Produktionen auf lange Sicht in einem Land aufgegeben werden müssen oder günstige Entwicklungschancen haben und deshalb vorerst abgeschirmt und besonders gefördert werden sollen, damit sie später zu Trägern der weiteren wirtschaftlichen Entwicklung dieses Landes werden. Für die internationale Verteilung der Produktion zwischen Industriestaaten und Entwicklungsländern ergibt sich hieraus ein Produktzyklus, in dessen Rahmen einzelne Produktionen und Industriezweige von entwickelten Industriestaaten allmählich immer mehr auf Erzeuger in weniger entwickelten Ländern übergehen, während die Beschäftigung in den alten, durch hohe Arbeitseinkommen gekennzeichneten Industrieländern von technologieintensiven Produkten, von der Forschung zuzurechnenden Tätigkeiten sowie von qualifizierten Dienstleistungen getragen werden muß[6].

Dieser Strukturwandel ist die Folge eines weltwirtschaftlichen Anpassungsprozesses, in dem die ärmeren Länder, durch besondere Entwicklungshilfen, Privilegien, wie etwa allgemeine Präferenzsysteme und Schutzmaßnahmen für den Aufbau neuer Produktionen begünstigt werden. Die laufende Beobachtung dieses Entwicklungs- und Anpassungsprozesses durch internationale Organe kann zu dessen Sicherung

[6] *H. Hesse*, Außenhandel, Handwörterbuch der Wirtschaftswissenschaften, 7./8. Lieferung, Stuttgart 1977, S. 370 f.

beitragen. Doch vollzieht sich diese Anpassung im Wirtschaftsverkehr mit Ländern mit marktwirtschaftlicher Grundordnung im Rahmen eines Wettbewerbsprozesses, und sie läßt sich ohne Gefahr größerer Arbeitslosigkeit sowie ökonomischer und politischer Destabilisierung einzelner Volkswirtschaften, welche Produktionen abgeben sollen, durch politische Maßnahmen nicht beliebig beschleunigen.

Da wirtschaftliche Produktion immer nur ihr Ziel erreicht, wenn sie abgesetzt werden kann und die Lage der Menschen sowohl als Produzenten wie als Konsumenten verbessert, muß Entwicklungspolitik schließlich nicht nur an einer Neuverteilung der Produktion in der Welt, sondern auch an einer Neuordnung der Handelsströme und Märkte orientiert sein. Die Entwicklungsländer haben es sich deshalb auch zur Aufgabe gesetzt, ihren Anteil am Welthandel mit Fertigwaren von 8 % im Jahre 1971 auf 30 % im Jahre 2000 zu erhöhen. Diente dieser Handel in einem Frühstadium wirtschaftlicher Entwicklung vielfach überwiegend der Beschaffung von Devisen in Hartwährungsländern, um damit für die weitere Entwicklung unentbehrliche Güter aus den entwickelten Industriestaaten beziehen zu können, geht es heute in vielen Entwicklungsländern daneben um die Schaffung ausreichender lokaler Märkte im eigenen Land, da nur hierdurch für breite Bevölkerungsschichten Arbeit und höhere Einkommen geschaffen werden können.

Im Zuge der weiteren Entwicklung der Produktionskapazitäten in Entwicklungsländern gewinnt sodann vielfach der Handel mit anderen, sich im Mittelstadium der Entwicklung befindlichen Staaten an Bedeutung, da hierdurch zusätzliche Beschäftigungsmöglichkeiten geschaffen sowie Hartdevisen eingespart werden können. Für jeden aufstrebenden Industriestaat ist die Erschließung und Sicherung neuer Märkte von großer Bedeutung. Am Ende dieser Entwicklung stünde dann eine neue Aufteilung von Produktion, Märkten und Handelsströmen in der Welt, bei der kein Land verlieren müßte. Eine erweiterte internationale Kooperation und Arbeitsteilung würde vielmehr sämtlichen Ländern, welche im Rahmen dieses verbesserten weltwirtschaftlichen Systems mitwirken, höheren Wohlstand und zusätzliche Sicherheit durch intensivere internationale Zusammenarbeit sichern.

III. Entwicklungszusammenarbeit und ökonomische Theorie: Außenhandelstheorie

Im letzten Jahrzehnt begann sich allmählich die Überzeugung durchzusetzen, daß der wirtschaftliche Wohlstand in den fortgeschrittenen Industrieländern auch von der Wirtschaftslage in den Entwicklungsländern beeinflußt wird, ja, daß das gegenwärtige internationale Wirtschaftssystem in Zukunft weder für den Norden noch für den Süden voll befriedigende Ergebnisse liefern dürfte. Ja es wird sogar die Überzeugung geäußert, daß ohne tiefgreifende strukturelle Veränderungen der Weltwirtschaft die westlichen Industriestaaten in den achtziger und neunziger Jahren weiterhin mit hohen Inflationsraten und langsamerem Wirtschaftswachstum rechnen müßten[7].

Auch die statistische Erfahrung zeigt, daß die ökonomische Unterentwicklung eines Teiles der Welt nicht mehr als isoliertes Phänomen, welches nur eine Gruppe von Ländern betrifft, behandelt werden kann; Ungleichgewichte in den internationalen Wirtschaftsbeziehungen schaffen vielmehr Schwierigkeiten für Beschäftigung, Zahlungsbilanzausgleich und Wachstum in allen Ländern. Hatten die Entwicklungsländer 1963 noch einen Welthandelsanteil von 20,5 %, so belief sich dieser 1972 trotz Verdopplung des Exportwertes nur noch auf 17,6 % und fällt kontinuierlich weiter[8]. In etwa dem gleichen Zeitraum stiegen allein die öffentlichen Auslandsschulden von 86 ausgewählten Entwicklungsländern von 38 066 Mio. US-Dollar (1965) auf 99 375 Mio. US-Dollar (1972)[9].

Diese Zahlen zeigen deutlich, daß den für die Erhaltung eines hohen Beschäftigungsniveaus wichtigen Exporten der Industriestaaten durch Zahlungsbilanzdefizite und wachsende Verschuldung der Entwicklungsländer ein schwer überbrückbares Hindernis entgegensteht. Ein Entgegenkommen gegenüber den Wünschen des schwächeren Partners, etwa durch Abgehen vom Grundsatz der strengen Reziprozität bei der Einräumung handelspolitischer Konzessionen analog zu dem im 19. Jahrhundert von England praktizierten einseitigen Freihandel, somit eine den internationalen Wettbewerb zugunsten der Entwicklungsländer speziell verändernde Entwicklungspolitik, erscheint heute nicht nur wirtschaftspolitisch, sondern auch wirtschaftstheoretisch begründet.

Allerdings hat die Wirtschaftstheorie bisher nur geringe Beiträge zur Analyse der Wirtschaftsbeziehungen mit Entwicklungsländern geleistet. Die meisten Ansätze, auch der Außenwirtschaftstheorie, sind gleichgewichtstheoretischer Art, es werden bestehende Zustände analysiert und vor allem die optimale Verteilung der Ressourcen und Produktionskapazitäten der Welt, unter Bedingungen freien internationalen Wettbewerbs, untersucht. Sowohl die Theorie des Außen-

7 *J. Grant,* Central Issues in the North-South-Dialog. OECD-Observer Nr. 96, Januar 1979, S. 3.

8 Außenhandel der Entwicklungsländer definiert als gesamter Außenhandel mit Ausnahme des Handels der entwickelten westlichen Industrieländer und der sozialistischen Länder, Ausfuhr fob, nach: Year-Book of International Trade Statistics 1972/73, UN, New York 1974.

9 Weltbank-Jahresbericht 1974, Washington 1974.

handels wie jene der internationalen Faktorwanderungen[10] werden von dem Allokationsproblem beherrscht, Verteilungs- und Wachstumsprobleme treten demgegenüber zurück. Lediglich die von F. List entwickelte Theorie des Erziehungszolls[11] bildet hier eine Ausnahme.

Auch die moderne Wachstumstheorie hat für die Entwicklungspolitik bisher nur wenige Anregungen gebracht, weil ihre Modelle sehr stark vereinfacht sind und vielfach nur die Kapitalakkumulation als einzigen Wachstumsfaktor kennen. Auch zwei Faktorenmodelle, wie etwa jene von Solow[12] oder Vintage-Modelle, welche die Altersstruktur des Kapitalstocks einbeziehen[13], werden der viel differenzierteren Wirklichkeit in den verschiedenen Entwicklungsländern nicht gerecht. Anderseits finden sich in weniger spezialisierten Theorien oft Ansätze, welche die Beziehungen zwischen Industriestaaten und Entwicklungsländern, wenn auch oft nur unter Sonderaspekten, beleuchten[14], oder welche in der nicht ausreichenden Aufnahmefähigkeit des eigenen Marktes für die stark expandierende Produktion das größte Problem für reife Volkswirtschaften sehen[15].

Auf der Suche nach theoretischen Grundlagen der Entwicklungshilfe wird auch heute noch überwiegend auf die von G. Myrdal und R. Prebisch entwickelten Modelle zurückgegriffen[16], obwohl diese nur Teilaspekte der Entwicklungsproblematik erfassen. In seiner berühmt gewordenen Theorie der zirkulären Kausalität zeigt Myrdal[17], wie sich im Gegensatz zur neoklassischen These bestehende Trends verstärken und sich die Lage eines Landes verschlechtert, weil es zu keiner Gegenbewegung im Sinne eines gleichgewichtstheoretisch begründeten regionalen Ausgleichs kommt. Wenngleich Myrdal positive Einflüsse der Entwicklungszentren auf die Peripherie nicht ausschließt (spread effects), betont er dennoch ausdrücklich, daß es zu einer zunehmenden Differenzierung in den Einkommen zwischen entwickelten und weniger entwickelten Ländergruppen kommt. Ungleichgewichtige Kräfte ver-

---

10 Siehe *Miltiades Chacholiades*, The Pure Theory of International Trade, Chicago 1973, sowie *Helmut Hesse*, Außenhandel I: Determinanten, Handwörterbuch der Wirtschaftswissenschaften, Band 1, Stuttgart 1977, S. 364 ff.

11 *F. List*, Das nationale System der politischen Ökonomie, Jena 1928 (1841).

12 *R. Solow*, Growth Theory, Oxford 1970.

13 *Klaus Rose*, Grundlagen der Wachstumstheorie, Göttingen 1971.

14 *R. Luxemburg*, Die Akkumulation des Kapitals, Berlin 1913, und *R. Hilferding*, Das Finanzkapital, Marx Studien (3), 1910.

15 *W. Rostow*, The Stages of Economic Growth; a Noncommunist Manifesto, Cambridge 1960.

16 Siehe etwa *B. Külp*, Außenwirtschaftspolitik, Tübingen/Düsseldorf 1978, S. 152 f.

17 *J. Myrdal*, Economic Theory and Underdeveloped Regions, London 1957, S. 23 ff.

stärken sich gegenseitig, weil ein armes Land jene Ersparnisse nicht aufbringen kann, die für eine Ausweitung des Kapitalstocks notwendig sind; gerade diese Tatsache verhindert das Steigen der Einkommen, Armut und Kapitalmangel verstärken einander.

Zwar wird zugegeben, daß die Expansion in einem Land auch positive Auswirkungen auf jene Länder haben kann, welche das expandierende Land beliefern, sog. Ausbreitungseffekte, doch seien diese zu schwach, um kompensierend wirken zu können. Darüber hinaus komme es zur Abwanderung der produktivsten Arbeitskräfte aus dem Entwicklungsland (brain drain), und auch die Kapitalbewegungen vollzögen sich überwiegend in Richtung der bereits entwickelten Länder, da deren schnellere Expansion Kapitalbedarf und Zinssätze erhöht, und diese überdies bessere Sicherheiten zu bieten hätten.

Ähnlich versucht auch R. Prebisch[18] nachzuweisen, daß die internationale Spezialisierung durch freien Welthandel nicht wie seitens der traditionellen Theorie meist angenommen wird, allen Beteiligten Vorteile bringt. Er erwartet vielmehr, daß sich die realen Austauschbedingungen im Außenhandel zum Nachteil der Rohstoffe produzierenden Länder entwickeln werden, jedenfalls solange es nicht zu einer generellen Verknappung der Rohstoffe kommt.

Prebisch sieht diese Entwicklung vor allem in der Konzentration des technischen Fortschritts in den Industrieländern begründet. Da es in den Entwicklungsländern überdies vor allem darauf ankomme, Engpässe in bereits eine höhere Wertschöpfung hervorbringenden Sektoren zu überwinden, komme es weiters zu einer Konzentration der Investitionen in einigen wenigen Sektoren, welche in den Volkswirtschaften der Entwicklungsländer oft infolge ihrer Bedeutung für den Export überdurchschnittliche Bedeutung erlangt haben, während andere Sektoren und die in diesen beschäftigten Menschen kaum von der Entwicklung profitierten[19]. Die derart entstehende Spaltung der Volkswirtschaft in Entwicklungsländern in einen relativen hoch entwickelten und einen nahezu vollständig von der Entwicklung ausgeschlossenen Sektor, hindere nicht nur die allgemeine ökonomische, sondern auch die soziale Entwicklung und führe außerdem zu politischen Spannungen.

Die von den genannten Autoren zur Diskussion gestellten Ansätze würden es verdienen, weiter verfolgt zu werden. Obwohl die Entwicklungspolitik heute eine der wichtigsten Aufgaben der politischen Öko-

---

18 *R. Prebisch:* The Economic Development of Latin America and its Principal Problems, New York 1949.

19 *A. O. Hirschmann,* The Strategy of Economic Development, New Haven, London 1958; *H. W. Singer,* International Development Growth Change, New York 1964.

nomie ist, findet sich jedoch etwa in dem grundlegenden Buch von Bruno Frey kein Ansatz zur politischen Ökonomie in der internationalen Wirtschaft. Die Fragen der Entwicklungszusammenarbeit werden nicht erwähnt[20]. Da Entwicklungshilfe, ähnlich einem öffentlichen Gut, keinen Marktpreis hat, wäre es nahegelegen, die sonst diskutierten nichtpreislichen Steuerungssysteme, wie demokratische Abstimmung, bürokratische Anweisung oder Verhandlungsschemata, auch auf die Frage der Entwicklungspolitik anzuwenden.

Hingegen lassen einige Modelle der traditionellen Theorie des Außenhandels klar erkennen, warum das Prinzip des uneingeschränkten internationalen Wettbewerbs nicht zu einer Angleichung des Entwicklungsstandes zwischen verschiedenen Ländern und nicht zu einem Ausgleich der Faktoreinkommen führen kann.

Samuelson und Stolper haben durch ihr viel zitiertes Theorem[21] gezeigt, daß internationaler Freihandel nur unter sehr einschränkenden Bedingungen, welche für Entwicklungsländer jedenfalls nicht erfüllt sind, zu einer Angleichung der Faktoreinkommen und damit des Wohlstandes zwischen den untersuchten Ländern führt. Als Bedingungen nennen sie vor allem vollständige Konkurrenz auf allen Faktor- und Warenmärkten, welche auf Märkten für viele Rohstoffe und Industriewaren infolge natürlicher oder rechtlicher Monopole sowie weitgehend zementierter Handelsströme nicht gegeben ist. Nicht über knappe Rohstoffe verfügende Entwicklungsländer sind deshalb von Preiserhöhungen für Rohstoffe und Energie, welche meist auch Preiserhöhungen von Industriewaren nach sich ziehen, besonders stark betroffen.

Weiters wird gefordert, daß alle Länder alle Güter selbst produzieren, womit das heute wichtige Problem einer Verschlechterung der realen Austauschbeziehungen im Außenhandel zu Lasten rohstoffproduzierender Entwicklungsländer zum Wegfall käme. Dem klassischen Freihandelsmodell liegt weiters die Annahme zugrunde, daß alle Länder die selben Produktionsfunktionen, d. h. den selben Stand der Produktionstechnik verwenden, und daß diese Prouktionsfunktionen weiters linear-homogen sind, die Stückkosten bei Vergrößerung der Produktion somit nicht sinken. Die Vorteile der alten Industrieländer beruhen jedoch gerade darauf, daß sie meist über die bessere Produktionstechnik verfügen, der technische Fortschritt in diesen Ländern schneller ist und bei Massengütern große Mengen kostengünstig hergestellt werden können. Wenn sich Länder der Dritten Welt dieser Vorteile bedienen können, wie dies seit einem halben Jahrhundert bei

---

20 *B. S. Frey,* Moderne politische Ökonomie, München/Zürich 1977.

21 *W. F. Stolper* and *P. A. Samuelson,* Protection and Real Wages; Review of Economic Studies. Band 9 (1941).

Japan der Fall war und heute am Beispiel anderer südostasiatischer Länder wie Südkorea, Taiwan, Hongkong und Singapur zu beobachten ist, steigen diese sehr bald in den Kreis der neuen Industrienationen auf.

Weitere Bedingungen sind Vollbeschäftigung aller Produktionsfaktoren, Fehlen von Transportkosten, keine Handelshemmnisse oder politische Unsicherheiten, sowie Fehlen besonderer Wettbewerbsvorteile der Produzenten in einzelnen Ländern infolge überdurchschnittlich gut ausgebauter öffentlicher Infrastrukturen, etwa im Verkehrs- oder Nachrichtenwesen, der Energieversorgung oder im Gesundheitswesen. Denn diese wirken sich auf die Gesamtkosten der im direkt produktiven Sektor tätigen Unternehmungen und damit auch deren internationale Wettbewerbsfähigkeit günstig aus.

Aus den von Samuelson und Stolper entwickelten Bedingungen für das Optimum unter Freihandel lassen sich somit wichtige Argumente für die Notwendigkeit einer bewußt in den Marktprozeß eingreifenden Entwicklungspolitik gewinnen. Soll es den Entwicklungsländern gelingen, einen im weitesten Sinn historisch bedingten Entwicklungsrückstand aufzuholen, so sind gezielte entwicklungspolitische Maßnahmen erforderlich.

In ähnlicher Weise hat die von Heckscher und Ohlin entwickelte Theorie[22] zwar ursprünglich zu zeigen versucht, daß es durch Wanderungen der Produktionsfaktoren Arbeit und Kapital überall auf der Welt zu gleichen Bedingungen für den Einsatz dieser Faktoren und damit zu einem internationalen Ausgleich des Wohlstands kommen müsse. Doch sehen wir heute bei näherer Betrachtung dieser Theorie, daß deren für den internationalen Ausgleich günstige Ergebnisse nur in einem Zweifaktorenmodell erwartet werden können. Durch Wanderungen von Kapital und Arbeit werden nämlich bei ungleichmäßiger Verteilung dieser Faktoren in der Welt, deren Grenzproduktivitäten nur dann international ausgeglichen, wenn diese Faktoren homogen sind und es auch sonst keine weiteren lokalen Kostenvorteile, etwa durch bessere Technologie, günstigere Rohstoffversorgung, besseres Klima, höher entwickelte Infrastruktur und sonstige dem Faktor Boden zurechenbare Standortvorteile gibt[23]. Die besondere Standortgunst von Gebieten mit hoher Bevölkerungsdichte und hoher Massenkaufkraft wird weiters durch die niedrigen Transportkosten zum Absatz-

---

22 *B. Ohlin*, International and Interregional Trade, Cambridge/Mass. 1967, 1. Aufl. (1933).

23 In diesen Standortvorteilen ist auch das sogenannte Leontieff-Paradoxon begründet (*W. Leontieff*, Domestic Production and Foreign Trade: The American Capitalposition Re-Examined. Proceedings of the American Philosophical Society 1953).

ort erhöht. Dieser Faktor trägt ebenfalls zu der in der Praxis zu beobachtenden ungleichen Verteilung von wirtschaftlicher Aktivität und Einkommen in der Welt bei. Schließlich ist noch darauf hinzuweisen, daß die Art der produzierten Güter und der hierbei erzielten Wertschöpfung in hohem Maße vom technischen Fortschritt abhängig ist und daß die entwickelten Industriestaaten in dem sich bei Ausbreitung der Produktionen auf der Welt ergebenden Produktzyklus einen erheblichen Einkommensvorteil dadurch besitzen, daß neue und teuere Produkte mit besonders hoher Wertschöpfung überwiegend in den Ländern, in denen sie entwickelt wurden, produziert werden[24].

IV. Standorttheorie und Entwicklungspolitik

Die vorstehenden Überlegungen leiten zu standorttheoretischen Erklärungen der Entwicklungsproblematik über. Die von W. Launhardt[25] und später von A. Weber[26] entwickelte industrielle Standortlehre fragt nach dem kostenoptimalen Standort eines einzelnen Betriebes. Launhardt hat besonders die Bedeutung der Transportkosten für die Abgrenzung der Absatzmärkte räumlich verteilter Anbieter untersucht. Nach Weber ist die industrielle Standortwahl entscheidend durch Transport und Arbeitskosten bestimmt, eine Verlegung des Industriestandortes vom Transportkostenminimalpunkt zu einem Standort mit niedrigeren Arbeitskosten wird dann durchgeführt, wenn die Arbeitskostenersparnis den erhöhten Transportaufwand übersteigt.

Für die Entwicklungsländer bedeutet dies, daß Standortnachteile, welche vielfach in ihrem Entwicklungsrückstand selbst begründet sind, zu Lasten der in diesen Ländern erzielbaren Einkommen gehen, und bestehende internationale Einkommensunterschiede hierdurch verstärkt werden. Weiters bringt transportkostenoptimale Zuordnung der Produktionsstätten selbst eine Tendenz zur Agglomeration der Industrien mit sich, die dann als selbständige Kraft standortbildend wirkt, indem sie Möglichkeiten zu internen und externen Ersparnissen eröffnet. Schon bei Weber tritt damit erstmals der Gedanke auf, daß eine bestehende räumliche Zuordnung der Industrien eine Eigendynamik entwickelt, welche höher entwickelte Gebiete begünstigt.

---

24 *S. Hirsch,* Hypothesen über den Handel zwischen Entwicklungs- und Industrieländern. Probleme der weltwirtschaftlichen Arbeitsteilung, herausgegeben von H. Giersch, Schriften des Vereins für Socialpolitik, N.F., Band 78, Berlin 1974.

25 *W. Launhardt,* Der zweckmäßigste Standort einer gewerblichen Anlage; Zeitschrift des Vereins Deutscher Ingenieure, Band 26, Heft 3/1882.

26 *A. Weber,* Über den Standort der Industrien, Teil I: Reine Theorie eines Standortes (2. Auflage), Tübingen 1922.

A. Predöhl[27] und J. H. Thünen[28] stellen die Verbindung zwischen allgemeiner Wirtschaftstheorie und Standortlehre her, indem sie zeigen, daß die Grenzkosten der Produktion kleiner werden müssen, wenn bei steigender Entfernung zum Absatzmarkt die Grenzkosten des Transportes steigen. Die derart entstehende Theorie der Lagerente ist auch heute noch unbestritten und liegt auch der Theorie der urbanen Raumnutzung zugrunde[29]. Auch diese Theorie weist auf die Einkommensvorteile, welche in Zentren der Entwicklung bestehen, hin und zeigt damit die Gefahr des Zurückbleibens peripherer Gebiete in der Entwicklung auf. Schließlich haben W. Christaller und A. Lösch[30] die Frage nach der räumlichen Verteilung von räumlichen Agglomerationen gestellt und sind hierbei zu einem hexagonalen, bienenwabenähnlichen Muster gelangt, da sie den Raum als eine homogene Verkehrsfläche ansahen. Läßt man diese Annahme fallen, so werden infolge niedrigerer Transportkosten in der Wirklichkeit alle jene Punkte bevorzugt, welche auf Verkehrsachsen liegen[31]. Die im Zuge der historischen Entwicklung entstandenen Verkehrsachsen begünstigen ebenso wie die anderen bereits erwähnten Agglomerationsvorteile, die räumliche Ballung der industriellen Produktion, da sie interne und externe Ersparnisse ermöglichen. Die Art der regionalen Spezialisierung, bzw. die Anzahl der Güter, die in einer Region hergestellt werden, erweist sich damit als in hohem Maße abhängig von der Kostenstruktur des interregionalen Verkehrssystems[32].

Aus dem Zusammenhang zwischen interregionaler Verkehrserschließung und regionalem Entwicklungsstand lassen sich folgende Schlüsse ziehen:

Ein generelles Absinken der Transportkosten führt zu einem Ansteigen der Bedeutung bestehender Produktionskostenunterschiede zwischen den verschiedenen Regionen. Verbesserungen der interregionalen Verkehrsverbindungen können entwicklungsbedürftigen Regionen zum Nachteil gereichen, wenn diese nicht das erforderliche

---

27 *A. Predöhl*, Das Standortproblem in der Wirtschaftstheorie. Weltwirtschaftliches Archiv, Band 21, 1925.

28 *J. H. von Thünen*, Der isolierte Staat in Beziehung auf Landwirtschaft und Nationalökonomie, Jena 1930 (1. Aufl., 1826 - 1863).

29 Siehe *Edwin S. Mills*, Urban Economics, Glenview, Ill., London 1972.

30 *W. Christaller*, Die zentralen Orte in Süddeutschland, Jena 1933; *A. Lösch*, Die räumliche Ordnung der Wirtschaft, eine Untersuchung über Standort, Wirtschaftsgebiete und internationalen Handel, Jena 1940.

31 *E. von Böventer*, Die Struktur der Landschaft. Versuch einer Synthese und Weiterentwicklung der Modelle von Thünen, Christaller und Lösch. Schriften des Vereins für Socialpolitik, N.F., Band 27/1962.

32 *G. Kraft*, The Role of Transportation in Regional Economic Development, Toronto/London 1971, S. 13.

Faktorpotential haben, um mindestens bei einem Gut einen absoluten Produktionsvorteil realisieren zu können. Eine Verringerung der Transportkosten durch Infrastrukturinvestitionen in Entwicklungsländern kann deren Entwicklung begünstigen, falls hierdurch Vorteile in den Produktionskosten zum Tragen kommen.

Da Transportkostenvorteile aber nicht nur durch die Transportkosten bestimmt werden, sondern auch durch die güterspezifische Leistungsfähigkeit des Transportsystems, muß bei der Entwicklung der Transport-Infrastruktur in Entwicklungsländern besonders darauf geachtet werden, daß nicht nur günstige Voraussetzungen für den Export der eigenen Erzeugnisse, etwa von Rohstoffen und Massengütern, geschaffen werden, sondern, daß moderne Verkehrswege und andere Infrastruktureinrichtungen — siehe etwa das „Indus-Basin-Project" der Weltbank — auch die innere Wirtschaftsintegration des einzelnen Entwicklungslandes entscheidend verbessern. Hingegen soll der Import industrieller Fertigwaren durch den die eigene Produktion konkurrenziert wird, nicht im selben Maße erleichtert werden. Da dieses Erfordernis technisch oft nur schwer zu verwirklichen ist, behelfen sich Entwicklungsländer oft mit einseitigen Importbeschränkungen entsprechend der von F. List[33] im vergangenen Jahrhundert für Europa vorgeschlagenen Einhebung von Einziehungszöllen, welche auch international, etwa im Rahmen des generellen Präferenzsystems des GATT anerkannt ist. Dennoch verdient weiterhin die sektorspezifische Entwicklung der Infrastruktur große Bedeutung. Vorteilhafte Verkehrslagen und Kommunikationsmöglichkeiten bieten die Voraussetzungen für eine rasche und reibungslose Abwicklung der Lieferverpflichtungen, für Produktionsvorleistungen, für Marktbeobachtung und geschäftliche Kontakte. Infrastrukturplanung in Entwicklungsländern muß deshalb in engem Zusammenhang mit ihrer gesamten Entwicklungsplanung gesehen werden[34].

V. Finanzielle Rahmenbedingungen der Entwicklungspolitik

Auch den finanziellen Rahmenbedingungen, unter denen Entwicklungshilfe gewährt wird, muß in der Entwicklungspolitik Beachtung geschenkt werden. Diese betreffen vor allem das Wechselkurssystem,

[33] *F. List,* Das nationale System der politischen Ökonomie, Jena 1928 (1841); *F. W. Taussig,* International Trade, New York 1927; *H. R. Hemmer,* Wirtschaftsprobleme der Entwicklungsländer, München 1978, S. 324 ff.

[34] Zu den infrastrukturellen Voraussetzungen für Industrieansiedlungen siehe insbesondere *H. Brede,* Bestimmungsfaktoren industrieller Standorte, Berlin und München 1971, S. 165; sowie *B. H. Knop,* Verkehr und regionaler Entwicklungsstand. Beiträge zur Struktur- und Konjunkturforschung, Bd. III, Bochum 1976, S. 77 und 81.

die Verbindung von internationaler Reserveschöpfung und Gewährung von Finanzhilfe, sowie die relative Bedeutung von gebundener und nicht gebundener Hilfe.

Die Konsequenzen internationaler Finanztransfers sind bei stabilen und bei frei schwankenden Wechselkursen grundsätzlich verschieden. Bei stabilen Wechselkursen führt die Gewährung von Finanzhilfe für das Geberland zu einer erhöhten Nachfrage nach ausländischen Zahlungsmitteln am Devisenmarkt und zu einem Abfluß von Devisen. Diese Devisen erhöhen die Reserven des Empfängerlandes, der monetäre Transfer ist damit gelungen. Das Empfängerland ist frei, über die zusätzlichen Devisen zu verfügen, seine internationale Wettbewerbsposition hat sich nicht geändert, da die Devisenkurse unverändert geblieben sind. Das Geberland muß hingegen mit einer Verschlechterung seiner Zahlungsbilanz (Bilanz der laufenden Transaktionen und Transferbilanz) rechnen, wenn das Empfängerland auf dritten Märkten einkauft.

Grundsätzlich verschieden ist die Situation bei flexiblen Wechselkursen. Auch hier entsteht durch die Einräumung von Finanzhilfe zwar grundsätzlich eine Verpflichtung zum Devisentransfer, diese Verpflichtung führt jedoch unmittelbar zu einem Ungleichgewicht auf den Devisenmärkten, da die Währung des Empfängerlandes in erhöhtem Maße nachgefragt wird und die Währung des Geberlandes im Überfluß angeboten wird, um die für die Überweisung der Hilfszahlungen erforderlichen Fremddevisen aufbringen zu können. Diese Folge tritt jedenfalls immer dann ein, wenn die Devisenbestände der beteiligten Länder nicht geändert werden sollen und auch die Preis- und Einkommenselastizitäten nicht im Einzelfall ein abweichendes Ergebnis bewirken.

Dieses neu entstandene Ungleichgewicht auf den Devisenmärkten wird bei flexiblen Wechselkursen durch eine Änderung des Wechselkurses im Sinne einer Aufwertung der Währung des Empfängerlandes und einer Abwertung der Währung des Geberlandes beseitigt werden. Aufwertung und Abwertung werden hierbei so groß sein mussen, daß die neuen Finanzströme durch eine Änderung der Warenströme ausgeglichen werden. Dies heißt insbesondere, daß im Empfängerland der Devisenzustrom infolge einer Finanzhilfe durch eine Passivierung der Handelsbilanz infolge Aufwertung der Währung ausgeglichen wird, und daß im Geberland die für die Finanzhilfe erforderlichen Devisen durch eine mittels Abwertung ermöglichte Steigerung der Exporte und durch Verminderung der Importe aufgebracht werden. Die soeben beschriebenen Gleichgewichtsmechanismen wirken allerdings dem Ziel der Entwicklungshilfe, die Zahlungsbilanz und die Wettbewerbsfähigkeit des Entwicklungslandes zu verbessern, entgegen. Da vor allem die Devisenkurse der Entwicklungsländer wirtschaftspolitisch kontrolliert sind, kommt diesem Fall allerdings nur theoretische Bedeutung zu[35].

Für die praktische Wirtschaftspolitik von besonderer Bedeutung ist hingegen die Forderung vieler Entwicklungsländer, bei den periodischen Revisionen der Anteile der einzelnen Staaten am internationalen Währungsfonds nicht die festgestellten Quoten als Grundlage für die Zuteilung von Sonderziehungsrechten anzusehen, sondern vielmehr bei Ausgabe von Sonderziehungsrechten von einem kombinierten Schlüssel auszugehen, durch welchen sowohl die Quote wie die Entwicklungsbedürftigkeit der Länder berücksichtigt wird. Würde dieser Forderung entsprochen, so erhielten die Entwicklungsländer bei jeder Ausgabe neuer Sonderziehungsrechte über ihren Anteil hinausgehende zusätzliche internationale Reserveeinheiten; internationale Reserveschöpfung und internationale Finanzhilfe wären durch den sog. „link" fest verbunden. Diese Forderung wurde allerdings bisher nicht durchgesetzt, weil die Industriestaaten und die internationalen Währungsbehörden befürchteten, daß es bei einer Kopplung der Erhöhung der internationalen Geldmenge mit der Gewährung von internationaler Finanzhilfe an Entwicklungsländer leicht zu einer Politik der Geldmengenvermehrung kommen könne, die zwar den Finanzwünschen der Entwicklungsländer Rechnung trägt, durch welche jedoch gleichzeitig ein Übermaß an internationaler Liquidität geschaffen und damit die Gefahr einer weltweiten Inflation verstärkt würde. Durch die neue Liquidität könnte überdies Druck auf bestimmte Währungen entstehen und Wechselkursbewegungen könnten verursacht werden. Nicht zuletzt wurde auch seitens der USA befürchtet, daß der „link" die Rolle des Dollars als internationaler Rechnungseinheit und als bevorzugtes Reservemedium von Zentralbanken beeinträchtigen könne[36].

Schließlich ist zu unterscheiden. ob es nur zu Finanzströmen kommt, oder ob Kapital auch real transferiert wird. Theoretische Probleme ergeben sich vor allem bei reinen Finanztransaktionen, deren Einschätzung überdies verschieden ist, je nachdem, ob man einem klassischen oder einem keynesianischen Ansatz folgt. Im klassischen Modell herrschen Vollbeschäftigung, Übereinstimmung von geplantem Sparen und geplanter Investition, es gibt keine Horte und keine Multiplikatorprozesse; Exporte von Finanzkapital müssen vom Geberland deshalb immer durch eine Einschränkung der Ausgaben im Inland für

[35] Siehe hiezu *K. Rose*, Theorie der Außenwirtschaft, 6. Auflage, München 1976, S. 158 ff.

[36] *J. Marchal*, Le système monétaire international de Bretton Woods aux changes flottants 1944 - 1975, Paris 1975, S. 98.

Konsum oder Investitionen aufgebracht werden. Die ausgelösten rezessiven Tendenzen beeinträchtigen auch die reale Absorptionsfähigkeit des Geberlandes und damit dessen Importe und die Exportmöglichkeiten der Entwicklungsländer. Im keynesianischen Modell hingegen können Finanztransfers auch durch Auflösung von Horten finanziert werden, Konsum und Investitionen im Geberland müssen nicht eingeschränkt werden und im Empfängerland kommt es infolge des Zustroms von Einkommensgeld zu positiven Multiplikatorprozessen.

Für die Entwicklungspolitik haben diese Überlegungen allerdings nur geringe Bedeutung sofern die Finanztransfers die realen Absorptionsmöglichkeiten der Entwicklungsländer nicht überschreiten. Denn auch reine Finanztransfers, die als ungebundene Hilfe gewährt werden, werden von den Entwicklungsländern meist umgehend zur Finanzierung realer Importe verwendet oder dienen der Abdeckung bereits eingegangener kurzfristiger Verpflichtungen. Die Bilanz der laufenden Transaktionen des Entwicklungslandes ändert sich deshalb meist nicht, lediglich die Zahlungsbilanzen der einzelnen entwickelten Industriestaaten können sich ändern, da finanzielles Geberland und Lieferland nicht ident sein müssen. Mit keinen Auswirkungen auf die Zahlungsbilanzen ist hingegen zu rechnen, wenn bilaterale Finanzhilfe als gebunde Hilfe gewährt wird, die Geldmittel somit nur zur Bezahlung von Lieferungen aus dem Geberland verwendet werden dürfen. Bei diesem System werden die Devisenreserven des Geberlandes geschont und dieses kann überdies positive Beschäftigungseffekte erwarten. Das Empfängerland muß allerding möglicherweise eine Beeinträchtigung des aus der Wirtschaftshilfe zu ziehenden Vorteils hinnehmen, da nicht vom günstigsten Lieferanten gekauft werden kann. Man ist deshalb bemüht, im Interesse der Entwicklungsländer Lieferbedingungen möglichst aufzuheben und den Anteil der ungebundenen Finanzhilfe zu erhöhen.

VI. Der Aufbau einer „Neuen Weltwirtschaftsordnung“

Die entwicklungspolitische Diskussion wird vor allem von den Entwicklungsländern in der Forderung nach einer „Neuen Weltwirtschaftsordnung“ zusammengefaßt. Der wirtschaftliche Wohlstand in den Entwicklungsländern soll durch eine Beschleunigung ihres Wirtschaftswachstums, auch im Verhältnis zum Wachstum in entwickelten Industriestaaten, und durch eine gerechtere Einkommensverteilung gehoben werden. Seitens der Entwicklungsländer werden die einzelnen Staaten hierbei meist als nationale Wohlstandseinheiten betrachtet, während die Entwicklungshilfe gewährenden Industrieländer ihrer eigenen historischen Erfahrung mit sozialen Problemen eingedenk, auch darauf drängen, daß die gewährte Hilfe möglichst den ärmsten Bevölkerungsgruppen zugute kommt. Diese Bemühungen um eine Verbesserung der inneren Verteilung in den Entwicklungsländern zugunsten der vorrangigen Befriedigung menschlicher Grundbedürfnisse, wird von vielen Entwicklungsländern jedoch als Versuch der Einmischung in ihre inneren Angelegenheiten zurückgewiesen.

Im Rahmen einer „Neuen Weltwirtschaftsordnung" sollen weiters gemeinsame Interessen der Entwicklungsländer und Industriestaaten gegenüber gegensätzlichen Interessen stärkere Berücksichtigung finden; an die Stelle der einseitigen Entwicklungshilfe soll die Entwicklungszusammenarbeit treten. Obwohl dies allgemein anerkannt ist, findet sich jedoch gelegentlich die Befürchtung, die Industriestaaten könnten unter dem Vorwand der Gemeinsamkeit des Interesses bei entwicklungspolitischen Maßnahmen vor allem jenen Initiativen Vorrang einräumen, von denen sie selbst am meisten zu profitieren hoffen, und damit neo-koloniale Zielsetzungen verfolgen. Wie vielfach in der internationalen Politik geht es deshalb auch bei der Konzipierung einer gemeinsamen Entwicklungsstrategie für Entwicklungsländer und Industriestaaten vorerst um den Abbau von Vorurteilen und Mißtrauen.

Die „Neue Weltwirtschaftsordnung" soll auch dazu beitragen das Schuldenproblem gerade der ärmsten Entwicklungsländer zu lösen. Kapitalrückzahlungen und Zinsendienst belasten heute die Zahlungsbilanzen vieler dieser Staaten derart, daß auch internationale Finanzhilfe größeren Umfanges kaum wirkungsvoll zur Hebung ihres realen Wohlstandes beitragen kann. Man ist deshalb bemüht, die Lasten bestehender Schulden zu vermindern, Schulden möglichst zu streichen und den ärmsten Entwicklungsländern nicht durch begünstigte Kredite, sondern überwiegend durch unentgeltliche Zuwendungen zu helfen.

Schließlich sollen die Entwicklungsländer in die Lage versetzt werden, selbst durch Exporte einen erheblichen Teil der von ihnen benötigten Devisen zu verdienen. Im Rahmen der angestrebten „Neuen Weltwirtschaftsordnung" sollen die Entwicklungsländer deshalb erhöhte Möglichkeiten zum Export in die Industriestaaten erhalten, vor allem die Preise der von ihnen exportierten Rohstoffe sollen stabilisiert werden, und falls auch hierdurch eine Stabilisierung ihrer Exporterlöse nicht erreicht werden kann, sollen Systeme geschaffen werden, im Rahmen derer anstelle ausgefallener Exporterlöse kompensierende Finanzzahlungen treten; ein Beispiel hierfür ist etwa das Stabex-System der Europäischen Gemeinschaften.

Im Rahmen einer „Neuen Weltwirtschaftsordnung" muß allerdings auch der Tatsache Rechnung getragen werden, daß Wirtschaftslage und Entwicklungsprobleme nicht in allen wirtschaftlich weniger entwickelten Ländern gleich sind. So haben sich etwa im letzten Jahrzehnt eine Reihe von Ländern in ihrer wirtschaftlichen Entwicklung überdurchschnittlich den alten Industriestaaten genähert und werden heute vielfach bereits als neue Industrieländer angesprochen. Ihnen gegenüber stehen Staaten, denen es kaum gelungen ist, den wirtschaftlichen Wohlstand zu erhöhen, ja die in ihren Bemühungen um wirtschaftlichen Fortschritt durch die Verteuerung von Energie und Rohstoffen zurückgeworfen und stärker gefährdet wurden als die alten Industrieländer. Trotz der Bemühungen, die Solidarität aller Entwicklungsländer zu erhalten, welche von den Entwicklungsländern im Interesse der Durchsetzung ihrer gemeinsamen Forderungen als unerläßlich erachtet wird, ist deshalb heute eine Differenzierung der Interessen auch innerhalb der Gruppe der 77[37] nicht mehr zu übersehen. Zieht man überdies in Betracht, daß auch von den Staatshandelsländern des europäischen Ostens in vermehrtem Maße eine Beteiligung an den Bemühungen um die wirtschaftliche Entwicklung der Dritten Welt erwartet wird, so ist auch hinsichtlich der Waren- und Finanzströme eine Änderung der weltwirtschaftlichen Verflechtungen wahrscheinlich, die den Namen einer „Neuen Ordnung“ verdient.

Die Ziele eines beschleunigten Wirtschaftswachstums in den Entwicklungsländern und einer relativen Anhebung des Lebensstandards ihrer Bevölkerungen auch im Vergleich zu dem in entwickelten Industriestaaten Erreichten, lassen sich, wie die historische Erfahrung gezeigt hat, nicht im Wege der Intensivierung traditioneller Handelsbeziehungen, die ausschließlich oder überwiegend am kommerziellen Vorteil orientiert sind, erreichen. Es bedarf vielmehr besonderer entwicklungspolitischer Maßnahmen, durch welche die Wettbewerbs- und Wachstumschancen der Entwicklungsländer verbessert werden. Soll der Anteil des Handels der Entwicklungsländer am gesamten Welthandel gehoben werden, so muß sowohl der Handel zwischen den einzelnen Entwicklungsländern selbst gesteigert werden, wie der Zugang für ihre Waren auf die Märkte der Industriestaaten erleichtert werden. Erfolge konnten bisher mittels der den Entwicklungsländern generell seitens der Industriestaaten eingeräumten Zollpräferenzen erzielt werden; so ist der Anteil der Entwicklungsländer an den Fertig-Waren-Importen der OECD-Staaten von 5,3 % im Jahre 1970 auf 8,7 % im Jahre 1976 gestiegen. Gleichzeitig haben sich allerdings auch die Exporte der OECD-Länder in die Entwicklungsländer anteilmäßig von 19,5 % im Jahre 1972 auf 24,8 % im Jahre 1977 erhöht. Dies zeigt, daß beide Ländergruppen aus dem Handel Nutzen ziehen, daß es jedoch

---

[37] Die innerhalb des UN-Systems zusammenarbeitenden Entwicklungsländer, seinerzeit 77, heute etwa 115 Staaten.

nicht gelungen ist, die Handels- und Zahlungsbilanzdefizite der Entwicklungsländer zu verringern, und daß weitere Maßnahmen erforderlich sind, um deren Marktchancen auf den Märkten der Industriestaaten zu verbessern.

Dies gilt sowohl für die Exporte der Entwicklungsländer von Fertigwaren wie von Rohstoffen. Bei Fertigwaren sollten vor allem Einfuhrbeschränkungen für Handarbeitsprodukte oder sonstige arbeitsintensive Erzeugnisse seitens der Industriestaaten abgeschafft werden, da hiedurch nicht nur die Zahlungsbilanzen, sondern auch die Beschäftigungssituation in vielen Entwicklungsländern verbessert werden könnten. Tatsächlich haben viele Industrieländer, darunter auch Österreich, in bilateralen Verträgen Zollfreiheit für Handarbeitsprodukte gewährt. Darüber hinaus sollten aber auch Einfuhrerleichterungen für die Produkte jener Industriezweige seitens der entwickelten Industriestaaten gewährt werden, welche generell für die Wirtschaften der Entwicklungsländer große Bedeutung haben, in den Industriestaaten angesichts eingeschränkter Konkurrenzfähigkeit jedoch tendenziell schrumpfen. Zu nennen ist hier vor allem die Texilindustrie, deren Entwicklung weltweit durch starke Strukturveränderungen gekennzeichnet ist; ein Multifaserabkommen soll hier die Anpassungen erleichtern.

Am Rohstoffsektor geht es vor allem um die Stabilisierung von Absatzmengen und Preisen mit dem Ziel, den exportierenden Entwicklungsländern besser als bisher die Erzielung dringend benötigter Exporterlöse zu sichern. Internationale Rohstoffabkommen bestehen derzeit für Kaffee (seit 1968), Kakao (1972), Olivenöl (1963), Zinn (1956, letzte Vereinbarung 1975), Zucker (1968) und Weizen (1971). Über Abkommen hinsichtlich Bananen, Kautschuk, Quecksilber, Silber und Bauxit wird derzeit verhandelt[38]. Ebenso hat die UNCTAD zahlreiche landwirtschaftliche und mineralische Rohstoffe genannt, bei denen sie einen Zusammenschluß der Anbieter für sinnvoll und möglich hält; es sind dies Baumwolle, Früchte (Bananen, Zitrusfrüchte), Getreide, Hartfasern und Jute, Häute und Felle, Fleisch, Ölsaaten, Reis, Kautschuk, Tee, Tabak, Eisenerz, Mangan, Phosphat und Wolfram.

Durch Bufferstocks sind derzeit das internationale Zinnabkommen und das Zuckerabkommen abgesichert; die Verhandlungen über den Abschluß von Abkommen mit Bufferstocks über Weizen und Kautschuk haben ein relativ weit fortgeschrittenes Stadium erreicht. Dennoch ist es auch bei den bisher in Kraft befindlichen Abkommen nur sehr begrenzt gelungen, die Preise zu stabilisieren; so wurden etwa die Preise

---

38 *D. Kebschull, W. Michalski* und *H. E. Scharrer*, Die Neue Weltwirtschaftsordnung, Hamburg 1977, S. 100.

für Zinn seit Inkrafttreten des ersten Abkommens im Jahre 1956 18mal geändert[39].

Heute streben die Entwicklungsländer im Gegensatz zu früher anstelle des Abschlusses einzelner Rohstoffabkommen ein integriertes Rohstoffprogramm an. Im Rahmen der UNCTAD-Konferenz in Manila wird hierbei sowohl über die Errichtung eines gemeinsamen Fonds diskutiert, über welchen die Preise einer Gruppe von 16 Rohstoffen stabilisiert werden sollen, welcher sowohl aus den Verkaufserlösen von Rohstoffen mit jeweils besonders günstigen Preisen, wie durch direkte Beitragszahlungen der Industrieländer finanziert werden soll. Daneben soll noch ein zweites Fenster eingerichtet werden, also ein zweiter von den Industrieländern zu finanzierender Fonds geschaffen werden, aus dem die Verbesserung der Infrastruktur vor allem in den ärmsten Entwicklungsländern finanziert werden soll.

Internationale Rohstoffabkommen beschäftigen Wirtschaftstheoretiker wie -politiker bereits seit langer Zeit. Der Wunsch nach ihrem Abschluß hat zu weit verbreiteten Kontroversen geführt, da angenommen wird, daß sie einen erheblichen Einfluß auf die weitere Entwicklung nicht nur der internationalen Wirtschaftsbeziehungen, sondern auch der nationalen Wirtschaftssysteme haben könnten. Für derartige Rohstoffabkommen wird vor allem angeführt, daß stabilere Preise eine leichtere Kalkulation ermöglichen, daß Preis- und Einkommensschwankungen nicht nur die Entwicklungspläne der Entwicklungsländer behindern, sondern darüber hinaus auch allgemein den Aufbau stabilerer Welthandelsbeziehungen erschweren[40]. Keynes sah in der Stabilisierung der Rohstoffpreise sogar ein Mittel, um die internationalen Konkunkturzyklen zu glätten[41]. Weiters wird angeführt, daß die Märkte für viele Rohstoffe auch derzeit bereits oligopolistisch verzerrt wären, der Marktmechanismus auch ohne Rohstoffkontrolle derzeit somit nicht zufriedenstellend funktioniere, sowie daß ein integriertes Rohstoffprogramm die Finanzierung gegenüber einzelnen isolierten Rohstoffabkommen erleichtere. Die Gegner derartiger Programme führen hingegen an, sie wären unwirksam, in Extremfällen nicht finanzierbar, die vorgesehenen Eingriffe stellten das Funktionieren marktwirtschaftlicher Ordnungen auch in den übrigen Sektoren in Frage. Schließlich gelte es vor allem Einkommensschwankungen in den Ent-

---

39 *L. M. Goreux*, Der Einsatz von Bufferstocks. Finanzierung und Entwicklung, herausgegeben vom Internationalen Währungsfonds, 1978, Heft 4, S. 25 f.

40 *A. E. Scaperlanda*, Die Exportnotwendigkeiten der Entwicklungsländer, in H. Giersch, Probleme der weltwirtschaftlichen Arbeitsteilung, Schriften des Vereins für Socialpolitik, N.F. Bd. 78, Berlin 1974, S. 147. Ebenso *K. Raffer*, The New Economic Order. Law and International Affairs, Bd. 3, 1977, S. 60 f.

41 *J. M. Keynes*, The International Controll of Raw Materials, Journal of International Economics 1974, S. 305 f.

wicklungsländern zu beseitigen, nicht Preisschwankungen, und hierfür seien andere Maßnahmen geeigneter[42]. Gedacht ist offenbar an Maßnahmen zur Stabilisierung der Exporterlöse, wie sie etwa derzeit im Rahmen des Lomé-Abkommens bestehen bzw. seitens des Internationalen Währungsfonds diskutiert werden.

Große Bedeutung wird weiters der Erleichterung des Technologietransfers an Entwicklungsländer beigemessen. Es geht einerseits darum, den Entwicklungsländern jene Technologien zur Verfügung zu stellen, welche ihrer spezifischen Situation am besten angepaßt sind, anderseits generell um einen erleichterten Zugang zu Patenten, um zu technischem Wissen, über welches nur die Industriestaaten bzw. die großen transnationalen Unternehmungen verfügen. Die Diskussionen um den Technologietransfer sind deshalb inhaltlich häufig mit jenen um die Rolle der transnationalen Unternehmungen verbunden. Im Jahr 1979 wird sich eine große Konferenz der Vereinten Nationen über Science and Technology in Wien mit diesen Fragen befassen. Im einzelnen wird es um die Verstärkung gemeinsamer Forschungsprogramme mit den Entwicklungsländern auf Sektoren gehen, die für diese Länder besonders interessant sind, wie etwa Sonnenenergie, Technologien der ländlichen Entwicklung, zur Bekämpfung von Tropenkrankheiten, wie zur Auffindung von Rohstoffen. Weiters soll diskutiert werden, auf welche Weise transnationale Unternehmungen angehalten werden können, ihre Technologie in erhöhtem Umfang den Entwicklungsländern zur Verfügung zu stellen, und wie dies finanziert werden könnte. Darüber hinaus soll aber auch ganz allgemein besprochen werden, wie jene Produktions- und Entwicklungshemmnisse, die sich für die Entwicklungsländer daraus ergeben, daß die entwickelten Industriestaaten über den weitaus größten Teil der Weltpatente und -marken verfügen, vermindert werden können.

Schließlich soll ein erweiterter Ressourcentransfer zugunsten der Entwicklungsländer diese in die Lage versetzen, ihre Infrastruktur vor allem im Verkehrs- und im Kommunikationswesen beschleunigt auszubauen. Denn gerade im Fehlen dieser Infrastruktur wird heute eines der wichtigsten Hemmnisse für eine raschere wirtschaftliche Entwicklung gesehen. Vor allem Österreich hat diesen Umstand auch international immer wieder hervorgehoben und deshalb ein großangelegtes Programm gefordert, welches ähnlich wie der Marshall-Plan die Finanzierung dieser großen Investitionen erleichtern könnte und den Empfängerländern die direkte Mitwirkung bei der Planung, Entscheidung und Durchführung dieser Investitionen sichern würde. Von einem

---

42 Siehe insb.: *H. G. Grubel*, The case against the new international economic order, Weltwirtschaftliches Archiv 1977, S. 290 ff.

derartigen Programm hätten auch die Industriestaaten erhebliche Vorteile, nicht nur, weil ihre erhöhten Lieferungen an Investitionsgütern die Beschäftigung in Schlüsselsektoren verbessern würden, sondern auf lange Sicht auch deshalb, weil die verbesserten Produktions-, Transport- und Wettbewerbsbedingungen der Entwicklungsländer es diesen gestatten würden, mehr Hartdevisen zu verdienen und damit eine wichtige Schranke für eine schnellere Entwicklung der Wirtschaftsbeziehungen zwischen Nord und Süd, nämlich der Devisenmangel der Entwicklungsländer, wirksam abgebaut werden könnte.

Falls erfolgreich, werden alle diese Maßnahmen die wirtschaftliche Struktur der ganzen Welt, aber auch in allen einzelnen Ländern erheblich verändern. Für die Entwicklungsländer bedeutet dies, daß sie historisch bedingte Entwicklungsrückstände leichter überwinden können und jene Nachteile, welche ihre schnellere wirtschaftliche Entwicklung bisher behindert haben, durch positive politische Maßnahmen beseitigt oder in ihrer Wirkung eingeschränkt werden. Sie erhalten darüber hinaus die Möglichkeit, Produktionsstrukturen aufzubauen, mittels derer sie nicht nur ihren Anteil am Welthandel erhöhen können, sondern auch ihre oft einseitige Abhängigkeit von Rohstoffexporten beseitigen und ihre Wertschöpfung pro Arbeitskraft steigern können.

Die Industriestaaten hingegen werden mit verschärfter Konkurrenz der Entwicklungsländer in jenen Industriezweigen zu rechnen haben, welche nicht besonders technologieintensiv sind und in denen insbesondere der Vorteil billiger und reichlicher Arbeitskräfte für die Entwicklungsländer nicht durch die fortgeschrittene Technologie und die Konzentration der Märkte in den Industriestaaten aufgewogen werden kann. Soll dieser Strukturwandel ohne merkliche Arbeitslosigkeit in den Industrieländern bewerkstelligt werden, so wird er nicht über Nacht verwirklicht werden können, um so mehr jedoch sorgfältig geplant und rechtzeitig begonnen werden müssen. Gerade in der Zulassung, Förderung und Absicherung dieses, im Interesse einer langfristigen Zusammenarbeit zwischen Industriestaaten und Entwicklungsländern erforderlichen Strukturwandels soll nach Meinung vieler Beobachter jenes neue Element in den weltwirtschaftlichen Beziehungen bestehen, welches für die „Neue internationale Wirtschaftsordnung“ kennzeichnend sein könnte.

ZUR TYPOLOGIE VON ENTWICKLUNGSSTRATEGIEN

Grundmuster realen Strategieverhaltens

Von J. Hanns Pichler

> "Because of the interdependence of the various aspects of structural change, we cannot hope to explain development very adequately as the sum of seperate influences, which is the hypothesis underlying most econometric studies."
>
> H. B. Chenery[1]

Der Begriff „Strategie" erfährt insbesondere im Zusammenhang mit der Problematik weltweiter wirtschaftlicher Entwicklung heute sehr unterschiedliche Ausdeutung; teilweise zu einer Art Modewort geworden, erscheint er inhaltlich auch vielfach verschwommen oder nur oberflächlich bestimmt.

Dem soll im gegebenen Rahmen dieser Betrachtung kein weiterer Interpretationsversuch, keine neue „Dimension" hinzugefügt werden; auch nicht irgendeine modifizierte Reformulierung üblicher neoklassischer Modellansätze — etwa im Sinne einer „dual economy" Vorstellung oder unter Postulierung eines „idealen" Gleichgewichtspfades[2]. Es geht vorweg somit um keinerlei vorgegebenen Ansatz oder eine durch rigide Annahmen eingegrenzte Strategievorstellung unter Zugrundelegung etwa des Konstruktes „optimaler" Rahmenbedingungen.

I. Zum Methodologischen

Folgender Versuch einer Typologie und daraus abzuleitender „Strategien" fußt demgegenüber auf einem pragmatisch offenen Ansatz, auf der Analyse bzw. Auswertung und Synopsis eines entsprechend vergleichbaren konkreten Datenrahmens realer Entwicklungsmuster im

---

[1] *H. B. Chenery*, Growth and Structural Change, in: Finance and Development, vol. 8, No. 3 (1971), p. 21.

[2] Vgl. u. a. *H. Myint*, Economic Theory and the Underdeveloped Countries, London—Toronto 1971; weiter *W. A. Lewis*, Growth and Fluctuations 1870 to 1913, London—Boston—Sidney 1978, bes. S. 288 ff. („The End of Dualism?"), S. 234 ff. („Strategy").

längerfristigen Wandel und Ablauf (unter Einbeziehung von rund 100 Entwicklungsländern)[3]. Als den Entwicklungsprozeß allgemein und fundamental kennzeichnend, seien u. a. grundlegend — etwa im Kuznets'schen Sinne[4] — folgende für alle Länder relevante, mehr oder weniger auch als evident anzusehende Voraussetzungen und Annahmen impliziert, wie z. B.:

— Natürlich gegebene Strukturverschiedenheit (nach Ressourcenausstattung im weitesten Sinne; nach Verschiedenartigkeit der Startbedingungen bzw. des Evolutionsstandes an sich im Entwicklungsprozeß; nach unterschiedlicher Effizienz und Dynamik der Ressourcenallokation; nach der Differenzierung allgemeiner sozialer wie politischer Zielvorstellungen).

— Ähnlichkeit und absehbare Nachhaltigkeit in der Variation gegebener Bedarfsstrukturen (mit fallendem Nahrungs- und steigendem Gebrauchs- wie Industriegüteranteil bei steigenden Einkommen).

— Kapitalakkumulationsraten im weiteren Sinne (einschließlich Humankapitalbildung), die generell höher als der Arbeitskräftezuwachs.

— Grundsätzliche Zugänglichkeit zu ähnlichen Technologien und Märkten weltweit.

— Teilhabe am bestehenden, in bestimmter Weise strukturierten Gefüge des Welthandels und internationaler Kapitalströme (einschließlich institutionell gegebenen Voraussetzungen).

— Weltweit charakteristisches Streben nach Wachstum und Entwicklung unter welchen „Strategievorstellungen" oder politisch-ideologischen Nuancierungen auch immer.

Diese Merkmale und generellen Grundvoraussetzungen widerspiegeln sich gewissermaßen in jeweils arteigener Differenzierung im Wandel und fortschreitenden Prozeß konkreter Entwicklung, werden somit prägend zugleich für Dynamik und „Typus": etwa von Produktionsstrukturen allgemein, damit auch von Umfang, Gewichtung und qualitativer Ausrichtung von Investitionen, von strukturellen Gegebenhei-

---

[3] Time-series/cross-section Analyse, basierend auf einschlägig aufbereiteten Datenreihen der Weltbank; vgl. *Chenery,* a.a.O. (Anm. 1) sowie *H. Chenery* and *M. Syrquin,* Patterns of Development, 1950 - 1970, London 1975, bes. 64 ff., 135 ff.; ferner *B. Ward* et al. (eds.), The Widening Gap. Development in the 1970's, New York—London 1971, bes. S. 27 ff. (*H. B. Chenery,* „Targets for Development").

[4] Vgl. *S. Kuznets,* Modern Economic Growth. Rate, Structure, and Spread, New Haven—London 1966, bes. S. 400 ff. („Economic and Social Structure of Undeveloped Countries") und S. 487 ff. („A Postscript"); weiters ders., Economic Growth of Nations. Total Output and Production Structure, Cambridge, Mass. 1971.

ten im Außenhandel, schließlich von Ausmaß und damit auch Abhängigkeit von Auslandskapital und -investitionen. Die Dynamik dieses Wandels ist — im Blick zugleich auf eine konkret analytische Erfassung — anzusehen als ein durchgängig interdependenter struktureller Prozeß in simultaner Entsprechung und Gegenseitigkeit; kann somit — wie vielfach in einschlägigen Modellansätzen — ungenügend, verfahrensmäßig letztlich widersinnig nur erfaßt werden durch Analyse einzelner Strukturelemente und Faktoren in deren Wirkung bzw. Wechselbeziehung im Gesamtzusammenhang von Entwicklung und Wachstum als Prozeß.

II. Zur Charakteristik „normaler" Grundmuster[5]

Aus der solcher Art methodologisch aufbereiteten Analyse konkreter Strukturbilder einzelner Volkswirtschaften ergibt sich — unter Berücksichtigung jeweils von „Größe"[6] und gegebenem Einkommensniveau — eine charakteristische Differenzierung nach folgenden grundsätzlich typusprägenden Kriterien:

— dem relativen Exportniveau (gemessen am Verhältnis tatsächlicher zu „normalen" Exporten bei gegebener „Größe" und Einkommensniveau);

— dem Grad der Außenhandelsorientierung (nach Primär- gegenüber Industrieexporten, gemessen an der jeweiligen „Exportverzerrung" wiederum zwischen tatsächlicher und „normaler")[7];

---

[5] „Normal" bedeutet im gegebenen Zusammenhang durchschnittlich oder „typisch" gemäß dem konkret zugrundeliegenden Länder-Sample; ist also nicht irgendwie wertend, nicht vorgegeben etwa durch hypothetische Modellannahmen oder „optimale" Rahmenbedingungen etc.

[6] „Größe" (oder „size") konkreter einzelner Länder bzw. Volkswirtschaften ist hier nicht geographisch, sondern grundsätzlich wirtschaftlich — im Hinblick insbes. auf Bevölkerung und Bevölkerungspotential, auf relatives Produktionsniveau, auf Dynamik und Intensität des Entwicklungsprozesses, auf Einkommensniveau bzw. relativen Entwicklungsstand etc. — zu verstehen; formal etwa in folgender funktionellen Form, uniform für alle in die Analyse einbezogenen Länder:

$$X = \alpha + \beta_1 \ln Y + \beta_2 (\ln Y)^2 + \gamma_1 \ln N + \gamma_2 (\ln N)^2 + \varepsilon F + \delta T$$

Wobei: Y für Einkommensniveau, N für „Bevölkerung", F für Kapitalimport, T für „Zeittrend", mit jeweils dazugehörigen „Effekten" (β, γ, ε, δ); α ein „dummy" für das jeweilige Land (i). (Vgl. dazu ausführlicher, einschließlich statistischer Auswertung und Darstellung, Chenery-Syrquin, a.a.O., bes. S. 117 ff.)

[7] Definiert als $T_a - T_n$; wobei $\frac{E_{\text{prim.}} - E_{\text{manuf.}}}{E \text{ (insges.)}} = T_a$ die tatsächliche (actual) Exportverzerrung; analog für „normale" Verzerrung T_n.

— der Art der Produktionsorientierung (primär vs. industriell, gemessen am Grad der „Verzerrung", wiederum zwischen tatsächlicher und „normaler")[8];

— dem Ausmaß bzw. der Abhängigkeit von Kapitalimporten (bestimmt nach jeweiliger Abweichung vom „normalen" Niveau).

Das Entwicklungsbild, das tatsächliche „Strategieverhalten" einer gegebenen Volkswirtschaft und dessen Beurteilung folgert demnach, wie eingangs schon hingedeutet, nicht aus bestimmten Modellannahmen oder -vorgaben, sondern aus der jeweils individuell geprägten Abweichung von einer durch das Gesamtspektrum des betrachteten realen Ländersamples „normalen" (durchschnittlichen) Typisierung anhand signifikanter Kriterien, wobei die im Sample selbst mitrepräsentierten Volkswirtschaften für dessen durchschnittliche Typisierungsmerkmale zugleich mitbestimmend. Anders ausgedrückt: anstatt einer Orientierung an vormodellierten „Typen", werden die einzelnen Länder klassifiziert und beurteilt nach ihnen jeweils arteigen zukommenden Merkmalen; nicht abstrakt postuliert also, sondern objektiv bestimmt aus der real erfaßten Datengrundlage im Hinblick auf vergleichbare Grundmuster und Wesensmerkmale der Entwicklung, als Vergleich bzw. Typisierung zugleich von „Strategien" oder vorherrschender „Spezialisierung".

III. Ausgewählte „normale" Strukturindikatoren

In Konkretisierung des Dargelegten seien zur Illustration und selektiv vereinfachend im folgenden einige signifikante Strukturgrößen — basierend auf dem vorhin erwähnten Sample — zusammengefaßt, die im ausgeführten Sinne zugleich als typisch (als „normal") für die im Entwicklungsprozeß und sich vollziehenden strukturellen Veränderungen mit wachsendem Einkommensniveau anzusehen[9].

In „phasenmäßiger" Differenzierung erweist sich so etwa als „normal"-charakteristisch für das frühere Stadium der Entwicklung ein ausgeprägtes Produktions- und Beschäftigungswachstum vorwiegend im Primärsektor, mit entsprechender Betonung auch der Primärexporte bei gleichzeitig eher problemloser („easy") Importsubstitution; Kapitalimport (Entwicklungshilfe) tendiert zugleich zu verstärkt konzessionären Konditionen.

---

[8] Definiert als $P_a - P_n$; wobei $P_a = V_{\text{prim.}} - V_{\text{manuf.}}$ die tatsächliche (actual) Verzerrung; analog für „normale" Verzerrung P_n.

[9] Detaillierter dazu: „Alternative Strategies for Development", World Bank Staff Working Paper No. 165, Washington D.C. 1973; ferner *Chenery-Syrquin*, „Patterns ...", a.a.O. (Anm. 2); sowie *H. B. Chenery*, „Targets for Development", a.a.O. (Anm. 3).

„Normale" Strukturvariation nach jeweiligem Einkommensniveau[a)]

	Prokopf-Einkommen[b)]			
	$ 100	$ 300	$ 600	$ 1 000
	(„Frühphase")		(„Mittel-" bis „Spätphase")	
Brutto-Sparquote (% d. BNP)	12	16	19	22
Steueraufkommen (% d. Volkseinkommens)	13	20	25	30
Brutto-Anlageinvestitionen (% d. BIP)	15	20	22	24
Primärproduktion (% d. BIP)	46	30	22	16
Industrieproduktion (% d. BIP)	14	23	29	33
Dienstleistungen (% d. BIP)	35	39	40	40
Primärsektor-Beschäftigung (% d. Gesamtbeschäftigung)	68	50	35	24
Industriebeschäftigung (% d. Gesamtbeschäftigung)	10	21	28	33
Dienstleistungsbeschäftigung (% d. Gesamtbeschäftigung)	22	29	34	42
Exporte (% d. BIP)	13	18	21	23
davon: Primärexporte (% d. Gesamtexporte)	78	61	50	42
Importe (% d. BIP)	19	22	23	24
davon: Primärimporte (% d. Gesamtimporte)	18	27	29	30
Geburtenrate (‰)	42	34	28	22
Sterberate (‰)	15	10	9	9
Urbanisierungsgrad (Stadtbevölkerung in % d. Gesamtbev.)	20	41	52	58
Schulbesuchsquote (% d. relevanten Altersgruppe)	37	61	74	82
Analphabetismus (% d. Erwachsenen)	63	35	20	11

a) „Time series-cross section" (etwa 15 Jahre, mit einzelnen Variationen bzw. Abweichungen; Sample von an die 100 Ländern).
b) Bezogen auf prä-1971 US $.

In der „reiferen" Phase mit gehobeneren Einkommensniveaus verlagert sich die Wachstumsdynamik vermehrt auf die Nicht-Primärsektoren, deren zunehmendes Gewicht mit die Grenzen ökonomisch rationaler Importsubstitution absteckt; die Dynamik der Kapitalformation und -akkumulation wird in verstärktem Maße durch endogene Impulse bestimmt, Kapitalimporte tendieren hin zu härteren, nichtkonzessionären Bedingungen.

Als typische Phänomene und Indikatoren folgert — z. T. implizit — aus der Analyse u. a. weiters, daß

— der Wachstumsprozeß insgesamt in den Entwicklungsländern — anders als in den industrialisierten Ländern — bis zu 50 % durch die Dynamik der Kapitalakkumulation schlechthin bestimmt wird und somit in wesentlich geringerem Maße etwa durch rasch sich umsetzende Verbesserungen in Ressourcenallokation bzw. technologischen Veränderungen;

— ein nachhaltiges, vorwiegend landwirtschaftlich gestütztes Primärwachstum von mehr als 5 % eher als Ausnahme anzusehen, während vergleichsweise für ein überwiegend industriell getragenes Wachstum in der Primärphase 10 % und auch darüber keineswegs ungewöhnlich;

— in längerfristiger Perspektive (von speziellen Ausnahmen oder Ländern mit besonderer Ressourcenausstattung abgesehen) insbesondere für „größere" Volkswirtschaften ein Nettokapitalimport von 4 bis 5 % oder mehr des BNP eher von transitorischem Charakter und gesamtwirtschaftlich insbesondere zahlungsbilanzmäßig kaum prolongiert verkraftbar;

— als Spiegelbild gewissermaßen des Arbeitskräfteüberschusses bzw. chronischer Arbeitslosigkeit oder Unterbeschäftigung in den Entwicklungsländern, der Wachtumsbeitrag des „Faktors Arbeit" — entgegen so manchen vorgefaßten Annahmen (etwa der orthodoxen Dualismusthese)[10] — generell eher geringer als das Wachstum seines Anteils am Sozialprodukt als solchen (nicht untypisch für Länder mit niedrigem Einkommensniveau: bis zu drei Viertel der „Beschäftigten" tragen etwa die Hälfte nur zum BIP bei);

— die zunächst sehr dynamisch steigende Urbanisierungsrate eine sich deutlich stabilisierende Tendenz aufweist ab mittleren bis höheren Durchschnittseinkommen, während das Bevölkerungswachstum einem relativ wesentlich langsamer fallenden Trend folgt (grob gegen 2 % tendierend bei höheren Einkommensniveaus);

— der Erziehungs- und Ausbildungsgrad generell überproportional und rasch steigend mit wachsenden Einkommen (und dies typisch bereits ab relativ niedrigem Niveau).

IV. Grundmuster der „Spezialisierung" als bewußtes Strategieverhalten

Basierend auf der dargelegten Analyse und ihrem pragmatisch ausgerichteten Ansatz lassen sich, ergebnishaft zusammengefaßt, folgende vier Grundtypen — mit jeweils arteigener Suborientierung und Diffe-

---

[10] Vgl. u. a. *W. A. Lewis*, Economic Development with Unlimited Supplies of Labour, in: The Manchester School, vol. 22 (1954); weiters *J. H. Boeke*, Economics and Economic Policy of Dual Societies, New York 1953; *R. Jochimsen*, Dualismus als Problem der wirtschaftlichen Entwicklung, in: Weltwirtschaftliches Archiv, Bd. 95 (1965); im neueren Überblick ferner *H.-R. Hemmer*, Wirtschaftsprobleme der Entwicklungsländer. Eine Einführung, München 1978, bes. S. 209 ff.

renzierung — unterscheiden (als in gewissem Sinne auch charakteristisch für den nachkolonialen weltwirtschaftlichen Entwicklungsprozeß in der Periode seit dem Zweiten Weltkrieg):

(1) *Primärspezialisierung*
— mit Primärexportorientierung
— mit Primärproduktionsorientierung
(Gesamtexportniveau typisch höher als „normal")

(2) Verhältnismäßige *Strukturausgewogenheit* (im Hinblick insbesondere auf Außenhandel und Produktionsstruktur)
— mit relativ „normaler" Exportorientierung
— mit relativ „normaler" Produktionsorientierung

(3) Ausgeprägte *Importsubstitution*
— mit relativer Primärexportorientierung
— mit reduzierter Primärorientierung der Produktion
(Gesamtexportniveau typisch niedriger als „normal")

(4) *Industrielle Spezialisierung*
— mit industrieller Exportorientierung
— mit industrieller Produktionsorientierung

Dies nun sind keine Normtypen, sie sind vielmehr Ausdruck tatsächlicher Strukturbilder und Entwicklungstrends anhand konkret erfaßter Daten mit zusätzlich natürlich weiter denkbaren Abstufungen oder Nuancierungen zu- und untereinander.

„Spezialisierung" bekommt im gegebenen Zusammenhang einen strategisch-politischen Gehalt: bedeutet ein durch bestimmte Voraussetzungen geprägtes Festhalten bzw. die nachhaltige Verfolgung entwicklungsorientierter Zielsetzungen als bewußtes Strategieverhalten, im Hinblick zugleich auf erfolgreiche Bewältigung phasenbedingter Übergangs- und Anpassungserfordernisse im fortschreitenden Entwicklungsprozeß.

Spezialisierung ist demnach nicht irgendwie mechanisch oder als zwangsläufig zu interpretieren im Nachvollzug etwa überwiegend „exogener" Einflußfaktoren (wie z. B. Änderungen von Bedingungen im Welthandel); ist vielmehr durchaus Ausdruck für wirtschaftspolitisch gestaltendes Verhalten im eigentlichen Sinne von „Strategie" — insbesondere zur nachhaltig konsistenten Sicherung erforderlichen, externen wie internen Ressourcendargebotes für kontinuierliches Wachstum nach jeweils gegebenen Entwicklungs- und Kapazitätsvoraussetzungen mit Rücksicht zugleich auf notwendige Anpassungserfordernisse eines dem Wandel unterworfenen Prozesses.

V. „Spezialisierung“ und ihre Typik im Länderspektrum

Als gewissermaßen empirische Probe aufs Exempel zeigt die Differenzierung des erfaßten Ländersamples eine ausgeprägt korrelierende und sinnvolle Zu- bzw. Unterordnung einzelner Länder zu den aufgeführten, aus den objektiv gegebenen Daten und Kriterien hergeleiteten Grundtypen je nach Entwicklungsstand und spezifischem Strategieverhalten[11].

Einige wesentliche Charakteristika sowie daran sich knüpfende besondere Betrachtungen und Folgerungen seien zur weiteren Konkretisierung abrundend zusammengefaßt.

Für die „*Primärspezialisierung*“ typisch erweist sich, vor allem in der Frühphase, eine ausgeprägt exportorientierte Wachstumsstrategie bei entsprechend günstiger Ressourcengrundlage. Dies an sich ist kein ausgefallenes „Grundmuster“, trifft sich weitgehend etwa mit der traditionellen Dualismusthese[12] und ist zweifellos kennzeichnend für eine Vielzahl von Ländern, insbesondere in der Ausgangsphase des Entwicklungsprozesses. Originärer ist dabei allerdings die durch objektiv konkreten Datenvergleich gestützte Bestimmung aus einem alternativen Ansatz in zugleich relativierender Sicht bzw. Interpretation eines bewußt phasenbezogenen Strategieverhaltens — als Test auch für dessen nachhaltige Bewährung oder dessen Versagens im Verlauf fortschreitender Entwicklung.

„Strategie“, als bewußte und nachhaltige Sicherung entsprechenden Ressourcendargebotes für erforderliche strukturelle Anpassung, bedeutet für diese Art Spezialisierungsmuster vor allem Steuerung bzw. Verkraftung einer graduellen Ablöse anfänglich typisch über-„normaler“ Auslandsinvestitionen, verbunden mit üblicherweise sektoral einseitiger Konzentration von Produktion, Exporten und somit auch Einkommen im Primärbereich, in Richtung einer verbreiterten ausgewogeneren Strukturbasis (zur Vermeidung von oft krisenhaften Zahlungsbilanzeinbrüchen nach anfänglich zwangsläufig überproportionaler Exponierung bei noch relativ geringen Kapitalabflüssen).

---

11 Bezogen auf das dem Ansatz zugrunde liegende Ländersample insgesamt erbrachte die Analyse im einzelnen eine über den betrachteten Zeitrahmen hohe Affinität bzw. Korrelation tatsächlichen Strategieverhaltens von je etwa 15 Ländern mit Typus (1) und (2), von rund 10 Ländern mit Typus (3) und einer ähnlichen Anzahl mit dem besonderen Typus (4); das bedeutet immerhin für mehr als die Hälfte bis zu zwei Drittel der repräsentierten Länder eine ausgeprägt typische Zuordnung, bei den übrigen ergaben sich gewisse, z. T. übergreifende Nuancierungen. (Vgl. im besonderen „Alternative Strategies ...“, Working Paper, a.a.O.; Anm. 9.)

12 Vgl. u. a. *H.-R. Hemmer*, a.a.O. (Anm. 10).

Die „Größe" einzelner Volkswirtschaften, wie im gegebenen Zusammenhang bereits definiert[13], ist für diesen Spezialisierungstypus mit prägend: so erweisen sich eher „kleinere" bis „mittelgroße" Länder als dafür besonders typisch, wie etwa Kenya, Elfenbeinküste, Malaysia, Thailand — als zugleich weitgehend erfolgreiche Strategiemuster; oder auch Uganda, Sri Lanka, Zambia, Sierra Leone — als (z. T. gewiß auch politisch verzerrte) Beispiele nicht gelungener Strategien.

Als besondere, wenngleich angesichts gegebener Weltmarktkonstellationen eher atypische Beispiele einer spezifisch geprägten Primärspezialisierung wären auch die OPEC-Länder anzusehen; mit Iran — bis zur jüngsten Regimeablöse — strukturell wie im Hinblick auf Entwicklungsstand als arteigenem Sonderfall, dessen bewußt prolongierte Primärorientierung eine, im Sinne dieser Analyse, ökonomisch strategisch gesehen längst kritische Gradwanderung darstellte. Ausgeprägte Primärspezialisierung erweist sich generell mit steigendem Entwicklungsstand und Einkommensniveau (speziell ab mittlerem) nicht beliebig prolongierbar bzw. nur unter besonderem Ressourceneinsatz und -aufwand, da mit steigendem Einkommen tendenziell die Primärexporterlöse gegenüber den Importerfordernissen für ein konsistentes Wachstum zunehmend zurückbleiben (mit einer erfahrungsgemäß keineswegs anormalen Importdynamik von ein Drittel bis zur Hälfte über jener des Sozialproduktwachstums insgesamt). Abgesehen von gesellschaftlich-politischen Bedingungen, bewegte sich demnach auch ökonomisch betrachtet diese Volkswirtschaft geraume Zeit bereits nahe der Grenze einer Zerreißprobe objektiv widerstreitender Strategieerfordernisse ihrer Entwicklung.

Verhältnismäßige *„Strukturausgewogenheit"* und *„Importsubstitution"* zeichnen sich durch vielfach gemeinsame Merkmale und Aspekte in den Strategievoraussetzungen aus, auch in dynamischer Sicht des Entwicklungsprozesses. Bezogen auf einzelne Volkswirtschaften erweisen dabei sich als strategisch unterschiedliche Orientierungen generell:

— Länder mit relativ „normalem" Importniveau, angepaßt an jeweilige Produktionsstrukturen nach „Größe" und Bedarf,

— Länder mit relativ niedrigem (deutlich weniger als „normalem") Importniveau, als spezifisch kennzeichnend für eine — zumindest phasenweise — ausgeprägtere Substitutionsstrategie.

Die sozusagen natürliche „Größe" von Volkswirtschaften ist hier ein wesentlich mitbestimmender Faktor, da — je größer — eine (über-„normal") einseitige Orientierung und damit Spezialisierung eher

[13] Vgl. Anm. 6.

atypisch. Eine ausgeprägtere Tendenz zu Importsubstitution als bewußtes Strategieverhalten erweist sich in gewissem Grade affin bzw. konform zu „größeren“ Ländern mit sozusagen natürlich gegebener breiterer Kapazitäts- und Marktbasis, wobei zusätzlich zu beobachten, daß größere Volkswirtschaften generell sich verhältnismäßig rasch von jeweils vorherrschenden Spezialisierungsmustern zu lösen scheinen, und zwar bereits bei relativ niedrigem Einkommensniveau. Für Importsubstitution als bewußtes Strategieverhalten im besonderen ist entscheidend eine entsprechend zeitliche Dosierung und Anpassung zur Vermeidung gravierender wirtschaftlicher Verzerrungseffekte. Einschlägige Erfahrung über die letzten Jahrzehnte in einzelnen Ländern hat gezeigt, daß — entgegen etablierten, vielfach theoretisch vorgefaßten Auffassungen und Vorstellungen — eine unter entsprechenden Voraussetzungen dosiert gehandhabte Substitutionspolitik durchaus ihre entwicklungsstrategische Rechtfertigung haben kann, insbesondere als bewußt phasenbezogene Übergangs- und Anpassungsstrategie; Importsubstitution wäre sonach — wie in entwicklungspolitischer Beurteilung sog. „Performance-Kriterien“ immer wieder zu begegnen — nicht vorwiegend nur negativ zu beurteilen.

Als Beispiele einer selbstbewußt, teilweise prolongiert verfolgten und doch als gelungen anzusehenden Importsubstitutionsstrategie „größerer“ Volkswirtschaften könnten (im Rückblick etwa über ein Jahrzehnt und darüber hinaus) Indien und — unter gewissen Einschränkungen — Pakistan, sowie in Lateinamerika (mit fälschlich zunächst weithin negativem Image) insbesondere Brasilien angeführt werden; unter mittleren bis kleineren Volkswirtschaften, mit ebenfalls weitgehend erfolgreicher Transformation nach Phasen ausgeprägterer Substitutionspolitik, weiters Mexiko, Kolumbien, im Rückblick auch Türkei, sowie — als Beispiele ausgeprägter Strukturdifferenzierung durch einen besonders dynamischen Dienstleistungssektor — Spanien und Jugoslawien[14].

Beispiele einer in diesem Sinne weniger gelungenen Strategie mit phasenweise zumindest gravierenderen Einbrüchen, Anpassungsverzerrungen und -restriktionen wären dahingegen u. a. Uruguay, Chile, Peru, Jamaica, El Salvador und — mit gewisser Nuancierung — Argentinien (wo nach einschlägigen Schätzungen bereits in den 60er-Jahren zufolge einer undosierten, allzu prolongierten Substitutionspolitik die effektive Protektionsrate des Industriesektors an die 9 % des Sozialprodukts erreichte mit entsprechend verzerrenden Wirkungen auf das Wirtschaftsgefüge allgemein).

---

[14] Vgl. „Alternative Strategies ...“, Working Paper, a.a.O. (Anm. 9).

„Industrielle Spezialisierung“ als eigener Grundtypus spezifischen Strategieverhaltens ist als ein eher unorthodox „neues“ Ergebnis der hier dargelegten Analyse und ihres besonderen Ansatzes insoferne anzusehen, als er — im hier verstandenen Sinne eines spezifischen Typus strategisch bewußter Orientierung wirtschaftlicher Entwicklung sozusagen von Haus aus — bislang in einschlägigen Betrachtungen kaum gesondert hervortritt.

Kennzeichnend für dieses Entwicklungsbild ist eine im allgemeinen weniger reichliche materielle Ressourcenausstattung, damit verbunden als typisch aber eine über-„normale“ immaterielle Kapitalgrundlage, etwa von Humankapital in Form relativ ausgebildeter Arbeitskräfte („skills“ und auch gewisses Führungspotential) wie einer relativ hohen Bildungs- und Ausbildungsquote, oder auch von relativ ausgeprägten administrativen Organisationsmustern und -strukturen von entsprechender Effizienz. Knappe Ressourcenausstattung bedingt im allgemeinen weiters eine zunächst erhöhte Abhängigkeit von Kapitalimporten, insbesondere in Frühphasen der Entwicklung mit allerdings gradueller Nuancierung, vor allem nach struktureller Gewichtung und „Größe“ eines jeweiligen Landes.

Beispiele nachhaltig externer Kapitalabhängigkeit — z. T. gewiß mit auch politisch bedingt — wären Israel, Südkorea (besonders in der Frühphase), Puerto Rico (als Art „semi-kolonialer“ Sonderfall) und — mit gewissem Vorbehalt — auch Pakistan (vor allem in seiner frühen Entwicklung); relativ geringere Abhängigkeit bei ansonsten weitgehend ähnlichem Grundmuster der Entwicklung weisen Japan (in der unmittelbaren Nachkriegsphase), ferner u. a. Jugoslawien, Kenya und Taiwan auf. „Stadtstaaten“ wie Hongkong oder Singapur fielen als Spezialfälle enklavenartiger Entwicklung im weiteren Sinne allenfalls auch unter dieses Spezialisierungsmuster.

Charakteristisch weiters für diese Art „Spezialisierung“ ist eine generell relativ offene und flexible Anpassung an internationale wirtschaftliche Gegebenheiten und deren Veränderungen; eine damit weitgehend außenhandelsorientierte Dynamik, wenn typisch auch durchsetzt von einer phasenweise strategisch bewußt inwärts, auf den heimischen Markt gerichteten Politik zur Stärkung und Diversifikation der strukturellen Basis.

Betrachtet im Spektrum der Entwicklungsländer insgesamt, ist die Dynamik und wirtschaftliche Leistungspotenz der Länder von diesem Grundmuster einer Spezialisierung immerhin hervorstechend: repräsentierend nur 10 % oder weniger der Bevölkerung der Dritten Welt, liegt ihr Anteil an deren gesamten Halb- und Fertigwarenexporten bei etwa 50 bis 60 % und ihr Einkommenswachstum zeigt eine bis zu

2 % höhere Dynamik gegenüber dem Gesamtdurchschnitt, bei zugleich generell ausgeglichenerer Struktur der Verteilung.

Über die dargestellte länderbezogene Konkretisierung hinaus ergibt sich in weiterer Betrachtung aus der hier verfolgten Analyse mit ihrem vorgestellten pragmatischen Ansatz zusätzlich auch eine gewisse Objektivierung des besonders in der neueren Diskussion eher überstrapazierten Strategiebegriffes im Zusammenhang von Entwicklung und Entwicklungspolitik; eine gegenüber herkömmlich vielfach stereotypen Kriterien und Modellannahmen vielleicht nüchterne, zugleich jedoch realistisch wesensgemäßere Beurteilung von Entwicklungstrends und deren Indikatoren, die mit die Komplexheit und Interdependenz struktureller wie phasenbezogener Gegebenheiten im dynamischen Wandel fortschreitender wirtschaftlicher Entwicklung zu berücksichtigen und einzufangen sucht.

Wachstum und Wachstumsraten als „Performance-Kriterien" wären so gesehen „strategisch" unterschiedlich bzw. relativierend zu beurteilen, je nachdem ob etwa im naturgemäß eher dynamischeren Frühstadium einer Primärspezialisierung, in einer Anfangsphase bewußter Importsubstitution, oder allenfalls in einer im allgemeinen zwangsläufig weniger dynamischen, strategisch jedoch ebenso relevanten und wirtschaftspolitisch vielleicht sogar diffizil anspruchsvolleren Phase notwendiger struktureller Anpassung und Transformation.

Auf die entwicklungspolitisch strategische Rechtfertigung einer phasengerecht dosierten Importsubstitutionspolitik im durchaus wachstumskonformen Sinne wurde bereits verwiesen. Ergänzend sei angefügt, daß damit zugleich gewisse neuere „Strategiekonzeptionen" bzw. auch bloß Schlagworte wie „Abkoppelung" oder „dissoziative Entwicklung"[15] (beides wohl weltwirtschaftliche Unbegriffe an sich) in eine objektivierende, von gar manchem Beiwerk befreite Betrachtung einzubeziehen, versucht man sie — je nach Nuancierung — eben ökonomisch zu deuten als Ausdruck einer mehr oder weniger ausgeprägten und bewußten Substitutionsstrategie. Das in dem Zusammenhang vielzitierte Beispiel China („the Chinese way") verliert so etwas von seinem weithin glorifizierten Nymbus, erweist es sich doch aus rational wirtschaftlicher Sicht vorstehender Analyse als eher mißlungener Weg einer undosiert starren und prolongierten, nach wirtschaftspolitisch

---

[15] Vgl. u. a. *D. Senghaas*, Entwicklungspolitik und neue Weltwirtschaftsordnung. Plädoyer für Dissoziation, Frankfurt/Main 1978; ders.: Dissoziation und autozentrierte Entwicklung — eine entwicklungspolitische Alternative für die dritte Welt, in: Internationale Entwicklung, Wien 1978/III, S. 27 ff.; ferner *S. Amin*, Self-Reliance and the New International Economic Order, in: Monthly Review, vol. 29, no. 3 (1977); *H.-J. Harborth*, Dissoziation — mit welchem Ziel?, in: Entwicklung und Zusammenarbeit, H. 7/8, 1977.

technologischen Gesichtspunkten und Erfordernissen ungekonnt gehandhabten Substitutionsstrategie; eine Einsicht, die sich neuerdings u. a. durch gewisse nachvollziehende „Korrekturen“ in Richtung einer weltwirtschaftlichen Öffnung und Reintegration dieser potentiell wahrlich „großen“ Volkswirtschaft mit auch bestätigt findet.

„Dissoziation“ als entwicklungspolitische Konzeption wäre so lediglich relativ zu sehen, je nach konkreten Gegebenheiten und Anpassungserfordernissen einer im umfassenderen Sinne verstandenen strategiegerechten Substitutionspolitik; verabsolutiert hingegen als „Entwicklungsstrategie“ schlechthin, mit zugleich unabdingbar weltwirtschaftlichem Ausblick und Anspruch, läge darin logisch wie inhaltlich (eine zumindest seit Friedrich List[16] keineswegs revolutionäre Erkenntnis mehr) geradezu ein Widerspruch in sich. Insoferne, wie aufzuzeigen versucht, vermag die dargestellte Analyse über den pragmatisch empirischen Befund hinaus auch einen im ökonomischen Sinne objektivierenden Beitrag zur Diskussion um den in Entwicklungstheorie und -politik so vielfältig und vielfach ebenso verschwommen gebrauchten Strategiebegriff zu leisten.

---

[16] *F. List*, Das nationale System der politischen Ökonomie (1841), Neuaufl. Basel—Tübingen 1959; erläuternd und im Überblick dazu neuerdings auch *E. Wendler*, Friedrich List. Leben und Wirken in Dokumenten, Reutlingen 1976; sowie *O. Spann*, Die Haupttheorien der Volkswirtschaftslehre auf lehrgeschichtlicher Grundlage, Graz 1969[28], bes. S. 147 ff. (= Othmar Spann Gesamtausgabe, Bd. 2).

BESCHÄFTIGUNG UND AUSSENHANDELSPOLITIK

Von Kurt W. Rothschild

I.

Die nun schon längere Zeit andauernden Schwierigkeiten, in den entwickelten kapitalistischen Industriestaaten die wichtigsten Zielsetzungen wie Vollbeschäftigung, Wachstum, Preisstabilität, Zahlungsbilanzgleichgewicht und Verteilungsgerechtigkeit einigermaßen miteinander in Einklang zu bringen, haben in den politischen wie in den wissenschaftlichen Auseinandersetzungen zu einer verstärkten Konfrontation verschiedenster wirtschaftspolitischer Ansätze geführt. Der weithin sichtbare „Konflikt" zwischen Keynesianern und Monetaristen ist nur ein spektakuläres Beispiel für diese Situation.

Bemerkenswert an den nun weitverbreiteten Auseinandersetzungen und Reformvorschlägen scheint mir folgendes. Während die Probleme neuer Ansätze in der Beschäftigungs- und Antiinflationspolitik und die Chancen für ihre Kompatibilität intensiv diskutiert werden, während angesichts des Zusammenbruchs des Bretton-Woods-Systems immer neue Anläufe zu einer Neuordnung des Weltwährungssystems unternommen werden, bleiben Diskussionen um die Zweckmäßigkeit und Reformbedürftigkeit der nach dem zweiten Weltkrieg niedergelegten Grundregeln für den internationalen Waren- und Kapitalverkehr — sieht man einmal von den Problemen der Entwicklungsländer ab — merkwürdig blaß und unausgereift.

Fast scheint es so, als seien die Prinzipien eines ungehinderten Freihandels und der allgemeinen Anwendung der Meistbegünstigungsklausel, wie sie im GATT-Vertrag niedergelegt sind, mehr oder weniger tabu. Dies kann jedoch sicher nicht etwa deshalb der Fall sein, weil sich in diesem Bereich keine Probleme ergeben haben oder keine Konflikte mit anderen wirtschaftspolitischen Zielen bestehen. Zwar ist es richtig, daß die in diesem Bereich auftretenden Probleme nicht so dramatisch und eindeutig sichtbar werden, wie etwa steigende Arbeitslosen- und Inflationsraten oder schwankende Wechselkurse; sie nehmen aber doch an Bedeutung zu und zeigen sich in den wachsenden Schwierigkeiten von GATT-Verhandlungen zum Abbau verschiedenster Handelshemmnisse und in einer schwer durchschaubaren neueren internationalen Tendenz, die nicht-tarifären Hemmnisse auszuweiten[1].

Die geringere Sichtbarkeit kann jedoch nicht der alleinige Grund für den relativen Rückstand der Diskussion dieses Problembereiches sein. Vielmehr dürften hier auch andere Faktoren wirksam sein, und zwar vor allem ein wissenschaftsimmanenter und ein historischer. In der herrschenden akademischen Wirtschaftswissenschaft haben das liberal-neoklassische Modell und die reine Allokationsproblematik stets eine führende Stellung eingenommen. Kaum irgendwo kommen die besonderen Ansätze dieser Richtung so zum Vorschein, wie in den analytischen und normativen Sätzen der „reinen" Außenhandelstheorie. Freihandel als Garant von Konkurrenz und optimaler Arbeitsteilung in einer stets als vollbeschäftigt angenommenen Weltwirtschaft sichert hohen Wohlstand und Fortschritt. Einschränkungen des freien Handels mögen in Sonderfällen ausnahmsweise vertretbar sein; generell können jedoch einfache Freihandelsregeln als allgemeine Richtschnur und als beste Grundlage zur Erreichung anderer Ziele gelten. Außer durch diese herrschende Philosophie wurde die relative Immunisierung der Außenhandelszielsetzung aber auch durch das Trauma der Dreißigerjahre gefördert, als man mit konkurrenzierenden beggar-my-neighbour-Maßnahmen im Handels- und Währungsbereich die Lasten der Weltwirtschaftskrise auf andere Länder zu verschieben trachtete und dabei das Netzwerk internationaler Verflechtung zum Schaden aller beeinträchtigte.

Es waren diese beiden Faktoren, die nicht nur bei der Gründung des GATT und des Internationalen Währungsfonds Pate standen, sondern die zum Teil bis heute die Diskussionen beeinflussen oder behindern. In den „goldenen" fünfziger und sechziger Jahren, als durch eine seltene Kombination von günstigen Umständen Wachstum, hohe Beschäftigung, niedrige Inflationsraten und geringe Wechselkursschwankungen Hand in Hand gingen, war diese Einstellung weitgehend gerechtfertigt. Mit dem Auseinanderklaffen nationalstaatlicher Entwicklungspfade und dem damit verbundenen Zerfall des Bretton-Woods-Systems zu Ende der sechziger Jahre und mit dem Aufkommen rezessiver Tendenzen und hartnäckiger Beschäftigungsprobleme hat sich die Situation grundlegend geändert. Außenhandelspolitik muß in dieser Situation neu gesehen und neu überdacht werden[2].

---

1 Siehe *R. Blackhurst, N. Marian* und *J. Tumlir,* Trade Liberalization, Protectionism and Interdependence, GATT, Genf 1977.

2 „Mit dem Ende der sechziger Jahre scheinen die Grenzen der einfachen Philosophie des reinen Abbaus von Handelshemmnissen (‚negative' Liberalisierung) erreicht zu sein." *Detlef Lorenz,* „Innenwirtschaftliche Steuerungsprobleme und Auswirkungen auf das liberale Handelssystem", Internationale

II.

Ganz so neu ist dieses Problem übrigens nicht. Vielmehr gilt es an Diskussionen anzuknüpfen, die in den dreißiger und vierziger Jahren durchaus en vogue waren. Wir stoßen hier auch auf einen Punkt, wo sich deutliche Unterschiede in keynesianischen und neoklassischen Denk*stilen* abzeichnen. Neoklassisches Denken mit seiner Überbetonung von Gleichgewicht und rascher Anpassung an Vollbeschäftigung sieht den Außenhandel vorwiegend als längerfristiges Allokationsproblem. Daraus ergibt sich eine relativ eindeutige — überwiegend freihändlerische — Rezeptur für Außenhandelspolitik, die „zeitlos" Geltung hat. Keynesianische Analyse, die mehr Gewicht auf Störungsanfälligkeiten und dynamische Abläufe im „Ungleichgewicht" legt, ist sich der situationsgebundenen Relativität wirtschaftspolitischer Aussagen stärker bewußt. Dies gilt vor allem für die sehr unterschiedlichen Notwendigkeiten und Konsequenzen wirtschaftspolitischen Handelns in Zeiten voller oder ungenügender Beschäftigung. Berühmt wurde die Zwiespältigkeit der „Tugend" des Sparens aus dieser Sicht. In ähnlicher Weise verlangen auch die „Dogmen" der Außenhandelspolitik eine differenzierte Behandlung.

Keynes war sich dieses Umstandes vollkommen bewußt. Das erklärt auch, daß es unmöglich ist, ihn einfach als „Free Trader" oder als Protektionisten, als Befürworter von eher monetären oder eher kommerziellen Handelsregelungen einzustufen. Von einer betont freihändlerischen Einstellung in der Prosperitätsstimmung der frühen zwanziger Jahre wechselte er zu einer skeptischen Position, als England infolge der Überbewertung des Pfunds unter ständigem Deflationsdruck stand und die Arbeitslosigkeit wuchs. Da er eine Abkehr vom Goldstandard für politisch nicht durchsetzbar hielt, trat er für eine begrenzte Ausweitung von Zöllen ein. Als dann 1931 der Goldstandard zusammenbrach und Auf- und Abwertungen möglich wurden, verlagerte er das Schwergewicht auf dieses Instrument, ohne in den Zeiten hoher Arbeitslosigkeit die Handelsregelung ganz außer acht zu lassen. Als in den Beratungen der Alliierten während des Krieges die Chancen einer generellen Vollbeschäftigungspolitik nach Kriegsende konkrete Formen annahmen, setzte sich Keynes — *unter diesen Bedingungen* — wieder für eine möglichst weitgehende Befreiung des internationalen Handels- und Zahlungsverkehrs von den früheren Hindernissen ein, ohne allerdings ganz auf dieses Instrumentarium verzichten zu wollen[3].

Politik 1970 - 1972, Die Internationale Politik, Jahrbücher des Forschungsinstituts der deutschen Gesellschaft für auswärtige Politik, Bonn 1978.

[3] Eine gute Zusammenstellung der wechselnden Stellungnahmen von Keynes findet man in *R. Hinshaw*, „Keynesian Commercial Policy" in *S. E. Harris* (ed.), The New Economics, New York 1947.

Was daher zunächst wie Inkonsequenz der Ansichten über Außenhandelspolitik aussieht, ist Ausdruck der Forderung nach einer konsequenten Anpassung der Außenhandelspolitik an geänderte Umstände unter Beibehaltung des Zieles hoher Aktivität und Beschäftigung. Keynes konnte sich daher mit Recht über die Ansichten jener Leute mockieren, die ihm mangelnde Konsequenz vorwarfen. "I seem to see" so schrieb er 1931, "the elder parrots sitting round and saying: 'You can *rely* upon us. Every day for thirty years, regardless of weather, we have said "What a lovely morning!" But this is a bad bind. He says one thing one day, and something else the next[4].' "

III.

Außenwirtschaftspolitik erhält somit je nach internationaler Konjunkturlage einen verschiedenen Stellenwert. In einer generell vollbeschäftigten Weltwirtschaft tritt das Freihandelsargument — wenn wir von Entwicklungsproblemen und Strukturfragen absehen — in seine Rechte. Handelshemmnisse können keine Steigerung des Produktionseinsatzes mit sich bringen und unterbinden normalerweise den realen Wert des Outputs durch Einschränkung der Spezialisierungsvorteile. Normalerweise wird es ein System „richtiger" Wechselkurse geben, die in Zeiten ruhiger Entwicklung Zahlungsbilanzanpassung und Zahlungsbilanzgleichgewicht ohne große Kosten ermöglichen. Selbst bei mäßig unterschiedlicher Inflationsentwicklung ändert sich das Bild nicht grundlegend, wenn (ständig oder fallweise) flexible Wechselkurse einen Ausgleich schaffen. Das war etwa der Zustand in den OECD-Ländern vor 1970.

Die Situation ändert sich grundlegend, wenn in einigen oder mehreren Ländern Vollbeschäftigung nicht mehr gegeben ist. Gehen wir von einem Land aus, das unter längerdauernder Arbeitslosigkeit und unausgenützten Kapazitäten leidet, dessen Zahlungsbilanz jedoch ausgeglichen ist[5]. Das Land befindet sich intern im „Ungleichgewicht", extern im „Gleichgewicht". Abgesehen von den sozialen Kosten der Arbeitslosigkeit ergeben sich ökonomische Kosten aus der ungenügenden Ausschöpfung vorhandener Ressourcen. Außenwirtschaftlich hin-

---

[4] „Economic Notes on Free Trade", New Statesman and Nation, 4. April 1931.

[5] Unter ausgeglichener Zahlungsbilanz ist eine ausgeglichene Grundbilanz zu verstehen, d. h. laufende Bilanz (Handels- und Leistungsbilanz) sowie langfristige Kapitalbilanz ergeben keinen Nettosaldo. Bei unausgeglichener Zahlungsbilanz gibt es Verschiebungen in der Bilanz kurzfristiger Kapitalbewegungen und der Devisenbilanz. Wo es für die Argumentation gleichgültig ist, werden wir an Stelle der Grundbilanz nur die Handelsbilanz betrachten.

gegen sind (sehen wir einmal von den monopolistischen und oligopolistischen Verzerrungen ab) die Allokationsvorteile der internationalen Arbeitsteilung voll gewahrt.

Geht nun ein Land daran, durch eine expansionistische Wirtschaftspolitik seine Beschäftigung auszuweiten, ohne daß die anderen Länder eine gleiche Politik verfolgen, so ergibt sich das bekannte Problem, daß — bei gleichbleibenden Preisen und Wechselkursen — die zunehmenden Einkommen im Inland zu erhöhter Import- und verringerter Exportbereitschaft und damit zu einer Zahlungsbilanzverschlechterung führen. Zunehmende Annäherung an das innere „Gleichgewicht" führt zu wachsender Abweichung vom externen Gleichgewicht. Hat letzteres (infolge von Goldstandard, fixen Wechselkursen, Verbot von Importkontrollen und Exportförderung etc.) im longer run absolute Priorität, so wird die Expansionspolitik verunmöglicht. Es kommt zu der in England zu trauriger Berühmtheit gekommenen „Stop-Go-Politik". Ökonomisch gesehen wäre jedoch eine *relative* Einschränkung des Außenhandels durchaus vertretbar, da die Allokationsverluste durch die zusätzliche Produktion kompensiert werden können und der *absolute* Umfang der Importe und Exporte letzten Endes infolge der höheren Aktivität gar nicht abnehmen muß.

Der Theorie der Wirtschaftspolitik ist das Problem der Erreichung verschiedener, miteinander in Konflikt stehender Ziele nicht unbekannt. Die formale Erfordernis (abgesehen von politischen Durchsetzungsmöglichkeiten) ist bekanntlich, daß man ebenso viele wirtschaftspolitische Instrumente zur Verfügung hat wie ökonomische Ziele. Bei dem vorliegenden Problem erfordert eine „Lösung" somit den Einsatz von (zumindest) zwei Instrumenten.

Die grundlegenden Strategiemöglichkeiten sind seit dem bahnbrechenden Werk von Meade über Zahlungsbilanztheorie in der theoretischen und angewandten Literatur in zahlreichen Varianten immer wieder abgehandelt worden[6]. Im Prinzip geht es bei all diesen „Lösungen" um den einfachen Tatbestand, daß ein isoliert expandierendes Land neben einer Nachfrageexpansionspolitik auch eine „Nachfrageswitchpolitik" einsetzen muß. Einerseits muß durch eine entsprechende Fiskal- und/oder Geldpolitik die Inlandsnachfrage stimuliert werden, andererseits muß durch eine entsprechende Außenwirtschaftspolitik dafür gesorgt werden, daß sich — bei mangelnder Synchronisation ausländischer Expansionsmaßnahmen — die Nachfrage *relativ* stärker als bisher auf Inlandsgüter verlagert[7]. Das kann vor allem durch eine

---

6 *J. E. Meade*, The Balance of Payments, Vol. I, Oxford 1951. Spätere wichtige Beiträge lieferten u. a. *Mundell, Johnson* und *Dornbusch*. Einen guten Einblick in die theoretischen Grundgedanken bietet *W. M. Corden*, Inflation, Exchange Rates, and the World Economy, Oxford 1977.

Abwertung oder durch Importbeschränkungen bzw. Exportförderungen erreicht werden.

So lange das Bretton-Woods-System Änderungen des Wechselkurses „verpönte" und GATT wie OECD den Handlungsspielraum im kommerziellen Sektor streng umschrieben, bestand für eine solche Switchpolitik wenig Raum. Die Zahlungsbilanz tendierte dazu, den Expansionsspielraum zu diktieren. Für Österreich, das in den sechziger Jahren zahlungsbilanzmäßig günstig dastand, ergaben sich daraus keine Probleme. Aber auch generell war das Problem für die meisten Industriestaaten damals wenig akut, da die weitverbreiteten Vollbeschäftigungs- und Wachstumstendenzen keine isolierte Expansionspolitik (eher eine isolierte Stabilitätspolitik) erforderlich machten.

Die Situation änderte sich grundsätzlich mit dem Auftreten längerer und allgemeiner rezessiver Tendenzen, zunächst 1967/68 und dann deutlicher seit 1973. Der mangelnde außenwirtschaftliche Spielraum für eine nationale (oder regionale) Expansionspolitik wäre nun unerträglich drückend geworden, wenn nicht der Zusammenbruch des Bretton-Woods-Systems die Wechselkursflexibilität und damit eine Möglichkeit für kompatible innen- und außenwirtschaftliche Anpassungsprozesse eingeführt hätte.

In die gleiche Richtung ging auch die Ausbreitung offener und geheimer „Regulierungen" im Außenhandel, wie „freiwillige" Handelsbeschränkungen, verschiedenste administrative Hemmnisse, Exportsubventionen usw. Während jedoch die Wechselkursflexibilität in der theoretischen Diskussion schon lange behandelt worden war und ihr tatsächlicher Durchbruch überwiegend als erfreulicher Erfolg betrachtet wurde, verbleiben Regulierungen im Handels- (und auch im Kapitalverkehrs-)bereich im Geruch des Illegalen. Hier werden die Grundregeln aus der Prosperitätsperiode mehr oder weniger unreflektiert beibehalten. Abweichungen davon werden verurteilt und nicht einmal annähernd mit der Intensität diskutiert, die der Abwertungsproblematik gewidmet wird. Da Handels- und Währungspolitik jedoch bis zu einem gewissen Grad Alternativen für eine Switchpolitik sind, scheint eine ausgewogenere Diskussion angezeigt.

---

[7] Die Möglichkeit, durch eine entsprechende Zinspolitik die Kapitalbilanz so zu beeinflussen, daß sie das expansionsbedingte Defizit der Handelsbilanz kompensiert, wollen wir hier außer acht lassen. Eine solche Politik erfordert die Kombination eines hohen Zinsniveaus (zur Stimulierung der Kapitalimporte) mit einer sehr expansiven Fiskalpolitik (um die restriktiven Wirkungen des hohen Zinssatzes zu überspielen). Diese durch Mundell bekannt gewordene Kombination führt zu einem Anwachsen der Auslandsverschuldung, die aus verschiedenen Gründen und insbesondere bei unbeschränkt freiem Kapitalverkehr nicht unbedingt wünschenswert ist.

IV.

Der theoretische Reiz vollflexibler Wechselkurse als Instrument zur Absicherung innenwirtschaftlicher Gleichgewichtsbestrebungen von außenwirtschaftlichen Begrenzungen ist bekannt. Indem sich der Wechselkurs frei auf Angebot und Nachfrage einspielt, kann es keine „Zahlungsbilanzprobleme" (d. h. Devisenabfluß oder ungewollte Auslandsverschuldung) geben. Isolierte Expansionspolitik in einem Land mit — im Vergleich zu anderen Ländern — rascher steigender Nachfrage, auch nach Importen, führt zu einer Abwertung und damit zu einer relativen Verteuerung der Auslandsgüter (bzw. zu einer Verbilligung der Exportgüter für Ausländer). Das bringt den notwendigen „Switch" der Nachfrage von teurer gewordenen internationalen Gütern zu *relativ* billigeren Inlandsgütern[8], zu deren Erzeugung nun mehr Arbeitskräfte eingesetzt werden können. Diese Verschiebung bedeutet eine *relative* Verschlechterung der Absatzmöglichkeiten anderer Staaten, *absolut* kann durchaus eine Ausweitung erfolgen, da die höhere wirtschaftliche Aktivität Importe nach sich zieht und so der Verteuerung der Auslandsgüter entgegenwirkt.

Der gleiche Effekt der relativen (aber nicht notwendigerweise absoluten) Verschiebung kann durch handelspolitische Eingriffe erzielt werden. Einige Argumente lassen allerdings die Wechselkursanpassung als vorteilhafter erscheinen. Da ist zunächst die ständige und unmittelbare Anpassung eines flexiblen Wechselkurses an die sich ändernden Gegebenheiten. Es bedarf keiner konkreten bürokratischen Entscheidungen, die von Fall zu Fall zu treffen und zu revidieren sind. Auch nehmen die durch Abwertung betroffenen Exporteure im Ausland eine „vom Markt diktierte" Schlechterstellung meist widerstandsloser hin als ähnliche und aus gleicher Notwendigkeit erwachsene Direktmaßnahmen. Schließlich wird der globale Charakter der Abwertung vom Allokationsstandpunkt als vorteilhaft angesehen; er läßt die relativen Preise der Auslandsgüter unverändert und verschiebt sie einheitlich gegenüber allen Inlandsgütern.

Diesen Vorteilen der Wechselkursflexibilität stehen aber auch gewisse Nachteile entgegen, die bei direkten Importanpassungen weniger ins Gewicht fallen. Darüber hinaus würden wahrscheinlich handelspolitische Maßnahmen den Welthandel gelegentlich weniger beeinträch-

---

[8] Die wichtige Unterscheidungslinie läuft — in einer kleinen offenen Wirtschaft — zwischen „reinen" Inlandsgütern (insbesondere Dienstleistungen und Güter mit hohen Transportkosten) und internationalen Gütern, die nur importiert, nur exportiert oder (bei Produktdifferenzierung) sowohl importiert wie exportiert und für einander substituiert werden können (Importsubstitutionsgüter). Die Preise der internationalen Güter werden durch die Abwertung direkt betroffen.

tigen als Wechselkursschwankungen. Versuchen wir nun einige der wichtigsten Unterschiede herauszuarbeiten, wobei wir uns vor Augen halten, daß es darum geht, durch „Switchmaßnahmen" die Steuerung eines expansionistischen Kurses in Zeiten hartnäckiger Unterbeschäftigung zu ermöglichen und nicht um monopolistische Zielsetzungen zugunsten bestimmter Branchen oder um beggar-my-neighbour-Maßnahmen zur Abwälzung der eigenen Arbeitslosigkeit auf andere Staaten. Für solchen Mißbrauch lassen sich manipulierte Abwertungen ebenso verwenden wie Importkontrollen und Exportsubventionen. So wichtig diese Probleme in der Praxis sind, wollen wir sie hier im großen und ganzen vernachlässigen.

Ein Hauptproblem der voll flexiblen Wechselkurse besteht darin, daß sie zwar — was für sie spricht — rasch reagieren, daß sie aber durch außerhalb der realwirtschaftlichen und längerfristigen Entwicklungssphäre liegende Ereignisse tiefgreifend beeinflußt werden können, wodurch ihre Signal- und Lenkungsfunktion gestört wird. Insbesondere bei Bestehen eines freien Kapitalverkehrs ergeben sich aus Zinsdifferenzen und Auf- und Abwertungserwartungen sehr starke spekulative Kapitalbewegungen, die den Wechselkurs kurzfristig weitgehend unabhängig von den grundlegenden realen Gegebenheiten fluktuieren lassen. Da Kursbewegungen häufig gleichgerichtete Erwartungen auslösen („Mitläufereffekte"), neigen diese spekulativen Schwankungen zu überstarken Ausschlägen. Die Ungewißheit bzw. die höheren (Absicherungs-)Kosten, die durch flexible Wechselkurse schon an und für sich entstehen, werden dadurch noch erhöht, ohne daß der notwendigen realen Anpassung damit gedient wäre. In der Praxis wurden die Nachteile extremer Ausschläge durch das Eingreifen der Notenbanken auf den Devisenmärkten, also durch „reguliertes floating" gemildert;[9]; aber damit geht die Automatik der Anpassung verloren und es bestehen die gleichen Möglichkeiten und Gefahren falscher oder gezielt aggressiver Eingriffe wie im Falle der Handelspolitik.

Demgegenüber können konjunkturpolitisch motivierte handelspolitische Maßnahmen eine ruhigere Wechselkursbewegung ermöglichen und damit die Unruhe, die von diesem Sektor ausgeht, vermindern, insbesondere wenn auch dem Kapitalverkehr gewisse Schranken auferlegt werden. Dies allein könnte eine belebende Wirkung auf die längerfristige Planung und Ausweitung von Exportprojekten ausüben bei gleichzeitiger kurzfristiger Möglichkeit, ohne zu enge Zahlungsbilanzschranken einen expansiven Kurs zu steuern, der ebenfalls längerfristig dem Welthandelsvolumen zugute kommen sollte.

---

[9] Siehe dazu *R. Dornbusch*, „Reguliertes Floating", Zeitschrift für die gesamte Staatswissenschaft, Bd. 134/1 (März 1978), S. 37 - 56.

In die gleiche Richtung weist der Umstand, daß direkte Importregelungen die notwendige Zahlungsbilanzanpassung sicherer und rascher herbeiführen als eine Abwertung. Die Erfahrungen haben gezeigt, daß sich bei der heutigen starken Differenzierung der Güter Substitutionen auf Grund kleinerer Preisunterschiede nur sehr langsam durchsetzen. Das heißt, daß kurz- und mittelfristig die Nachfrageelastizitäten im Außenhandel eher niedrig sind. Eine Abwertung hat daher zunächst geringe oder sogar perverse Wirkungen auf die Zahlungsbilanz: die Exporte können trotz niedrigerem Angebotspreises (in fremder Währung) nur wenig ausgeweitet werden und bringen insgesamt weniger Devisen ein, während die Importe trotz höheren Inlandspreises nur wenig eingeschränkt werden, so daß der Devisenbedarf weiterhin hoch bleibt. Erst allmählich kommt es zu einer elastischeren Anpassung. Aber man kann mit ein bis zwei Jahren rechnen, bis sich der „richtige" Zahlungsbilanzeffekt einstellt[10].

Das bedeutet aber, daß entweder dieser Effekt zu spät kommt, um die konsequente Durchführung einer expansiven Beschäftigungspolitik zuzulassen, oder daß man — um diese Durchführung zu ermöglichen — durch bewußten Eingriff die Abwertung so verschärft[11], daß unmittelbare Wirkungen in der Handelsbilanz zu erwarten sind. Dann kann aber der Welthandel *auf Dauer* umfassender und schärfer getroffen werden als zur Durchführung der Expansionspolitik nötig wäre. Importkontrollen — seien es hohe Zölle auf bestimmte Warengruppen, seien es freiwillige oder verordnete Kontingentierungen — und eventuell auch Exportsubventionen wirken unmittelbarer und können daher dem notwendigen Umfang entsprechend enger und zeitlich beschränkter und damit letzten Endes welthandelsfreundlicher angesetzt werden. Daß sie *tatsächlich* nur so eingesetzt werden, muß allerdings durch internationale Kooperation sichergestellt werden. Darauf werden wir noch zu sprechen kommen.

Ein weiterer Grund warum die Heranziehung handelspolitischer Instrumente neben oder anstelle von Abwertungen vorteilhaft sein kann, ergibt sich aus der Möglichkeit stärkerer Selektivität. Diese ermöglicht unter Umständen die Erzielung des benötigten wirtschaftspolitischen Expansionsspielraums bei geringerer Behinderung des außenwirtschaftlichen Wachstums. Zweierlei kann durch selektiven Einsatz der Importbeschränkungen erreicht werden (verglichen mit der einheitlich gestreuten Verteuerung *aller* Importe im Falle einer Abwertung). Einmal können die Importkontrollen (vorübergehend höhere

---

[10] Siehe *R. Dornbusch*, op. cit.

[11] Ein kurioses Beispiel hierfür war das amerikanische „Herunterreden" des Dollars. Allerdings hatte auch dies mehr Erfolg bei der Kursbildung als bei der Zahlungsbilanzentwicklung.

Zölle, Kontingente) so gezielt sein, daß sie bei möglichst geringer Streuung (und daher geringerer Behinderung vieler ausländischer Firmen und Branchen) möglichst starke inländische Beschäftigungseffekte erzielen. Zum anderen kann durch selektive Maßnahmen die Verteuerung wichtiger importierter Lohngüter verhindert und damit jener fatale „circulus virtuus vitiosusque" des Abwertungsmechanismus durchbrochen werden, der darin besteht, daß die Abwertung zunächst die gewünschte relative Preisverschiebung (Verteuerung der Auslandsgüter) erbringt, diese aber alsbald über höhere Lebenshaltungskosten — Lohnsteigerungen — Preissteigerungen wieder eliminiert wird.

Zwei Beispiele sollen die Möglichkeiten solcher selektiver Strategien zeigen. Teilen wir die Güter, auf welche die heimische Nachfrage gerichtet ist, in drei Gruppen. G_1 seien reine Inlandsgüter, die nur im Inland erzeugt werden (die Mehrzahl aller Dienstleistungen, aber auch diverse Industriewaren); G_2 sind Substitutionsgüter, das sind Waren, die sowohl aus dem Inland wie aus dem Ausland bezogen werden und die teilweise für einander substituierbar sind (vorwiegend differenzierte Industriewaren); G_3 sind „reine" Importgüter, die überwiegend oder ausschließlich aus dem Ausland kommen (keine Inlandsproduktion).

Eine Expansionspolitik soll nun durch Bremsung des Importwachstums ermöglicht werden. Durch eine generelle Abwertung würden *alle* G_2- und G_3-Waren verteuert werden und diese Behinderungen müßten eventuell — wegen der verzögerten Wirkung einer Abwertung — relativ scharf angesetzt werden[12]. Nehmen wir nun an, daß zwischen einigen bedeutenden G_3-Gütern und einigen G_1-Gütern relativ hohe Substitutionsbeziehungen bestehen. So wäre es denkbar (obwohl gerade dies derzeit nicht den Fakten zu entsprechen scheint), daß etwa in Österreich eine merkliche Verteuerung von Autos und Benzin (G_3-Gütern) eine Verlagerung der Nachfrage zu Massenverkehrsmitteln und zu weniger reiseintensiven Freizeitaktivitäten (überwiegend G_1-Güter) auslösen würde. In diesem Fall würde eine selektive Zollerhöhung (oder Kontingentierung) bewirken, daß sich die vorübergehend notwendigen Außenhandelsregulierungen weniger gravierend auswirken als eine Abwertung. Der „Switch" von den G_3- zu den G_1-Gütern würde unmittelbar die gewünschte inländische Beschäftigungsexpansion stimulieren und die Zahlungsbilanzbremse lockern; gleichzeitig würden im G_2-Sektor bei unverändertem Wechselkurs die Konkurrenzverhältnisse zwischen in- und ausländischen Waren nicht berührt, so daß es zu keiner — längerfristig unerwünschten — Schutzfunktion für weniger leistungsfähige Unternehmen kommt (wie etwa

---

[12] Beispiele aus der jüngeren Wirtschaftsentwicklung Englands und Italiens lassen sich leicht finden.

bei zeitweiliger Abwertung). Mit dem Einsatz der Beschäftigungspolitik würden somit die Importe im G_3-Sektor gebremst werden, die Beschäftigung im G_1- und G_2-Sektor, aber auch die Importe im G_2-Sektor würden mit wachsendem Einkommen steigen. Insgesamt könnte das Außenhandelsvolumen höher liegen als bei zahlungsbedingter Einschränkung der Expansionspolitik.

Das zweite Beispiel selektiver Möglichkeiten bezieht sich auf das Inflationsproblem. Nehmen wir an (a) daß G_3-Güter sehr wichtige Massen- und Lohngüter sind (z. B. Nahrungsmittel, Textilgrundstoffe etc.) und (b) daß zwischen den (differenzierten) in- und ausländischen G_2-Gütern hohe Substitutionselastizitäten bestehen (keine sehr ausgeprägten Käuferpräferenzen für bestimmte Warenmarken). Der Zahlungsbilanzdruck kann hier am besten durch mäßige Zoll- (oder Kontingent-) beschränkungen im G_2-Bereich gemildert werden. Die Verteuerung der ausländischen G_2-Produkte führt zu einem „Switch" im G_2-Sektor, mit wachsender Beschäftigung und gebremsten Importen in diesem Bereich. Die G_3-Importe hingegen wachsen mit wachsendem Einkommen, bleiben aber — da man auf Abwertung verzichtete — im Preis mehr oder weniger unverändert. Da es sich annahmegemäß um für die Lebenshaltung entscheidende Güter handelt, kann dadurch — verglichen mit dem Abwertungsfall — der Auftrieb der Verbraucherpreise und der Löhne in engen Grenzen gehalten werden. Ein Inflationsstoß, der die Zahlungsbilanz- und Expansionsstrategie rasch zunichte macht, wird vermieden.

V.

In ähnlicher Weise wie für konjunkturelle Störungen läßt sich auch für den Fall breiter struktureller Beschäftigungsprobleme zeigen, daß eine flexiblere Außenhandelspolitik die Erzielung hoher Beschäftigungsraten bei möglichst geringer außenwirtschaftlicher Behinderung und längerfristig expansiverer Importentwicklung erleichtern würde. Es geht um Fälle, wo bei hoher Beschäftigung in weiten Bereichen der Wirtschaft einige Branchen oder Regionen von größeren Absatzschwierigkeiten und Arbeitslosigkeit bedroht sind. Für uns von Bedeutung ist vor allem eine Situation, wo die strukturellen Probleme durch plötzliche Umschichtungen in der Welthandelsstruktur und in den internationalen Wettbewerbsverhältnissen ausgelöst werden.

Solche strukturellen Umschichtungen sind das Salz internationaler Wirtschaftsdynamik und sollen selbstverständlich im großen und ganzen nicht verhindert, sondern eher begünstigt werden. Dies gilt heute angesichts der notwendigen weltwirtschaftlichen Integration der Entwicklungsländer in besonders hohem Maße.

Aber die Geschwindigkeit des modernen technischen Wandels wie auch die Unruhe im Währungssystem haben das Tempo solcher strukturellen Einbrüche vielfach derart beschleunigt, daß die internen Mobilitätsmöglichkeiten und die Mobilitätsbereitschaft überfordert werden. Es kann zu ernsten und länger anhaltenden regionalen oder beruflichen Beschäftigungseinbrüchen kommen, die über den Multiplikatoreffekt auch Arbeitslosigkeit in anderen Wirtschaftszweigen auslösen. Läßt man den Dingen freien Lauf, so kommt es zu einer Periode höherer Arbeitslosigkeit und niedrigerem Einkommens, die letzten Endes auch zu einem generellen Importrückgang führt. Versuche, strukturell verursachter Arbeitslosigkeit durch eine globale expansionistische Politik beizukommen, müssen scheitern oder zu Inflation in den noch vollbeschäftigten Sektoren führen. Denn ein strukturelles Problem läßt sich normalerweise durch ein globales Instrument nicht befriedigend lösen.

Eine sowohl beschäftigungs- wie allokationsorientierte Strukturpolitik muß zwei Stoßrichtungen im Auge behalten. Einerseits muß sie den Umschichtungsprozeß erleichtern und fördern, um die Mumifizierung ineffizienter und überholter Produktionsrichtungen zu vermeiden. Dazu dienen die verschiedenen Instrumente gezielter Umschichtungspolitik, wie aktive Arbeitsmarktpolitik (Mobilitätsbeihilfen, Umschulung etc.), Regionalpolitik, Investitionssteuerung, kurz Strukturpolitik im weitesten Sinn des Wortes. Gleichzeitig muß aber auch — sollen die sozialen Härten und die ökonomischen Verluste aus längerdauernder Arbeitslosigkeit vermieden werden — eine genügend lange Atempause geschaffen werden, um die schwierigen Strukturanpassungen durchführen zu können.

Die plötzlich auftretende ausländische Konkurrenz (als Folge von Angebots- oder Nachfrageverschiebungen) bedroht mittelfristig gleichermaßen Zahlungsbilanz und Beschäftigung. Versucht man durch deflationäre Maßnahmen die Zahlungsbilanz zu sanieren, verschärft man das Beschäftigungsproblem. Versucht man die plötzliche Bedrohung der Beschäftigung durch Abwertung abzublocken, so wird unnötigerweise der gesamte Außenhandel betroffen. Gezielte und zeitlich begrenzte handelspolitische Eingriffe ermöglichen hingegen, genügend zeitlichen Spielraum für die notwendigen strukturellen Anpassungen zu schaffen, um zu starke Beschäftigungs- und Kapazitätsausfälle und eine generelle Beeinträchtigung des außenwirtschaftlichen Warenaustausches zu vermeiden[13].

---

[13] Dieser Sachverhalt erklärt die wachsende Tendenz, durch mehr oder weniger sanften Druck einige Handelspartner zu veranlassen, bestimmte Lieferungen auf einige Zeit „freiwillig" einzubremsen und so die GATT-Regeln, die entsprechende Importregelungen nicht zulassen, zu umgehen.

VI.

Die bisherigen Überlegungen sind als ein Plädoyer für eine Belebung der Diskussion über den beschäftigungsorientierten Einsatz handelspolitischer Instrumente und für eine Befreiung dieser Diskussion von zu vereinfachten Dogmen gedacht. Dieses Plädoyer basiert vor allem auf der Ansicht, daß für eine allgemeine vollbeschäftigte und Vollbeschäftigungspolitik betreibende Welt andere Regeln gelten als für eine Welt, in der konjunkturelle und strukturelle Arbeitslosigkeit weit verbreitet ist und der *generelle* Impuls zu ihrer Bekämpfung fehlt. Eine stärkere Auffächerung des handelspolitischen Instrumentariums könnte auch die Währungspolitik entlasten. Der Einsatz globaler Wechselkursänderungen könnte auf jene Fälle konzentriert werden, wo sie besonders effizient sind, und das Ausmaß dieser den Außenhandel irritierenden Schwankungen könnte reduziert werden[14].

Man darf jedoch die Augen nicht vor den Gefahren verschließen, die mit solchen Vorschlägen für einen flexibleren Einsatz handelspolitischer Instrumente verbunden sind. In dieser Arbeit wurde durchwegs vorausgesetzt, daß die Maßnahmen der Ankurbelung regionaler und damit letzten Endes weltweiter Expansion und Vollbeschäftigung dienen sollen und nicht einer beggar-my-neighbour-Politik der Abwälzung der Arbeitslosigkeit oder dem Schutz nationaler Monopole und „Strukturleichen"[15]. Die Gefahr eines Mißbrauches in dieser Richtung ist natürlich immer gegeben. Aber dies ist kein Argument gegen solche Überlegungen. Denn erstens treten infolge des „managed floating" ähnliche Mißbrauchsmöglichkeiten auch beim System flexibler Wechselkurse auf und zweitens kann man solchen Mißbrauchstendenzen durch Einbindung neuer Regeln in internationale Abmachungen

---

Allein zwischen Anfang 1976 und Herbst 1977 haben die entwickelten Industriestaaten mit Entwicklungsländern mehr als 60 solcher „Orderly Market Agreements" abgeschlossen. Siehe *H. Mayrzedt,* „Erfahrungen mit der multilateralen Wirtschaftsdiplomatie zwischen westlichen Industriestaaten", Außenwirtschaft, 33. Jg., Heft 3, Sept. 1978, S. 254 - 71 (hier S. 257).

[14] Ein Großteil der heutigen Wechselkursschwankungen sind allerdings eine Folge massiver spekulativer Kapitalbewegungen. Um eine dem Handel und der Beschäftigung förderliche Beruhigung des Weltwährungssystems zu erreichen, wären gewisse Beschränkungen des freien Kapitalverkehrs notwendig. Auf dieses Thema kann aber hier nicht näher eingegangen werden.

[15] Was angestrebt wird, ist in der Terminologie von Lindbeck ein *offensives* positives Instrumentarium, das Wachstum und Strukturanpassung vorantreibt, im Gegensatz zur drohenden Ausbreitung neo-merkantilistischer *defensiver* Maßnahmen, die „einfach einen im Niedergang begriffenen Sektor protegieren". *A. Lindbeck,* The National State in an Internationalized World Economy, Institute for International Economic Studies, Seminar Paper Nr. 26, Stockholm 1973, S. 48. Siehe auch vom gleichen Autor: Economic Dependence and Interdependence in the Industrialised World in der gleichen Serie, Seminar Paper Nr. 83, Stockholm 1977.

(insbesondere bei der längst fälligen Revision des GATT) begegnen. Dazu sollen zum Abschluß nun noch einige Worte gesagt werden.

Zunächst muß betont werden, daß das, was hier zur Diskussion gestellt wird — nämlich Abweichungen vom generellen Liberalisierungskonzept „hoffähig" zu machen —, dem GATT-Konzept (und ebenso den OECD- und EG-Konzepten) nicht ganz fremd ist. Da ist einmal der gesamte Landwirtschaftsbereich, in dem aus verschiedenen, hier nicht näher zu erörternden Gründen das einfache freihändlerische Allokationsdenken überhaupt nicht zum Zuge kommt. Ferner gestatteten schon die ursprünglichen GATT-Regeln wie auch spätere Novellierungen präferentielle Maßnahmen im Falle der Entwicklungsländer und bei der Bildung von Zollunionen und Freihandelszonen. Dabei spielten längerfristige und dynamische Überlegungen eine wichtige Rolle. Schließlich gab es auch stets rudimentäre Ausweichmöglichkeiten für den Fall extremer Zahlungsbilanznöte.

Aber all diese Sonderregelungen haben doch den Charakter von „Ausnahmen", die irgendwie entschuldigt werden müssen und über deren sinngemäße Gestaltung wenig nachgedacht wird. Das grundlegende Credo bleibt einfach und eindimensional: mehr generelle Liberalisierung, Abbau aller handelspolitischen Eingriffsmöglichkeiten. Diese Haltung war nach 1945 insofern verständlich und gerechtfertigt, als es damals galt, eine Rückkehr zu den kumulativen protektionistischen Eskalationen der Vorkriegsjahre zu verhindern. Heute, nach mehr als dreißig Jahren ständiger weltwirtschaftlicher Integration ist die Gefahr eines solchen Rückfalls nicht mehr so groß (wenn überhaupt möglich), während das neue Beschäftigungsproblem eine differenziertere Denkweise angezeigt erscheinen läßt.

Sie muß allerdings nicht nur gegen traditionelle Denkmuster ankämpfen, sondern begegnet auch handfesten speziellen Interessen. Denn die internationale Szene hat sich geändert. Während früher einmal die einflußreichen nationalen Monopole und Oligopolgruppen eine protektionistische Politik vertraten und eine allokationsorientierte Liberalisierungspolitik erschwerten, so stellen sich die heute einflußreicheren multinationalen Konzerne, die an möglichst unbehinderter Dispositionsfreiheit über alle Grenzen hinweg interessiert sind, gegen Regelungen von Waren- und Kapitalbewegungen, selbst wenn volkswirtschaftliche und beschäftigungspolitische Erwägungen dafür sprechen[16].

---

[16] In diesem Zusammenhang ist es bemerkenswert, daß der Anteil grenzüberschreitender interner Transaktionen von multinationalen Konzernen auf nicht weniger als ein Viertel bis ein Drittel des Welthandels geschätzt wird. Siehe *G. Edgren*, „Employment Adjustment to Trade under Conditions of Stagnating Growth", International Labour Review, Vol. 117, Nr. 3, Mai - Juni 1978, S. 289 - 303, bes. S. 293.

Um den ausschließlich expansions- und beschäftigungsorientierten Einsatz handelspolitischer Instrumente sicherzustellen und ihren Mißbrauch zu verhindern, bedarf es der Einhaltung gewisser Grundsätze, zu denen vor allem internationale Kooperation und die Reversibilität getroffener Maßnahmen gehören. Da sich handelspolitische Eingriffe — auch wenn sie längerfristig alle Staaten begünstigen — zunächst für einige Staaten, Branchen und Unternehmungen nachteilig auswirken können (ebenso wie Abwertungen), ist für ein Verfahren zu sorgen, das eine ständige und flexible internationale Kooperation zur Regelung, Auswahl und Periodisierung solcher Eingriffe ermöglicht. Einseitige Maßnahmen sollten (wie schon heute) nur in Notfällen und dann nur für begrenzte Zeit als legitim anerkannt werden.

Damit dieses kooperative Verfahren aber fruchtbar ist, müßte man für expansionistisch orientierte handelspolitische Eingriffe weit mehr Verständnis aufbringen, als dies die gegenwärtigen Regeln tun. Wenn ein unterbeschäftiges Land nur wegen drohender Zahlungsbilanzschwierigkeiten an einer expansionistische Politik gehindert ist, sollte im Zusammenhang mit einem konkreten expansionistischen Programm ein prinzipieller Anspruch auf international abgestimmte Importregulierungen bestehen. Diese sollten gezielt und zeitlich begrenzt sein. Gezielt vor allem in solcher Weise, daß bei möglichst geringen spezifischen Beschränkungen ein möglichst weiter Expansionsspielraum für Produktion *und* Außenhandel gewonnen wird. Um die expansionistische Grundlage sicherzustellen, sollte eine sofortige Überprüfung der Maßnahmen fällig werden, wenn die Gesamtimporte absolut zurückgehen oder wenn ihr Wachstum merklich hinter einer relevanten internationalen Importzuwachsrate zurückbleibt. Denn das würde die Gefahr protektionistischer Effekte signalisieren.

Die zeitliche Abgrenzung (mit Verlängerungsmöglichkeit) ist im allgemeinen wünschenswert, um von vornherein keine Erwartungen auf dauernde Abschirmung bei heimischen Firmen entstehen zu lassen. Analog zu den Kreditbestimmungen des IMF könnten Verlängerungen mit immer schwierigeren und kostspieligeren Auflagen verknüpft werden. Auf längere Sicht müßten die Eingriffe unnötig werden. Mit der Annäherung an die Vollbeschäftigung würden die expansionsorientierten Staaten von den vorübergehend überdurchschnittlichen Wachstumsraten wieder auf ein „normales“ Wachstum einschwenken und zu diesem Zeitpunkt könnte bei Wahl eines „richtigen“ Wechselkurses eine Rückkehr zum normalen Außenhandelsregime (bei nun höherem Ein- und Ausfuhrvolumen) stattfinden.

Dieses Grundkonzept kann durch verschiedene Varianten bereichert werden. So könnten regionale Expansionspläne von mehreren (expansionswilligen) Staaten gemeinsam vorgelegt und durch präferentielle Handelsbestimmungen ermöglicht und abgesichert werden. Der Handelsverkehr zwischen diesen Staaten würde dann rascher und ohne Zahlungsbilanzproblematik expandieren als bei unbegrenzter Offenheit gegen den Importdruck seitens stagnierender Staaten. Um den einzelnen Staaten rasches Handeln in entscheidenden Situationen zu ermöglichen, wäre auch ein nach Handelsvolumen und Zeit beschränkter Spielraum für autonome Aktionen denkbar. Solche Aktionen müßten später im internationalen Forum bezüglich ihrer Berechtigung und Zweckmäßigkeit zur Diskussion gestellt werden.

All diese Beispiele sollen nur als grobe Andeutung dienen, in welche Richtung sich ein innovatorisches handelspolitisches Denken in einer Welt bewegen müßte, die nicht mehr durch *generelle* Vollbeschäftigungstendenzen und eine *generell* beschäftigungsorientierte Wirtschaftspolitik charakterisiert ist. Die Probleme, die sich aus Beschäftigungs- und Zahlungsbilanzkonflikten ergeben, bleiben auf der Tagesordnung und können in Zukunft noch dringlicher werden. Wenn man die offizielle Diskussion weiterhin von einfachen Leitbildern eines stets zu liberalisierenden Waren- und Kapitalverkehrs beherrschen läßt, wird man — wie sich das nach 1970 zeigte — die Ausbreitung handelshemmender Praktiken trotzdem nicht verhindern können[17]. Aber sie werden sich heimlich, chaotisch, eskalatorisch und vielfach protektionistisch ausbreiten[18]. Eine Anerkennung legitimer und dem Handel letzten Endes förderlicher expansionistischer Regelungen könnte diesen Prozeß in produktive Bahnen lenken.

---

[17] In einer Ansprache an den 26. Kongreß der Internationalen Handelskammer in Florida erklärte der Direktor des GATT, Olivier Long, am 3. Oktober 1978: "It is now common knowledge that international trade is threatened, to an extent not experienced since the Depression years of the 1930's. An important, and expanding, share of trade is subject to restrictions of one kind and another."

Als Lösungsvorschlag weiß Long, neben dem Kampf gegen Inflation und Währungswirrwarr, allerdings im wesentlichen wieder nur das alte Rezept weiterer multilateraler Liberalisierung anzubieten. "... Present economic difficulties are indeed deep-seated ... Provided, however, that governments, business and unions act resolutely together to halt present restrictive trends and return to a progressive liberalization of world markets, one can remain optimistic about the future of trade and trade relations in the years ahead." (GATT Press Release Nr. 1220 vom 3. 10. 1978.)

[18] Lindbeck spricht im Zusammenhang mit diesen neueren Tendenzen von „semi-organized anarchy".

EFFEKTIVE UND REALE AUFWERTUNG DES SCHILLING

Von Hans Seidel

Mit dem Übergang von festen zu flexiblen Wechselkursen entstand für die empirische Wirtschaftsforschung ein neues — und so weit sich bisher absehen läßt — ergiebiges Feld der Betätigung. Der vorliegende Aufsatz beschäftigt sich mit einem Ausschnitt aus diesem Themenkreis: die Ermittlung von Kennzahlen für die Beurteilung der internationalen Wettbewerbsfähigkeit.

Bei flexiblen Wechselkursen ist die Bestimmung des Außenwertes einer Währung ein Indexproblem. Da sich die Kurse der einzelnen Devisen verschieden entwickeln, muß man einen Durchschnitt aus den Kursveränderungen bilden, und da ferner die einzelnen Devisen unterschiedliche Bedeutung haben, muß dieser Durchschnitt ein gewogener Durchschnitt sein. Das Ergebnis der Berechnung ist ein *Index des effektiven Wechselkurses* der Währung eines bestimmten Landes, im Falle Österreichs des Schilling. Der Index des efektiven Wechselkurses des Schilling ähnelt bis zu einem gewissen Grad dem „Indikator", den die österreichischen Währungsbehörden einige Zeit als Orientierungsbehelf für ihre Hartwährungspolitik wählten. Dieser bezog jedoch nur die „wertbeständigen" Währungen ein, jener erfaßt zumindest prinzipiell alle ausländischen Währungen, auch die sogenannten Weichwährungen. Er bietet eine Maßzahl dafür, wie „hart" der Schilling wirklich ist.

Mit der Konstruktion von Indizes der effektiven Wechselkurse wurde bis zu einem gewissen Grad Neuland betreten. Auf welche Weise sollen die Durchschnitte gebildet werden und was sollen die Gewichte ausdrücken? Auf diese Standardfragen jeder Indexberechnung mußte erst eine praktikable Antwort gefunden werden. Nach einigen Experimenten mit verschiedenen Methoden scheinen sich nunmehr einheitliche Lösungen durchzusetzen. Im allgemeinen wird das *gewogene geometrische Mittel* der Meßzahlen (indizierte Kurse der einzelnen Devisen) vorgezogen. Diese Mittelwertbildung wird u. a. in den Berechnungen des IMF (3), der OECD (2) und des vom Wifo (4) entwickelten Baukastensystems von Wechselkursindizes für Österreich verwendet. Auch die Deutsche Bundesbank (1) ist kürzlich auf diese Berechnungsart übergegangen.

Diese Vorgangsweise läßt sich wie folgt begründen. Das Austauschverhältnis zwischen zwei Währungen kann auf zwei verschiedene Arten ausgedrückt werden. Man kann entweder fragen, wieviel man für eine ausländische Währungseinheit in heimischer Währung zahlen muß (indirekte Notierung), oder man kann fragen, wieviel Einheiten ausländischer Währung man für eine Einheit heimischer Währung erhält (direkte Notierung). Bildet man ein arithmetisches Mittel, dann erhält man verschiedene Indexwerte, je nachdem ob man von direkten oder von indirekten Devisennotierungen ausgeht (das aus indirekten Notierungen gebildete arithmetische Mittel entspricht dem aus direkten Notierungen gebildeten harmonischen Mittel und ist stets niedriger als dieses). Ökonomische Kriterien erlauben keine eindeutige Entscheidung zugunsten der einen oder anderen Berechnungsart. Unter diesen Umständen bietet sich das geometrische Mittel als Kompromiß-Lösung an. Sein Wert wird durch die Art der Notierung nicht beeinflußt und liegt stets zwischen den Werten des arithmetischen und des harmonischen Mittels. Es erlaubt außerdem eine einfache mathematische Verknüpfung von Preis- und Kostenindizes in nationalen Währungen und solchen in einer einheitlichen Währung.

Auch in der Frage der *Gewichtung* zeichnen sich einheitliche Auffassungen ab. Indizes der effektiven Wechselkurse werden zusammen mit anderen Indikatoren hauptsächlich zur Messung der internationalen Konkurrenzfähigkeit herangezogen. Um diesem Ziel gerecht zu werden, müßten die einzelnen Gewichte proportional zu den Elastizitäten der Leistungsbilanz in bezug auf die betreffenden Wechselkurse sein. Wenn Änderungen bilateraler Wechselkurse den Index des effektiven Wechselkurses unverändert lassen, dann sollten sie sich auch im Hinblick auf ihre Leistungsbilanzeffekte neutralisieren. Als praktischer Näherungswert für Elastizitäten bieten sich Marktanteile an (nur der IMF versucht Elastizitäten zu schätzen), wobei häufig nicht nur die direkte Konkurrenz mit den Erzeugnissen des Ziellandes, sondern auch die Konkurrenz auf Drittmärkten (erweiterte Marktanteile) berücksichtigt wird.

Trotz den gleichartigen Konzepten weichen die von verschiedenen Stellen berechneten Indizes der effektiven Wechselkurse des Schilling nicht unbeträchtlich voneinander ab. Insbesondere der MERM-Index des IMF steigt kräftiger als der Gesamtindex des Wifo, hauptsächlich weil er den Dollar stärker und die DM schwächer gewichtet. Dagegen weichen die Indizes der OECD, der Deutschen Bundesbank und des Wifo (Gesamtindex) nicht allzusehr voneinander ab. Da Unterschiede in der Gewichtung die Ergebnisse maßgeblich beeinflussen, wäre eine eingehende theoretische und empirische Überprüfung wünschenswert.

Die Entwicklung der Wechselkurse spiegelt nicht nur Unterschiede in den nationalen Inflationsraten wieder. Nach den Erfahrungen der letzten Jahre kommt es zumindest mittelfristig zu „Überanpassungen“: Die effektiven Wechselkurse der Hartwährungsländer steigen stärker, als es den Inflationsdifferenzen entspräche. Die Hartwährungsländer werden in einheitlicher Währung gerechnet teurer, die Weichwährungsländer hingegen billiger. Um diesen Sachverhalt statistisch zu erfassen, werden *Preis- und Kostenindizes* eines Landes vergleichbare Indizes für den Durchschnitt der Konkurrenzländer gegenübergestellt. Steigen die heimischen Preis- und Kostenindizes stärker als die ausländischen unter Berücksichtigung der Wechselkursänderungen, dann spricht man von „realen“ Aufwertungen. Seit es flexible Wechselkurse gibt, gehen zumindest mittelfristig effektive Aufwertungen mit realen Aufwertungen einher, wobei sich ein charakteristisches Gefälle ergibt: In einheitlicher Währung gerechnet steigen die Außenhandelspreise der Hartwährungsländer nur wenig stärker, die Verbraucherpreise und die Arbeitskosten jedoch merklich stärker als in den Weichwährungsländern.

Indizes der effektiven Wechselkurse des Schilling

	1977[a] (1977 = 100)
IMF (MERM)	141,6
OECD	130,4
Deutsche Bundesbank	124,2[b]
WIFO	
Insgesamt	126,0
Warenexport	131,0
Warenaußenhandel	122,0

a) Das Jahr 1977 wurde zu Illustrationszwecken gewählt, weil die Studie der OECD (2) nur bis zu diesem Jahr reicht.

b) Rückverkettet ab Dezember 1972 mit dem Wifo-Index.

Diese Differenzen sind in Österreich besonders ausgeprägt: Nach den Berechnungen des Wifo erhöhten sich zwischen 1970 und 1077 (in Schilling gerechnet) die Außenhandelspreise um 39 %, nur um 3 Prozentpunkte stärker als im Durchschnitt der Handelspartner. Dagegen stand einer Arbeitskostensteigerung von 15 % in Österreich eine solche in den Konkurrenzländern von nur 37 % gegenüber. Die entsprechenden Steigerungsraten der Verbraucherpreise lauteten 61 % und 38 %. Man muß jedoch betonen, daß die Verläßlichkeit solcher Berechnungen nicht nur unter der Unschärfe der Wechselkursindizes leidet, sondern auch darunter, daß die Preis- und Kostenindizes der einzelnen Länder nur beschränkt miteinander vergleichbar sind und oft nur annähernd ermittelt werden können. Die OECD (2) schätzte, daß die relativen Stückkosten in der österreichischen Industrie zwischen 1970 und 1977 nur um 12 % gestiegen seien, wogegen das Wifo eine relative Steigerung der Arbeitskosten um 21 % ermittelte. Nur etwa die Hälfte der Differenz kann damit erklärt werden, daß die OECD auch die Materialkosten miteinbezog. Obschon die Berechnungen beider Stellen der Tendenz nach übereinstimmen (gleiche Rangordnung der Länder in bezug auf relative Kostensteigerungen), sollte man bei der Interpretation der absoluten Zahlen vorsichtig sein.

Daß sich die *Außenhandelspreise* der miteinander in Konkurrenz stehenden Länder trotz starker Wechselkursschwankungen und unterschiedlicher Kostenpositionen in einheitlicher Währung gerechnet ziemlich ähnlich entwickelten, wird manchmal als Bestätigung für das „Gesetz von einem Preis" angesehen. Danach bewirkt die internationale Konkurrenz der Anbieter, daß sich für international gehandelte Güter einheitliche Weltmarktpreise herausbilden, die länderweise bestenfalls durch Zölle und Transportkosten etwas modifiziert werden. Auf vielen Fertigwarenmärkten dürfte es sich jedoch eher um ein Indiz für oligopolistische Konkurrenz handeln: Kein Anbieter „riskiert" Preisunterbietungen, auch wenn er dazu kostenmäßig in der Lage wäre, weil er Kampfmaßnahmen der übrigen Anbieter befürchtet. Über die Preisbildung im Export gibt es in Österreich so gut wie keine empirischen Untersuchungen. Man weiß daher nicht recht, ob Exportpreissteigerungen im Ausmaß der Konkurrenzländer als ein Zeichen der Stärke oder der Schwäche interpretiert werden sollten. Sind die österreichischen Anbieter so leistungsstark, daß sie mit der ausländischen Konkurrenz mithalten können, oder haben sie so wenig Marktmacht, daß sie die herrschenden Weltmarktpreise akzeptieren müssen, auch wenn sie nicht die Kosten decken?

Verschlechterung der Internationalen Preis- und Kostenposition Österreichs

	Relative Indizes in einheitlicher Währung für 1977[a)] (1970 = 100) Wifo	OECD
Arbeitskosten der Industrie je Produktionseinheit	120,6	112,1[b)]
Verbraucherpreise	116,7	119,4
Exportpreise	102,4	100,8

a) Endjahr der OECD-Studie.

b) Stückkosten einschl. Materialkosten. Geht man von einem kumulativen Anteil der Lohnstückkosten von 75 % aus und unterstellt man, daß sich die Materialpreise überall gleich entwickelten, so käme man lt. Wifo-Berechnung zu einem Stückkostenindex von 115,5.

Wenn die reale Aufwertung der Hartwährungsländer gemessen an den Exportpreisen geringer ist als die reale Aufwertung gemessen an den Arbeitskosten je Produktionseinheit in der Industrie, dann ist das ein Indiz dafür, daß sich die *Stückgewinne* der Exporteure in den Hartwährungsländern ungünstiger entwickelt haben als jene der Anbieter aus Weichwährungsländern. Die Arbeitskosten in Österreich sind aber nicht nur stärker gestiegen als in den Konkurrenzländern, sondern auch stärker als die Exportpreise. Das läßt einen Rückgang der Stückgewinne vermuten. Einige einschränkende Bemerkungen sind jedoch angebracht:

Zunächst war das Verhältnis von *Arbeitskosten* und Exporterlösen 1970 besonders günstig. Wählt man frühere Vergleichsjahre, dann ist die Schere zwischen der Kosten- und der Preisentwicklung kleiner. Ferner dürfte die Arbeitsproduktivität in den Exportindustrien überdurchschnittlich zugenommen haben[1]. In einer Ausarbeitung des Wifo für das Handelsministerium (Walterskirchen, 5) wurde sie in der Weise geschätzt, daß zunächst für die gesamte Industrie eine einfache „Verdoorn-Funktion" ermittelt und die sich daraus ergebende Elastizität der Produktivität in bezug auf die Produktion sodann auf die Exportproduktion übertragen wurde. Dadurch reduziert sich die Steigerung der Arbeitskosten je Produktionseinheit in den Exportindustrien im Zeitraum 1970/77 von 68 % auf 57 % und übertrifft jene der Exportpreise nur um 14 % (statt um 21 %).

Man muß jedoch hinzufügen, daß unter diesen Annahmen die Arbeitskosten der für den Inlandsmarkt bestimmten Industrien überdurchschnittlich gestiegen wären und sich daher die internationale Konkurrenzposition auf dem Inlandsmarkt besonders stark verschlechtert haben müßte. Diese Hypothese könnte zusammen mit anderen Faktoren für das besonders starke Vordringen ausländischer Erzeugnisse auf dem heimischen Markt erklären.

Schließlich ist zu berücksichtigen, daß die Arbeitskosten nur ein, wenngleich besonders wichtiger Kostenfaktor sind. Die OECD hat in ihrer Untersuchung auch die Materialkosten mitberücksichtigt, mußte jedoch mangels konkreter Informationen unterstellen, daß sich die Materialkosten in allen Ländern gleich entwickelt haben. Das ist sicherlich eine unzulässige Vereinbarung. Das Wifo ist zur Zeit bemüht, Indizes für verschiedene Kostenarten wie Material, Energie und Kapitalkosten zu konstruieren. Ferner wird eine Überprüfung der Ergebnisse

---

1 Das wichtigste Argument hiefür sind Skalenerträge. Betriebe, die ihre Produktion spezialisieren, senken ihre Lohnstückkosten und steigern gleichzeitig ihre Exportquote.

mit Hilfe von Ertragsstatistiken (insbesondere der Aktiengesellschaften) versucht.

Trotz dieser einschränkenden Bemerkungen bleibt die Tatsache bestehen, daß die Gewinnspannen im exponierten Sektor durch die Hartwährungspolitik gedrückt wurden. Der kurz- bis mittelfristige Einfluß dieses zahlenmäßig allerdings nur beiläufig zu quantifizierenden Ertragskompression auf die *Leistungsbilanz* darf jedoch nicht überschätzt werden[2]. Wie die Erfahrung 1978 zeigte, hat eine die Vollbeschäftigung nicht gefährdende Reduktion der heimischen Nachfrage genügt, das Leistungsbilanzdefizit nennenswert zu reduzieren, wobei kurzfristige Verlagerungseffekte zwar eine wichtige Rolle spielten, aber nicht allein ausschlagebend waren.

Die (auch in anderen Ländern beobachtete) zögernde Reaktion der Leistungsbilanz auf Änderungen in der internationalen Kostenposition erlaubt es, den *Wechselkurs* in bestimmten Grenzen als *Instrument der Preisstabilisierungspolitik* einzusetzen. Die Wechselkurspolitik kann einige Zeit härter sein als die Einkommenspolitik, doch müssen die Vorleistungen der Wechselkurspolitik in angemessener Zeit von der Einkommenspolitik honoriert werden. Die Voraussetzungen hiefür scheinen in Österreich nicht ungünstig zu sein. Nach Schätzungen des Wifo stiegen die Arbeitskosten in der Industrie 1978 um 1 % weniger als im Durchschnitt der Handelspartner, für 1979 zeichnet sich eine weitere Verbesserung der internationalen Kostenposition um 3 % bis 4 % ab.

Wenn (und darüber scheint unter den Ökonomen Übereinstimmung zu bestehen) *Nicht-Preis-Faktoren* die internationale Konkurrenzfähigkeit stärker beeinflussen als Preise und Kosten, dann sollte die empirische Wirtschaftsforschung diese Nicht-Preis-Faktoren zu identifizieren und zu messen versuchen, statt ihnen bloß tautologisch die Rolle von Restgrößen zuzuweisen. Diese Aufgabe vermochte sie bisher nur beschränkt zu erfüllen. Das Wifo versucht zur Zeit durch Einzelstudien und Interviews Anhaltspunkte zu gewinnen, welche Sachverhalte sich durch repräsentative Befragungen klären ließen. Im Prinzip sollte es möglich sein, nich nur das Konsum- und das Investitionsklima zu erfragen und die Antworten zu Indizes zu verdichten, sondern auch das Vertrauen, das die Käufer Produkten aus bestimmten Herkunftsländern im Hinblick auf Qualität, Liefertermine und Service entgegenbringen.

---

[2] Auf die umfangreiche empirische und theoretische Literatur über Preis- und Einkommenselastizitäten im Außenhandel kann in dieser Arbeit nicht eingegangen werden. Im allgemeinen kann man annehmen, daß die Einkommenselastizitäten bei zwei liegen und damit etwa doppelt so hoch sind wie die Preis- oder Kostenelastizitäten.

Literatur

(1) Deutsche Bundesbank, Zur Berechnung des gewogenen Außenwertes der D-Mark, Monatsberichte der Deutschen Bundesbank, 4/1979. — (2) OECD, Economic Outlook, Occasional Studies, Juli 1978. — (3) R. R. Rhomberg, Indizes of Effective Exchange Rates, IMF-Staff Papers, 1/1967. — (4) H. Seidel, Der effektive Wechselkurs des Schilling, Monatsberichte des Österreichischen Institutes für Wirtschaftsforschung, 8/1978. — (5) E. Walterskirchen, Arbeitskosten, Exportpreise und Außenhandel, Gutachten des Österreichischen Institutes für Wirtschaftsforschung im Auftrag des Bundesministeriums für Handel, Gewerbe und Industrie (vervielfältigt), Februar 1979.

PROBLEME DER EMPIRISCHEN FUNDIERUNG DER ÖSTERREICHISCHEN GELDPOLITIK

Von Karl Socher*

Um die Geldpolitik rational und effizient auf die wirtschaftspolitischen Ziele auszurichten, sind empirische Diagnosen und Prognosen der Entwicklung und Kenntnisse der Wirkungsweise der Instrumente, also des geldpolitischen Transmissionsmechanismus, notwendig.

Bei der Messung der Zielgrößen der österreichischen Geldpolitik bestehen wenig Probleme. Die interne Geldwertstabilität kann durch die Preisindizes gemessen werden, die äußere Geldwertstabilität ist zwar unklar definiert — nach dem Nationalbankgesetz (§ 2 Abs. 3) der Wechselkurs gegenüber „wertbeständigen Währungen" — läßt dadurch aber einen Spielraum für die Auslegungen zu. Ähnliches gilt für den Zahlungsbilanzausgleich und das Ziel der Konjunkturstabilisierung (insbesondere der Vollbeschäftigung), das zwar nicht im Notenbankgesetz erwähnt, aber in der Praxis verfolgt wird.

In den Zeiten des Bretton-Woods-Systems mit fixen Wechselkursen des Schillings — von 1953 bis 1971 (teilweise bis 1973) — war die Kenntnis des Transmissionsmechanismus der Geldpolitik weniger von Bedeutung als heute. Man konnte sogar die Frage aufwerfen, ob eine österreichische Geldpolitik existierte und einen zyklischen Mechanismus der von der Kapitalbilanzentwicklung abhängigen Geldschöpfung nachweisen[1]. Der bei fixen Wechselkursen funktionierende Goldautomatismus bedeutete aber auch zu dieser Zeit nicht eine vollständige Determinierung der Geldpolitik, denn durch die nach wie vor mögliche Stufenflexibilität der Kurse und der Devisenkontrollen des Kapitalverkehrs wären geldpolitische Wirkungen zu erzielen gewesen. Heute bestehen zwar pro forma flexible Wechselkurse, nach wie vor wird

* Bei den Berechnungen und Graphiken war mir Mag. Franz Lamprecht vom Institut für Wirtschaftstheorie und Wirtschaftspolitik der Universität Innsbruck behilflich, dem ich auch für viele wertvolle Anregungen danke.

1 *G. Tichy*, Bestimmungsgründe und Probleme der österreichischen Geldversorgung, in: Quartalshefte der Girozentrale, 10. Jg. Heft 1/1975, S. 25 f., und *K. Socher*, Monetary Policy in Austria, in: K. Holbik (Ed.), Monetary Policy in Twelve Industrial Countries. Federal Reserve Bank of Boston, 1973, p. 10 ff.

jedoch de facto der Wechselkurs (gegenüber der DM bzw. den EWS-Währungen) festgelegt und die Geldpolitik auf den Zahlungsbilanzausgleich hin ausgerichtet — und nicht der Wechselkurs. Dadurch wäre die Geldpolitik nicht frei in der Verfolgung der internen Ziele. Zwei Besonderheiten der österreichischen Währungspolitik machen es jedoch möglich, die Geldpolitik vom „Zahlungsbilanzdiktat" abzuhängen: die Kapitalverkehrskontrollen und die Kreditkontrollen. Die Kapitalverkehrskontrollen werden zwar nicht ausschließlich von der Notenbank gehandhabt, weil die Schuldaufnahme des Bundes im Ausland nicht von ihr kontrolliert wird, das Instrument steht jedoch grundsätzlich zur Verfügung. Es wurde vor allem 1972, als die Ausländerkonvertibilität aufgehoben wurde und 1978 (Lockerung von einzelnen Kapitalimportkontrollen) eingesetzt. Die Kreditkontrollen (passiv- und vor allem aktivseitig) erlauben die Kontrolle der Kreditgewährung auch dann, wenn die Banken für die Finanzierung der Kreditgewährung auf Liquidität aus dem Ausland zurückgreifen könnten.

Wegen dieser Besonderheiten der österreichischen währungs-, geld- und kreditpolitischen Instrumente ergeben sich für die Formulierung der Wirkungsweise der geldpolitischen Instrumente, der Zwischenziele und Indikatoren besondere Probleme. Die vor allem auf anglo-amerikanische Verhältnisse abgestellten Modelle lassen sich nicht ohne weiteres auf Österreich anwenden. Problematisch ist auch die Verwendung von Modellen für den gesamten monetären Sektor, wie sie z. B. von F. Schebeck und G. Thury entwickelt wurden[2]. In diesen Gesamtmodellen sind die geldpolitischen Maßnahmen nicht explizit enthalten, sondern werden zum Teil aus dem Modell erklärt. Das wäre nur zulässig, wenn die Geldpolitik sich vollkommen passiv verhalten hätte, wofür es höchstens in der Zeit des fixen Dollarkurses gewisse Anhaltspunkte gibt. Die Modelle enthalten auch nicht die neueren Entwicklungen, sondern müssen notwendigerweise Durchschnitte ganz verschiedener Zeitspannen bilden (z. B. solcher, in denen die Liquidität der begrenzende Faktor für die Kredit- und Geldschöpfung war und solcher, in denen die aktivseitige Kreditkontrolle wirkte). Für die Geldpolitik lassen sich also nur solche Modelle verwenden, die Verhaltensgleichungen für die Geldnachfrage von Nicht-Banken erstellen oder sehr spezifizierte Modelle für das Verhalten der Banken, die alle verschiedenen Instrumente der Währungspolitik einbeziehen. Auf die Geldnachfrage der Nicht-Banken soll später eingegangen werden.

[2] *F. Schebeck / G. Thury,* Ein ökonometrisches Quartalsmodell für den monetären Sektor der österreichischen Wirtschaft; Empirica 1/74 und *G. Thury,* Struktur und Funktionsweise des ökonometrischen Modells des monetären Sektors der österreichischen Wirtschaft; Empirica 2/74.

Einfache Modelle, die die Übertragung der geldpolitischen Maßnahmen auf die wirtschaftspolitisch relevanten Größen (Nachfrage, Preisniveau usw.) beschreiben, gehen meist von einem Konzept des Transmissionsmechanismus aus, in dem eine Größe eine entscheidende Rolle spielt. Sie sollen hier kurz nach dem Hauptindikator bezeichnet werden: Zins, Bankenliquidität, Geldmenge, Kredite.

Zins- und Liquiditätskonzept sind in Österreich wenig aussagefähig. Der Zinssatz ist nicht, wie im einfachen Keynesschen Modell der zentrale Faktor für die Bestimmung der Investitionen, weil der Kredit- und vor allem der Kapitalmarkt nicht vollkommen funktioniert, vor allem durch die Veränderung der Kreditrationierung und -plafondierung (einschließlich der Emissionskontrolle bei gleichzeitigem Anstreben einer Stabilisierung des Zinsniveaus). Das Liquiditätskonzept ist aus dem gleichen Grund wenig aussagefähig: wenn die Banken sehr liquid sind, kann durch die Kreditplafondierung und Emissionskontrolle die Kreditvergabe beschränkt sein und umgekehrt bei größerem Spielraum der Kreditplafonds auch bei abnehmender Liquidität mehr Kredit gewährt werden. Auch alle Modelle, die den Zins und die Bankenliquidität vom Einfluß der ausländischen Zins- und Liquiditätsverhältnisse abhängig machen, sind in Österreich wegen der Kapitalverkehrskontrollen nicht anwendbar.

Die Geldmenge ist in Österreich, im Gegensatz zu den Nachbarländern, kein Zwischenziel für die Geldpolitik. Zumindest wird kein solches Ziel veröffentlicht, so daß die Wirkungen, die von der monetaristischen Schule erhofft werden, wie Beeinflussung von Erwartungen von Unternehmen und Gewerkschaften, ausbleiben. Die Entwicklung der Geldmenge M_1 ist in Österreich im Vergleich zu den beiden Nachbarländern, die seit Ende 1974 Geldmengenzielsetzungen veröffentlichten, nicht viel unstetiger gewesen. In den USA war eine stetigere Entwicklung. Der Vergleich ist allerdings deshalb etwas erschwert, weil die Definition der Zielgröße in der BRD mehrmals wechselte und nicht auf M_1, sondern auf eine spezielle Zentralbankgeldgröße bezogen wird. Um die Vergleichbarkeit herzustellen, wurde bei allen vier Ländern M_1 gewählt (Tabelle 1).

Man erkennt, daß trotz der Zielsetzungen einer stetigen Geldvermehrung starke Schwankungen der jährlichen Zuwachsraten erfolgten, am stärksten in der Schweiz von 1977 auf 1978. Die Zielgröße in der BRD, das Zentralbankgeld (zu konstanten Mindestreservensätzen) entwickelte sich allerdings stetiger (zwischen 8 und 11 %) als M_1. In Österreich nimmt die Zuwachsrate ab ohne derartig große Schwankungen wie in der BRD und der Schweiz. Am stetigsten entwickelte sich die Geldmenge der USA, dort ist der Einfluß der Außenwirtschaft viel

Tabelle 1: Geldmengenzielsetzung (Z) und tatsächliche Geldmengen-Veränderung M_1 (± M) in % zum Vorjahr

Jahr	Österreich ± M	Schweiz Z	± M	BRD Z	± M	USA Z	± M
1975	+ 13	6	+ 6	8	+ 15	5 - 7½	4,4
1976	+ 14	6	+ 8	8	+ 8	4½ - 7	5,3
1977	+ 7	5	+ 5	8	+ 9	4½ - 6½	7,3
1978	+ 5	5	+ 18	8	+ 14	4 - 6½	7,8

Quelle: Notenbankberichte der einzelnen Länder; Österreich: Durchschnitte der Quartalsendstände, M_1 ohne öffentliche Guthaben bei der Notenbank; Ziele und USA: Wirtschaftsnotizen der Schweizerischen Bankgesellschaft, März 1979, S. 5.

geringer, der in den anderen Ländern eine Ursache für die Unstetigkeit ist. In der Schweiz spielt wohl auch die starke Veränderung der Umlaufsgeschwindigkeit eine Rolle (siehe Schaubild 1).

Die Argumente, die gegen eine Geldmengen-Zielsetzung von seiten der Nationalbank genannt wurden, beziehen sich teilweise auf die Problematik der empirischen Messung der Geldmenge. Es komme immer wieder zu Änderungen, wie soll die potentielle Liquidität der Kreditinstitute erfaßt werden[3]? Tatsächlich ist die Erfassung der Geldmenge zu einem großen Problem der Geldmengenzielsetzung geworden. Der Hinweis von Friedman, man solle diejenige Geldmenge nehmen, die im Verhältnis zum nominellen Sozialprodukt am stabilsten ist, hilft nicht allzuviel, wenn wenig Stabilität der Beziehungen bei den verschiedenen Geldmengen vorhanden ist. Am stabilsten erscheint noch M_2 oder M_3, aber beide sind wieder schwerer steuerbar als M_1 mit einem größeren Anteil von Zentralbankgeld. In Österreich sind zwar nicht, wie in den USA, in den letzten Jahren neue Geldsurrogate entwickelt worden, durch Änderungen kommen aber immer wieder Zweifel über die beste Erfassung der Geldmenge auf. z. B. ist durch verschiedene Bestimmungen des neuen Kreditwesengesetzes von 1979 zu beobachten, daß Spareinlagen und neue Geldmarktpapiere vermehrt Geldfunktion übernommen haben. Über die Ausschaltung von Gold- und Silbermünzen, sowie von Guthaben des Bundes zumindest bei der Notenbank aus der Geldmenge besteht heute Übereinstimmung[4]. Unklar bleibt die

[3] Diese und die folgenden Argumente in der Ansprache des Präsidenten DDr. *Hans Kloss* anläßlich der Generalversammlung der Oesterreichischen Nationalbank am 28. 4. 1967, S. 4 f. Zusätzliche Argumente auch in: Mitteilungen des Direktoriums der Oesterreichischen Nationalbank, Jänner 1977, S. 18.

[4] *H. Handler:* Geldpolitik, Geldbasis und Geldmenge. Zum Geldmengenkonzept des Wifo, Monatsberichte des österreichischen Instituts für Wirtschaftsforschung, 1/1977, S. 37 ff.

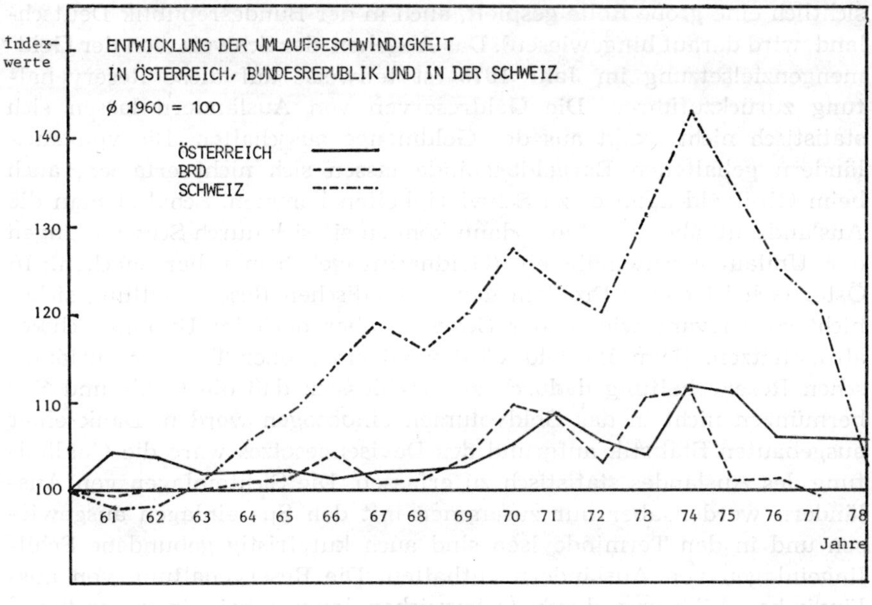

Schaubild 1

Einbeziehung von nicht ausgenützten Kreditrahmen in die Geldmenge und die Ausschaltung von Auslandseinlagen. Grundsätzlich sind nicht ausgenützte Kontokorrentrahmen mit Geld gleichzusetzen, denn es können jederzeit daraus Zahlungen geleistet werden. Die Höhe der Rahmen hängt aber auch von den Kosten der Zusagen ab (Kreditbereitstellungsprovision etc.). Bei geringen Kosten kann sich ein Unternehmen hohe Rahmen leisten, bei hohen Kosten wird es die Rahmen gering halten, obwohl es vielleicht die Gewißheit hat, bei Bedarf jederzeit zusätzlich einen Rahmen zu erhalten. Ein kleiner Teil der Rahmen kann auch — ähnlich wie die separat erfaßten Promessen — für die Finanzierung bestimmter Projekte in der nächsten Zukunft reserviert sein und deshalb nicht gleich einem Kontokorrent-Rahmen sein.

Ein weiteres Problem, das bei der Verwendung der Geldmenge als Indikator und als Zwischenziel auftritt, ist die Verwendung des Geldes für Reservehaltung des Auslandes. Diese Reservehaltung kann zinsinduziert sein, aber auch durch die Erwartung von Aufwertungen bzw. von größerer Preisniveaustabilität des Landes. Der Abbau der Reserven kann ebenso durch Zinssenkung wie durch Abwertungserwartungen bzw. Inflationserwartungen induziert werden. Vor allem in der Schweiz hat diese Reservehaltung in den letzten Jahren offensichtlich eine große Rolle gespielt, auch in der Bundesrepublik Deutschland wird darauf hingewiesen[5]. Das Abgehen der Schweiz von der Geldmengenzielsetzung im Jahr 1979 ist teilweise auf diese Reservehaltung zurückzuführen. Die Geldreserven von Ausländern lassen sich statistisch nicht exakt aus der Geldmenge ausschalten. Die von Ausländern gehaltenen Bargeldbestände lassen sich nicht erfassen, auch beim Giralgeld kann es zu Schwierigkeiten kommen. Schaltet man die Auslandsguthaben nicht aus, dann können sie sich durch Schwankungen der Umlaufsgeschwindigkeit (Geldnachfrage) bemerkbar machen. In Österreich ist dieses Problem der ausländischen Reservehaltung sicher nicht so relevant wie in der Schweiz, aber doch im Umfang schwer abzuschätzen. Beim Bargeld wird wohl ein großer Teil der ausländischen Reservehaltung dadurch ausgeschlossen, daß die Gold- und Silbermünzen nicht in das Geldvolumen einbezogen werden. Dank einer ausgebauten Statistik aufgrund des Devisengesetzes wäre die Geldhaltung des Auslandes statistisch zu erfassen. Die Sichteinlagen von Ausländern werden aber nur zusammen mit den Spareinlagen ausgewiesen und in den Termindevisen sind auch kurzfristig gebundene Schillingeinlagen von Ausländern enthalten. Die Reservehaltung von ausländischer Währung durch Österreicher könnte bei einem größeren Umfang inländische Währung ersetzen und müßte damit in die Geldmenge bzw. Geldnachfragegleichungen einbezogen werden. Tatsächlich spielt diese Geldhaltung aber nur im Fremdenverkehr eine (geringe) Rolle. In größerem Umfang ist sie infolge der mangelnden Inländerkonvertibilität nicht zulässig.

Bei der Untersuchung der Geldnachfrage in Österreich versuchte W. Pollan[6] nachzuweisen, daß Strukturänderungen der Geldnachfrage in den Jahren 1972 und 1973 durch den Einfluß der internationalen Geldmärkte erklärt werden können. Dabei geht aus dem Datenmaterial jedoch nicht eindeutig hervor, ob die öffentlichen Guthaben bei der Notenbank ausgeschieden wurden, die gerade in dieser Zeitspanne sehr starken Schwankungen unterworfen waren und eine Erklärung für die Strukturänderungen bilden könnten.

Der für die Zwecke der Konjunkturanalyse und -prognose wohl am besten geeignete Geldmengenbegriff wäre das Bargeld (ohne Gold- und Silbermünzen), die Schilling-Sichteinlagen von Inländern, ein mit der Geldnähe gewichteter Anteil der Termineinlagen[7] und die nicht

---

[5] Geschäftsbericht der Deutschen Bundesbank für das Jahr 1977, S. 22 f.

[6] *W. Pollan*, The Cyclical Responsiveness of the Demand for Money and its Stability in an Open Economy, The Case of Austria; Angewandte Statistik und Ökonometrie. Herausgegeben von G. Tintner, P. Thionet, H. Strecker; Heft 14, Göttingen 1978, S. 40 ff.

[7] Zu einem ähnlichen — als Zentralbankgeld bezeichneten — Maßstab kommt die Deutsche Bundesbank durch die mit Mindestreservesätzen ge-

ausgenützten Kreditrahmen. Gleich wie die Geldmenge definiert ist, ergibt sich immer noch das Problem der Prognose der Geldnachfrage (Umlaufsgeschwindigkeit).

Die längerfristig zu beobachtende Konstanz der Geldnachfrage in Abhängigkeit vom Nominaleinkommen[8] bringt für die kurzfristig zu konzipierende Geldpolitik wenig Anhaltspunkte. Immerhin ist über die gesamte Dauer eines Konjunkturzyklus — wenn nicht ungewöhnliche Faktoren, wie starke Preisniveausteigerungen auftreten — mit einer Rückkehr auf das frühere Niveau zu rechnen. Während der Zeitspanne von 1956 bis 1978 wich die Umlaufsgeschwindigkeit bis zu 7 % über den Trendwert und bis zu 5 % unter den Trendwert ab und veränderte sich bis zu 12 % gegenüber dem Vorjahrsquartal (1973 und 1975).

Deutliche Abweichungen sind in den Jahren ab 1972 zu erkennen. Bis zum Jahre 1965 verläuft die Entwicklung etwa dem Muster entsprechend, daß die Umlaufsgeschwindigkeit bis kurz nach dem Konjunkturhöhepunkt steigt und dann sinkt, um kurz nach dem Wendepunkt wieder anzusteigen. Ausgenommen ist jedoch der kurze Rückschlag 1966/67, wo sich wenig Veränderungen zeigen und die Entwicklung seit 1970. Entgegen der Konjunkturtendenz sinkt die Umlaufsgeschwindigkeit seit 1971 bis anfangs 1973, um dann wieder bis Ende 1974 — was dem Konjunkturverlauf entspricht — stark zu steigen. 1975 und 1976 liegt sie dafür wieder niedriger als der Wachstumsrate entspricht. Für die Entwicklung nach 1970 stehen zwei Erklärungsversuche zur Verfügung: die seither stärkere Inflation könnte die Geldnachfrage verringert haben, andererseits könnte die stark schwankende Rate der Geldvermehrung einen Einfluß gehabt haben. Die Inflation kann aber die sinkende Umlaufsgeschwindigkeit nicht erklären, denn der sich seit 1972 beschleunigende Preisauftrieb hätte die umgekehrte Tendenz haben müssen. Plausibler erscheint die Erklärung mit der starken Ausdehnung der Geldmenge. Sowohl im Jahr 1972 (Geldausdehnungsrate 17 %) wie 1975 und 1976 (13 und 14 %) ist die Umlaufsgeschwindigkeit „konjunkturwidrig" zurückgegangen. Die starke Ausweitung kam wohl z. T. unerwartet und führte deshalb zu einer erhöhten Kassenhaltung, z. T. waren im Jahr 1972 auch geplante Investitionen noch nicht sofort durchführbar, weil längere Lieferfristen bestanden. Umgekehrt kann eine starke kreditpolitische Restriktion zu einer Beschleunigung der Umlaufsgeschwindigkeit führen (z. B. 1973).

---

wichtete Einbeziehung aller Einlagen. Aber die Höhe der Mindestreserve ist kein guter Maßstab für die Geldnähe, dadurch wird auch der Bargeldanteil übergewichtet.

8 z. B. schon in: Die Umlaufsgeschwindigkeit des Geldes in Österreich, Beilage Nr. 58 zu den Monatsberichten des Österreichischen Instituts für Wirtschaftsforschung, Wien 1959, S. 3. Von 1956 bis 1978 stieg die Umlaufsgeschwindigkeit nur von 5.1 auf 5.4.

Wenn man die „konjunkturwidrigen" Entwicklungen mit Hilfe des Einflusses der Geldvermehrung und der Kreditrestriktion erklärt, dann bedeutet das einen kurzfristigen Einfluß der Geldpolitik auf die Geldnachfrage. Die Geldpolitik kann also im vorhinein nicht mit einer gegebenen Geldnachfrage rechnen. Damit werden aber auch alle anderen Versuche, die Faktoren der Geldnachfrage festzustellen, für die Geldpolitik problematisch. Die üblichen Geldnachfragefunktionen erfassen die Faktoren Einkommen, Zinssätze, Inflationsraten und eventuell das Vermögen, das permanente Einkommen und den Wechselkurs. Untersuchungen über die Stabilität der Nachfragefunktion für die verschiedenen Länder ergeben sehr unterschiedliche Resultate. Das Niveau kann zwar gut prognostiziert werden, nicht aber die Veränderungsraten. Die letzte größere vergleichende Studie der OECD[9] ergibt trotz der Verwendung von 8 Einflußfaktoren nur Korrelationskoeffizienten für die Veränderungsraten zwischen 0,37 (Kanada) bis 0,66 (England). Für manche Länder läßt sich dabei eine Änderung der Verhaltensweisen ab anfangs der siebziger Jahre nachweisen. Damit ist die Situation ähnlich wie im — in der Studie nicht untersuchten — Österreich, wo ebenfalls ab 1970 schwer zu erklärende Änderungen auftreten. Die expost-Prognosen unter Verwendung von Regressionen aufgrund von Daten ab 1973 ergeben für die meisten Länder verläßlichere Werte als bei der Verwendung von Regressionen über den gesamten Zeitraum (1964 - 1977).

Für Österreich kommen Schebeck und Thury, sowie Khan und Spitäller zu relativ stabilen Geldnachfrage-Funktionen[10].

Schebeck und Thury erfassen aber nur die Zeitspanne 1960 bis 1970, Khan und Spitäller 1960 - 71. Pollan kritisiert die Aussage von Khan / Spittäler, daß die Geldnachfragefunktion stabil sei, am Beispiel des Jahres 1972, das unter der Verwendung ihrer Funktion bei einer expost Prognose große Abweichungen ergibt[11]. Pollan selbst versucht — wie oben erwähnt —, die Instabilität durch außenwirtschaftliche Einflüsse zu erklären. Seine Schätzungen gehen bis Ende 1974. Offensichtlich sind aber auch danach Instabilitäten in der Geldnachfragefunktion zu beobachten, die nicht nur mit außenwirtschaftlichen Einflüssen erklärt werden können (siehe Schaubild 2).

Wenn man die Geldnachfragefunktionen für Prognosen verwendet, ergeben sich bei drei meist verwendeten Faktoren Probleme. Der Zins-

---

9 *J. M. Boughton, H. J. Dudler,* Demand for Money in Major OECD-Countries, OECD Economic Outlook, Occasional Studies, January 1979.

10 *Schebeck / Thury,* S. 115 und 117, R^2 für Bargeld und Sichteinlagen 0.828 und 0.916. *M. Khan* und *E. Spitäller,* Geldnachfrage in Österreich, Quartalshefte der Girozentrale, 1/1974, S. 12, $R^2 = 0.99$. Beide für das Niveau.

11 *Pollan,* S. 45.

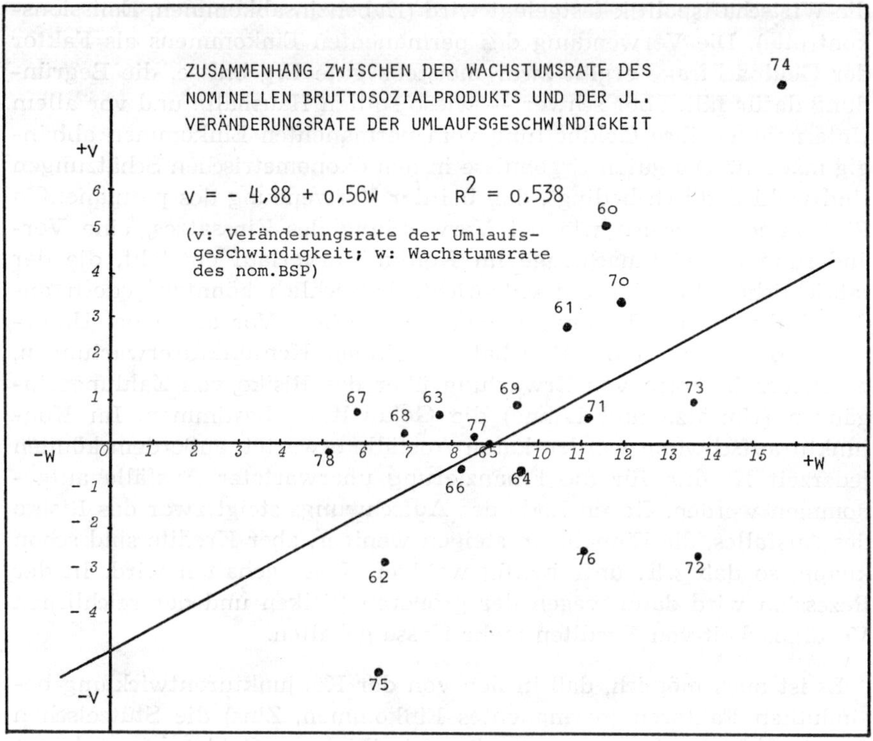

Schaubild 2

satz hat in Österreich wenig Aussagekraft. Sein Einfluß auf die Geldnachfrage erklärt man damit, daß er die Erträge von Anlagen mißt, die mit dem zinslosen Halten von Kassenbeständen verglichen werden. Dazu würde sich in Österreich für private Haushalte die Spareinlagenverzinsung als Alternative ergeben, die aber sehr stabil ist. Die meist verwendete Wertpapierverzinsung hat in Österreich wenig Bedeutung. Für Unternehmen ist sie keine Alternative zur Kassenhaltung, dagegen spielt die Verfügbarkeit von Krediten und deren Kosten eine Rolle. Besonders die Verfügbarkeit von Krediten ist aber nicht mit dem Zinssatz eng korreliert und ist schwer quantitativ zu erfassen. Verwendet man den Zinssatz zusammen mit der Inflationsrate als Faktor für die Geldnachfrage, so kann man diese Faktoren schwer trennen, denn der (nominelle) Zinssatz enthält teilweise die Inflationsrate. Für Prognosezwecke läßt sich auch der Zinssatz schwer vorausschätzen, weil er sich in Österreich nur zu einem geringen Teil (Zwischenbankgelder) auf dem Markt bildet, zum größten Teil aber durch die Wirtschaftspolitik festgelegt wird (Habenzinsabkommen, Emissionskontrolle). Die Verwendung des permanenten Einkommens als Faktor der Geldnachfrage ergibt zwar meistens gute Ergebnisse, die Begründung dafür fällt aber schwer — wieso sollten Haushalte und vor allem Unternehmen ihre Geldhaltung vom permanenten Einkommen abhängig machen? Die guten Ergebnisse in den ökonometrischen Schätzungen sind wohl dadurch bedingt, daß bei der Verwendung des permanenten Einkommens, ebenso wie bei Verwendung des Zinssatzes, eine Veränderung der Geldnachfrage im Konjunkturverlauf entsteht, die der tatsächlichen Entwicklung entspricht. Tatsächlich könnten jedoch andere Faktoren die Veränderungen verursachen. Vor allem bei Unternehmen, aber auch bei Haushalten, können Konjunkturerwartungen, besonders in Form von Erwartung über das Risiko von Zahlungseingängen (Umsätze und Löhne) die Geldhaltung bestimmen. Im Konjunkturaufschwung werden kaum Ausfälle erwartet, außerdem können jederzeit Kredite für die Finanzierung unerwarteter Ausfälle aufgenommen werden. Gegen Ende des Aufschwungs steigt zwar das Risiko des Ausfalles, die Einnahmen steigen weniger, aber Kredite sind schon knapp, so daß z. T. unfreiwillig weniger Kasse gehalten wird. In der Rezession wird dann wegen der größeren Risiken und der reichlichen Verfügbarkeit von Krediten mehr Kasse gehalten.

Es ist auch möglich, daß in den von der Konjunkturentwicklung beeinflußten Faktoren (permanentes Einkommen, Zins) die Stützelschen ‚Spreizeffekte' aufgefangen werden. Die Höhe der Geldnachfrage hängt nämlich auch von der Verteilung der kreditnehmenden und der nichtkreditnehmenden Wirtschaftssubjekte ab. Werden z. B. alle Unternehmen zu Kreditnehmern, so könnten sie alle Zahlungen über Kredite abwickeln und bräuchten keine Kassenbestände mehr zu halten. Verringert sich der Umfang der kreditnehmenden Wirtschaftssubjekte, so wird der Bedarf an Geld zur Kassenhaltung steigen.

Damit sind wir beim vierten Indikator für die Transmission, den Krediten, angelangt. Streissler und Tichy haben jüngst eine Reihe von Argumenten für die Bedeutung der Transmission über den Kreditmarkt vorgebracht[12]. So ist das Buchkredit- und das Gesamtkreditvolumen der Banken drei bis fünf mal so hoch wie M_1. Das ist deswegen von Bedeutung, weil aus dem Buchkreditvolumen auch Zahlungen geleistet werden können. Die Korrelation zwischen Kreditvolumen und Brutto-Nationalprodukt ist besser als zwischen Geldmenge und Brutto-Nationalprodukt. Da „die Kredite eher den Charakter einer Finanzierungs-

[12] *E. Streissler* und *G. Tichy*, Die Transmission monetärer Impulse über den Kreditmarkt, in: Probleme der Geldmengensteuerung, herausgegeben von W. Ehrlicher und A. Oberhauser, Schriften des Vereins für Socialpolitik, Neue Folge Band 99, Berlin 1978, S. 145 ff.

als einer Reservegröße" haben, sind sie weniger komprimierbar als die Kassenhaltung und erfassen diejenigen „Personen, die Ausgabenüberschüsse planen", während Kassenhalter die Kasse nicht nur für Ausgaben halten[13].

Für Österreich stellen Tichy und Streissler eine „gebrochene" Transmission fest: Die Determinationskoeffizienten zeigen einen guten Zusammenhang zwischen Geldbasis und M_1 (0,49), aber nur einen geringen Zusammenhang zwischen Geldbasis und Privat- sowie Gesamtkreditvolumen (0,13 und 0,04). Dagegen ist der Zusammenhang zwischen M_1 und dem BNP mit 0,41 schlechter als zwischen Privatkrediten (0,59), Gesamtkrediten (0,46) und dem BNP (S. 151). Dazu muß allerdings bemerkt werden, daß der Zusammenhang zwischen M_1 und dem BNP für Prognosezwecke durch die Einbeziehung einer Geldnachfragefunktion (oder der Berücksichtigung konjunktureller Veränderungen) verbessert werden kann, was für Kreditgrößen zumindest bisher nicht gelungen ist[14].

Sowohl die Geldnachfragefunktion wie die „Kreditfunktion" (Zusammenhang zwischen Kreditvolumen und BNP) sind für Konjunkturprognosen nicht genügend verläßlich. Die Verwendung von ökonometrisch geschätzten Funktionen ergibt gerade auf dem monetären Sektor die Gefahr, Strukturänderungen durch Verhaltensänderungen (z. B. Inflationserkennung) oder institutionelle Änderungen (z. B. neues KWG) nicht rechtzeitig zu realisieren und damit ähnlich wie in der Konjunkturprognose 1974/75 schwere Prognosefehler zu begehen.

Nach der Betrachtung der verschiedenen Transmissionsmechanismen und Wirkungsanalysen der österreichischen Geldpolitik vom Standpunkt der Verwendung für Prognosen kann kein einzelner Ansatz befriedigen, der nur über eine Wirkungsgröße läuft. Das liegt vor allem daran, daß in Österreich mehrere Ansatzpunkte für die Geldpolitik bestehen und daher kein einzelner Ansatzpunkt einen Vorrang hat. Dazu kommt, daß die Einlagen-, Kredit- und Wertpapiermärkte und der Devisenmarkt durch eine Reihe von Kontrollen — im Gegensatz zu amerikanischen Verhältnissen — weit von vollkommenen Märkten entfernt sind. Das würde nun die Verwendung eines umfassenden Modells unter Einbeziehung möglichst vieler Variabler nahelegen. Ein solches umfassendes Modell läuft aber wieder in Gefahr, endogene und exogene Variable nicht trennen zu können und geldpolitische Maßnahmen endogen erklären zu wollen, weil es Variable gibt, die zeitweilig von der Geldpolitik bestimmt worden sind (z. B. das Kreditvolumen bei der aktivseitigen Kreditkontrolle), zeitweilig aber einen Transmissions-

13 *Streissler* und *Tichy*, S. 147 und 170 f.

14 Ansätze für Hypothesen über die Variabilität der Kredittransmission finden sich bei *Streissler / Tichy*, 177 f.

faktor anderer geldpolitischer Maßnahmen darstellten (z. B. bei der Steuerung über die Liquidität oder passivseitige Kreditkontrolle).

Der Ausweg aus diesem Dilemma scheint mir die Entwicklung einer möglichst einfachen Prognosemethode für den monetären Sektor, ähnlich der in Wirtschaftsforschungsinstituten verwendeten Konjunkturprognose-Methode, wie sie z. B. Rabe und Tichy beschrieben haben[15]. Besonderer Wert muß dabei auf die Herausarbeitung der Instrumentvariablen gelegt werden, also der Kreditkontrolle und der Kapitalverkehrskontrollen. Zugleich muß das Modell möglichst die Prognosen für den „realen" und die finanziellen Sektoren verwenden, vor allem jene, die auf relativ verläßlichen Werten aufbauen, wie z. B. die in den Budgetvoranschlägen enthaltenen Defizite. Durch Einbeziehung dieser Prognosen soll auch die Konsistenz der Prognose mit anderen Prognosen gewährleistet sein — wobei natürlich die Konsistenz kein Maß für die Richtigkeit der Prognose ist. Aber die Konsistenz kann deshalb von großer Bedeutung sein, weil die Geldpolitik nicht allein ihre Ziele erreichen kann und deshalb der Koordination mit anderen Trägern der Wirtschaftspolitik bedarf, was unter anderem auch durch die Abstimmung der Prognosen erfolgen kann.

Das Prognose-Modell wird im folgenden beschrieben[16].

Weil es nicht auf die konkreten Zahlenangaben, sondern die Methode ankommt, werden im folgenden keine längeren Zahlenreihen veröffentlicht, sondern nur beispielhaft ein einzelnes Jahr herausgenommen. Das Modell setzt keine ausgebaute Geldstromrechnung voraus, könnte aber mit der (endlich) entstehenden Rechnung vereinbar gemacht werden. Die folgende Übersicht läßt eine Reihe von kleineren Posten aus, so daß die statistischen Differenzen relativ groß sind. Für Prognosezwecke ist eine quartalsweise, gleitende Erstellung vorteilhaft.

Das Prognosemodell beginnt methodisch mit denjenigen „exogenen" Größen, die aufgrund anderer Prognosen und Schätzungen erstellt werden können:

(zu 1): Die Entwicklung des nominellen Sozialprodukts und der davon teilweise abhängigen Umlaufsgeschwindigkeit. Letztere ist allerdings nicht ganz unbeeinflußt von der jeweiligen Kredit- und Geldpolitik, wie bereits erwähnt wurde. Es wird daher

---

15 *K. H. Rabe*, Vorausschätzungen der allgemeinen Wirtschaftsentwicklung (ohne ökonometrische Modelle) am Beispiel der Bundesrepublik Deutschland. Allgemeines Statistisches Archiv, Bd. 51 (1967), Heft 1, S. 10 - 44. *G. Tichy*, Konjunkturschwankungen, Heidelberger Taschenbücher, Band 174, Berlin 1976, S. 183 - 187 („Die nicht-ökonometrische VGR-Prognose").

16 Es wurde vom Verfasser für eine währungspolitische Arbeitsgemeinschaft im Jahr 1974 entwickelt.

Tabelle 2: Geldmengen-Finanzierungsrechnung

Veränderung gegen Vorjahr[a)] (Jahr 1978)

	in Mrd. S		in %
Bruttoinlandsprodukt nominell	+ 50,5		+ 6,4
Umlaufsgeschwindigkeit	— 3,2		— 1,5
1 Geldmenge	+ 11,8		+ 7,9
2 Geldkapitalbildung:	+ 96,3		+ 18,4
Spar-, Termin- und eigene Emissionen		+ 96,2	+ 18,4
Öffentliche Guthaben bei Notenbank		+ 0,1	—
3 Leistungsbilanzsaldo	—21,9		
4 Kapitalbilanzsaldo incl. Statistische Differenz	+ 39,0		—
5 Kreditausweitung	+ 97,3		+ 15,2
Direktkredite		+ 77,0	+ 15,1
Schatzschein- und Wertpapierkäufe		+ 20,3	+ 15,3
(1+2) — (3+4+5) = Statistische Differenz der Bankbilanzen und Münzamt	— 6,3		
Kreditverteilungsseite			
6 Umlaufsveränderung festverzinslicher Wertpapiere	46,0		
— Bankemissionen (unter 2)	25,5		
— Käufe von Kreditinstituten (unter 5)	20,3		
= Kapitalmarktaufkommen netto	0,2		
+5+4	= 136,3		
= Gesamtkreditangebot	136,5		
Verwendung			
Öffentliche Haushalte[b)]	35,4		
Wirtschaft und Private	101,1		
Zentralbankgeld			
7 Prozentsatz der Banknoten und Münzen an der Geldmenge (1)			48,2
Notenumlaufsveränderung	+ 6,3		
Einlagen von Banken bei Notenbank	+ 8,7		
Öffentliche Guthaben bei Notenbank	+ 0,1		
Zentralbankgeldmenge	+ 15,0		
Entstehung			
Zahlungsbilanzsaldo (3+4)	17,1		
Interne Quellen	— 2,1		

a) Mit Ausnahme der Zahlungsbilanzdaten.

b) Nur Bundesbudgetdefizit, vorläufiger Gebarungserfolg.

Quelle: Mitteilungen des Direktoriums der Oesterreichischen Nationalbank, Umlaufsgeschwindigkeit = BIP : Geldmenge.

notwendig sein, diese Prognose — eventuell unter Einbeziehung von Geldnachfrage-Schätzfunktionen — in einem iterativen Verfahren aufgrund der Prüfung der Konsistenz mit den späteren Stufen der Prognose zu korrigieren.

Aus dieser Prognose ergibt sich die Entwicklung der Geldmenge (M_1), deren Veränderung nun wieder aus der Entwicklung der Aktiva und Passiva der konsolidierten Bilanz des Bankensystems (incl. Notenbank) geschätzt werden kann. Dabei müssen die öffentlichen Guthaben, soweit sie nicht zur Geldmenge gerechnet werden, als Geldkapitalbildung gezählt werden.

(zu 2): Die Veränderung der gesamten Geldkapitalbildung umfaßt grundsätzlich alle Passiva außer der Geldmenge. Ihre Entwicklung kann wieder aufgrund von Annahmen über die Entwicklung der Sparquote, der Gewinne etc. geschätzt werden, wobei eine globale Zusammenfassung den Vorteil hat, Verschiebungen zwischen den einzelnen Anlageformen auszuschalten. Prognosen der Geldkapitalbildung werden derzeit auch im Staatsschuldenbericht der Postsparkasse erstellt.

(zu 3): Auf der Aktivseite werden die Veränderungen der Leistungsbilanz aus den Prognosen verwendet.

(zu 4): Als Instrumentvariablen ergeben sich auf der Aktivseite dann erstens die Kapitalbilanz, die durch die Devisenkontrollen beeinflußt werden kann.

Dabei muß allerdings statistisch berücksichtigt werden, daß die Definitionen der Zahlungsbilanzstatistik mit denen der Bankbilanzstatistik vereinbar gemacht werden müssen. (Es würde zu weit führen, hier auf Einzelheiten einzugehen.)

Zum Teil sind darin auch u. U. schon erfolgte Festlegungen von Kapitalimporten des Bundes aufzunehmen, die von der Notenbank als Datum angenommen werden müssen.

(zu 5): Als zweite Instrumentenvariable kann die Kreditausweitung eingesetzt werden, die alle Direktkredite, Schatzschein- und Werpapierkäufe umfaßt.

Damit sind alle Aktiv- und Passivposten, die rein statistisch die Geldmenge „erklären“ erfaßt, wobei nur die Größe und Zuordnung der statistischen Differenz durch Nicht-Erfassung einzelner Positionen in manchen Jahren Abweichungen bringen kann.

Eine Ergänzung dieser Prognose ist in zweierlei Hinsicht notwendig: 1. Die Kreditverteilungsseite und 2. Die Zentralbankgeldseite.

(zu 6): Bei der Kreditverteilungsseite sind aus der Entwicklung der Defizite der öffentlichen Haushalte und der Voranschläge Anhaltspunkte über die Kreditnachfrage vorhanden. Aus der Schätzung des gesamten Kreditangebots ergeben sich dann die Anteile der privaten Kreditnachfrage, deren Höhe auf die Konsistenz mit der Prognose der Entwicklung der Investitionen, Gewinne, privaten Konsum und Ersparnis etc. geprüft werden können. Allerdings sind im gesamten Kreditangebot neben den bereits erfaßten Größen (4 und 5) auch die auf dem Nicht-Bankensektor aufgebrachten Kapitalmarktmittel zu schätzen, wobei die Entwicklung des Kapitalmarkts und die Emissionskontrolle von Bedeutung sind.

(zu 7): Zentralbankgeldseite.

Für die Geldpolitik muß auch die Entwicklung der Basisgeldmenge geschätzt werden. Die Entwicklung des Notenumlaufs kann wieder aus der bereits vorliegenden Geldmengenschätzung abgeleitet werden, wobei charakteristische konjunkturelle Schwankungen im Verhältnis zwischen Bar- und Giralgeld berücksichtigt werden müssen. Der Zentralbankgeldbedarf der Banken (und eventuell der öffentlichen Hand) ergibt sich aus der Einlagenentwicklung bei konstant angenommenen Mindestreserven, und kann mit der Kreditentwicklung und der Entwicklung des Multiplikators auf Konsistenz überprüft werden. Auf der Basisgeld-Entstehungsseite ist der Zahlungsbilanzsaldo gegeben, so daß sich die interne Kreditgewährung der Notenbank (Refinanzierung, Offenmarkt) ergibt.

Die Verwendung eines einfachen, durchschaubaren Modells hat den Vorteil, bei neu auftretenden Strukturbrüchen institutioneller oder verhaltensmäßiger Natur (wie z. B. bei Änderungen der Geldnachfrage durch Ausländer oder öffentlicher Haushalte, durch das neue Kreditwesengesetz) Anpassungen einfach und rasch vornehmen zu können. Diejenigen Größen, die als Zielgrößen verwendet werden können, sind leicht ersichtlich.

Für große Modelle der Geldpolitik mit vielen Variablen und Zielgrößen gilt letztlich das gleiche wie für die Budgetpolitik, für die Koren einmal feststellte, daß die theoretischen Modelle und Systeme aus vielen Gründen nicht ausreichend operabel sind und daß noch keine Demokratie in der Lage ist, ihre Ziele auf längere Sicht zu fixieren[17].

---

17 Budgetrede (1969) des Bundesministers für Finanzen, Prof. Stephan Koren, S. 28.

EIN KLEINES MONETÄRES MODELL FÜR ÖSTERREICH

Von Gerhard Tintner, Andreas Wörgötter und Gabriele Wörgötter

I. Einleitung

Im Sinne der Tradition eines Mitautors[1] in der Beschäftigung mit der Spezifikation und Schätzung von „handlichen" Modellen wollen wir hier ein weiteres „kleines monetäres Modell für Österreich" zur Diskussion stellen.

Das Modell, dessen Struktur im nächsten Abschnitt genauer beschrieben wird, umfaßt vier Sektoren: Einen Gütermarkt, einen Geldmarkt, das Lohn-Preissystem und die Definition der Zahlungsbilanz. Ein besonderer Wert wurde auf die Berücksichtigung der Außenhandelsverflechtungen Österreichs sowohl in güterwirtschaftlicher als auch in monetärer Hinsicht gelegt. Auf die Problematik der unterschiedlichen Wechselkursentwicklungen wurde nicht eingegangen. Der Grund hiefür liegt vor allem in der geringen Anzahl von Beobachtungen für die Periode flexibler Wechselkurse.

Angeregt durch die umfangreiche Literatur[2] zu Aspekten des Ungleichgewichtes in makroökonomischen Modellen wollen wir — wenn auch in sehr rudimentärer Form — auf diese Problematik eingehen. Auf Grund der Spezifikation unseres Modelles ist der Gütermarkt immer nachfragebeschränkt. Dadurch ist es möglich, das Überschußangebot in jedem Zeitpunkt zu berechnen und an anderer Stelle als Variable zu verwenden. Auf die explizite Schätzung von Ungleichgewichtsmodellen mit Hilfe von Maximum-Likelihood-Methoden wurde vor allem wegen der starken Empfindlichkeit dieses Ansatzes gegen Fehlspezifikationen verzichtet[3].

---

1 Siehe hierzu Tintner / Hohenbalken (7), Tintner / Pollan (8), Tintner (10) und Tintner / Böhm / Rieder (9).

2 Siehe dazu z. B. E. Malinvaud (1977), P. G. Korliras (1975) und E. Schwödiauer (Ed.) (1978).

3 So kommen z. B. Quandt und Rosen (4) bei der Schätzung des Arbeitsmarktes für die USA zu dem überraschenden Ergebnis, daß bis 1946 Überschußnachfrage nach Arbeit herrschte (obwohl es in dieser Zeit über 10 Millionen Arbeitslose gab). Ähnlich instabile Ergebnisse liegen auch für Österreich vor (Duda (1)). Je nach Spezifikation der Arbeitsangebots- und Nachfragekurven erhält man andere Überschußangebots- und -nachfrage-Jahre.

Der Aufbau des vorliegenden Modelles entspricht im wesentlichen der von S. J. Turnovsky (1977) gewählten Darstellung einer offenen Wirtschaft mit staatlicher Aktivität.

Auf Grund der Nichtlinearitäten, die in dem Modell vorkommen, konnten die entsprechenden Parameter nur blockweise simultan geschätzt werden. Sowohl die Spezifikation als auch die empirischen Tests stellen eine erste Stufe in der Beschäftigung mit kleinen, monetären Modellen einer offenen Wirtschaft unter der Berücksichtigung möglicher Ungleichgewichte am Beispiel Österreichs dar. Die vorliegende Arbeit weist daher noch zu einem großen Teil Diskussionscharakter auf.

II. Die Struktur des verwendeten Modelles

Wir gehen von der Einteilung einer außenhandelsabhängigen Wirtschaft mit umfangreichen wirtschaftspolitischen Interventionen in einen Gütermarkt, Geldmarkt und Lohn-Preissektor aus. Darüber hinaus bestimmt eine Gleichung die Definition der Zahlungsbilanz. Für den Arbeitsmarkt gehen wir von der Annahme eines exogenen Arbeitsangebotes aus, während die Arbeitsnachfrage durch die am Gütermarkt bestimmte Produktion festgelegt wird. Der Arbeitsmarkt ist hier als Spiegelbild des Gütermarktes zu betrachten und kann daher in der expliziten Formulierung des Modelles weggelassen werden. Übrig bleibt lediglich das Überschußangebot am Arbeitsmarkt, für das wir nach B. Hansen (1970) die Variable „Arbeitslose minus offene Stellen" verwenden.

Die Struktur des verwendeten Modelles ist nun durch folgende Gleichungen festgelegt:

1. Der Gütermarkt

a) Angebot

Das Produktionspotential wird durch eine Produktionsfunktion dargestellt.

$$\begin{aligned} \overline{X} &= f(K,L) \\ K &= K_{-1} + I - A \\ L &= \overline{L} \text{ (exogen)} \end{aligned}$$

b) Nachfrage

Die einzelnen Komponenten der Güternachfrage sind durch folgende Nationalproduktsidentität festgelegt:

$$\begin{aligned} X &= C_{pr} + I_{pr} + C_{\text{öff}} + I_{\text{öff}} + Ex - Im \\ C_{pr} &= f(X - T) \\ I_{pr} &= f((R - \pi), (X - X_{-1}), (X - \overline{X})) \end{aligned}$$

$$C_{\text{öff}} = f(X)$$
$$I_{\text{öff}} = \bar{I}_{\text{öff}} \text{ (exogen)}$$
$$Ex = \overline{Ex} \text{ (exogen) oder } Ex = f(X)$$
$$Im = f(X)$$

Diese Spezifikationen entsprechen den üblichen Gepflogenheiten. Die Abhängigkeit der Exporte von Sozialprodukt (X) ließe sich damit rechtfertigen, daß mit steigendem Sozialprodukt auch die Zunahme der internationalen Arbeitsteilung Hand in Hand geht. Setzt man alle Gleichungen in die Nationalproduktsidentität ein, so erhält man eine erweiterte IS-Kurve.

Der Gütermarkt befindet sich nach dieser Spezifikation ständig in einem nachfragebeschränkten Ungleichgewicht, da die potentielle Produktion ($\bar{X}$) immer größer sein wird als die aktuelle Nachfrage (X).

Die Verflechtungen des Gütermarktes mit den übrigen Sektoren der Wirtschaft bestehen zum Einen über das Sozialprodukt (X), den Zinssatz (R) und die Inflationserwartungen (π). Zum Anderen spielen noch das Budgetdefizit (BD) und die Leistungsbilanz (LB) eine Verbindungsrolle.

$$LB = Ex.P_{\text{Ex}} - Im.P_{\text{Im}}$$
$$BD = (C_{\text{öff}} + I_{\text{öff}} - T).P = \text{Veränderung der Staatsschuld}$$

Der Leistungsbilanzsaldo ergibt sich als Differenz der nominellen Exporte und Importe im weiteren Sinn. Bei der Definition des Budgetdefizites wird von der Fiktion ausgegangen, daß öffentlicher Konsum und öffentliche Investitionen sowie Steuern mit dem Preisindex des Bruttonationalproduktes deflationiert werden können. Diese vor allem aus „bilanztechnischen" Gründen gemachte Annahme impliziert, daß es keine wesentlichen relativen Preisveränderungen zwischen öffentlichem Konsum, Investitionen und dem Bruttonationalprodukt gibt.

2. *Der Geldmarkt*

a) Angebot

In einer offenen Wirtschaft zerfällt das Geldangebot in zwei Komponenten: Zum Einen in die Währungsreserven der Nationalbank und zum Anderen in die inländische Geldschöpfung

$$M^s = WR + IM^s$$
$$WR = WR_{-1} + ZB$$
$$IM^s = \overline{IM^s} \text{ (exogen)}$$

b) Nachfrage

Hier setzen wir eine übliche Geldnachfragefunktion voraus:

$$M^D = P.f(X, R, \quad)$$

Die reale Geldnachfrage (M^D/P) steigt mit steigendem Sozialprodukt und sinkt, wenn der Zinssatz bzw. die erwartete Inflationsrate steigen. Als Alternative zur Verwendung des Sozialproduktes in der Geldnachfragefunktion vor allem kleiner Volkswirtschaften schlägt Tsiang (11) die volkswirtschaftliche Endnachfrage vor. Diese setzt sich aus Konsum, Investitionen, Staatsausgaben und Exporten zusammen. Die Verwendung des einen oder anderen Konzeptes ist vor allem eine empirische Frage.

Auf Grund der Verwendung von Jahresdaten und der höheren Anpassungsgeschwindigkeit des Geldmarktes wird angenommen, daß Geldangebot und Geldnachfrage immer gleich sind:

$$M^D = M^S$$

Auch der Geldmarkt ist in mehrfacher Weise mit den anderen Sektoren verbunden. Zum Gütermarkt bilden X und R eine Verknüpfung Das Geldangebot wird durch die Veränderung der Währungsreserven beeinflußt und P und π stellen den Zusammenhang mit dem Lohn-Preissektor her.

3. *Die Zahlungsbilanzidentität*

Der Zahlungsbilanzsaldo ist definiert als Veränderung der Währungsreserven und zerfällt in die Leistungsbilanz und die Kapitalverkehrsbilanz:

$$ZB = LB + KB = WR - WR_{-1}$$
$$LB = Ex.P_{\text{Ex}} - Im.P_{\text{Im}}$$

Die Bewegungen der Kapitalverkehrsbilanz sind einerseits durch die Finanzierungserfordernisse der Ausgabenüberschüsse der öffentlichen Hand und andererseits durch die Zinsdifferenz zum Ausland bestimmt.

$$KB = f(R, BD)$$

4. *Das Lohn-Preissystem*

Für die Darstellung des Inflationsprozesses verwenden wir folgendes Drei-Gleichungssystem:

$$\begin{aligned} p &= f((w - pr_{-1}), pi, (\overline{X} - X)) \\ vpi &= f(p, pi) \\ w &= f(vpi_{-1}, pr_{-1}, (U - V)) \\ P &= P_{-1}.(1 + p) \end{aligned}$$

Die Inflationserwartungen folgen dem folgenden adaptiven Prozeß:

$$\pi = \pi_{-1} + \lambda(p_{-1} - \pi_{-1})$$

5. *Variablenliste*

$\overline{X}$	...	potentielles Bruttonationalprodukt, real
K	...	Kapitalstock
L	...	Arbeitskräftepotential
I	...	Investitionen
A	...	Abschreibungen
X	...	Bruttonationalprodukt
C_{pr}	...	privater Konsum
I_{pr}	...	private Investitionen
$C_{\text{öff}}$	...	öffentlicher Konsum
$I_{\text{öff}}$	...	öffentliche Investitionen
Ex	...	Exporte
Im	...	Importe
T	...	Steuern
R	...	Zinssatz
		erwartete Inflationsrate
LB	...	Leistungsbilanzsaldo
P_{Ex}	...	Exportpreisindex
P_{Im}	...	Importpreisindex
BD	...	Budgetdefizit
P	...	BNP-Deflator
M^S	...	Geldangebot
WR	...	Währungsreserven der Nationalbank
IM^S	...	inländische Komponente des Geldangebotes
ZB	...	Zahlungsbilanzsaldo
M^D	...	Geldnachfrage
KB	...	Kapitalverkehrsbilanz
p	...	Zuwachsrate des BNP-Deflators
w	...	Zuwachsrate der Pro-Kopf-Einkommen der Arbeitnehmer
pr	...	Zuwachsrate der Produktivität
pi	...	Importpreissteigerungen
vpi	...	Zuwachsrate des Verbraucherpreisindex
U	...	Arbeitslosenrate
V	...	Rate der offenen Stellen
E	...	Energie
L	...	Arbeit

6. *Schematische Darstellung der Simultaneitäten des Modelles*

Die simultanen Beziehungen des oben beschriebenen Modelles lassen sich am besten in einer schematischen Darstellung veranschaulichen. Über den jeweiligen Verbindungspfeilen des unten angeführten Diagrammes stehen diejenigen Variablen, die die Verbindung zwischen den Blöcken des Modelles darstellen. Die exogenen Variablen werden durch Umrahmung hervorgehoben.

Nach Einsetzen und Eliminieren bleiben folgende endogene Variable übrig: $X, \overline{X}, R, p, \pi, ZB$.

Die exogenen Variablen des Modelles sind: $L, I_{\text{öff}}, MI^S, P_{\text{Im}}, P_{\text{Ex}}$.

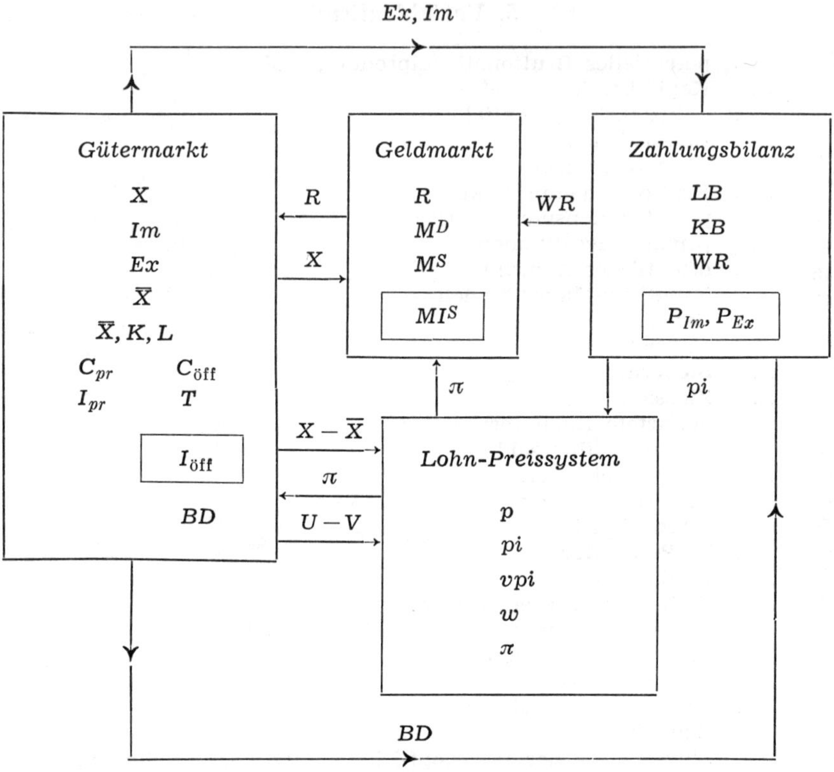

Abbildung 1

III. Empirische Ergebnisse der Modellschätzungen

Mit der Struktur, wie sie in Abschnitt II dargestellt wurde, haben wir mit österreichischen Jahresdaten von 1960 - 1977 mehrere Modellvarianten geschätzt. Nachdem im Modell mehrere Nichtlinearitäten vorkommen, war es nicht möglich, alle Parameter des Systems auf einmal zu schätzen. Die dreistufige Methode der kleinsten Quadrate (3-SLS) wurde daher nur zur Schätzung der Parameter des Gütermarktes bzw. des Lohn-Preissystems verwendet. Alle übrigen Verhaltensrelationen wurden der einfachen Kleinstquadratenschätzung unterworfen. Die numerischen Berechnungen wurden mit Hilfe der SPSS-Routinen am Rechenzentrum der TU Wien durchgeführt.

Zur Berechnung des potentiellen Sozialprodukts konnten wir von F. Breuss (1978) folgende Produktionsfunktion übernehmen:

$$\ln\bar{X} = -3.42996 + 0.00660t + 0.22025\ln K + 0.59613\ln L + \\ + 0.18362\ln E_t$$

Dieser Ansatz ergibt sich als Gleichgewichtslösung einer dynamischen Cobb-Douglas-Produktionsfunktion mit konstanten Skalenerträgen. Mit t wird ein Zeitindex bezeichnet.

Der Kapitalstock setzt sich definitionsgemäß aus dem Kapitalstock der Vorperiode plus den Nettoinvestitionen zusammen:

$$K_t = K_{t-1} + I - A$$

Für die Abschreibungen wurde von einer einfachen Verknüpfung mit dem Kapitalstock der Vorperiode ausgegangen:

$$A_t = K_{t-1} \,.\, 0.061 - 27.17$$

Das Arbeitskräftepotential wurde als exogen betrachtet. Aus Vereinfachungsgründen berechnen wir auch keine Faktornachfragefunktion für Arbeit, womit die Rückkoppelung des Arbeitsmarktes zum Lohn-Preissektor unberücksichtigt bleibt.

Auf der Nachfrageseite wurde aus mehreren Varianten folgendes mit 3-SLS-geschätzte System ausgewählt:

$$\begin{aligned}
C_{pr} &= \underset{(4.025)}{10.506} + \underset{(.018)}{0.740}(X-T) \\
T &= \underset{(1.756)}{12.893} + \underset{(.005)}{0.216}.X - \underset{(.186)}{0.558}(\bar{X}-X)/\bar{X} \\
C_{öff} &= \underset{(0.452)}{8.081} + \underset{(.001)}{0.088}.X + \underset{(.051)}{0.339}(\bar{X}-X)/\bar{X} \\
I_{pr} &= \underset{(17.742)}{91.716} + \underset{(.671)}{0.715}(X-X_{-1}) - \underset{(2.251)}{7.356}(R-p_{-1}) - \underset{(2.833)}{3.889}(\bar{X}-X)/\bar{X} \\
Im &= -\underset{(6.256)}{79.909} + \underset{(.164)}{0.879}C_{pr} + \underset{(.362)}{0.386}I_{pr} \\
Ex &= -\underset{(4.411)}{60.404} + \underset{(.012)}{0.551}\bar{X} - \underset{(.478)}{2.984}(\bar{X}-X)/\bar{X}
\end{aligned}$$

Die Variable $(\bar{X}-X)/\bar{X}$ gibt das Ausmaß der Unterauslastung am Gütermarkt in Prozent des potentiellen Sozialprodukts an. Ein positiver Koeffizient dieser Variablen (wie in der Gleichung für den öffentlichen Konsum) zeigt also ein antizyklisches Verhalten der betreffenden abhängigen Variable an. Im Gegensatz zum öffentlichen Konsum verhalten sich sowohl die privaten Investitionen als auch die Exporte prozyklisch. Vor allem bei den Exporten ist aber Vorsicht bei der Interpretation dieses Resultats geboten, da die Möglichkeit besteht, daß in Wirklichkeit der Multiplikatorprozeß geschätzt wird (wenn die Exporte hoch sind, ist auch die Auslastung hoch, daher ergibt sich eine negative Korrelation mit $((\bar{X}-X)/\bar{X})$). Die Vermutng, daß die Unterauslastung im Inland zu verstärkten Exportbemühungen führt, ist durch obige Schätzungen nicht bestätigt worden. Die geschätzten Koeffizienten weisen bis auf den Akzelerator der Investitionsfunktion und die Importneigung des privaten Konsums durchwegs plausible Größenordnungen auf. Der geschätzte Akzelerator (0.715) dürfte zu niedrig liegen, was auch ein Vergleich mit anderen Schätzungen (K. Aiginger [1975]) zeigt. Demgegenüber liegt die Importneigung des privaten Konsums mit 0.879 sicherlich zu hoch. Interpretierbar bleibt lediglich, daß die Importneigung aus Konsumgütern größer ist als die aus Investitionsgütern.

Unter Ausnützung der Sozialproduktsidentität ($X = C_{pr} + C_{\text{öff}} + I_{pr} + I_{\text{öff}} + Ex - Im$) können wir obige Gleichungen, die den Gütermarkt unseres Modells charakterisieren, zu je einer Gleichung für die Angebots- und Nachfrageseite zusammenfassen:

$$\begin{aligned} \ln\overline{X} = {} & 3.42996 + 0.00660t + 0.22025\ln(K_{t-1} + 91.716 + \\ & + 0.715(X\text{-}X_{t-1}) - 7.356(R\text{-}p_{-1}) - 3.899(\overline{X}\text{-}X)/\overline{X} + \\ & + I_{\text{öff}} - A) + 0.596 \ln L + 0.184 \ln E \end{aligned}$$

Für die Nachfrageseite erhält man folgende „IS-Kurve“:

$$\begin{aligned} X = {} & 208.628 - 1.089X_{-1} - 12.365(\overline{X}\text{-}X)/\overline{X} - 11.208(R\text{-}p_{-1}) + \\ & + 1.367\overline{X} + 2.481 I_{\text{öff}} \end{aligned}$$

Der „ultrakurzfristige“ Multiplikator würde also 2.481 betragen. Dabei ist allerdings weder die Interdependenz mit dem Güterangebot als auch den übrigen Märkten der Wirtschaft enthalten. Wegen der Nichtlinearitäten sind wir jedoch darauf angewiesen, die Multiplikatoren numerisch zu berechnen, was im letzten Abschnitt dieser Arbeit erfolgen wird. Der hier errechnete Multiplikator stellt die Obergrenze des Erstperiodeneffektes dar.

Für den Geldmarkt wurde eine Geldnachfragefunktion mit der einfachen Kleinstquadrate-Methode geschätzt:

$$\begin{aligned} M^D = {} & 9.993 + 0.171(X+IM) - 1.388R \qquad R^2 = .980 \\ & (4.357) \quad (.010) \qquad\qquad (.878) \qquad SE = 1.870 \\ & \qquad\qquad\qquad\qquad\qquad\qquad\quad DW = 2.059 \end{aligned}$$

Das Geldangebot setzt sich aus der hier als exogen angenommenen inländischen Komponente und den Währungsreserven zusammen. Die Veränderung der Währungsreserven besteht aus der Leistungsbilanz (der Differenz zwischen nominellen Exporten und Importen) und der Kapitalbilanz. Diese wurde als vom Budgetdefizit und dem inländischen Zinssatz abhängig angenommen:

$$\begin{aligned} KB = {} & -18.866 + 2.844R + 0.202BD \qquad R^2 = .779 \\ & (12.552) \quad (1.773) \quad (.106) \qquad SE = 4.568 \\ & \qquad\qquad\qquad\qquad\qquad\qquad DW = 2.180 \end{aligned}$$

Zur Erklärung der relativen Veränderung des Deflators des Bruttonationalprodukts wurde ein Lohn-Preissystem spezifiziert, dessen Schätzung mit 3-SLS folgendes Ergebnis brachte:

$$\begin{aligned} p &= \underset{(1.133)}{4.503} + \underset{(.097)}{0.313}(W\text{-}pr_{-1}) + \underset{(.066)}{0.196}pi - \underset{(.167)}{0.545}(\bar{X}\text{-}X)/\bar{X} \\ vpi &= \underset{(.039)}{0.965}p \\ w &= \underset{(1.973)}{6.625} + \underset{(.256)}{0.672}vpi + \underset{(.166)}{0.133}pr_{-1} - \underset{(.582)}{0.827}(U\text{-}V) \end{aligned}$$

Alle Schätzungen lieferten zwar durchwegs plausible Resultate, sind jedoch trotzdem nur als erste Stufe der Erstellung eines kleinen monetären Modells für Österreich zu betrachten. Um die Eigenschaften des hier geschätzten Systems zu beschreiben, bezeichnen wir im nächsten Abschnitt einige ausgewählte Multiplikatoren, deren Interpretation jedoch in Hinblick auf die Vorläufigkeit des Modellansatzes ebenfalls nur als Diskussionsanregung zu verstehen ist.

IV. Die Multiplikatoren des Modells

Leider stellte sich nach den empirischen Schätzungen heraus, daß weder für die Staatsausgaben noch die inländische Komponente der Geldmenge sinnvolle Werte zu erhalten waren. Bei simultaner Berücksichtigung aller Sektoren stellte vor allem das extrem prozyklische Verhalten von Investitionen und Exporten einen Faktor der Instabilität dar, der eine Konvergenz verhinderte und damit zu unsinnigen Werten der numerisch berechneten Multiplikatoren führte. Nachdem wir aber die Struktur des Modells für durchaus diskussionswürdig halten, besprechen wir im folgenden „Pseudo-Multiplikatoren" für die einzelnen Sektoren des Modells.

Betrachten wir zuerst den Gütermarkt. Auf der Seite des Güterangebotes gibt es durch die Übernahme einer bereits von F. Breuss (1978) geschätzten und ausgetesteten Cobb-Douglas Produktionsfunktion keine außerordentlichen Probleme. Lediglich durch die besondere Art der Schätzung des Kapitalstockes (Hochrechnung aus dem Industriekapitalstock) stimmen die Nettoinvestitionen (= Veränderung des Kapitalstockes) mit denen der volkswirtschaftlichen Gesamtrechnung (= Bruttoinvestitionen-Abschreibungen) nicht überein. In unserem Fall haben wir die Differenz der Reihe „Statistische Differenz und Lagerbewegungen" zugeordnet. Der Kapazitätseffekt der Investitionen ist durch die niedrige Produktionselastizität des Kapitals (0.22025) relativ gering. Betrachten wir z. B. eine Erhöhung der Investitionen im Jahr 1976, die durch eine Verringerung der BNP-Lücke ($(\bar{X}\text{-}X)/\bar{X}$) um 1 %

ausgelöst wird. Nach der im vorigen Abschnitt angegebenen reduzierten Form-Gleichung für das Güterangebot ($In\bar{X} = \ldots$) folgt daraus eine Zunahme der Investitionen um 6,893 Mrd. S und damit ein Zuwachs des Kapitalstockes um 0,49 %, wodurch die Produktionskapazität ($\bar{X}$) um 0,1 %, das sind 0,452 Mrd. S, erhöht wird. Die Verringerung der BNP-Lücke sinkt daher auf 0,9 % und bei der nächsten Iteration auf schließlich 0,89 %. Daraus folgt, daß die Güterangebotsseite als durchaus stabil vorausgesetzt werden kann.

Für die Güternachfrageseite haben wir bereits im letzten Abschnitt die „IS-Kurve" angegeben und diese weist bei näherer Betrachtung beträchtliche Instabilitäten auf. Eine Erhöhung der öffentlichen Investitionen um 1 Mrd. S führt durch den ultrakurzfristigen Multiplikator zu einer Erhöhung des Bruttonationalprodukts (X) um 2,481 Mrd. S. Das hat eine Verringerung der BNP-Lücke z. B. im Jahr 1976 um 0,59 % zur Folge, wodurch X um weitere 7,325 Mrd. S steigt. In der nächsten Runde wäre die BNP-Lücke um weitere 1,74 % gesunken, wenn man alle anderen endogenen Variablen (Zinssatz, Inflationsrate, potentielles BNP) konstant hält. Die Güternachfrage weist daher ein eindeutig instabiles Verhalten auf, wenn man die von uns gewählte Spezifikation verwendet.

Auf der Geldnachfrageseite führt eine Erhöhung der Endnachfrage ($X + IM$) um eine Mrd. S zu einer Erhöhung des Zinssatzes um 0,13 Prozentpunkte. Ein Steigen der Inflationsrate um einen Prozentpunkt führte z. B. im Jahr 1975 bei konstantem Geldangebot zu einer Erhöhung des Zinssatzes um 0,55 Prozentpunkte.

Das Geldangebot ist aber durch die Verknüpfung mit den Währungsreserven nicht unabhängig vom BNP. Steigt X um 1 Mrd. S, so verschlechtert sich der Saldo der Leistungsbilanz um ca. 0,6 Mrd. S, während der Saldo der Kapitalbilanz wegen des geringeren Budgetdefizits um ca. 0,05 Mrd. S geringer wird. Das hat eine weitere Erhöhung des Zinssatzes von 0,25 Prozentpunkte zur Folge.

Der Lohn-Preissektor führt zu einer weiteren Verknüpfung von Güter- und Geldmarkt bzw. der Außenwirtschaft. Eine Erhöhung von X um 1 Mrd. S führt zu einem zusätzlichen Preisanstieg von 0,16 Prozentpunkten. Dies würde dazu führen, daß bei einem Aufschwung der Realzins steigt, weil die Zinssätze stärker wachsen, als die Inflationsrate. Dieses Ergebnis widerspricht jedoch den empirischen Erfahrungen.

Abschließend wollen wir darauf hinweisen, daß auch in einem kleinen Modell, das nach verschiedenen Umformungen nur mehr aus 5 Gleichungen für X, $\bar{X}$, R, p und P besteht, eine Menge von wirtschaftspolitischen Experimenten und Aussagen zuläßt, so daß eine Weiterbeschäftigung mit diesem Themenkreis durchaus sinnvoll erscheint. Allerdings ist zu betonen, daß vor allem die Spezifikation der Güternachfrage und des Geldangebotes wesentlicher Veränderungen bedürfen, um tatsächlich auf die Wirklichkeit übertragbare Resultate zu erzielen.

Literatur

(1) *Duda,* H.: „Eine ökonometrische Untersuchung über den österr. Arbeitsmarkt", Diplomarbeit, 1978. — (2) *Korliras,* P. G.: "A disequilibrium macroeconomic model." Quarterly Journal of Economics, Febr. 1975. — (3) *Malinvaud,* E.: "A theory of unemployment reconsidered", Oxford 1977. — (4) *Quandt,* R. E. / *Rosen,* H. S.: "Estimation of a Disequilibrium Aggregate Labor Market", Rev. of Ec. and St., Aug. 1978. — (5) *Schwödiauer,* E. (Ed.): "Equilibrium and Disequilibrium in Economic Theory", Dordrecht 1978. — (6) *Tintner,* G. / *Jimbo,* I.: "Competitive equilibria and fixed prices", mimeo. — (7) *Tintner,* G. / *Hohenbalken,* B.: "Econometric Models of the OEEC Countries, the U.S. and Canada and their Application to Economic Policy", Weltwirtschaftl. Archiv, Vol. 89, 1962, pp. 29 ff. — (8) *Tintner,* G. / *Pollan,* W.: „Ein einfaches makroökonomisches Modell für Österreich", Jahrbücher für Nationalökonomie und Statistik, Vol. 181, 1968. — (9) *Tintner,* G. / *Böhm,* B. / *Rieder,* R.: „Stabilitätskonzepte am Beispiel Österreichs", Empirica, 1977, No. 1. — (10) *Tintner,* G.: "A simple aggregate model for Austria", 1974, mimeo. — (11) *Tsiang,* S. C.: "The Monetary Theoretic Foundation of the Modern Monetary Approach to the Balance of Payments", Oxford Economic Papers, Nov. 1977. — (12) *Turnovsky,* S. I.: "Macroeconomic analysis and stabilization policy", Cambridge 1977.

II. Monetäre Ökonomik

GEBURTSTAGSPHOTO MIT HINTERGRUND

aufgenommen von Heinrich Treichl

Zu dem erlesenen Kreis der Autoren von Rang, die in den nachfolgenden Beiträgen die Tiefe ihres Wissens und die Brillanz ihrer Formulierungen zu Ehren des Jubilars entfalten, gesellt sich mit der gebotenen Bescheidenheit der Mann der Praxis, der in den wenig anmutigen Gefilden des Bankwesens seit Jahrzehnten seinem Broterwerb nachgeht. Der Auszeichnung wohl bewußt, die ihm hierdurch widerfährt, aber auch des Kontrapunktischen seiner Position in diesem Kreise eingedenk, möchte sich der Verfasser einer Aufgabe widmen, die es bei jedem wohlveranstalteten Geburtstagsfeste zu erfüllen gibt: er möchte den denkwürdigen Moment in einer Photographie festhalten und anstelle einer theoretischen Einleitung die schlichte Arbeit des Chronisten leisten. Ein Geburtstagsphoto also, unentbehrliches Dokument, das den flüchtigen Augenblick für spätere Zeiten festhält. Zu diesem Bild gehören sein historischer Hintergrund und die sich dem nachdenklichen Betrachter weitenden Perspektiven.

I. Gruppenbild mit Zentralbank

1. Die Gruppe

> „The creatures outside looked from pig to man, and from man to pig, and from pig to man again; but already it was impossible to say which was which."
>
> Orwell, Animal Farm

Wir sehen den Jubilar als Präsidenten der Oesterreichischen Nationalbank, umgeben vom gesamten österreichischen Kreditwesen, dem soeben, nicht als Festtagstoilette sondern nach langjährigen Vorbereitungen, noch unter dem Jubilar als Finanzminister begonnen, eine völlige Neugestaltung der die Tätigkeit des Kreditapparats regelnden Gesetze, des ihn umschließenden normativen Rahmens also, beschert wurde. Doch es zeigt sich, daß die totale Neuregelung die Verhältnisse nur teilweise verändert hat und teilweise gewissermaßen bloß konstatiert, was ohnehin schon geschehen ist. In Wahrheit hat nämlich die Verwandlung des österreichischen Kreditwesens schon unmittelbar nach dem Ende der Besatzungszeit, ja in einzelnen Ansätzen noch früher, eingesetzt: der unaufhaltsame Zug zur Universalbank, die heute unbestritten dominiert, hat viele Zäune niedergerissen. Rechtsform und Sektorenzugehörigkeit sind immer weniger die eigentlichen Unterscheidungsmerkmale der Kreditunternehmungen, die sich in sehr hartem Wettbewerb als unverselle Partner anbieten. Alle sind sie in lebhafte Bewegung geraten: Die Großbanken werben mit lüsternen Blicken um die Gunst des kleinen Mannes, die Sparkassen bieten sich als traditionsgesättigte Vermögensberater der Reichen an, die Raiffeisengenossenschaften treten sich in Londons City und in Wallstreet die letzten Reste heimischer Scholle vom älplerischen Schuhwerk, Liquiditätszentralen bauen sich Industriekonzerne auf und die Bank der Gewerkschaften verbirgt ideologische Inbrunst hinter dem treuherzigen Augenaufschlag des Fachmannes. Gar lustig dreht sich's in der Runde. Nicht so lustig ist die Beseitigung des so lange Zeit unangetasteten Prinzips der Regionalität im Sparkassenwesen. Damit wurde ein Prozeß innersektoraler Rivalitäten eingeleitet, der dem österreichischen Kreditwesen noch lange zu schaffen machen wird.

Es soll uns nicht irre machen, daß wir bei dieser Betrachtung alten Grenzpfählen nicht nur in den verschiedenen „Philosophien" sondern vor allem in Form von nach wie vor existierenden unterschiedlichen geschäftlichen Schwerpunkten (Industriefinanzierung, Kommunalfinanzierung, Agrarfinanzierung usw.), sektoralem Stufenaufbau oder anderen, früher als besonders maßgeblich angesehenen Eingrenzungen begegnen. Es geht vielmehr um jenes gemeinsame Feld der „Hausbanken-Konkurrenz", das von Banken, Sparkassen, Kreditgenossenschaften und — was die Geldkapitalbildung der physischen Personen und wichtige Teile des Personalkredites anlangt — auch von den Bausparkassen beackert wird. Nur hier oder dort sehen wir Spezialbanken, die dem Ausbau von Förderungs- und Garantieeinrichtungen* ihre Existenz und ihr Wachstum verdanken.

Man kann davon ausgehen, daß erst nach dem Staatsvertrag in allen Landesteilen das Vertrauen in das Geldwesen wiederum hergestellt war und die Spartätigkeit kräftig auflebte, daß also der Wettbewerb um die Einlagen seit etwa zwanzig Jahren in vollem Gange ist. Im allgemeinen ist man dabei auf die Relation zwischen Banken und Sparkassen fixiert.

---

* Die Realisierung des „Koren-Plans" in bezug auf das EE-Fonds-Konzept wird von Dr. Schram in einem der folgenden Beiträge dargestellt.

Der eingentliche „Komet am Sparhimmel" ist vielfach unbeachtet geblieben: Vor zwanzig Jahren waren die Bausparkassen noch nicht wichtig genug, in der Statistik der Oesterreichischen Nationalbank als eigener Sektor erfaßt zu werden. Aus den rund 470 Mio. Schilling Bauspareinlagen von Ende 1958, die damals rund 2 % des gesamten Spareinlagenaufkommens ausmachten, sind inzwischen rund 50 Mrd. Schilling, also das Hundertfache, geworden, nicht weniger als 12,4 % des gesamten österreichischen Spareinlagenaufkommens. Hier hat die steuerliche Begünstigung eine tiefe Veränderung bewirkt, ohne daß dieser Teil des Strukturwandels den meisten so recht bewußt geworden wäre. Indessen wird die anhaltend ungünstige Budgetsituation wohl kaum die uneingeschränkte Fortsetzung der Förderung gestatten.

Im Verhältnis zu dieser Marktanteilsverschiebung von mehr als 10 % sind andere, mit großen Anstrengungen zustandegekommene Veränderungen von Marktanteilen viel weniger signifikant.

In jüngster Zeit hat sich als Folge der Filialfreigabe der Wettbewerb noch weiter verschärft und die Zinsspanne zusehends verengt. Der Prozeß der Eigenkapitalbildung in der Kreditwirtschaft wurde dadurch deutlich abgebremst. Die Frage, wer unter den gegebenen Umständen dem Druck dieses Wettbewerbs standhalten kann, ist von solchem Gewicht, daß sie die volle Aufmerksamkeit der Aufsichtsbehörde verdienen würde.

Die Praxis des Bundesministeriums für Finanzen als Genehmigungsbehörde hat die Freigabe der Filialerrichtung zeitlich der Verabschiedung des KWG, des Sparkassengesetzes und des Emissionsgesetzes um fast zwei Jahre vorangehen lassen — dennoch für viele Institute zu spät, um die Versäumnisse der Vergangenheit zu vertretbaren Kosten korrigieren zu können. Die Verlagerung der Geldkapitalbildung von den Firmen zu den Unselbständigen hin hat im Zugang zu Primäreinlagen jene Sektoren besonders begünstigt, die ein weitverzweigtes, kundennahes Außenstellennetz besitzen, jedoch hat gerade in diesen Bereichen die Entwicklung der Technik der Kapitalallokation mit der Steigerung der Kapitalakkumulation vielleicht nicht völlig Schritt gehalten. Dies ist schon durch die große Anzahl selbständiger Institute in den mehrstufigen Bereichen und die damit einhergehende Schwierigkeit gleichmäßig hoher Managementqualität gegeben. Doch die Frage nach dem Preis dieser Entwicklung wird selten gestellt.

Aber an der rapid verschlechterten Ertragslage der österreichischen Kreditinstitute tragen vor allem diese selbst und weniger der Gesetzgeber Schuld. Die Messung des Erfolgs an Bestandesgrößen der Bilanz und nicht am erzielten Gewinn in Relation zu den eigenen und anvertrauten

Mitteln ist ein kostspieliger Irrweg und — so steht zu fürchten — ein auf die Dauer für einzelne ruinöses Verfahren.

Die neue gesetzliche Grundlage des Kreditwesens ist von kleineren, leicht zu behebenden Mängeln abgesehen, gewiß für einen längeren Zeitraum tauglich, aber doch nicht frei von einigen grundsätzlichen Schwächen. Der Photograph möchte sie festhalten: Das Gesetzswerk ist nur scheinbar liberal: es enthält 15 Verordnungsermächtigungen für das Bundesministerium für Finanzen. Die Stellung der Aufsichtsbehörde, des bei weitem größten Schuldners am Kapitalmarkt, und des Mehrheitsaktionärs der beiden größten Geschäftsbanken des Landes in sich zu vereinen, scheint nicht unbedenklich, weil voll unvermeidlicher Interessenkollision. Dennoch gesteht der Chronist, daß ihm alle anderen Möglichkeiten — besondere Aufsichtsbehörde oder Holding —, weil allzusehr politischen Einflüssen und Pfründnern ausgesetzt, noch weit weniger wünschenswert zu sein scheinen.

Mit dem neugeschaffenen Kapitalmarktausschuß hat der Emittent Bund wenigstens für einen der inhärenten Konflikte eine saubere Lösung gefunden.

Durch die konsequent betriebene Gleichstellung der Postsparkasse mit anderen Geldinstituten hat der Bund die Grundsätze der Wettbewerbsneutralität ohne Zweifel verletzt. Für die gewinnorientierte Kreditunternehmung Postsparkasse arbeiten Bundesbeamte in Postämtern mit anderen Öffnungszeiten und anderen Bezugssystemen als sie den übrigen Wettbewerbern zur Verfügung stehen. Die Postsparkasse hat ferner die Möglichkeit, mit unverzinslichen Guthaben des Bundes höchst lukrative Geldmarktgeschäfte zu betreiben und genießt auch hier einen erheblichen Wettbewerbsvorteil.

Schließlich spricht gegen die Ernsthaftigkeit der Liberalisierungs- oder auch nur Modernisierungsabsichten des Gesetzgebers, daß das am wenigsten liberale Gesetz, nämlich das Devisengesetz des Jahres 1946, im Rahmen der jüngsten Neuordnung des Kreditwesens keine Revision erfahren hat, auch wenn in der Praxis im — jederzeit ohne Heranziehung des Gesetzgebers möglichen — „Widerrufungswege" eine Reihe wichtiger Sparten des internationalen Kredit- und Wertpapiergeschäftes ermöglicht worden ist.

In dem im folgenden Abschnitt enthaltenen Beitrag aus der Feder von Sektionschef Dr. Neudörfer wird der erste Wochenausweis der Oesterreichischen Nationalbank der Nachkriegszeit wiedergegeben und mit vollem Recht als „erschütterndes Dokument" bezeichnet. Hunger, Zerstörung, würgende Devisenknappheit machten zu diesem Zeitpunkt die Bewirtschaftung der knappen und für die Erhaltung der physischen

Existenz der Österreicher, geschweige denn für den Wiederaufbau des Landes dringend benötigten Devisen unentbehrlich. Es ist ein verhältnismäßig einfacher Umkehrschluß, daß ein Land, welches in beträchtlichem Umfang mit den Problemen der Wohlstands- und Wegwerfgesellschaft zu ringen hat, dieses Gesetz als trauriges Relikt und völlig obsolet empfinden muß.

Die zunehmende Ähnlichkeit der Kreditunternehmungen miteinander, der schärfere Wettbewerb, die sinkenden Erträge, die veränderten gesetzlichen Bestimmungen, all das wiegt gering gegenüber dem weitgehenden Verlust an Autonomie der einzelnen Institute in ihren Kreditentscheidungen. Gebietskörperschaften, vorweg der Bund, haben eine unübersehbare Fülle von Stützungen, Förderungen, Haftungen geschaffen, die nur auf Grund gesetzlicher oder behördlicher Vorschrift in Anspruch genommen werden können. Damit ist aber die Entscheidung über die Kreditgewährung den Kreditunternehmungen weggenommen, die zwar für die ihnen anvertrauten Einlagen haften, aber in der Vergabe von Krediten nicht mehr nach eigenem Gutdünken entscheiden können. Es ist schwer, das Ausmaß der solcherart unter öffentlichen, das heißt politischen Einfluß geratenen Kreditgewährung zu schätzen, aber es dürfte nicht weit von der Hälfte der gesamten eingeräumten Kredite liegen. Jüngste Untersuchungen, von der Oesterreichischen Nationalbank veranlaßt, schätzen auf 38 % des gesamten Volumens.

2. Die Zentralbank

"This fortress built by Nature for herself."

Shakespeare, Richard II

In der Mitte des Geburtstagsbildes befindet sich die Oesterreichische Nationalbank, nicht nur, weil diese Festschrift zu Ehren ihres obersten Leiters veranstaltet wird, sondern auch, weil Aufgaben und Prärogativen dieses Institutes sie in das Zentrum des Bildes rücken, wie denn auch die Gattungsbezeichnung Zentralbank kein Zufall ist. Es wird in dem schon erwähnten Beitrag von Sektionschef Dr. Neudörfer darauf hingewiesen, daß das Ausmaß der gelegentlichen „Verschuldung des Staates bei der Notenbank währungspolitisch völlig unbedeutend" ist. Diese Tatsache stellt dem auch angesichts erheblicher Probleme der Budgetfinanzierung völlig intakten währungspolitischen Gewissen des Finanzministeriums ein ebenso gutes Zeugnis aus wie der Standhaftigkeit der Notenbank. Auch darin wurde ein erheblicher Beitrag zur Mehrung des Ansehens Österreichs als internationaler Schuldner erbracht.

Über das Konterfei der Nationalbank liegt ein goldener Schimmer. Daß er vor etwa fünfzehn bis zwanzig Jahren nicht beseitigt wurde, als vielerorts von jungen Progressiven, denen man zwar manches nachsehen aber keinesfalls ihren Willen tun darf, und unverbesserlichen Alten wieder einmal die Eliminierung des „barbarischen Reliktes“ Gold aus den österreichischen Reserven gefordert wurde, und daß damit eine wichtige Kreditgrundlage und stille Reserve erhalten blieb, verdankt Österreich einem der Vorgänger Professor Korens, der sich damals den Wünschen nach Umschichtung in „verzinsliche Reserven“ erfolgreich widersetzte.

Würden wir aber anstelle eines Photographen bei Betrachtung der Notenbank einen Psychoanalytiker zuziehen und das ehrwürdige Institut mit allem Respekt auf die Couch des Seelenarztes betten, dann würden sich uns eine nicht unbeträchtliche Anzahl traumatischer Erfahrungen im Verhältnis der Notenbank zum Staat offenbaren. Seit ihrer Gründung nur wenige Jahre nach dem Staatsbankrott von 1811, der gewissermaßen als pränataler Schock nachwirkt, hat sich die Nationalbank immer wieder und in vielen Fällen mit ungenügendem Erfolg in Auseinandersetzungen mit dem Staat und seinen finanziellen Bedürfnissen befunden. Bösen Erfahrungen im Jahre 1848 folgte der Bruch der Bankacte nach Königsgrätz, nur wenig später, 1871, gab es einen Rechtsstreit zwischen Staatsverwaltung und Nationalbank, der sich lange hinziehen sollte. Der Psychoanalytiker würde als Folge dieser frühen Erlebnisse vermutlich eine massive Agoraphobie konstatieren und es sei gestattet, diesen Begriff hier mit dem Terminus „Marktangst“ wörtlich ins Deutsche zu übertragen.

Ohne Zweifel hat die Oesterreichische Nationalbank sich im Laufe ihrer wechselvollen Geschichte in vielen kritischen Situationen voll bewährt. Was Joseph Neuwirth in seinem Werke „Bankacte und Bankstreit in Österreich-Ungarn 1862 bis 1873“, Seite 372, schrieb, trifft nicht nur auf den von ihm beschriebenen Zeitraum zu, sondern besitzt darüber hinausreichende Gültigkeit: „Inmitten einer Situation allgemeiner Mutlosigkeit und allseitigen Mißkredites stand die österreichische Nationalbank als ein Kreditinstitut da, materiell ertragsfähiger und ertragsreicher als sie seit einem Dezennium gewesen; ungleich wichtiger und bedeutsamer aber als diese ihre materiell günstige Position hatte sich die moralische Position gestaltet, welche ihr von allen Seiten zuerkannt wurde...“ Dieser grundsätzlichen Beurteilung wird kein Abbruch getan, wenn der Geburtstagsphotograph bei diesem Institut ein der Agoraphobie entspringendes Festungsdenken feststellt.

Das Urteil der Geschäftsbanken ist hier, dies sei offen zugegeben, nicht frei von Widersprüchen. Während das Festungsdenken nicht nur wegen der Probleme der Budgetfinanzierung, sondern auch zum Schutz der Währungsreserven von den Vertretern der Geschäftsbanken uneingeschränkt begrüßt wird, würden diese die Öffnung zumindest der Festungstore für eine echte Offenmarktpolitik und darüber hinaus eine häufige Teilnahme am Geldmarkt, wann immer erforderlich, als Ausübung einer wichtigen Funktion der Notenbank im monetären Bereich wünschen.

Ein Wandel der Einstellung der Notenbank wäre auch hinsichtlich der „invisibles" wünschenswert. Die historische Entwicklung Österreichs hat diese Möglichkeit wesentlicher Beiträge zur Erzielung des außenwirtschaftlichen Gleichgewichtes immer mehr in den Hintergrund treten lassen. Wer bedenkt noch, daß beispielsweise die beiden größten, weltbekannten, seit 1918 italienischen Versicherungsgruppen, — Assicurazioni Generali und Riunione Adriatica —, in Triest ihren Sitz haben, das seit Jahrhunderten zu den Habsburgischen Ländern gehörte, und daß diese Versicherungen von ihrer Gründung früh im 19. Jahrhundert bis 1918 österreichische Unternehmen waren. Wer weiß noch, daß Wien ein bedeutender internationaler Finanzplatz war, lange ehe in Berlin große Geschäftsbanken überhaupt gegründet waren. Die Londoner City hat während der schlimmsten Tage der englischen Nachkriegs- namentlich der Nachkriegswährungsgeschichte ihre volle Freizügigkeit behalten und die Schweiz hat den Beweis dafür geliefert, welche Rolle die „invisibles" für den Ausgleich von Handelsbilanzdefiziten bringen können.

Nur ganz am Rande des Geburtstagsphotos sei als Beweis des vorher Gesagten und zur freundlichen Erheiterung der Betrachter darauf hingewiesen, daß die in diesem Band enthaltenen Beiträge auf eine recht überzeugende Art den Beweis für die Richtigkeit der voranstehenden Diagnose liefern: Während von zwei österreichischen volkswirtschaftlichen Autoren von hohem Rang ausgeführt wird, daß „die Geldtheorie noch nicht in der Lage ist, eine überzeugende Transmission ihrer theoretischen Ansätze auf die Geldpolitik zu demonstrieren", berichtet der Präsident der Schweizerischen Nationalbank bereits über die praktischen Erfahrungen der Schweiz auf eben diesem Gebiet — quod erat demonstrandum.

II. Der Hintergrund

„Ah! si je n'étais pas roi, je me mettrais en colère."

Louis XIV

Um die hierarchische Ordnung zwischen Finanzministerium, Notenbank und den Kreditunternehmungen zu verstehen, muß man weit in unsere Geschichte zurückgreifen. Das Zeitalter der Gegenreformation hatte in Innerösterreich und in Böhmen tiefe soziale Veränderungen bewirkt: der Bürgerstolz wurde zum Untertanengeist, ein großer Teil des kleinen Landadels verlor seine Güter und damit seine Existenz, der Besitz an Grund und Boden wurde bei den großen aristokratischen Familien zusammengeballt. Die Gegenreformation hat Österreich durch landesfürstlichen Absolutismus und den von ihm geschaffenen Beamtenstaat einen Stempel von solcher Prägekraft aufgedrückt, daß seine Konturen noch heute nicht ganz verwischt sind: Im Gegenteil, jede starke Regierung findet hier eine an Monarchen (Anm.: griechisches Wort; Deutsch: Alleinherrscher — eine Spezies, die auch in der Republik angetroffen wird) und ihre Beamten gewöhnte Bevölkerung vor, die sich willig regieren läßt: noch immer sind die Untertanen, die kritisieren, intrigieren und allenfalls konspirieren, den selbstbewußten Bürgern nicht ganz gewachsen.

Die monarchisch-bürokratische Tradition hat den merkantilistischen Wirtschaftskonzepten in ihrer österreichischen Erscheinungsform, dem Kameralismus, den Weg bereitet. Noch heute sind die Spuren sichtbar, die dieses System hinterlassen hat. Gewiß hat die österreichische Verwaltung in der ersten Hälfte des 19. Jahrhunderts in Fragen der Erteilung von Fabrikbefugnissen, von Unternehmensgründungen liberal im Hinblick auf behördliche Beschränkungen und Hindernisse gehandelt. Auch war mit der Durchführung der Agrarreform von 1848 und in den folgenden Jahren durch Freisetzung von Arbeitskräften aus der Landwirtschaft eine weitere wesentliche Voraussetzung geschaffen worden; es gab ferner Kapital und Kredit und eine Reihe, wenn auch zumeist zugewanderter, Unternehmerpersönlichkeiten. Es waren also durchaus die wesentlichen Voraussetzungen für das Entstehen eines Industriestaates gegeben, der in dieser Epoche vor allem durch die mächtige Entfaltung des Unternehmertums gekennzeichnet war. Aber zutiefst ruhte Österreich auf einer Wertordnung, in der grundbesitzender Adel, Berufsbeamtentum und Offizierskorps, rund um die Dynastie geschart, die Spitze darstellten. Konsequenterweise wurde daher im Unternehmer nicht so sehr der Schöpfer neuer Werte, der Pionier eines neuen Zeitalters als vielmehr der Angehörige einer untergeordneten Sphäre gesehen, in der geringwertige — weil materielle — Ziele verfolgt werden.

Sonderbarerweise hat die Republik wesentliche Elemente dieser Wertordnung der alten Monarchie übernommen. Man entferne die dynastisch-aristokratische Spitze dieser Pyramide — was 1918 endgültig vollzogen wurde — und setze die Hierarchie einer quasi-religiösen Bewegung an ihre Stelle, wie wir es jetzt erleben: sie läßt sich fast fugenlos auf den vorhandenen Unterbau aufmauern.

Diese freilich sehr pointierte Beschreibung Österreichs, die viele seiner liebenswerten Eigenschaften und Vorzüge unerwähnt läßt, unterliegt in ihrem Wahrheitsgehalt einem Ost-West-Gefälle. In Wien und Niederösterreich trifft sie voll zu, auf Voralberg ist sie unanwendbar. Indessen: Österreich wird vom Osten aus regiert und dort liegt auch die Oesterreichische Nationalbank. Sie gehört ohne Zweifel den höheren, ja höchsten bürokratischen Rängen an; daß sie dennoch und in nicht geringem Maße Gewinne erwirtschaftet, ist an sich erfreulich, wenn auch ein Rest von Merkantilismus. Aber bei der Oesterreichischen Nationalbank liegt der Accent ganz deutlich nicht auf der zweiten Worthälfte. Ein Geburtstagswunsch: Accentverschiebung zur zweiten Worthälfte hin.

III. Die Perspektiven

„On n'exige pas d'un roi qu'il dise des choses mémorables, mais qu'il en fasse."

Voltaire

Haben wir in dem Geburtstagsphoto den gegenwärtigen Zustand festzuhalten versucht, so trachteten wir, die Entstehung dieses Zustandes retrospektiv in den historischen Hintergrund zu verlängern. Es verbleibt uns die Aufgabe, die Gegenwart perspektivisch in die Zukunft zu verlängern. Kurz, die Aussichten der künftigen Entwicklung unserer Währungs- und Bankpolitik zu beschreiben.

Die wirtschaftspolitischen Aufgaben der Zukunft enthalten eine Reihe bekannter Zielkonflikte. Sie zu überwinden erfordert ein hohes Maß an Können, pragmatischer Beweglichkeit und Mut zu unpopulären Maßnahmen. Wird die Währungspolitik auch weitgehend im Rahmen der staatlichen Wirtschaftspolitik eingesetzt werden können, so bleibt dennoch ein Rest spezifisch währungspolitischer Fragen und damit jene systemimmanente Gegensätzlichkeit, die ihren Ausdruck in den §§ 2 und 4 des OeNB-Gesetzes findet. Die Überwindung dieser Antinomie ist weder eine juristische Frage, noch darf sie zur Kraftprobe zwischen Bundesministerium für Finanzen und Notenbank werden. Sie kann erfolgreich nur in einem Prozeß der Harmonisierung des Denkens der Verantwortlichen beider Institutionen bewältigt werden. Dies schließt die Unterwerfung der Zentralbank ebenso aus wie ihre völlige Autonomie. Eine erfolgreiche Antwort kann nur von Personen gegeben werden, die einander achten und beeinflussen.

Für die Wirtschaftspolitik ergibt sich insofern ein Dilemma, als Zahlungsbilanz und Konjunktur in gewissem Sinn gegensätzliche Maßnahmen erfordern. Für die Notenbank stellt sich dabei die Frage, wieweit sie zum Angelpunkt einer rein konjunkturbezogenen Wirtschafts- und Wachstumspolitik wird, und wie hoch sie die Gefahren bewertet, die sich aus anhaltenenden Budgetdefiziten ergeben.

Doch die Probleme sind keineswegs nur hausgemachte. Für die Weltwirtschaft werden schwere Jahre kommen. Das Energieproblem beschneidet die Möglichkeiten fortgesetzten Wachstums. Der höhere Energiepreis wirkt als Einkommenstransfer deflationär, der von ihm ausgelöste Preisschub zugleich inflationär. Welche Herausforderung für Notenbanken!

Aber auch die Perspektiven des Bankwesens erfordern eine Reihe wichtiger Weichenstellungen: Die Ansätze eines Ausbaues und einer verstärkten Teilnahme am Geldmarkt sind zu entwickeln; die Erfordernisse von Bankenaufsicht und Kreditkontrolle mit einer Förderung der inländischen und grenzüberschreitenden Erträge des Kreditapparates zu koordinieren.

All das zu bewältigen wird wesentlich von dem Mann abhängen, dessen Haus und dessen Person im Mittelpunkt des Geburtstagsphotos steht. Stephan Koren ist den klassischen Weg von der Himmelpfortgasse zum Otto Wagner-Platz gegangen, wenn er auch eine längere Rast im Parlament eingeschaltet hat. Der Weg war schon vor Kienböck auf den Wanderkarten ambitionierter Herren unserer Finanzverwaltung verzeichnet. Seit Kienböck ist er zur klassischen Tour geworden. Koren ist in diesem Sinne ein Klassiker. Er ist es nicht in seinem wirtschaftlichen Denken. In ihm scheinen sich das Bekenntnis zu marktwirtschaftlicher Ordnung mit jenem wohlverstandenen Keynesianismus zu verbinden, dessen die Vernunft des Pragmatikers nicht entraten kann. Als Wirtschaftsforscher und Universitätslehrer verfügt er über das theoretische Instrumentarium, als Finanzminister und führender Parlamentarier über die praktischen Erfahrungen, die Grenzen des politisch Möglichen abzuschätzen.

Koren setzte sich über eingefahrene Denkschemata hinweg. Ihm könnte in der Zentralbank und von ihr aus gelingen, was noch keiner seiner Vorgänger erreicht hat. Daß es so sein möge, vermerkt der Photograph als Widmung auf dem Geburtstagsphoto.

EINIGE ÜBERLEGUNGEN ZUM SPANNUNGSFELD ZWISCHEN MONETÄRER THEORIE UND PRAXIS

Von Georg Albrecht und Helmut Pech

I. Erkenntnistheoretische Voraussetzungen

Ein Spannungsfeld zwischen Theorie und Praxis kann zweierlei bedeuten: Erstens eine komplexe Form von Konflikten, die aber nur ein „intellektuelles Vakuum“ produziert, einen Raum ohne Berührungspunkte, und zweitens ein System mit synthetischem Gehalt, das eine Mannigfaltigkeit von Vorstellungen zu einer Einheit zusammenfaßt.

Ihrem Sinngehalt nach müßten empirische Wissenschaften synthetisch sein, d. h. es könnte definitionsgemäß ein Spannungsfeld der erstgenannten Art gar nicht existieren. So läßt sich auch die Nationalökonomie interpretieren. Nur wenn man in der Ökonomie eine „formale Logik der Wahl“ sieht, in der das ausschließliche Kriterium für „wahr oder falsch“ die Widerspruchslosigkeit zwischen den gewählten Axiomen ist, kann man von einer analytischen Konzeption sprechen. In diesem Fall ist aber a priori kein Berührungspunkt mit der Empirie gegeben (und wenn, dann ist er im erkenntnistheoretischen Sinn nicht notwendig). Ein Urteil über das Spannungsfeld zwischen Theorie und Praxis ist daher vor allem im Zusammenhang mit der „synthetischen Abteilung“ der ökonomischen Profession sinnvoll, für die — wie oben erwähnt — gilt, daß sie dem Idealtypus des Zusammenfassenden, Überhöhenden und damit der Einheit von Theorie und Politik entsprechen müßte.

Die strenge Unterscheidung einer analytischen „reinen“ Theorie und einer synthetischen „angewandten“ Theorie läßt auf den ersten Blick keinen Raum für eine pragmatische Konstellation, etwa so, daß Theoretiker eine „praktische Theorie“ und Praktiker eine „theoretische Praxis“ vollziehen. Eine Konstellation also, die nicht zu einem sterilen Gegensatz und somit zu dem erwähnten „intellektuellen Vakuum“ führen muß. Aus pragmatischer Sicht muß man sich aber mit dem Unvollkommenen arrangieren und sich bewußt sein, daß es kaum ein durchgängiges, in jedem Zeitpunkt erkenntnistheoretischen Kriterien entsprechendes Verhältnis von Theorie und Politik geben wird.

II. Zum Einfluß der Geldtheorie auf die Notenbankpolitik

1. Allgemeines

Wenn man nunmehr das angeschnittene Problem vom Standpunkt der Notenbank überlegt, so sei vorangestellt, daß der theoretische Einfluß auf die Entscheidungen der Notenbanken meist weit geringer ist als es aufgrund oberflächlicher Informationen (speziell im Zusammenhang mit dem sogenannten Monetarismus) den Anschein hat. Die Geldtheorie war und ist noch nicht in der Lage, eine überzeugende Transmission ihrer theoretischen Ansätze auf die Geldpolitik zu demonstrieren. Ein wesentlicher Grund dafür ist die Tatsache, daß die institutionellen, organisatorischen und banktechnischen Besonderheiten in den theoretischen Ansätzen zu wenig integriert sind[1], daß also nur an einer „allgemeinen Theorie" gearbeitet wird. In letzter Zeit wird zwar gerade auf dem Gebiet der monetären Ökonomie der Versuch unternommen, die Probleme kleiner, stark außenwirtschaftlich verflochtener Länder zu analysieren, aber das kann nur als Vorstufe zu dem hier gemeinten Anliegen verstanden werden: Konkret kann etwa eine monetäre Theorie auf Österreich nur angewendet werden, wenn sie sich in den gegebenen organisatorischen und institutionellen Rahmen einfügen läßt und wenn sie die Besonderheiten der österreichischen Banktechnik einbezieht.

Der Schwerpunkt der „allgemeinen Theorie" scheint sich übrigens auf die sicher hochinteressante, ohne die erwähnte institutionell-organisatorische Basis aber eher praxisferne Problematik der Erwartungskonzepte zu verschieben, d. h. auf die Auseinandersetzung darüber, ob die den Wirtschaftsentscheidungen zugrundeliegenden Erwartungen „adaptiv" sind (d. h. schrittweise und in Abhängigkeit zu jeweils festgestellten Fehlern korrigiert werden) oder „rational" (d. h. bei gegebenem Informationsstand kann sich nur eine bestimmte theoretisch konsistente Erwartung einstellen, weil sich die „Wirtschaftssubjekte" entsprechend den theoretischen Annahmen verhalten: Es könnte dann aus dem Titel der Erwartungen zu keinen unantizipierten und damit auch zu keinen realwirtschaftlichen Effekten kommen — womit jede interventionistische Wirtschaftspolitik in Frage gestellt ist).

2. Geldmengenpolitik

Was in den vergangenen Jahren in einigen Ländern als monetaristisch orientierte Geldpolitik gelaufen ist, hat mit Monetarismus wenig zu tun, und es erübrigt sich, die Erfolge bzw. Mißerfolge dieser Ver-

---

[1] Vgl. dazu die Arbeit von *W. Engel*, Notenbanktechnik — Instrumente und Verfahren der monetären Stabilisierungspolitik, Frankfurt 1979.

suche unter der Flagge „Einfluß der Theorie auf die Wirtschaftspolitik“ zu beurteilen.

Wenn sich die Oesterreichische Nationalbank bisher standhaft geweigert hat, ihre Politik durch die Publizierung eines Geldmengenzieles zu „überhöhen“, so muß das als Ergebnis einer durchaus realistischen Selbsterkenntnis ihrer — keineswegs ausschließlich aufgrund ökonomischer Kategorien zu beurteilenden — Stellung innerhalb der in diesem Staat gegebenen Machtverhältnisse (und der diese Machtverhältnisse verursachenden kollektiven Verhaltens- und Denknormen) gesehen werden. Gegen ein solches Deklarieren eines Geldmengenzieles hat die ökonomische, politische und gesellschaftliche Realität der österreichischen Szene gesprochen.

Zur *ökonomischen Realität* gehört z. B. die Erfahrung, daß eine bestimmte Quantität an Zentralbankgeldschöpfung nicht identisch mit einer Erhöhung der Zentralbankgeldmenge ist; die Kreditunternehmen können vielmehr einen Zufluß von Zentralbankgeld (z. B. durch Rückzahlen ihrer Notenbankverschuldung oder durch Schaffung kurzfristiger Forderungspositionen im Ausland) zum Aufbau ihrer potentiellen Liquiditätsreserven verwenden, deren Einsatz den Bremsweg von liquiditätspolitischen Restriktionen beträchtlich verlängert.

Zur ökonomischen Realität zählt auch die hohe Unsicherheit der Zahlungsbilanzprognosen. Fehleinschätzungen in diesem Bereich führen zu erheblichen Abweichungen von der projektierten Geldmengenentwicklung, was am Beispiel des Jahres 1978 demonstriert werden soll. Die Festlegung des Rahmens für devisenrechtliche Bewilligungen von Nettoauslandskreditaufnahmen seitens inländischer Schuldner muß aus technischen Gründen bereits zu Jahresanfang erfolgen (die Großschuldner müssen in der Lage sein, rechtzeitig entsprechende Dispositionen treffen zu können). Die wesentliche Zielvorstellung Anfang 1978 war, daß derartige Kredite möglichst nur im Ausmaß des voraussichtlichen, um die Statistische Differenz bereinigten Leistungsbilanzdefizits zugelassen werden sollten, um die Höhe der Währungsreserven der Notenbank in etwa unverandert zu belassen. Zu diesem Zeitpunkt schätzte das Österreichische Institut für Wirtschaftsforschung das bereinigte Leistungsbilanzdefizit des Jahres 1978 auf 28 Mrd. S. Tatsächlich belief es sich nur auf rd. 6 Mrd. S, war also um 22 Mrd. S niedriger als prognostiziert. Die zusätzliche Auslandsverschuldung, die auf Basis der ersten Schätzung projektiert wurde, hat 1978 rd. 30 Mrd. S ausgemacht, die Währungsreserven der Notenbank blieben nicht wie angestrebt unverändert, sondern erhöhten sich inlandsliquiditätswirksam um 17 Mrd. S (daß der sogenannte „freie“ Zentralbankgeldumlauf nur um rd. 10 Mrd. S zunahm, ist vor allem darauf zurückzuführen, daß der Kreditapparat entsprechende Zentralbankgeldbestände in potentielle Liquiditätsreserven drehte).

Aus den beiden vorgenannten Argumenten kann auch die Begründung dafür abgeleitet werden, daß sich die Oesterreichische Nationalbank entschlossen hat, ihre autonome Geldschöpfung zum Teil in selektiver Form zu betreiben, d. h. über spezifische (der Export- und Investitionsfinanzierung dienende) Kanäle, die ihr zumindest eine „Kontrolle der Erstverwendung" der von ihr geschöpften Mittel erlauben.

Zur *politischen Realität* gehört, daß der Notenbank ein vom Parlament beschlossenes Budgetvolumen und das sich daraus ergebende Finanzierungserfordernis als „Datum" vorgegeben wird. Die Zunahme der Finanzschulden des Bundes im Jahre 1978 machte mehr als 31 % der in diesem Jahr von inländischen Geldinstituten und dem Ausland den inländischen Nichtbanken zusätzlich zur Verfügung gestellten Fremmittel aus. Würde die Notenbank in einem solchen Fall versuchen, die Inlandstangente ihrer Geldschöpfung rigoros zu beschränken, so würde dies lediglich zu einer aufgrund der derzeitigen Rechtslage nicht verhinderbaren unerwünschten Aufblähung der Auslandstangente führen. Damit wären aber entsprechende Notenbankmaßnahmen nicht nur „self defeating", sondern hätten überdies noch eine Vorbelastung der kommenden Zahlungsbilanzen aus dem Schuldendienst zur Folge. Das zur Budgetfinanzierung Gesagte gilt analog für den immer größer werdenden Bereich der Exportfinanzierung, der gerade in der gegenwärtigen außenwirtschaftlichen Situation Österreichs einen praktisch unabdingbaren Finanzierungsbedarf darstellt, dessen Deckung nach Maßgabe der kostengünstigsten Möglichkeiten alternativ im In- oder Ausland erfolgt.

Zur *gesellschaftlichen Realität* gehört schließlich, daß die Determinanten der kollektiven Meinungsbildung über wirtschaftspolitische Präferenzen in Österreich anders gelagert sind als etwa in der BRD oder in der Schweiz. Es wird hier bewußt darauf verzichtet, diese Tatsache als ökonomisch bedingt darzustellen. Jedenfalls sind sowohl Stellung als auch Einfluß der Notenbank unter diesen Aspekten anders zu beurteilen als in den erwähnten Ländern.

Soweit zur Begründung, weshalb die Oesterreichische Nationalbank nicht einmal die Spitze jenes Eisberges monetaristischer Hypothesen übernommen hat, die in der Deklarierung eines Geldmengenzieles besteht.

Die Schwerpunkte der österreichischen Geld- und Währungspolitik lassen sich vielmehr aus gegenwärtiger Sicht auf drei Stützen zurückführen: auf die Zins-, Kredit- und auf die Wechselkurspolitik (wobei diese Reihung keine Rangordnung der entsprechenden Instrumente darstellt). Im folgenden sollen einige theoretisch-empirische Bezüge innerhalb dieser währungspolitischen Instrumente behandelt werden.

3. Zinspolitik

Die Zinstheorie (die zusammen mit der Kapitaltheorie zu den interessantesten und zugleich schwierigsten Bereichen der Ökonomie gehört) hat ohne Zweifel einen bedeutenden „didaktischen" Einfluß auf die Zinspolitik, ohne jedoch eine konsistente Erklärung effektiver Zinssätze bzw. der Zinsstruktur bieten zu können; *d. h. die Zinspolitik kann zwar nicht ohne die von den Ökonomen geschaffenen Begriffsinhalte auskommen, sie kann aber nicht auf systematische Erklärungen der effektiven Zinssätze bzw. der effektiven Zinsstruktur zurückgreifen.*

Wenn die Zinspolitik von der (theoretischen) Überlegung ausgeht, daß der „volkswirtschaftliche Zinssatz" ein ideales Instrument der Selektion von Kapitaldispositionen ist, läßt sich daraus sowohl der Realzins (die Ertragsrate auf Sachkapital) als auch der Geldzins (sei es als Nominal-, sei es als Realverzinsung) ableiten. Dazu kommt, daß jedes Urteil über das Niveau eines Zinssatzes das „Mitdenken" eines Gleichgewichtszinssatzes („natürlicher" Zinssatz) voraussetzt. Ein offenes Problem ist die konjunkturpolitische Bedeutung des Zinssatzes angesichts so unterschiedlicher, aber im einzelnen stets plausibler Thesen darüber. Es fehlen verläßliche Aussagen über Zinselastizitäten, über den Einfluß von institutionellen Faktoren (z. B. wird die glaubhafte Meinung vertreten, daß Kreditunternehmen aus bankbetrieblichen Gründen eine Mengenanpassung der Kredite einer Preisanpassung und damit einer Zinsänderung vorziehen), über die Bedeutung des Zinsgefälles gegenüber dem Ausland, über die Auswirkungen der Marktform auf die Zinsbildung, über timing und „Schrittweite" von Zinsveränderungen (unter welchen Voraussetzungen wird ein „prozyklischer Attentismus" erzeugt?), über den Einfluß von Preiserwartungen auf Zinssätze, über das Ausmaß der Antizipation dieser Erwartungen in Nominalzinssätzen u. v. a. Selbst wenn über einzelne Fragen plausible Arbeiten vorhanden sind, so kann keineswegs von theoretisch einwandfrei ableitbaren Alternativen für die Zinspolitik gesprochen werden.

Dennoch liegen der Zinspolitik jeweils bestimmte Hypothesen zugrunde, die man zumindest als Versuche beschreiben könnte, die einzelnen empirischen Schritte *theoretisch zu rechtfertigen.* Genau genommen handelt es sich hier tatsächlich um ein „Rechtfertigen", d. h. *nicht die theoretische Annahme determiniert die wirklichen Geschehnisse, sondern es wird versucht, diese in bestimmte theoretische Gebilde einzuordnen.*

So ist z. B. die Zinspolitik auf dem österreichischen Rentenmarkt bis 1974 ganz deutlich unter dem Titel der „Nominalzinsenkonstanz“ geführt worden, wobei vorausgesetzt wurde, daß sich das Publikum für Veranlagungsentscheidungen vorwiegend an der Nominalverzinsung (und nicht an der Rendite) orientiert. Diese Linie läßt sich in die theoretische These einordnen, daß ein so weit als möglich konstant gehaltener Zinsfuß die Erwartungen stabilisiert und auf diese Weise ein stetiges und zugleich maximales Aufkommen von langfristig gebundenen Mitteln sicherstellt. Man könnte dann den Nominalzinssatz als Gleichgewichtszinssatz interpretieren und folgern, daß nicht der Zinssatz das Gleichgewicht von Angebot und Nachfrage hergestellt hat, sondern bei annahmegemäß gegebenem Zinssatz sowie bei gegebener Sparneigung die Nachfrage der Emittenten als Parameter anzusehen war.

1974 und wieder 1978 bzw. 1979 sind Überlegungen über die österreichische Zinspolitik stark von der Unterscheidung zwischen nominellem und realem Zinssatz geprägt worden, eine auf I. Fisher zurückgehende Formulierung, die vor allem von den Monetaristen in Modifizierung des komparativ-statischen Keynes-Modells (bzw. in Modifizierung dessen, was man aus den Keynes'schen Hypothesen gemacht hat) verwendet wird. Die Realverzinsung (definiert als der bei konstanten Preisen verlangte Zinssatz und daher als Differenz zwischen der Nominalverzinsung bzw. der Rendite und der Veränderung eines Preisindex berechenbar) ist, wenngleich anfangs zögernd, so doch immer stärker in der zinspolitischen Diskussion verwendet worden; bei den Konditionengesprächen für den Rentenmarkt wurde sogar vorgeschlagen, eine bestimmte, als Entgelt für den langfristigen Konsumverzicht für erforderlich gehaltene Realverzinsung als Datum für die Bestimmung des Nominalzinssatzes bzw. der Rendite zu verwenden.

Dazu ist besonders in letzter Zeit ein Argument gekommen, das sich direkt mit dem Begriff des „Güterzinses“ (der Ertragsrate aus Sachkapital) in Verbindung bringen läßt: So konnte aufgrund von diesbezüglichen Erfahrungen in der BRD auch in Österreich darauf verwiesen werden, daß — abgesehen von anderen Gründen — auch eine zu hohe Realverzinsung die Unternehmer veranlassen könnte, anstelle von Sach-, in Finanzanlagen zu investieren.

Eine Folge der größer gewordenen Transparenz von Begriff und ökonomischer Bedeutung der Realverzinsung in der Öffentlichkeit war auch die *Verstärkung des Renditenbewußtseins der Sparer;* eine Entwicklung, die sich sowohl an der Veränderung der Einlagenstruktur (zunehmender Anteil von gebundenen Spareinlagen) als auch bei den Veranlagungen in titrierter Form (steigende Tendenz der Publikumszeichnungen, Abstellen der Werbung auf die Effektivverzinsung) abgezeichnet hat bzw. abzeichnet. Für die Konditionenpolitik des Rentenmarktes ist dadurch die Notwendigkeit gegeben, mehr das „Prinzip der Zinswahrheit" zu verfolgen, d. h. die Nominalverzinsung möglichst der Rendite anzunähern. Das aber setzt eine entsprechende Flexibilität der Nominalverzinsung voraus, die öfters den Markterfordernissen angepaßt werden müßte (wodurch auch eine zu starke Anpassung über die Kurse unterbleiben kann, die sowohl vom Standpunkt des Zusammenspiels von Sekundär- und Primärmarkt als auch — bei bilanzierenden Portefeuilleeigentümern — aus Gründen der Bewertung nicht vorteilhaft ist).

Es mag vielleicht „sophistisch" sein, wenn beispielhaft auf die Verbindungslinie hingewiesen wird, die ausgehend vom Fisher'schen Begriff der Realverzinsung über verschiedene Stationen bis zu einer konkreten konditionenpolitischen Handlungsweise reicht. Aber im Zusammenhang mit dem hier zu behandelnden Thema ist damit doch eine positive Auslegungsform innerhalb des Spannungsfeldes Theorie und Praxis skizziert — eine Form, die zwar nicht den eingangs abgeleiteten Erfordernissen der vollkommenen synthetischen Gestalt entspricht, die aber, allen Unvollkommenheiten zum Trotz, isoliert und dargestellt werden kann.

Ein weiterer interessanter Aspekt der österreichischen Zinspolitik sei hier der Vollständigkeit halber erwähnt; es ist die in letzter Zeit größere *„Geldmarktsensibilität" der Notenbank*, die sich aus der nicht unproblematischen Richtfunktion des auf diesem Markt dominierenden Zinssatzes begründen läßt. Wird ein bestimmtes Zinsgefüge angestrebt, so muß die Notenbank darauf achten, daß der Geldmarktsatz nicht außer Kontrolle gerät. Dieser Zinssatz wird gleichsam zu einem monetären Zwischenziel und sein Abstand zum Rediskont- bzw. Lombardsatz wird genau beobachtet. Ein „gewisses" Problem ist dabei, daß der Geldmarktsatz — fast könnte man sagen definitionsgemäß — von Sonderfaktoren beeinflußt wird, wie Steuertermine, Bereitstellung von Sonderbezügen, Darstellung der Mindestreserven, Abrechnung von Anleihen am jeweiligen Kassatag, Kassenhaltung des Bundes; aber auch das Gewinnmaximierungsverhalten der Anbieter — der österreichische Geldmarkt läßt sich durchaus als klassische Oligopolbranche darstellen — ist zu berücksichtigen.

4. Kreditpolitik

Neben der Zins- ist die Kreditpolitik als zweiter Schwerpunkt der gegenwärtigen Notenbankstrategie zu nennen. Auch in diesem Fall läßt sich vor allem ein „nachvollziehendes Einordnen" in das Spannungsfeld „Theorie — Politik" durchführen. Die eigentliche wirtschaftspolitische Entscheidung über die gegenwärtig gehandhabte Kreditpolitik kann pragmatisch begründet werden: Ende 1972 erforderten die „außen- und binnenwirtschaftlichen Auftriebstendenzen" ein Stabilisierungsprogramm, das Budget-, Preis-, Einkommens-, Kredit- und Wechselkurspolitik umfassen sollte. Bei der Kreditpolitik ging es „um die rasche Rückführung der Kreditexpansion auf ein stabilitätspolitisch vertretbares Ausmaß"[2], d. h. die Kreditpolitik sollte in den Dienst nachfragedämpfender Maßnahmen gestellt werden. Verschärfungen der (von der Passivseite der Bankenbilanzen ausgehenden) Kreditkontrollabkommen durch Kürzen der für die Berechnung des Kreditplafonds herangezogenen Prozentsätze des Verpflichtungszuwachses wurden nicht als ausreichend dafür betrachtet, in möglichst kurzer Zeit den angestrebten Restriktionseffekt zu erzielen. So griff man zum Instrument der Deklarierung einer Kreditleitlinie; im speziellen Fall war das eine bestimmte maximal zulässige Kreditausweitungsmöglichkeit pro Monat (ab Dezember 1972 zunächst maximal 1 % des Standes der Direktkredite inländischer Kreditunternehmen an inländische Nichtbanken am 30. November 1972), bei deren *Überschreiten als Sanktion die Kürzung bzw. Verweigerung der Refinanzierungshilfe der Notenbank angedroht wurde.* Diese „Limes-Kreditpolitik" ist seither — wenngleich in flexibler Form (die Sanktion war z. B. von Ende Oktober 1975 bis Mitte 1977 ausgesetzt) — fortgesetzt worden. Seit Juli 1977 besteht ein eigener Limes für Kredite an unselbständig Erwerbstätige und Private, der seit 1. Jänner 1978 nur die Hälfte des Gesamtlimes ausmacht. Für diese besondere Kreditzuwachsbegrenzung war bestimmend, daß die Einkommensverwendung dieser Kreditnehmergruppe besonders stark importkopflastig ist. Eine theoretische Konzeption für den Gesamtlimes läßt sich u. a. aus drei Überlegungen herleiten:

Eine theoretische Komponente der Limes-Kreditpolitik ist das Modell der Kreditschöpfung durch das Bankensystem. Die Dogmengeschichte der Kredittheorie ist voll von der — wie immer formulierten — Unterscheidung zwischen dem Kredit als *Vermittler von Kaufkraft* bzw. als *Instrument der Kaufkraftschöpfung.* So ist für die „Klassiker" die Existenz eines *„volkswirtschaftlichen Kreditfonds"* Vorbedingung für das Einräumen von Produktivkrediten gewesen, Kredit sei nur im Ausmaß „echten" Sparens möglich. Die MacLeod zugeschriebene, aber

---

[2] Jahresbericht 1973 der Oesterreichischen Nationalbank, S. 11.

schon vor ihm von J. Law und A. Hamilton begründete Lehre vom zusätzlichen Kredit wird heute unter dem Titel „multipler Kreditschöpfungsprozeß“ dargestellt: Die Kreditunternehmen können, weil als Folge von Krediteinräumungen Sichteinlagen in den Bankenapparat zurückströmen, insgesamt Kredite gewähren, die ein Vielfaches der ursprünglich vorhandenen Überschußreserve ausmachen. *Die aktivseitige Kreditkontrolle unterbricht notwendigerweise den Kreislauf von Kreditschöpfung und Sichteinlagenbildung;* sie wirkt damit direkt auf den Kreditschöpfungsmultiplikator und ist vom Kreditapparat aus eigener Kraft nicht zu beeinflussen.

Ein weiterer theoretischer Ansatz für die Bevorzugung des Limes (insbesondere gegenüber der Geldmengenpolitik) ist darin zu sehen, daß „Kredite eher den Charakter einer Finanzierungs- als einer Reservengröße haben und daher weniger komprimierbar sind. Man erfaßt mit dem Kreditvolumen über die Kreditnehmer die Personen, die Ausgabenüberschüsse planen (zumindest in der Regel planen, manchmal aber auch erleiden), wogegen die Kassenhalter neben Transaktionsmotiven bekanntlich auch eine Reihe von anderen Motiven haben oder gar über unkontrollierte (unverplante) Reserven verfügen[3].“

Die von der Oesterreichischen Nationalbank betriebene Form der aktivseitigen Kreditkontrolle kann schließlich entscheidungstheoretisch als Wahlentscheidung nach dem „Kriterium der maximalen Durchsetzbarkeit“ beurteilt werden. Die entsprechende Maßnahme stützt sich auf die dem Direktorium der Notenbank laut Nationalbankgesetz eingeräumte Möglichkeit, die Gewährung von Eskont- und Lombardkrediten ohne Angabe von Gründen abzulehnen. Sie kann daher auch von der gegebenen Liquiditätssituation des Kreditapparates unabhängig, rasch, flexibel und vor allem deswegen sehr wirksam eingesetzt werden, weil keines der maßgeblichen Kreditunternehmen sich durch ein andauerndes Überschreiten der vorgegebenen Kreditlinien der Möglichkeit begeben wird, im Bedarfsfall auf die Refinanzierungshilfe der Notenbank zurückzugreifen.

5. *Wechselkurspolitik*

Die Wechselkurspolitik ist ein Musterbeispiel eines „eklektischen Kindes“ der Wirtschaftstheorie. Die monetäre Außenhandelstheorie hat die jeweiligen Partialprobleme analysiert und formal abgeleitet, aber kein realistisches Modell mit beweglichen Preisen, Einkommen und Wechselkursen zustandegebracht: „Hier zeigt sich das Dilemma der

---

[3] *Erich Streissler* und *Gunther Tichy*, „Die Transmission monetärer Impulse über den Kreditmarkt“, in: Probleme der Geldmengensteuerung, Schriften des Vereins für Socialpolitik, Band 99, Berlin 1979.

Wirtschaftstheorie mit aller Deutlichkeit: Zu eindeutigen Ergebnissen gelangt man nur durch einfache, d. h. aber in vielen Fällen nicht der Wirklichkeit entsprechende Prämissen. Will man dagegen die Realität mit all ihren Komplikationen einfangen, so wird das Modell zu unanschaulich und die Zahl der möglichen Lösungen so groß, daß an eine sinnvolle Anwendung der Theorie nicht mehr zu denken ist. Die ‚allgemeine', mit variablen Preisen, Einkommen und Wechselkursen operierende Zahlungsbilanztheorie zeigt das mit aller Klarheit[4]."

Dennoch gibt es kaum einen Teilbereich der Wechselkurspolitik, der sich nicht auf theoretische Vorläufer zurückführen läßt. So wird z. B. gegenwärtig die langfristige Funktionsfähigkeit des Europäischen Währungssystems von vielen Interpreten bzw. Propheten von konstanten Inflationsdifferenzen abhängig gemacht, womit sie sich letztlich auf die *Kaufkraftparitätentheorie* berufen. Die dieser Theorie zugrundeliegende Annahme, daß „die Änderung des Wechselkurses zwischen zwei Zeitpunkten ... der Änderung des relativen Preisspiegels zwischen diesen Zeitpunkten entspricht" (Rose, S. 81), ist insofern bestechend, als sie die Wirkung einer Vielfalt von Einflußfaktoren, die sich bei jeder Analyse des gesamten Komplexes ergeben, mit Hilfe eines einzigen Maßes ablesen will, das man noch dazu als Maßstab der Leistungsfähigkeit bzw. ihrer Veränderung auslegen kann. Um diese so plausible Theorie wirtschaftspolitisch „operabel" zu machen, fehlt freilich „nur" eine konsistente Erklärung der Inflation, von der Einschätzung sonstiger Bestimmungsfaktoren (wie Zinssätze, Kapitalströme und die sie beeinflussenden Wechselkurserwartungen) ganz abgesehen.

Die übliche Beurteilung von Auf- bzw. Abwertungseffekten auf die Leistungsbilanz geht auf die Hypothesen der *Elastizitätsanalyse* zurück. Die — auch für die Messung der Wirkung von Wechselkursveränderungen auf das reale Austauschverhältnis (terms of trade) notwendigen — Elastizitätsannahmen sind aber nur unter sehr einschränkenden Bedingungen brauchbar. Abgesehen davon, daß selbst über die normale Wirkung einer Auf- bzw. Abwertung im Zeitverlauf (kurz- und langfristiger Effekt) oft Zweifel bestanden bzw. bestehen („Elastizitätspessimismus"), haben Überlegungen betreffend den Zusammenhang von Volkseinkommen und Zahlungsbilanz ergeben, daß der Elastizitätseffekt durch den Einkommenseffekt mehr oder weniger kompensiert werden kann, etwa wenn es nach einer Abwertung zu keiner Verminderung der inländischen *Absorption* (Konsum und Investitionen) kommt.

Bei einer flüchtigen Aufzählung wichtiger theoretischer Konzepte der monetären Außenhandelstheorie, die unmittelbar für währungspoliti-

[4] *Klaus Rose,* Theorie der Außenwirtschaft, 6. Aufl., München 1976, S. 36.

sche Aussagen bzw. Entscheidungen verwendet werden, darf der „*Geldmengenmechanismus*" nicht fehlen. Ihm entsprechend führen z. B. Devisenkäufe der Notenbank, die zur Verteidigung eines bestimmten Kurses bzw. eines Kursbandes erforderlich sind, zu einer Erhöhung der Geldmenge; die tatsächliche Kassenhaltung übersteigt die geplante und es folgt eine u. U. inflationär wirkende Erhöhung der Nachfrage. Die Deutsche Bundesbank hat z. B. im Jahr 1978 Interventionen im Gegenwert von rd. 20 Mrd. DM durchgeführt und — ihrer Ansicht nach — damit die internationale Liquidität entsprechend erhöht, weil in den Defizitländern keine entsprechende Verminderung der Geldmenge eingetreten ist. Aufgrund der theoretischen Erwartung des „Geldmengenmechanismus" hätte freilich eine solche Reduktion erfolgen müssen; allerdings unter der Voraussetzung, daß die Defizitländer den aus der Leistungsbilanz resultierenden Devisenabfluß nicht durch Kapitalimporte bzw. durch autonome Geldschöpfung ihrer Notenbanken kompensieren: Die jeweiligen „Wirtschaftssubjekte" hätten dann, um ihre geplante Kassenhaltung wieder herzustellen, ihre Geldausgaben gedrosselt und damit ihre wirksame Nachfrage vermindert.

Erwähnt werden muß auch das Konzept des *internationalen Preiszusammenhangs,* das die Anpassungsinflation erklärt, die ein gegenüber seiner Umwelt preisstabileres Land erfährt. Sie läßt sich bei normaler Reaktion der Leistungsbilanz aus den Leistungsbilanzüberschüssen eines solchen Landes erklären, bei anormaler Reaktion (etwa wegen fester Außenhandelspräferenzen oder wegen einer überwiegend auf notwendige Importe ausgerichteten Außenhandelsstruktur) aus den direkten Wirkungen steigender Importpreise auf das inländische Preisniveau. Vor allem in der BRD wurde dieses Konzept bisher — angesichts der dort gegebenen Präferenz für die Preisstabilität — als Begründung für die „wirtschaftspolitische Botschaft" einer weltweiten Notwendigkeit, stabile Preisverhältnisse herzustellen, herangezogen.

In diesem Zusammenhang sei noch eine theoretische Konzeption angeführt, die zwar in den Bereich der Inflationstheorie gehört, aber — wie später noch ausgeführt werden wird — speziell in Österreich die Wechselkurspolitik beeinflußt hat: Die *Erklärung der Inflation aus der Wirtschaftsstruktur,* besonders in der Form des „skandinavischen Modells" (O. Aukrust, H. Frisch), die davon ausgeht, daß bei vorausgesetzter Lohnsolidarität der „exponierte Sektor" (der angesichts der internationalen Konkurrenz produktivitätsbewußter produzieren muß und daher höhere Lohnsätze „vertragen" kann) die Lohnführerschaft besitzt und auf diese Weise über den weniger unter Produktivitätsdruck stehenden „geschützten Sektor" (spill over-Effekt) die Inflation übertragen kann.

Die österreichische Wechselkurspolitik der letzten Jahre wird vielfach als *„Hartwährungspolitik“* bezeichnet. Ihr primäres Ziel ist eindeutig auf den Zusammenhang von Wechselkursen und Preisniveau ausgerichtet: Angestrebt wurde bzw. wird die Reduzierung der binnenwirtschaftlichen Preissteigerungsrate und damit die Verbesserung der internationalen Wettbewerbsfähigkeit. Die Hartwährungspolitik kann damit als „kontrollierte Bewertung“ der heimischen Währung definiert werden, die eine permanente einkommenspolitische Anpassung an die Verhältnisse stabiler Konkurrenzländer erreichen (bzw. auch politisch ermöglichen) soll: Die Vorteile des Kosten-, Preis- und Einkommenseffekts werden also höher eingeschätzt als die möglichen Nachteile des Elastizitätseffekts; bzw. umgekehrt werden die absehbaren Folgen einer alternativen Abwertungsstrategie so beurteilt, daß die möglichen Vorteile des Elastizitätseffekts geringer zu bewerten sind als die Nachteile des Preis-, Kosten- und Einkommenseffekts (worauf unten noch verwiesen werden wird).

Österreich kann den Welthandel und auch die internationalen Finanzmärkte weder mit Preisen noch mit Mengen beeinflussen. Daher war jede Hypothese in Richtung „autonome Wirtschaftspolitik und flexible Wechselkurse“ als für unser Land kaum chancenreich und dafür jede in Richtung „weitgehend feste Wechselkurse innerhalb einer bestimmten — möglichst die für den österreichischen Außenhandel wichtigsten Länder umfassenden — geographischen Zielzone“ (optimal currency area) als überlegenswert zu klassifizieren. Dies erklärt auch die Dominanz der DM in den einschlägigen Indikatorrechnungen der Notenbank. Zuletzt war zu berücksichtigen, daß Österreich als kleines Land (bei gegebener Diskrepanz zwischen Anspruchsniveau der volkswirtschaftlichen Absorption und den eigenen Möglichkeiten der Leistungserstellung) eine verhältnismäßig wenig elastische Importneigung aufweist.

Die österreichische Hartwährungspolitik setzt weiters voraus, daß die Sozialpartner ihre einkommenspolitischen Ziele so formulieren, daß sie nicht in Widerspruch zu den Absichten der Wechselkurspolitik stehen. Wesentlich für die Abwicklung der Wechselkurspolitik war schließlich, daß der Schilling an den internationalen Börsen keine bedeutende Rolle spielt, d. h. daß die Kursfestsetzung in Zeiten, in denen keine schweren Zahlungsbilanzstörungen gegeben sind, wegen des Fehlens größerer Manipulationsreserven auf den ausländischen Börsen weitgehend autonom durch die Intervention der Notenbank bestimmt werden kann.

Auf diesen Voraussetzungen aufbauend, lassen sich die wichtigsten *Motive für die Hartwährungspolitik* „sammeln“:

a) Zunächst wird angenommen, daß über die wechselkursbedingte Verbilligung der Importpreise ein stabilisierender Einfluß auf das binnenwirtschaftliche Preisniveau ausgeübt werden kann. Wenn sich — wie es in Österreich der Fall ist — die Lohnvorstellungen der Gewerkschaften primär an den Inlandspreissteigerungen ausrichten, so führt die Dämpfung des Preisauftriebs unmittelbar zu niedrigeren Lohnforderungen.

b) Die Hartwährungspolitik „kontrolliert" die Lohnzuwächse im exponierten Sektor, also in jenem Bereich, der im internationalen Wettbewerb steht: zu hohe Lohnabschlüsse sind in den Preisen meist nicht unterzubringen (ein kleines Land muß die Weltmarktpreise akzeptieren) und eine Kompensation überzogener Lohnabschlüsse durch Abwertung der heimischen Währung wird nicht zugestanden. Der aus der Hartwährungspolitik resultierende Gewinn- und Lohndruck führt demnach zu vermehrten Bemühungen um eine Erhöhung der Produktivität. (Als offensichtlicher Nachteil fällt allerdings als mögliche Folge eines bei nicht ausreichender Kostenanpassung länger dauernden Gewinndrucks eine verminderte Investitionsneigung ins Gewicht, was technologischen Rückstand und entsprechenden Verlust an Konkurrenzfähigkeit zur Folge haben könnte. Dazu kommt, daß aufgrund dieser Politik Anlaß zu Verschiebungen vom exponierten Sektor zugunsten weniger außenhandelsintensiver und daher weniger dem internationalen Wettbewerb ausgesetzter Bereiche besteht).

c) Es kann auch der dämpfende Einfluß auf die Inflationserwartungen ins Treffen geführt werden, ebenso wie das sozialökonomische Problem der Durchsetzbarkeit der Stabilisierungspolitik: Es erscheint leichter, wettbewerbsverbessernde oder zumindest wettbewerbsneutrale Lohnforderungen auf der Basis einer niedrigeren Inflationsrate durchzusetzen, als gezwungen zu sein, einen bereits (als Folge der Abwertung) eingetretenen Preisschub zu korrigieren, was entsprechende Realeinkommensverluste erfordern würde.

d) Gegen die Alternative einer kontrollierten Unterbewertung war ein gewisser Elastizitäts- und Anpassungspessimismus vorzubringen: So ist kaum zu erwarten, daß der Außenhandel seine Warenströme entsprechend den durch die neuen Wechselkursverhältnisse gegebenen Bedingungen rasch und voll umstellt; Kreditlinien bei Lieferanten und allgemein die Neigung, existierende Marktbeziehungen zu erhalten, spielen dabei eine Rolle. Außerdem kann auf die unterschiedliche Entwicklung partieller Elastizitäten verwiesen werden: Der Export von Investitionsgütern beispielsweise wird mehr von der technischen Innovation und von der internationalen Konjunkturentwicklung beeinflußt als von Wechselkursverschiebungen, oder für Geschmacksartikel steht die Mode in Bedeutung vor dem Preis. Schließlich führt die durch eine weltweite Konzernverflechtung sowie durch Direktinvestitionen gegebene Verteilung der Produktionsstätten (z. B. bei den sogenannten Assembling-Industrien) dazu, daß Produktionen nicht kurzfristig über Grenzen hinweg verlagert werden können. Wie erwähnt, besteht der Anpassungspessimismus vor allem gegenüber der angenommenen Möglichkeit, es könnte verhindert werden, daß wechselkursbedingte (also bereits eingetretene) Preiserhöhungen des importierten Teiles der volkswirtschaftlichen Absorption durch die Einkommenspolitik kompensiert werden.

e) Schließlich konnte dieser „Hartwährungskonzeption" auch die Funktion einer Orientierungsgröße für die Wirtschaft zugeordnet werden, analog jener, die in anderen Ländern der Publizierung von Geldmengenzielvorstellungen zukommt. Unter den bereits genannten Voraussetzungen kann dieses Konzept von der Notenbank leichter realisiert werden, was für die Glaubwürdigkeit einer solchen Orientierungsgröße wesentlich ist; ihre Auswirkungen sind für Unternehmer und Gewerkschaften nach Auffassung der Notenbank leichter übersehbar als solche von Geldmengenzielen.

Alle diese Argumente haben — wie gezeigt worden ist — ihre theoretischen Aspekte; das gilt aber angesichts der Erkenntnis, daß das Ganze mehr ist als die Summe seiner Teile, nicht für die gesamte Strategie. Zumindest liegt auch in diesem Fall keine systematische, theoretische Grundlage vor. Erschwert wird sowohl die Durchführung als auch das Beurteilen der Wechselkurspolitik durch das „Indexproblem": „Seitdem die Wechselkurse schwanken, ist indessen die Messung des Außenwertes der Währungen zu einem ‚Indexproblem' geworden, noch dazu zu einem Problem, das nicht so leicht zu lösen ist, und dessen praktische Bewältigung nicht im gleichen Maße durch allgemein akzeptierte Konventionen geregelt ist, wie die Konstruktion von Preisindizes[5]." Ein Indikator für die Wettbewerbslage der Exportwirtschaft müßte ein anderes Gewichtungsschema aufweisen als einer, der die Auswirkungen von Importen auf das Binnenpreisniveau erkennen lassen soll, oder als ein Indikator, der gar die Auswirkung von Wechselkursveränderungen auf die gesamte Zahlungsbilanz messen soll. Wechselkursindizes führen jedenfalls bei Unterschieden in bezug auf Umfang (Anzahl der Länder) und Gewichten (Elastizitäten oder Marktanteile messende Konkurrenzgewichte), bei unterschiedlichen Metho-

---

[5] *Hans Seidel*, Der effektive Wechselkurs des Schilling, in: Monatsberichte des Österreichischen Instituts für Wirtschaftsforschung 8/1978, S. 384.

den der Durchschnittsbildung, je nach der herangezogenen Devisennotierung (direkte oder indirekte Notierung), wegen verschiedener Basisperioden und insbesondere auch bei unterschiedlichem Gewicht der in den Index einbezogenen Wechselkurse zu differierenden Ergebnissen.

III. Zusammenfassung

Das Spannungsfeld zwischen monetärer Theorie und Praxis wurde anhand des Geldmengenkonzepts sowie anhand der wichtigsten Bereiche der aktuellen österreichischen Geld- und Währungspolitik (der Zins-, der Kredit- und der Wechselkurspolitik) abzutasten versucht. In keinem Fall kann im Sinn der einleitenden Überlegungen von einer vollkommenen Synthese gesprochen werden, von einer „Einheit von Theorie und Praxis“. Andererseits ist aber deutlich geworden, wie die Wirtschaftspolitik von Formulierungen und Hypothesen der Theorie angeregt wird, auch wenn jeweils nur partielle Probleme angesprochen werden. So gesehen dient die Theorie nicht nur dem qualitativen Niveau der Diskussion, sondern sie beeinflußt wirtschaftspolitische Meinungen und Entscheidungen. Freilich vermindert die Tatsache, daß sich nur enge Ausschnitte des sozialökonomischen Geschehens ableiten und erklären lassen, die Erfolgschance eines theoretisch fundierten Konzepts. Ökonomen und Wirtschaftspolitiker werden das nach wie vor als Nachteil empfinden. Aber die Realität kann eben diesbezüglich nicht in klare Kompetenzen aufgegliedert werden. Eine gewisse Bescheidenheit bei den gegenseitigen Anforderungen und Erwartungen wird sich für das Spannungsfeld zwischen Theorie und Praxis als wirksamer und daher auch als „effizienter“ erweisen als jeder Anspruch auf Vollkommenheit.

AUSTRIA'S ECONOMIC DEVELOPMENT AFTER THE TWO WORLD WARS: A MIRROR PICTURE OF THE WORLD ECONOMY*

By Gottfried Haberler

I. Economic Prosperity after World War II

For Austria, as for the whole Western World, the thirty years since the end of World War II was a period of almost unprecedented growth and prosperity. In Austria the situation at the end of the war was grim or even desperate. In 1946 for which we have the first comprehensive statistical figures, GNP (gross national product) was less than two thirds of the level of 1937, the last year of the first Austrian Republic, impoverished as it was at that time by the depression and the disruptive economic pressures applied by Nazi Germany prior to the occupation in 1938. Physical destruction from air raids and ground fighting was extensive and the Eastern industrially most highly developed part of the country came under Russian occupation. Russia laid claim to what was called "German property", comprising substantial parts of the industrial plant located in the Russian zone of occupation. This resulted in reparation payments, partly in real terms (transfer of machinery and equipment), partly in monetary form. But despite these handicaps, reconstruction began without delay. Immediate American economic aid, followed after 1947 by the Marshall Plan, was decisive[1]. In 1949 real GNP, the broadest measure of economic performance, exceeded the 1937 level and a year later the 1929 level was surpassed.

---

* Revised and expanded version of a talk before the Austrian Society, Minneapolis, Minn., May 1979.

[1] Professor Koren in an authoritative study describes the desperate situation of the Austrian economy at the end of the war. "Only thanks to American economic aid was it possible to extricate the economy quickly and efficiently from this desperate situation. The necessary resources for the development of electric power and basic industries could be obtained from counterpart funds of American supplies under the Marshall Plan. Without this source of capital, the reconstruction and expansion of the heavy industry would not have been possible." *Stephan Koren*, „Die Industrialisierung Österreichs — Vom Protektionismus zur Integration" in Österreichs Wirtschaftsstruktur, Vol. I, Prof. Dr. Wilhelm Weber ed., Berlin 1961, p. 248 - 249.

Growth continued at a high rate until 1974 when Austria felt the world recession of 1973 - 75. There was a short pause and some difficulties have been experienced in the last two years. I shall later come back to this most recent period. But let me say at once that in my opinion these recent difficulties have been comparatively minor and do not change the judgment that the whole period, including the last two or three years, has been a period of great prosperity.

There has been much talk of the German and Japanese economic miracles. But there is also an Austrian economic miracle. The Austrians are aware of it. In self-mockery they often scoff at the German economic success. That is not a miracle, they say, because the Germans work so hard. The Austrian economic recovery is the real miracle. Actually, there is no such thing as a free lunch and no economic miracle without hard work and, we may add, without political stability and reasonably good policies — and Austria is no exception.

The upshot is that the Austrians never had it so good; their standard of living is higher than it ever was. Every conceivable symptom of affluence tells the same story. For example, in 1948 there were about 34,400 passenger cars on the roads (a little more than 1937). In 1977 the number was 1,465,250. The figures for tractors are 11,700 in 1948 and 308,000 in 1977. Let me mention two figures from the financial area. When I visited Austria for the first time after the war in 1948, I could get 50 schillings for the dollar in the black market. Today there is no black market and you get less than 14 schillings for the dollar. Starting from scratch, the Austrian National Bank has been able to accumulate an international reserve of gold (valued at the official rate) and foreign exchange of over $ 4 billion (January 1979), about the same as Belgium and more than Sweden.

II. Economic Development during the Interwar Period

The favorable economic — and political — development after World War II is in sharp contrast to what happened after World War I. Although the physical destruction of the first world war was much less severe than of the second, economic recovery was much slower and the whole interwar period of twenty years was a most unsatisfactory one from both the economic and the political point of view. There was first a short but verey disruptive period of hyper-inflation, 1920 - 22. Inflation was abruptly stopped in 1922 under the supervision and with the financial help of the League of Nations. The Austrian crown was replaced by the new schilling — 14,000 old crowns for one schilling. (In Germany the hyper-inflation went faster and further. When in 1923 the old mark was replaced by a new mark, the ratio of conversion was four *trillion* old marks for one new mark!)

After 1922 the Austrian economy adjusted to the new environment until it was hit by the Great Depression which started in 1929 and engulfed the whole Western World, shaking it to its very foundation.

Let me first very briefly sketch the international background and then discuss the specific Austrian developments.

In the 1920s, after the short but severe so-called first postwar depression of 1920 - 21, the U.S. and world economy recovered quickly. Currencies were stabilized and the gold standard was restored. Because the price level remained stable from 1921 - 1929 many economists spoke of a new era, the business cycle had finally been tamed if not conquered. The Great Depression which started in the summer of 1929 in the United States came as a rude awakening and as a great surprise, and was at first not recognized for what it was. It was a great disaster, not only from the economic point of view but also politically. It gave a great boost to Soviet Russia which proved to be immune to the depression. The catastrophic slump shook confidence in the viability of the free market, capitalist economic system. It is no exaggeration to say that Hitler probably would not have come to power and that the second world war might have been avoided if Germany had not experienced over 30 percent unemployment.

In the United States the first phase of the Great Depression was followed by a lengthy cyclical expansion (1933 - 37), but in mid 1937 long before full employment was reached, the United States was hit by another short but extremely vicious slump. The U.S. economy did not reach full employment before the outbreak of the second world war in 1939 which was preceded by heavy armament spending.

Many other countries, including the Scandinavian countries, Australia, and Nazi Germany, recovered earlier and faster than the United States from the depression. But the world economy as a whole was still in poor shape in 1939.

So much about the international background. Now to the specific Austrian developments.

As mentioned earlier, the physical destruction of World War I was less severe than that of World War II. But there was the trauma of the dismemberment of the Austro-Hungarian empire. The new Austria, the German Austria („Deutsch-Österreich") as it was called, had been the center and Vienna the capital of the ancient, economically well-balanced Habsburg empire, one of the five major European powers. It was not easy to adjust from the status of a *Grossmacht* (major power) of 60 million inhabitants to that of a *Kleinstaat* (small state) of six million[2].

The economic viability of the new state was widely questioned and Vienna, a city of two million in a country of six million, was regarded as an economic liability. This led to a strong popular movement for joining Germany („Anschluss") which was, however, opposed by the victorious powers, especially by France. A clause forbidding the Anschluss was inserted in the Austria peace treaty of St. Germain.

The doubts concerning the economic viability of a small independent Austria proved to be unfounded. The country made good progress and by 1928 or so the pre-war standard of living was exceeded. Needless to add that the post-World War II experience conclusively demonstrates the economic and political viability of Austria. Vienna proved to be an economic asset and not a liability. I might mention in passing, that during the whole interwar period, including the bad years immediately after the war and the depression years after 1929, Vienna was one of the world's leading intellectual centers. World-famous schools, Freud's psycho-analysis, Carnap-Schlick's logical-positivism, the Austrian School of Economics, and Hans Kelsen's „Reine Rechtslehre" (Pure Theory of Law), flourished and spread around the world. Vienna was the home of two of the world's most famous 20th century philosophers, Karl Popper and Ludwig Wittgenstein and of the great philosophical synthesizer Felix Kaufman whose work bridged the gap between phenomenology and logical positionism and covered the methodology of mathematics and the natural sciences on the one hand and that of the social sciences on the other[2a].

But the economic situation deteriorated rapidly after the onset of the Great Depression in 1929. In 1931 Austria and Germany proposed a customs union. France objected violently on the ground that a customs union would jeopardize Austria's political independence and thus violate the peace treaty. French financial pressures on Austria

---

[2] On the economic and political problems of the transition see the excellent study by *K. W. Rothschild*, „Wurzeln und Triebkräfte der Entwicklung der Österreichischen Wirtschaftsstruktur", in Österreichs Wirtschaftsstruktur, Wilhelm Weber ed., Berlin 1961, Chapter III, „Vom Großstaat der Monarchie zum Kleinstaat der Republik", pp. 51 - 88.

[2a] On Karl Kraus and his influence on Wittgenstein see Allan Ganilk and Stephen Toulmin *Wittgenstein's* Vienna. New York 1973.

and Germany forced the two countries to abandon their plan of a custom union. Moreover, withdrahals of French credits triggered the collapse of Austria's largest bank, the Credit Anstalt, which was already in a badly over-extended coidition. The breakdown of the Credit Anstalt, in turn, started a chain reaction of financial crises, the breakdown of the German and Italian banking systems and in September of the crisis year 1931 Britain was forced to take the historic step of abandoning the gold standard and letting the pound depreciate. The Austrian schilling was devalued in 1932 with beneficial effects on trade and on the general economic position. But these initial benefits were progressively eroded when in the next few years many countries devalued their currencies, Czechoslovakia, Belgium, France, Italy and the United States among them. In 1936 Switzerland devalued the franc. Austria should have grasped this opportunity to devalue again in good company but did not dare for political reasons.

In the meantime Hitler had come to power and Nazi-Germany exerted increasing political and economic pressures on Austria. Thus in 1935 a heavy blow was struct at the important Austrian tourist industry by the imposition of a tax of one thousand marks on each German tourist going to Austria.

I will now discuss briefly the political developments. In this area too, there is a sharp contrast between the post-World War II years and the interwar period.

III. Political Developments

The whole interwar period was marked by a sharp antagonism between the two major parties, the conservative christian-social, catholic party on the right and the social democrats on the left. There was a small third, at first mildly German-nationalist, anti-clerical party which later became the nucleous of the rising national-socialist (Nazi) movement. The poisoning antagonism of the two leading parties led to violent clashes. Each party built up its own para-military forces. Both parties were anti-Nazi. But when after Hitler's takeover in Germany the Nazi movement in Austria became strong, the anti-Nazi forces failed to unite. Early in 1934 an impasse developed in Parliament and the government of Chancellor E. Dollfuss crushed the socialist opposition by force. Many socialist leaders went into exile in Czechoslovakia and France. Later in 1934 Dollfuss was murdered in an attempted Nazi-coup d'etat. The putsch did not succeed because Hitler was not yet ready to intervene openly and Mussolini backed up the authoritarian Austrian regime. Dollfuss' successor Dr. Kurt

Schuschnigg carried on the struggle for Austrian independence. The economic and political situation deteriorated. In 1938, after Mussolini became engaged in the Abessynian conquest, he withdrew his support of Austria and allied himself with Hitler, Schuschnigg was forced to capitulate. This was the end of the first Austrian republic.

After World War II the political development was entirely different. The Austrians had learned their lesson. With Russian occupation of the Eastern part of the country and communist regimes established North, East and South, Austria could not afford the luxury of internal strife. The two main parties of the interwar period, Christian-Socialists (renamed the Austrian People's Party) and the Social Democratic Party, reconstituted themselves and a democratic two party system has functioned smoothly and efficiently since 1945.

After the deach of Stalin in March 1953 Russian policy became more conciliatory and in May 1955 a "State Treaty" (not a peace treaty because Austria was not considered to have participated in the war) was signed in Vienna, terminating the four power occupation and establishing Austrian sovereignty and "permanent neutrality".

The Austrian contrast of political stability and peace after 1945, and instability, civil strife and violence in the interwar period mirrors a similar improvement in Western Europe at large. The rapproachment and friendship between France and Germany is the most important and conspicuous manifestation of the changed atmosphere. Active American participation in world affairs after World War II, in contrast to withdrawal into isolation after World War I, surely was a decisive contributing factor. Unwittingly and unintentionally, Soviet Russia, too, contributed to Western European cooperation and harmony by aggressive moves and intermittent sabre rattlings, often at critical points. External threats helped to speed up the movement towards European integration.

IV. Economic Success 1945 - 73 — Economic Failure 1919 - 39

Why was the performance of the Austrian economy after World War II so enormously better than after World War I? Specific Austrian reasons are maintenance of political stability, absence of civil strife and avoidance of serious policy mistakes that were made in the 1930s — such as severe monetary deflation and the refusal to devalue a clearly overvalued schilling which caused heavy unemployment[3]. That

[3] In 1937 the unemployment rate in Austria was 21.7 percent. See *Felix Butschek*, Die Österreichische Wirtschaft 1938 bis 1945, Institut für Wirtschaftsforschung, Stuttgart 1978, p. 115.

American aid was massive of paramount importance has already been mentioned.

However, even the best policies during the interwar period could not have completely offset the adverse impact on Austria of the great world depression or prevented Hitler's takeover. Therefore, the really important questions are, *first,* why in the United States and in the Western world at large the economic performance was so much better in the thirty years after World War II than the 20 years of the interwar period, and, *second,* whether the period of prosperity has not come to an end. Have we not paid too high a price in terms of inflation for rapid growth? Was the vaunted prosperity not merely an inflationary bubble which is just about to burst with disastrous consequences? There are quite a few people, some economist among them, who give an affirmative answer to the second question. Some speak of a new crisis of capitalism, others of a new severe depression or a Kondratieff downswing.

With the benefit of hindsight, a straightforward answer can be given to the first question: The period of 1945 - 72 was so much more successful economically than the period of 1918 - 39 because deflation was avoided. To put it differently, the depression of the 1930s became so bad because of gross monetary mismanagement on the national and international level. In the United States in the early 1930s the Federal Reserve through acts of commission and omission, permitted the quantity of money to contract by about 30 percent. Just consider what that means. Today economists are scared stiff when the money supply fails to rise for a few months by the targeted amount; then, in the early 1930s, it was allowed to shrink by a third over a protracted period.

Equally severe deflation occurred in other countries, notably in Germany. The British economy was already depressed in the 1920s because the government had committed the capital mistake of returning after the war to the gold standard at the prewar parity of $ 4.86

In his important study Butschek mentions another factor that contributed to rapid growth in the postwar period, namely, the heavy investment in industrial plant and equipment which was made after the Nazi takeover in 1938 and 1939. During the war Austria became a sort of air raid shelter for German industry because Austria was less exposed to allied bombing raids than Germany. However, in the last phase of the war the comparative immunity from bombing disappeared. After the war some of the German-built works, especially in steel and aluminum, could be restored to full production with American aid. This constituted a significant addition to the Austrian capital stock. But I doubt that it could offset more than a small fraction of the overall loss of capital caused by bombing, ground fighting, Russian takeover of German property and failure during the war to maintain intact the capital stock of industries not failure for the war effort.

to the pound. Immediately after the war the pound had depreciated by about 20 percent and was gradually pushed up to the prewar level, thus putting the economy under deflationary pressure[4].

Internationally deflation was propagated from country to country by countries independently depreciating their currencies one at a time in a beggar-thy-neighbor fashion — the British pound in 1931, the U.S. dollar in 1933 - 34, the French and Swiss franc in 1936, etc. Each devaluation alleviated the depression in the depreciating country but inflicted deflationary shocks on other countries which then tried to protect themselves by import restrictions. These horrendous mistakes were avoided in the post-1945 period under the aegis of the IMF and GATT.

This is, of course, what has become known as the monetarist interpretation of what went wrong in the 1930s[5]. Since this explanation is not universally accepted, I must say a few words about what is widely regarded as an alternative, rival interpretation — the Keynesian view.

Keynesianism vs. Monetarism, John Maynard Keynes vs. Milton Friedman, has become the topic of numerous books and has filled innumerable pages in learned journals; it is a big subject that cannot be discussed here at length. I confine myself to two points: First, Keynes was an extremely complex and flexible man, always ready to change his views in the light of changing conditions. This has misled many of his critics as well as his followers who often could not keep pace with the rapid changes in the views of their master[6]. It seems

---

[4] In his famous pamphlet "The Economic Consequences of Mr. Churchill" (London 1925 republished in Essays in Persuasion, several editions), Keynes had correctly predicted the depressive consequences of the revaluation for which Winston Churchill was responsible as Chancellor of the Exchequor. The full story of the British return to gold in 1925 has been told only recently after hitherto secret official papers have become available. See *D. E. Moggridge,* British Monetary Policy, 1924 - 1931: The Norman Conquest of $ 4.86 (Cambridge 1972). The subtitle is an allusion to Montague Norman, the powerful governor of the Bank of England, who was to a large extent responsible for the return to gold at the prewar parity of $ 4.86. The new material tends to exonerate Churchill. In a remarkable "most secret" memorandum addressed to his advisers before the decision to return to gold at the old parity was made, Churchill had asked all the relevant questions. But he received wrong or misleading answers from his advisers.

[5] See the "truly great book" (Sir Roy Harrod's words) A Monetary History of the United States 1867 - 1960 by *Milton Friedman* and *Anna Jacobson Schwartz,* Princeton 1963, especially the "magnificent" (Harry G. Johnson's word) Chapter VII, "The Great Contraction 1929 - 33", available separately as a paperback. See also *Gottfried Haberler,* The World Economy, Money and the Great Depression 1919 - 1939, American Enterprise Institute, Washington 1976.

[6] Two remarkable books have gone a long way to set the record straight. The one by Axel Lejonhufvud discusses Keynes' theory while T. W. Hutchison

to happen to all founders of schools that they come in conflict with some of their followers. Karl Marx became so disgusted with what some of his disciples were saying that he wrote to Friedrich Engels "All I know is that I am not a Marxist". Keynes in a famous posthumously published article castigated the views of some of his followers as "modernist stuff gone silly and turned sour". The time has come for a Hutchison or a Lejonhufvud to write on Friedmanian economics and the economics of Friedman.

My second point is that I am here concerned not with the whole range of the controversies of Keynesianism versus Monetarism but merely with Keynes' policy recommendations for dealing with the extremely depressed conditions of the 1930s.

What Keynes recommended for the slump conditions of the 1930s was public works and deficit spending. He played down the importance — efficacy — of a policy of easy money to lift the economy from a severely depressed condition. But he did not neglect the monetary factor altogether; it is after all implicit in his recommendation of deficit spending that the deficit be financed by borrowing from the banks, that is to say, by money creation, and not by borrowing from the public that would merely divert expenditures from other channels.

I suggest that recommending deficit spending in a deep depression is entirely compatible with regarding monetary factors as the main cause of the exceptional severity of the Great Depression of the 1930s. It is one thing to say that the depression would never have become so severe if the wholesale destruction of money had been prevented by better monetary policy. It is a different but not incompatible thing to say that once a depression has gathered momentum, easy money and very low interest rates would be ineffective or would be dangerously slow in turning the tide of deflation. It can even be argued that under slump conditions relying entirely on monetary policy (open market operations) would create a large pool of liquidity which later, when relased after the economy has turned the corner, would create an unhealthy inflationary boom.

deals mainly with Keynes' views on economic policy questions such as inflation. *Axel Lejonhufvud*, On Keynesian Economics and the Economics of Keynes. A Study in Monteary Theory, New York 1968. *T. W. Hutchison*, Keynes Versus The 'Keynesians' ...?, An Essay in the Thinking of J. M. Keynes and the Accuracy of its Interpretations by his Followers, London Institute of Economic Affairs, 1977. Hutchison shows that in 1937 when unemployment in Britain was still at 11 - 12 percent, Keynes became very concerned about inflation although the price rise at that time was modest compared with what happened in Britain in the 1970s. Keynes was urging the "damping down of extra public works and deficits". He still was concerned about unemployment but recommended "different techniques" to deal with the unemployment problem. (ibidem p. 14 and passim.)

In the last paragraph of their fascinating chapter on the Great Contraction, Friedman and Schwartz say: "Yet it is true that small events at times have large consequences, that there are such things as chain reactions and cumulative forces .... Economic collapse often has the character of a cumulative process." The authors there speak of the liquidity crisis and the collapse of the U.S. banking system in the early thirties. Clearly, the Great Depression was such a cumulative process, even apart from the collapse of the banking system. (Every depression or even recession has the character of a cumumlative process to some extent.) The authors continue: "Because no great strength would be required to hold back the rock that starts a landslide, it does not follow that the landslide will not be of major proportions." The Great Depression surely was a landslide of major proportion. Better monetary policy would have prevented the landslide. But it is not unreasonable to argue that after the cyclical had become a landslide, measures of greater strength than easy money were required to quickly stop the slide. These stronger measures are direct injections of money into the expenditure stream through government deficit spending. Thus, as far as the required measures to overcome the Great Depression are concerned, the monetarist and keynesian positions can be reconciled[7].

It is very important to understand clearly the nature and causes of the Great Depression, because they were so often misunderstood. Not surprisingly, Marxists regarded the depression as a confirmation of their master's prophecy that under capitalism depression would become more and more severe until the system would come crashing down in a final big bang. But non-Marxist economists, too, especially followers of Keynes, thought that the capitalist, free market economy had a secular tendency of stagnation, due to excessive saving and lacking investment opportunities.

Among the followers of Keynes two groups must be distinguished, a right wing and a left wing. The former can be described as "liberal" (in the old, classical sense of laissez faire which in the present American usage of words should be called "conservative"). The latter are what Schumpeter called the Marxo-Keynesians. The late Roy Harrod belonged to the right wing while Joan Robinson is the most prominent

[7] Felix Butschek argued that "the explosive economic development [of Austria after the Nazi takeover] in the last three quarters of 1938 and the first three quarters of 1939 which expressed itself in a real GNP growth of 12.8 and 13.3 percent (annual rates) respectively)" can be regarded as a confirmation of the Keynesian theory and policy prescription but does not support the monetarist explanation. (*Butschek*, op. cit., "Theoretical Epilogue" pp. 114 - 120.) I would suggest, however, as explained in the text that the Keynesian and monetarist positions can be reconciled as far as policy prescriptions for reviving an economy in deep depression are concerned.

Marxo-Keynesian. Keynes himself belonged to the right wing of his school, or at least returned to the right in his later years. Most American Keynesians belong to the right wing which has earned them the appellation "bastard Keynesians"[8].

The two Keynesian groups disagree on policy. The right wing thinks that government deficit spending and easy money are sufficient to prevent unemployment from becoming severe, the left wing, the Marxo-Keynesians believe that the capitalist free market system is beyong repair. But all Keynesians agree that the Great Depression was due to a chronic tendency of oversaving and lagging investment opportunities[9].

Actually, as we have seen, the extraordinary severity of the depression of the 1930s can be fully explained by avoidable policy mistakes. This explanation is supported by two broad facts. First, in one country after the other the depression lifted as soon as the deflation was stopped by orthodox or unorthodox measures. In the United States it took longer than in most other countries because the New Deal under President Roosevelt made the great mistake of combinig anti-deflationary monetary and fiscal policies with price and cost-boosting measures ("structural reform measures") which produced inflationary pressures long before full employment was reached and so brought about the severe contraction of 1937 - 38[10].

---

8 See *Joan Robinson*, „What has Become of the Keynesian Revolution?" in After Keynes. Papers Presented to Section F. (Economics) of the 1972 Annual Meeting of the British Association for the Advancement of Science, edited by Joan Robinson, Oxford 1973. She calls the American followers of Keynes "bastard Keynesians". See also various papers on Keynes and Keynesian economics by Harry G. Johnson which have been collected (along with essays by Mrs. Johnson and some papers written jointly by Mr. and Mrs. Johnson) in *Elizabeth S. Johnson* and *Harry G. Johnson*, The Shadow of Keynes, Understanding Keynes, Cambridge and Keynesian Economics, Oxford and Chicago 1978. See especially Chapter II, "The Shadow of Keynes" and Chapter 18, "Keynes' General Theory": Revolution or War of Independence?".

9 A fuller account would distinguish several shades of opinion, not just two groups. For example in what I called the right wing one would distinguish those who envisage the necessity of more or less permanent deficit spending to keep severe unemployment at bay and those who are content with filling in the cyclical valleys, the "fine tuners" of the economy. Needless to add that both positions, permanent deficit spending and fine tuning of the economy, are highly controversial and subject to weighty criticism. But this goes beyond the scope of the present essay.

10 It is very instructive to compare the policies of Hitler's economic wizzard H. Schacht with the contemporaneous policies of Roosevelt's New Deal. Schacht's policy was more effective and less inflationary. Thus Nazi Germany avoided the 1937 - 38 contraction. For details see my *The World Economy, Money and the Great Depression 1919 - 1939*, p. 18. Keynes himself was critical of Roosevelt's policy of combining recovery and reform and counseled

The other fact supporting the thesis that the severity of the Great Depression was due to avoidable deflation and not to an inherent flaw of the capitalist system is that there have been only recessions and no depressions after World War II, if by depression we mean a slump comparable in intensity to the Great Depression of the 1930s or earlier depressions.

The last remark will perhaps be challenged and it confronts me squarely with the second question posed earlier: Has the post-war prosperity not come to an end? Was the last recession of 1974 - 75 not really something more serious than a recession? Was it a depression? And what about the future? Rising inflation in the United States, chronic weakness of the dollar. Does that not portend bad times ahead?

V. The Present Economic Malaise[11]

The general outlook surely has changed since the 1950s and 60s. Those were the heydays of Keynesianism. Many economists then thought that the business cycle had been finally banished by skilful "demand management" and "fine-tuning" of the economy, that is, by manipulating government expenditures and taxes so as to offset fluctuations in the private economy. It did not work out that way. Rising inflation and then the recession of 1973 - 75 have caused a change from euphoria and optimism to various shades of resignation, gloom and pessimism.

The business cycle, which had been declared dead several times before, is still very much alive. In fact, the 1973 - 75 recession was the sixth American post-war recession. It was somewhat longer and on most counts more severe than the earlier recessions. *But it was definitely not a depression and in no way comparable to the depressions of the interwar period or of former times.*

Let me mention a few figures to prove my point. In the United States unemployment rose to almost 9 percent in 1974, in the 1930s it climbed to over 25 percent[12]; real GNP, the broadest measure of

to concentrate on recovery and postpone reform. See R. F. Harrod *The Life of John Maynard Keynes*, London 1951, p. 444.

11 This section is based on my paper, "The Present Economic Malaise" in *Contemporary Economic Problems 1979*, Project Director William Fellner, American Enterprise Institute, Washington 1979, where the problem of the present malaise is analyzed in greater detail.

12 Moreover, unemployment today in the 1970s is entirely different from the unemployment in the 1930s. Generous unemployment and welfare benefits have not only sharply reduced the distress of joblessness for the individual worker but has created spurious, voluntary unemployment. The recorded

economic performance, declined in the last recession by 6.6 percent compared with a drop of 36 percent from 1929 to 1933.

There can be no doubt that in Austria the recent recession was much milder than in the United States, and that it was nothing compared with the depressed situation of the 1930s. The latter statement is true also of all other European countries and Japan. If that is accepted, what is then the reason of and justification for the recent wave of pessimism?

Before trying to answer that question, it should be mentioned that in Austria, unlike in other industrial countries, the recession of 1974 - 75 was not the most severe recession in the postwar period. There was a short but fairly severe recession in 1952 which can be characterized as a painful but healthy stabilization crisis. It was vividly described by Stephan Koren. A sharp reduction of American aid forced the Austrian authorities to take strong measures to stop inflation. Bank credits were restricted, the discount rate was raised from 3.5 percent to 6 percent and fiscal policy was tightened by reducing government expenditures and raising taxes and prices of public services (railroad fares, postal rates, etc.). An essential feature of the stabilization policy was a *de facto* devaluation of the schilling brought about by abolishing the system of multiple exange rates. Koren describes the success of the stabilization policy as "amazing". "True, the growth of industrial production in 1952 came to a halt and employment even declined by 3 percent. But already in 1953 an astonishingly vigorous upswing of economic activity started[13]." Once again what Keynes called „the classical medicine" worked wonders.

---

unemployment figures contain an unknown but sizable number of people who prefer to be temporarily unemployed. Furthermore, a large part of the unemployment is "structural" not "Keynesian", that is to say, not due to a deficiency of aggregate demand and not curable by Keynesian policies. For example, in the United States the shockingly high unemployment among black teenagers (close to 40 percent!) is largely due to minimum wage laws and cannot be eliminated by pumping up the economy by monetary expansion. The escape hatch of reducing the *real* minimum wage by inflation has been closed by virtual indexation of the minimum wage.

[13] *Stephan Koren*, Die Industrialisierung Österreichs — Vom Protektionismus zur Integration, loc. cit., p. 250 - 251. The following figures indicate the rapidity and magnitude of the change. From 1949 - 50 the wholesale price index jumped by 32.5 percent and the consumer price index by 18.1 percent. From 1950 - 51 the increase was 34.3 percent and 27.6 percent respectively. 1951 - 52 the rate of inflation declined to 11.1 and 17 percent respectively. From 1952 - 53 wholesale prices *declined* by 5.6 percent and consumer prices by 5.4 percent. The rapid recovery which set in in 1953 brought about an increase of 4.5 percent of the wholesale prices and of 3.7 percent in consumer prices from 1953 to 1954. For further details see *Ernest Sturc*, "Stabilization Policies: Experience of Some European Countries in the 1950's", in International Monetary Fund Staff Papers Vol. XV, No. 2, July 1968, pp. 198 to 204, The Experience of Austria.

I return to the question what is the reason for the current pessimism? I suggest that the unsettling fact that is at the bottom of the present malaise is the rising tide of a seemingly intractable inflation and the deeper causes behind it. The recent recession, although definitely not a depression, had an unusual and worrisome feature — it was a highly inflationary recession. While previously, in the interwar period and earlier, recessions and depressions were characterized by *falling* prices, in the last recession inflation at first even accelerated; later the rate of inflation fell sharply from its highest point of about 12 percent in mid-1974 to a little below 6 percent in 1976, but in the United States it got stuck at that level and in 1977 under the Carter administration started again to accelerate and reached the two-digit level in 1979[14].

The persistent coexistence of high or even rising unemployment and inflation, "stagflation", the combination of inflation and unemployment, makes the inflation so intractable: If monetary and fiscal policy, easy money and government deficit spending, are used to combat unemployment, inflation is intensified. If on the other hand fiscal and monetary policies are tightened to curb inflation, more unemployment is created. This policy dilemma did *not* exist in former times; in the "classical" recessions and depressions in which prices declined, easy money did not cause inflation but merely counteracted the price deflation.

How about the other industrial countries? The answer is that all industrial countries in the Western world have suffered from inflation and stagflation, but of course not to the same degree. The differences in inflation rates have been and still are very large. Some countries are much more succesful than others in containing inflation and coping with the stagflation dilemma. The inflation differentials between countries is the main reason why relative currency values fluctuate in the foreign exchange markets. Broadly speaking, countries with the highest inflation rates have the weakest currencies. I cannot go more deeply into that subject and discuss apparent exceptions. But I must say a word about the recent turmoil in the foreign exchange markets and the alarming decline of the dollar, because these developments

[14] Two other closely related recent developments are often mentioned as reasons for the present malaise, the decline in productivity growth (declining growth of output per man or manhour) and low level of productive investment in the private non-farm sector. In my paper "The Present Economic Malaise" it is shown that these two developments can be traced to the same root-cause of the main reason, that is to faulty government policies — the enormous growth of the public sector, excessive regulation of business, stifling progressive tax rates exacerbated by inflation which pushes everybody into higher tax brackets.

too, have raised doubts in the viability of the free market systems and contributed to the malaise.

The enormous rise in the oil price and the sums the United States has to spend on imported oil are often mentioned as the main cause of the recline of the dollar. However, that oil is not the decisive factor is demonstrated by the fact that countries whose currencies have risen the most, Germany, Japan, Switzerland and Austria, depend to a much greater extent on imported oil than the united States, and that Canada, an energyrich country, has had a weak currency for years.

The real reason for the recent decline in the dollar is the inflation differential that has developed between the United States and the strongcurrency countries, Germany, Japan, Switzerland and Austria. While the inflation rate in the United States got stuck at 6 percent in 1976 - 77 and has been rising again to the two-digit level in 1979, in the three countries is has continued to decline — in Germany to about 2 - 3 percent, in Switzerland to practically zero, and in Japan to something like 3.5 percent. This has undermined the confidence in the dollar, for the market realizes that the currency of a high inflation country is bound to depreciate.

Unfortunately, the dollar is especially vulnerable to a loss of confidence. The reason is that the dollar is still the world's foremost international reserve and transations currency. That means that there are huge dollar balances held abroad, several hundred billion, and when the dollar is expected to decline because of the persistent U.S. inflation, private and public foreign dollar holders try to diversify their currency holdings into other currencies that are expected to go up. The German mark, Japanese yen and Swiss franc are the obvious rivals of the dollar as repositories for official and private reserves.

The conclusion is that the decline of the dollar and the turmoil in the foreign exchange markets is not due to malfunctioning of the present system of floating exchange rates. It is the predictable consequence of mismanagement of domestic policies in the major countries, the high rate of inflation and inflation differentials between countries. These are the same policy mistakes that are responsible for the stagflation phenomenon, the coexistence of unemployment and rising prices.

This in turn is not the consequence of a basic flaw in the capitalistic, free market economy. The opposite is true. Stagflation is the consequence of the fact that government policies have moved the economy too far away from the free market ideal. In a freer, more competitive economy it would be impossible that wages rise rapidly in the face of unemployment as they do now. Strong labor unions fostered and abetted by government policies have made money wagek totally rigid downward and push them up even if there is unemployment. The government puts a floor under wages by minimum wage laws and the floor is raised from time to time to offset inflation. Prices of farm products are propped up by acerage and import controls. Imports of steel, shoes, textiles and many other things are restricted by duties, quotas, and so-called "voluntary" restrictions forced on foreign exporters ("orderly market arrangements"). This pervasive webb of restrictions and regulations and the great power of lagor unions is the cause of stagflation on the present scale. It is not the free market economy that ist at fault, but government-imposed or tolerated deviations from the free market system.

Since this is an intricate and somewhat controversial subject, two brief caveats are in order. First, I have mentioned labor monopolies — unions — but not industrial monopolies. The reason is that in the modern world labor monopolies — unions — have become much more powerful than business monopolies. Business monopolies exist mainly in the public utility area — railroads, telephone, electric power and the like. But these industries are everywhere regulated, often over-regulated or government owned and operated. Few other monopolies or oligopolies could survive without government protection, mainly in the form of import restrictions. Freer trade always was and still is the best anti-monopoly policy. The enormous growth of world trade in the postwar period has undermined many monopolies and oligopolies.

Second, stress on regulations and monopolies does not mean that money and monetary policy are unimportant. On the contrary, no inflation and no stagflation would be possible without monetary accommodation. What the stress on government created monopolies and regulations means is that because of regulations and monopolies an anti-inflationary monetary policy (tight money) creates so much transitional or protracted if not permanent (what monetarists call "natural") unemployment that it becomes politically almost impossible to bring the policy of monetary disinflation to a successful conclusion. Or to put it differently: Inflation, including stagflation, cannot be stopped without tight control on monetary growth. But this indispensible monetary control will work much more efficiently and will cause less transitional or protracted unemployment if the economy is made more competitive and flexible by curbing the power of monopolies, especially labor monopolies, and by loosening government regulations, including import restrictions, which raise costs and prevent price adjustments[15].

My general conclusion thus is that the present malaise is not due to a basic flaw in the free-enterprise, market-oriented economy. On the contrary, it is due to the fact that government policies have moved the economy too far away from the competitive ideal. In other words, the present troubles do not signify a crisis of capitalism as communist propaganda wants to persuade us[16], they are the consequences of protracted government mismanagement — enormous expansion of government activities resulting in a heavy burden on the productive private sector, stifling tax burden, overregulation of industry, and encouragement of private especially labor monopolies, topped by inflationary policies to reconcile incompatible claims on the national product. The chickens are coming home to roost[17].

VI. The Austrian Economy since 1974

I now return to the Austrian scene. How does the Austrian economy fit into this general picture?

As mentioned earlier, Austria, too, was hit by the world recession of 1974 - 75, but the setback was milder than in the United States and in most other industrial countries. The rate of growth of the economy slowed down after 1973, but only in one year, 1975, was there an actual

---

[15] The recent successful deregulation of airlines in the Unites States has shown dramatically how the loosening of government regulations can spur competition, reduce prices and stimulate production.

[16] Some writers in the West, too, speak of the crisis of capitalism. For example, Robert L. Heilbroner begins a long article on Boom and Crash by saying "Another worldwide crisis of capitalism is upon us". (The New Yorker, August 1978.) See also his booklet: Beyond Boom and Crash, New York 1978.

[17] The comparative efficiency and harmlessness of inflation to straighten out the mess was proclaimed by one of the most prominent American Keynesians, James Tobin, in his billiant presidential address "Inflation and Unemployment" to the American Economic Association in December 1971. "Inflation lets this struggle [for mutually inconsistent claims on the national product] proceed, and blindly, impartially and non-politically scales down all its outcomes. There are worse methods of resolving group rivalries and social conflict." (American Economic Review, Vol. 62, March 1972, p. 13.) Tobin did not mention that the government is the greatest struggler for a larger slice of the national product. After several years of rising inflation, Tobin seems to have changed his mind on the harmlessness of inflation. In 1978, looking back to the 1960s, Tobin said: "Speaking for myself ... I acknowledge that I had been overoptimistic about the tradeoff [between inflation and unemployment] and too skeptical of accelerationist warnings [about inflation]." (*James Tobin*, "Comments of an Economic Scribbler" in the symposium on "Keynesian Policies. The Drift into Permanent Deficits and the Growth of Government", Journal of Monetary Economics, No. 4, 1978, p. 622.) It is easier for economists to revise their theories than to persuade governments to accept the revision and to change the course of policy.

drop in real GNP of 1.5 percent. Unemployment rose very little — from 1.5 percent in 1974 to 2 percent in 1975 and hovered about that level through 1978[18]. As in all other countries the 1974 - 75 recession was preceded by inflation. As measured by the consumer price index, inflation reached its peak of about 9.5 percent in 1974. This is a little less than in the United States and much less than in other industrial countries, except Germany and Switzerland. Since 1974 the rate of inflation has sharply declined and, unlike in the United States, it did not accelerate in 1978. The latest figures indicate an inflation rate of about 3.5 percent.

Looking at the post-recession development of the Austrian economy, two important facts must be kept in mind. First, the Austrian schilling has been pegged (with minor corrections) to the currency of Germany, Austria's by far the most important trading partner, and, secondly, Germany, along with Japan and Switzerland, has continued the policy of winding down inflation, unlike the United States whose inflation rate got stuck at the 6 percent level in 1976 and has sharply gone up since then. As a consequence Germany and Japan, although they enjoy large trade surpluses, experienced a slower recovery (slower growth) than the United States, and the mark, yen and Swiss franc appreciated sharply vis-à-vis the dollar.

Since the schilling was (and still is) pegged to the mark, it too had to appreciate sharply vis-à-vis the dollar, from 23.12 schilling per dollar in 1972 to less than 14 schillings recently. Since some 40 currencies are still pegged to the dollar and several important currencies depreciated vis-à-vis the dollar, the appreciation of the schilling vis-à-vis the dollar reflects a sharp general appreciation. The schilling has become a very hard currency. Only the Swiss franc is much harder. (The Swiss franc has risen from 6.18 schillings in 1973 to over 8.15 schillings in 1978.)

The large appreciation of the schilling in the foreign exchange market paralleled a sharp reduction in the rate of inflation. As mentioned,

---

18 Prof. K. W. Rothschild believes that the official figures somewhat understate the increase in "genuine" unemployment in the recession. His tentative estimate is that if two corrections are made (one for the departure of foreign workers and the other for different statistical treatment of certain groups of retired people), the "true" unemployment rate for 1975 is raised from 2 percent to 3.2 percent. This correction leaves the Austrian unemployment rate still substantially lower than in all other industrial countries with the exception of Norway, Sweden and Switzerland. See *K. W. Rothschild*, „Zyklisches Verhalten und Niveau der österreichischen Arbeitslosigkeit: Zwei hypothetische Betrachtungen", in Zeitschrift für Nationalökonomie, Vol. 37, No. 1 - 2, 1977, pp. 183 - 196. Switzerland is, of course, a special case because of the large decrease in the number of foreign workers.

the rise in the consumer price index was reduced from 9.5 percent in 1974 to 3.7 percent in 1978. Even more dramatic was the decline in the rate of increase of the wholesale price index: It dropped from 15 percent in 1974 to 1 percent in 1978. This reflects the decline of the prices of many imported raw materials in terms of schillings. For example, the crude oil price charged by OPEC has not changed much in terms of dollars since 1974 until 1979 and has, therefore, sharply declined in terms of schillings and other hard currencies.

Three questions arise: First, how did Austria manage to reduce the rate of inflation? Second, what were the consequences of disinflation and appreciation of the schilling for the state of the Austrian economy, for employment, unemployment and the rate of growth of output? Third, why was the schilling pegged to the high-flying mark, although it caused a certain slowdown of the rate of growth, and what is the overall judgment of the hard currency policy, and what can be learned from the Austrian example?

The short answer to the first question is that disinflation was accomplished by the classical method of monetary restraint in the form of a strict limit on the growth of bank credit. The effective appreciation of the schilling, brought about by pegging it to the hard German mark, was an essential ingredient of the policy of disinflation. Moreover, without the cooperation and moderation of the powerful trade unions, the policy of disinflation and appreciation could not have been carried out or would have created heavy unemployment.

Now the second question: Disinflation and appreciation have caused a marked slowdown of the rate of growth. The rate of growth of real GNP which increased sharply immediately after the recession — to over 6 percent in the second half of 1976 and 5 percent in the first half of 1977 — declined in the second half of 1977 to about 2 percent, and the decline has continued in 1978 to about 1.5 percent. But the change has not become negative. Industrial production, too, has exhibited a marked decline in the rate of growth. The recent development can be described as a "growth recession" bordering on a mild "real" recession (defined as an actual decrease in GNP, not merly a decline in the rate of growth).

The remarkable aspect of the Austrian slowdown is that unemployment rose only slightly from 1.8 percent in 1977 to 2.1 percent in 1978. (The figure for December 1978 was 2.8 percent.) As already mentioned, a factor that helps to explain the low level of unemployment is the reduction in the number of foreign workers. Like Switzerland, Austria has a cushion of "guest workers", although the cushion is much smaller than that of its Western neighbor.

I now come to the last question: Why was the hard currency policy adopted and can it be regarded as a full success? For a small country it is obviously very desirable to stabilize its currency in terms of the currency of a large country. The currency of Germany, Austria's by far most important trading partner, was the obvious choice. Pegging to the mark required a reduction of the rate of inflation to approximately the German level. These two correlated objectives, a stable schilling-mark rate and low inflation, have been attained.

The hard currency policy has, however, not met with universal approval. The export industries are, naturally, not happy and some highly respected economists have argued that the schilling is overvalued and should be devalued by an moderate amount. This position has been supported by three arguments. First, the Austrian international balance of payments has developed a large deficit on current account. The deficit jumped from schilling 5.6 billion in 1976 to a 26.4 billion in 1976 and schilling 49 billion in 1977. In 1978, however, it declined to schilling 23 billion. The deficit is being financed to a large extent by public sector borrowing abroad, which obviously cannot go on indefinitely. Second, the hard-currency policy had to be supported by some protectionist measure in the form of a selective imposition of value-added tax on imports which hampers the rational resource allocation (international division of labor). Third, it has been argued that the price in terms of economic slack (decline in the rate of growth of output) that had to be paid for the high international value of the schilling and the rapid decline of the inflation rate has been too high.

The first and second points clearly are not without merit. The third point turns on a cost-benefit analysis. Let me repeat, for a small country, especially one with an inflation-and-exchange-rate conscious population, it is very important to have a confidence-inspiring anchor for the currency. How much temporary slack and lost output should be regarded as a reasonable price to pay for a stable schilling, I shall not try to judge, but le me say this: The next year or two will show whether the hard currency policy was a complete success. In 1978 Austrian exports have markedly increased and the trade and current account deficits have declined. The continuation of this improvement will depend, in large part, on whether the recent economic revival in Western Europe, especially in Germany, continues and picks up speed. If that happens, the Austrian trade deficit will further decline and the growth of the economy will accelerate. In that case the hard currency policy will be crowned by success.

Now consider a different scenario. Suppose something goes wrong, either inside Austria or outside, the improvement of balance of payments comes to a halt, and the growth in GNP falters. In that case it could be argued that a small downward correction of the exchange rate is indicated. It would be a great pity to break the record of stability, but if properly handled, a small devaluation vis-à-vis the mark and the other currencies pegged to the mark need not shake the confidence in the schilling.

Sooner or later the large international deficit (on current account) will have to be eliminated, because Austria cannot go on indefinitely borrowing abroad on the recent scale. The improvement in the balance of payments will imply a little belt-tightening, because it requires an increase in exports and/or decrease in imports, which in turn implies that less is available for domestic investment and/or consumption[19]. This is independent of whether the change is brought about with a stable exchange rate (first scenario) or a devaluation of the schilling (second scenario). To repeat, the first alternative would by far be preferable, but a moderate devaluation of the schilling, if properly managed, would not be a great misfortune.

I have discussed the stagflation dilemma which has troubled the United States and other Western countries in different degrees, and has made the inflation so intractable. How does Austria fit into this picture?

No doubt, Austria has been more successful than most other industrial countries in coping with the stagflation dilemma, as demonstrated by low unemployment and a sharp reduction of the rate of inflation. A major factor was the moderate stance of the labor unions which is shown by the fact that the growth in union and other wage rates has sharply declined from the high rates during the inflationary period. Thus, the index of "the workers' net wage in collective agreements" which in 1975 rose by 19.1 percent has declined to an average rise of 6.7 percent in 1978[20], and the monthly earning of all employees in industries exhibits a decline of its annual growth from 15.9 percent in 1975 to 7.6 percent in 1977 and a further drop in the first ten months of 1978[21].

---

19 The belt-tighening can be achieved without an actual decline in the standard of living if the real wage growth is reduced for a limited period of time, *provided productivity growth remains positive and large enough.*

20 „Index der Arbeitsnettotariflöhne." See monthly Bulletin of the Austrian National Bank, January 1979, p. 59.

21 *Ibid.*

The final test of Austria's ability to conquer inflation and stagflation is still to come. As mentioned before, the elimination or at least sharp reduction of the external deficit and the corresponding budget deficit will require a sight belt-tightening, which could be accomplished without an actual reduction in the standard of living by a decrease for a limited period of the rate of growth of real wages (incomes) provided productivity growth (growth of output per manhour remains sufficiently large[22].

VII. Summary and Conclusion

Austria, along with the whole Western world, has enjoyed a period of almost unprecedented economic growth and prosperity during the first quarter century after World War II. In Austria the contrast between economic prosperity and political stability after 1945, and economic plight, depression, political instability and civil strife during the interwar period, was especially striking. The rate of growth of real GNP since 1945 and the rise in standard of living have been truly remarkable. Like the United States and other Western industrial countries, Austria was hit by the world recession of 1973 - 75, but it was a mild recession and not a depression. The recession in Austria was milder than in most other industrial countries; it was nothing compared with the deep depression of the 1930s.

As in the United States and other industrial countries the recession was preceded by a wave of inflation of about the same intensity as in the United States. After the peak in 1974 the rate of inflation has declined to about 3.5 percent recently, while in the United States inflation got stuck at about 6 percent and has sharply accelerated in 1978. The schilling has been attached to the German mark and has strongly appreciated vis-à-vis the dollar. The "hard currency" policy hat a somewhat depressing effect on the economy. The rate of growth of real GNP has declined but has not become negative. The hard currency policy has caused a large deficit in the current balance of kayments that is being financed by public sector borrowing abroad. But the setback to economic activity was small and unemployment has remained very low. In the course of 1978 there have been signs of revival of economic activity and the foreign trade position has improved. Some highly respected experts think, or thought before the recent improvement, that the schilling is somewhat overvalued and should be devalued. There is, however, a good chance that Austria

---

[22] If, as in some other industrial countries, productivity growth fell to, or close to, zero, elimination of the trade deficit would require an absolute decline of the standard of living.

will be able to resolve the excessive external deficit without a devaluation of the currency, especially if the expansion of the German economy, which started in 1978, continues. This would be by far the most desirable outcome. For a small country with an inflation and exchange-rate-conscious population, it is very important to have a confidence-inspiring anchor for the country. Whatever the outcome, there is no reason to change the judgment that Austria has done remarkably well since 1945, that the economy is in good shape, and that the prospects are good for continued advancement in the future[23].

[23] This paper was written early in 1979. It does not take account of the U.S. recession which seems to have started in mid-1979 nor of the reacceleration of inflation in Germany and Switzerland which has forced the German authorities to tighten monetary policy and may interrupt or slow down the cyclical recovery.

DIE ROLLE VON GELDMENGENZIELEN BEI FLEXIBLEN WECHSELKURSEN — DIE ERFAHRUNGEN DER SCHWEIZ

Von Fritz Leutwiler*

I. Einleitung

Seit dem Übergang zu einem System flexibler Wechselkurse wird der Entwicklung quantitativer monetärer Größen vermehrte Aufmerksamkeit geschenkt. Die währungspolitischen Behörden verschiedener Länder haben Zielvorstellungen für das Wachstum von Geldmengen- oder Kreditaggregaten formuliert. Vor allem größere westliche Nationen, wie die Vereinigten Staaten, Kanada, Großbritannien, Frankreich oder Deutschland, haben sich für eine Strategie der mengenorientierten Geldpolitik entschieden. Die Notenbanken kleiner, offener Volkswirtschaften hingegen haben mehrheitlich ihre Skepsis gegenüber Geldmengen- oder Kreditvolumenzielen betont. Eine Ausnahme unter den Kleinstaaten stellt die Notenbank der Schweiz dar; sie hat für das Jahr 1975 als eine der ersten ein quantitatives Geldmengenziel festgelegt und öffentlich bekanntgegeben.

Verschiedene Gründe haben dazu geführt, daß die Notenbanken nach einer langen Periode vornehmlich zinssatz- und wechselkursorientierter Politik vermehrtes Gewicht auf quantitative Aspekte der Geldpolitik zu legen begannen. Im Vordergrund standen die Inflationserfahrungen der frühen siebziger Jahre und der dadurch geförderte Zusammenbruch des Systems von Bretton Woods. Diese Entwicklung hat die monetären Behörden veranlaßt, ihre Bemühungen um eine größere wirtschaftliche Stabilität zu verstärken. Die Formulierung quantitativer Geldmengenziele und deren öffentliche Bekanntgabe sind Ausdruck dieser Anstrengungen.

Im folgenden werden Überlegungen zur Frage der Effizienz und der praktischen Relevanz von Geldmengenzielen bei flexiblen Wechselkursen angestellt. Im Zentrum stehen dabei die Erfahrungen der Schweiz.

---

* Dr. Peter Buomberger, wissenschaftlicher Mitarbeiter der Schweizerischen Nationalbank, gebührt Dank für wesentliche Beiträge zu diesem Aufsatz.

II. Der Übergang zu einer expliziten Geldmengenpolitik

Seit der Gründung der schweizerischen Notenbank im Jahre 1907 hat die Regulierung des Geldumlaufs eine wichtige Rolle bei geld- und währungspolitischen Entscheiden gespielt. So ist auch die Hauptaufgabe der monetären Behörden der Schweiz in der Bundesverfassung (Art. 39) wie folgt beschrieben: „Die Nationalbank hat die Hauptaufgabe, den Geldumlauf des Landes zu regeln, den Zahlungsverkehr zu erleichtern und eine dem Gesamtinteresse des Landes dienende Kredit- und Währungspolitik zu führen.“ Die erstmalige Festlegung eines expliziten Geldmengenzieles für das Jahr 1975 war indessen ein Novum in der Geschichte der schweizerischen Geldpolitik. Sie signalisierte den Beginn einer systematischen und vorausplanenden Geldmengenpolitik in der Schweiz.

Der Entscheid für die Festlegung eines geldpolitischen Zieles und dessen öffentliche Bekanntgabe darf allerdings nicht als historischer Zufall betrachtet werden. Vielmehr widerspiegelt er die negativen Erfahrungen mit einer langen Periode steigender, zuletzt außerordentlich hoher, Inflationsraten.

Unter dem System fester Wechselkurse war die Entwicklung des Geldumlaufs in der Schweiz größtenteils das Resultat von Zahlungsbilanzeinflüssen[1]. Da die Schweizerische Nationalbank von der Landesregierung festgesetzte Wechselkursparitäten einzuhalten hatte, mußte sie zeitweise in sehr großem Ausmaß Dollar übernehmen und Schweizerfranken abgeben. Umfangreiche Kapitalimporte führten in Phasen günstiger Konjunkturentwicklung zu einer starken Ausweitung der

Tabelle 1: Geldmenge, Realwachstum und Inflation 1950 - 1975
(durchschnittliches Wachstum in %)

Variable → Konjunkturzyklus ↓	Monetäre Basis $(t-1)$	Geldmenge M_1 $(t-1)$	BSP real	Konsumentenpreisindex
1950 - 1953	*	*	3,4	0,8
1954 - 1958	3,9	3,4	3,6	1,2
1959 - 1967	6,3	7,3	4,9	2,9
1968 - 1975	9,5	7,0	2,6	5,8

* nicht verfügbar.

---

1 Vgl. dazu: *K. Schiltknecht*, Von der Kreditpolitik zur Geldmengenpolitik, in: Kredit und Kapital 3/1978.

monetären Basis. Der übermäßige Anstieg der Notenbankgeldmenge übertrug sich auf die Geldmenge und führte schließlich zu steigenden Inflationsraten. Die durchschnittliche Wachstumsrate des realen Bruttosozialproduktes im Konjunkturzyklus mit der größten Inflationsrate (1968 - 1975) blieb hinter der Wachstumsrate der übrigen Konjunkturzyklen zurück (vgl. Tabelle 1).

Angesichts des dominierenden Einflusses der Zahlungsbilanz auf die monetäre Entwicklung und den Preisverlauf überrascht es nicht, daß der Ansatzpunkt der schweizerischen Geldpolitik zur Zeit fester Wechselkurse größtenteils bei der Kontrolle von Kapitalzuflüssen lag. Kernstück bildete dabei die Nichtverzinsung ausländischer Guthaben in Schweizerfranken bei den Banken. Zusätzlich versuchte die Schweizerische Nationalbank, die monetäre Entwicklung durch eine Begrenzung des Kreditzuwachses unter Kontrolle zu bringen.

Diese Maßnahmen erwiesen sich nicht als besonders wirkungsvoll. Auf die Dauer ließen sich die Ziele feste Wechselkurse und inflationsneutrale Geldmengenentwicklung in einer inflationären Umwelt nicht vereinbaren. Durch Paritätsänderungen sollte dieser Zielkonflikt wenigstens teilweise entschärft werden. Am 9. Mai 1971 wurde der Schweizerfranken um 7 % und am 20. Dezember 1971 um weitere 6,4 % aufgewertet. Der Erfolg bei der Inflationsbekämpfung blieb aber weiterhin aus.

Als sich anfangs 1973 die internationale Währungslage drastisch verschlechterte, stellte die Nationalbank ihre Interventionstätigkeit am Devisenmarkt ein und überließ den Kurs des Schweizerfrankens dem freien Markt. Damit ergab sich für die Nationalbank erstmals in ihrer Geschichte die Möglichkeit, die monetäre Basis und damit die Entwicklung der Geldmenge direkt zu beeinflussen und zu steuern.

III. Gestaltung einer quantitativ orientierten Geldpolitik

Die Wirtschaftswissenschaften haben eine Vielzahl von Empfehlungen zur optimalen Gestaltung der Geldpolitik geliefert. Der weitaus größte Teil bezieht sich jedoch auf die Struktur und die Probleme großer Volkswirtschaften. Wenig Anhaltspunkte gibt die ökonomische Literatur für die Gestaltung der Geldpolitik in einer kleinen, offenen Volkswirtschaft.

1. Wahl und Steuerung eines Geldmengenaggregates

Mit dem Übergang zu einem System flexibler Wechselkurse wurde die Voraussetzung dafür geschaffen, daß die Geldpolitik statt auf die

Wechselkurse nun auf die Geldmenge ausgerichtet werden konnte. Für die Verfolgung einer expliziten Geldmengenpolitik mußte man sich aber vorerst einig werden, welchem von den in der Praxis berechneten monetären Aggregaten die von der Theorie beschriebene Bedeutung zukam. Eine Mehrzahl von Wirtschaftswissenschaftern ist der Ansicht, daß nur die Geldmenge in ihrer engsten Definition (d. h. M_1 = Bargeld und Sichteinlagen des Publikums) als monetäre Zielgröße geeignet sei. Gestützt auf verschiedene empirische Untersuchungen zur Geldnachfrage in der Schweiz[2] gelangte auch die Nationalbank zu dieser Schlußfolgerung.

Eine Geldpolitik mit einem quantitativen Geldmengenziel ist allerdings nur dann sinnvoll, wenn die monetären Behörden in der Lage sind, die Geldmenge zielkonform auszudehnen. Grundsätzlich stehen zur Steuerung der Geldmenge zwei Möglichkeiten offen: a) die Steuerung über ein Reserveaggregat wie die monetäre Basis und b) die Steuerung über Marktzinssätze.

Gegen die Steuerung der Geldmenge über Marktzinssätze sprechen sowohl theoretische wie institutionelle Gründe. Marktzinssätze sind, wie alle Preise, nicht nur von Angebots-, sondern auch von Nachfrageelementen abhängig. Dies bedeutet für die Notenbank ein beinahe unlösbares Problem, indem der Zinssatz, bei dem eine bestimmte Geldmenge resultiert, sich jederzeit durch Nachfrageelemente verschieben kann. Eine besondere Rolle spielen die Inflationserwartungen bei der Bestimmung des Zinsniveaus. Steigende nominale Zinssätze bedeuten keineswegs in jeder Situation eine restriktive Geldpolitik. Sie können vielmehr Ausdruck zunehmender Inflationserwartungen sein. In Perioden mit schwankendem Preisniveau sind deshalb Zinssätze ungeeignet zur Steuerung der Geldmenge. Neben diesen ökonomischen Argumenten ist zu erwähnen, daß bis heute ein institutionalisierter Geldmarkt, wie er in anderen Ländern besteht, in der Schweiz fehlt und somit eine Steuerung der Geldmenge über die Zinssätze behindert wird.

Einen weitaus besseren Ansatzpunkt zur Steuerung der Geldmenge liefert die monetäre Basis. Diese setzt sich im wesentlichen aus dem Notenumlauf und den Guthaben der Banken bei der Notenbank zusammen. Es steht im Ermessen der Nationalbank, die Basis auszudehnen oder zu reduzieren. Von ausländischen Untersuchungen weiß man, daß sich längerfristig die monetäre Basis und die Geldmenge einigermaßen gleichmäßig entwickeln. Empirische Untersuchungen haben ge-

---

[2] Vgl. z. B. *Ch. Vital*, Geldnachfragegleichung für die Schweiz, Zürich 1978 oder *P. Buomberger* und *B. Müller*, Geldmengenaggregate und Bruttosozialprodukt, Beilage zum Monatsbericht der Schweizerischen Nationalbank, Heft Nr. 1, Januar 1978.

zeigt, daß in der Schweiz auch kurzfristig ein enger Zusammenhang dieser beiden Größen besteht[3].

2. Flexible versus konstante Geldmengenziele in kleinen, offenen Volkswirtschaften

Das Postulat konstanter Zuwachsraten für die Geldmenge wurde von Nobelpreisträger Milton Friedman für die von der Weltwirtschaft relativ unabhängige Volkswirtschaft der Vereinigten Staaten formuliert. Auf Grund seiner sich über eine lange Zeitperiode erstreckenden Analysen zum Zusammenhang Geldmenge, Realwachstum und Inflation kommt er zum Schluß, daß eine konstante Wachstumsrate der Geldmenge der erfolgversprechendste Weg zur wirtschaftlichen Stabilität sei. Er betont, daß eine flexibel gehandhabte Geldpolitik, die auf jede Wolke am Konjunkturhimmel mit expansivem Gegensteuer reagiert, die ernstzunehmende Gefahr in sich birgt, das Ausmaß der Konjunkturschwankung letzten Endes eher zu verstärken als zu dämpfen.

Das Konzept der konstanten Geldmengenausdehnung beruht auf der Annahme, daß die Geldnachfrage eine stabile Funktion sei, d. h. daß der zusätzliche Geldbedarf einer Volkswirtschaft von Jahr zu Jahr mit relativ großer Genauigkeit prognostiziert werden kann. In einer kleinen, offenen Volkswirtschaft wie die Schweiz sind auf Grund der bisherigen Erfahrungen die Zusammenhänge zwischen Geldmenge, Realwachstum und Inflation komplexerer Natur. Es scheint, daß bei flexiblen Wechselkursen den Wechselkurserwartungen bei der Geldnachfrage eine wichtige Rolle zukommt. In einem Land, das über seine Güter- und Finanzmärkte mit der ganzen Welt verflochten ist, können sich die Präferenzen als Folge veränderter Rahmenbedingungen laufend ändern. Die dadurch ausgelösten Schwankungen in der Nachfrage nach Schweizerfranken erschweren so lange die Prognose der Geldnachfrage, als man die genauen Bestimmungsfaktoren der Nachfrage nach einzelnen Währungen nicht kennt.

Verschiedene Indizien deuten darauf hin, daß seit dem Übergang zu flexiblen Wechselkursen eine ins Gewicht fallende Verschiebung der Nachfrage nach Schweizerfranken aufgetreten ist. Während in den fünfziger und sechziger Jahren der US-Dollar und teilweise das englische Pfund für private und offizielle Anleger, namentlich auch für Notenbanken, als Hauptreservewährungen dienten, hat in der jüngeren Zeit offensichtlich ein Diversifizierungsprozeß eingesetzt, bei welchem

---

[3] *H.-J. Büttler, J.-F. Gorgerat, H. Schiltknecht* und *K. Schiltknecht,* Ein Multiplikatormodell zur Steuerung der Geldmenge, Diskussionspapier Nr. 75, Universität Basel, 1978.

vor allem die Deutsche Mark und der Schweizerfranken an Bedeutung gewonnen haben.

Solche Portefeuilleumschichtungen, seien sie kurzfristiger Natur oder von längerer Dauer, beeinflussen die Geldnachfrage. Eine international gesehen marginale Änderung in der Portefeuillezusammensetzung kann für die Geldmengenpolitik in einem Kleinstaat infolgedessen von großer Bedeutung werden. In einer solchen Situation ist eine flexible Geldmengenpolitik am Platz. Ein konstantes Geldangebot würde genau jene Störungen hervorrufen, die man mit der Geldpolitik vermeiden will. Insbesondere würde die betreffende Volkswirtschaft einem Deflationsdruck mit den bekannten negativen Auswirkungen auf die Beschäftigung ausgesetzt.

Ein zweites Problem bei einem konstanten Geldmengenziel in einer kleinen, offenen Volkswirtschaft ergibt sich aus der Tatsache, daß Konjunkturschwankungen in einem Kleinstaat nicht nur von der eigenen Entwicklung und Politik abhängen, sondern auch von der Wirtschaftsentwicklung und der Konjunkturpolitik im Ausland. Insbesondere hat sich gezeigt, daß ein Übergang eines wichtigen Handelspartners zu einer expansiveren Geldpolitik anfänglich zu einer Überreaktion der Wechselkurse in Form einer Überbewertung der schweizerischen Währung führt. Ein solches Abweichen der Wechselkurse von ihrem langfristigen, durch die Inflationsunterschiede bestimmten Entwicklungspfad kann aber seinerseits konjunkturelle Schwankungen auslösen. Ist das Überschießen der Wechselkurse sehr ausgeprägt und setzen die korrigierenden spekulativen Kapitalströme nur zögernd ein, so liegt es im Interesse der volkswirtschaftlichen Stabilität, die Geldmengenexpansion flexibel zu gestalten.

In einer kleinen, offenen Volkswirtschaft können aber neben rein monetären auch reale Störungen zu starken und damit unerwünschten Fluktuationen der Wechselkurse führen. Ein Beispiel dafür sind Erdölpreiserhöhungen. Eine starke Erhöhung dieses Preises führt zu einer langfristigen Passivierungstendenz der Handelsbilanz. Diese muß logischerweise mit einer entsprechenden Kapitaleinfuhr kompensiert werden. Bleiben inländische Zinserhöhungen aus, so vollzieht sich der Anpassungsprozeß über einen Abwertungsdruck der inländischen Währung. Solchermaßen ausgelöste kurzfristige Schwankungen der Wechselkurse wirken störend auf die Entwicklung des Außenhandels. Auch in diesem Fall kann es sinnvoll sein, die Geldpolitik zu ändern.

Geldmengenpolitik in einer kleinen, offenen Volkswirtschaft muß folglich elastisch gehandhabt werden. Bei allen akkomodierenden Maßnahmen stellt sich allerdings das Problem, wie weit ein geldpolitischer Kurswechsel gehen soll. Eine flexibel gehandhabte Geldmengenpolitik wird immer ein gewisses Risiko der Über- oder Untersteuerung enthalten. Auf der anderen Seite würde das starre Einhalten einmal fixierter Zuwachsraten mit Sicherheit gewisse Störungen verstärken. Ein Patentrezept gibt es nicht.

3. Geldmengenziele und Wechselkurse

Daß dem Wechselkurs für die wirtschaftliche Entwicklung einer kleinen, offenen Volkswirtschaft eine wichtige Rolle zukommt, muß wohl kaum näher begründet werden. Die höchsten Wachstumsraten des Volkseinkommens erreichte die Schweiz zu jenen Zeiten, als der Welthandel bei verhältnismäßig geringen Restriktionen sich am stärksten entfaltete. Das war namentlich nach der Wiedereinführung der internationalen Währungskonvertibilität Ende der fünfziger Jahre der Fall.

Als die Schweizerische Nationalbank mit der Festlegung von Geldmengenzielen begann, war man sich durchaus bewußt, daß eine Politik stabiler Preise in einer inflationären Umgebung eine stetige Aufwertung des Schweizerfrankens verlangt. Solange aber die Wechselkursentwicklung nur internationale Inflationsdifferenzen widerspiegelte, ergaben sich für die inländische Export- und Importindustrie keine wechselkursbedingten Wettbewerbsverzerrungen. Die Entwicklung auf den Devisenmärkten seit 1973 hat aber gezeigt, daß die Aufwertung des Schweizerfrankens nicht kontinuierlich, sondern schubweise unter teilweise extremen Schwankungen vor sich gehen kann. Im Jahre 1978 nahm die Aufwertung des Schweizerfrankens ein Ausmaß an, das jenseits jeder ökonomischen Rationalität zu liegen schien.

Die Ursachen von kurzfristigen Wechselkursschwankungen sind im Detail schwierig festzustellen. Von Preisschwankungen auf anderen Märkten (z. B. Rohstoffe) weiß man jedoch, daß die Wirtschaft gelernt hat, mit flexiblen Preisen zu leben. Für die Geldpolitik bilden deshalb kurzfristige Schwankungen der Wechselkurse kein zentrales Problem. Die Wirtschaft wird ihre Angebots- und Nachfragepläne nach dem von ihr erwarteten Wechselkurs und nicht nach dem zufälligen Wechselkurs an einem ganz bestimmten Tag richten.

Problematischer wird für die Geldpolitik eine Wechselkursentwicklung erst dann, wenn alle Indikatoren darauf hinweisen, daß der Kurs offensichtlich über längere Frist von den Kaufkraftparitäten abweicht. Mit diesem Problem mußte sich die schweizerische Geldpolitik im Jahre 1978 auseinandersetzen. Die extreme Aufwertung des Schweizerfrankens in diesem Jahr konnte nicht mehr allein mit kurzfristigen Störungen auf dem Devisenmarkt erklärt werden. Sie war um so erstaunlicher, als bereits zu Beginn des Jahres zur Dämpfung kurzfristiger

Wechselkursschwankungen die inländische Geldmenge stark ausgedehnt und nicht mehr reduziert worden war. Die Vermutung lag nahe, daß im Zuge wesentlicher internationaler Portefeuilleverschiebungen Vermögensbesitzer nicht mehr länger bereit waren, ihre Anlagen in Dollar zu halten, sondern vermehrt zu harten Währungen, vor allem zum Schweizerfranken, Zuflucht nahmen.

Bei derartigen Umschichtungen ist eine Geldpolitik, welche hauptsächlich ein stabiles internes Preisniveau anstrebt, so anzupassen, daß die Geldmenge — bei einer Steigerung der Geldnachfrage — ausgedehnt wird. Anderenfalls resultiert eine Deflation mit rezessiven und strukturverzerrenden Wirkungen. Die Schweiz hat deshalb ihr ursprüngliches Geldmengenziel für 1978 revidiert und eine expansivere Geldpolitik als geplant eingeschlagen.

Je öfter aber mit Hilfe einer vorübergehenden Ausweitung der Geldmenge der Wechselkurs zu beeinflussen versucht wurde, desto eher wurde diese Taktik von der Wirtschaft durchschaut und damit zur Ineffizienz verurteilt. Trotz Geldmengenzuwachsraten von beinahe 20 % ließ sich der Wechselkurs nicht entscheidend beeinflussen, weil die schweizerische Wirtschaft auf Grund ihrer Erfahrungen mit der Geldpolitik der Nationalbank damit rechnete, daß das Geldmengenziel schließlich doch eingehalten würde. Deshalb wurde es unumgänglich, direkt auf die Wechselkurserwartungen einzuwirken und damit zu einer temporären expliziten Wechselkurspolitik zurückzukehren. Die Nationalbank formulierte ein Wechselkursziel und gab dieses der Öffentlichkeit bekannt. Verbunden mit weiteren massiven Devisenkäufen konnte so der Wechselkurs wieder auf ein vernünftiges Niveau gebracht werden.

Natürlich ist eine solche Politik mit erheblichen Risiken verbunden. Die Verschiebung der Geldnachfrage und damit die notwendige zusätzliche Ausdehnung der Geldmenge läßt sich nur grob abschätzen. Eine zu großzügige Geldmengenexpansion dürfte über kurz oder lang die Inflation wieder anheizen. Zudem läßt sich der „richtige“ Wechselkurs weder theoretisch noch empirisch exakt ableiten. Ein über längere Zeit zu niedrig fixierter Kurs führt ebenfalls zu einer Inflation. Aber für die schweizerische Geldpolitik gab es in dieser Situation keine risikoärmere Alternative.

Die schweizerischen Erfahrungen des Jahres 1978 lehren, daß Geldmengenpolitik in einem Kleinstaat nicht ohne implizite Berücksichtigung des Wechselkurses betrieben werden kann. Überreaktionen der Wechselkurse und nicht prognostizierbare Nachfrageverschiebungen bilden heute und wohl auch in Zukunft das hauptsächlichste Problem der Geldpolitik.

4. *Das Veröffentlichen von Geldmengenzielen*

In erster Linie eröffnet das Publizieren von monetären Zielen eine Kommunikationsmöglichkeit zwischen der Notenbank und der Öffentlichkeit. Zumindest die längerfristigen Beziehungen zwischen Geldmenge und Inflation sind breiten Kreisen der Wirtschaft bekannt und bei ihren Entscheiden bewußt. Genießen die geldpolitischen Behörden Glaubwürdigkeit, so können sie mit der Bekanntgabe eines Geldmengenzieles die Inflationserwartungen der Wirtschaft günstig beeinflussen.

Geldmengenziele fördern, sind sie einmal akzeptiert, das Verständnis für eher unpopuläre Maßnahmen. Es ist nicht zu vermeiden, daß eine Politik, welche langfristig die Preisniveaustabilität anstrebt, kurzfristig soziale Kosten verursacht. Unpopulär und politisch brisant sind in der Schweiz beispielsweise Zinssatzsteigerungen. Geht die Notenbank aus Gründen der Preisstabilisierung auf einen restriktiven Kurs über, so sind temporäre Zinssatzsteigerungen unvermeidlich. Langfristig wird dagegen eine auf Preisstabilität gerichtete Politik zwar die Zinssätze senken oder zumindest niedrig halten, kurzfristig hingegen läßt sich ein Anstieg der Zinssätze nicht vermeiden. Eine klare, öffentlich bekannte Strategie kann bei der Durchsetzung solcher unpopulärer Maßnahmen behilflich sein. Zudem zwingt das Festlegen und öffentlich Bekanntgeben eines Geldmengenzieles auch die Notenbanken selbst zu einer gewissen Disziplin. Eine restriktive Geldmengenpolitik zu planen, ist einfacher als eine solche im konkreten Einzelfall durchzuführen. In jeder Situation lassen sich Gründe finden, die gegen eine restriktive Politik sprechen. Die Neigung ist groß, die Bedeutung dieser Gründe zu überschätzen. Ein Überprüfen der täglichen Entscheide an einem mittelfristigen Ziel kann aber helfen, die langfristigen Konsequenzen kumulierter Einzelfälle zu verdeutlichen.

Viele Gründe sprechen für das Publizieren von Geldmengenzielen. In einer kleinen, offenen Volkswirtschaft muß aber die Möglichkeit einkalkuliert werden, daß infolge unvorhergesehener Nachfrageschwankungen und exogener Störfaktoren das Geldmengenziel revidiert werden muß. In Situationen extremer Unsicherheit über die effektive Geldnachfrage kann es sogar sinnvoll sein, für eine gewisse Zeit auf ein Geldmengenziel zu verzichten.

IV. Erfahrungen

Beurteilt man die neue Geldmengenpolitik allein auf Grund der Preisentwicklung, so darf man sie als einen Erfolg bezeichnen. Nachdem die schweizerischen Inflationsraten zu Beginn des Jahres 1974 noch über 10 % lagen, konnten sie innert 2½ Jahren unter 2 % gesenkt werden. Die folgenden Jahre 1977 und 1978 dürfen als Jahre mit annähernder Preisstabilität bezeichnet werden. Die Inflationsraten betrugen im Jahresdurchschnitt 1,3 % respektive 1,0 % (vgl. Tabelle 2).

Tabelle 2: Geldmenge, Realwachstum und Inflation 1972 - 1978
(Wachstum in %)

Variable → / Jahr ↓	Monetäre Basis	Geldmenge M_1		BSP real	Konsumentenpreise
		effektiv	Ziel		
1972	15,8	17,5	—	3,2	6,7
1973	— 1,0	2,3	—	3,2	8,7
1974	7,0	0,1	—	1,7	9,8
1975	5,6	4,4	6	— 7,7	6,7
1976	3,9	7,7	6	— 0,6	1,7
1977	5,5	5,5	5	2,7	1,3
1978	10,6	16,2	5	0,2*	1,0

* Schätzung.

Diese eindeutigen und raschen Erfolge bei der Inflationsbekämpfung in der Schweiz dürfen allerdings nicht allein der Geldmengenpolitik zugeschrieben werden. Zwei weitere Faktoren waren ebenfalls von großer Bedeutung für die Preisentwicklung: die weltweite Rezession und die Struktur des schweizerischen Arbeitsmarktes.

Die hohen Inflationsraten der frühen siebziger Jahre führten in der Schweiz zu Strukturverzerrungen. Die durch die Preissteigerungen ausgelöste Flucht in Sachwerte bewirkte eine Produktionsstruktur, welche nicht dem langfristigen Bedarf an Gütern entsprach. Die zur Ausdehnung der Produktionskapazitäten benötigten Arbeitskräfte strömten aus dem Ausland in die Schweiz. Dies wiederum führte zu falschen Erwartungen in bezug auf die Absatzchancen in der Konsumindustrie.

Die inflationsbedingte Fehlallokation der Produktionsfaktoren hat entscheidend dazu beigetragen, daß die Wirkung der restriktiven Geldpolitik im Jahre 1973 und 1977 verbunden mit einer weltwirtschaftlichen Konjunkturflaute zu einem starken Rückgang des Bruttosozialproduktes im Jahre 1975 führte (— 7,7 %). Auch im Jahre 1976 war die Entwicklung des realen Bruttosozialproduktes noch rückläufig (— 1,3 %), obwohl die Geldmenge bereits im Vorjahr wieder um 4,4 % ausgedehnt worden war. In den Jahren 1977 und 1978 setzte wieder ein wirtschaftlicher Wachstumsprozeß ein.

In der näheren Zukunft sind allerdings keine Zuwachsraten des Volkseinkommens, wie sie in den sechziger Jahren an der Tagesordnung waren, zu erwarten. Der Hauptbeitrag der Notenbank zur Wirtschaftspolitik wird weiterhin darin liegen, der Wirtschaft durch die Sicherung eines stabilen Preisniveaus möglichst optimale Rahmenbedingungen zu verschaffen. Dabei werden, sofern sich die Geldnachfrage wieder genauer voraussagen läßt, Geldmengenziele ihre Rolle spielen.

PROBLEME DER VERSCHULDUNG DES BUNDES BEI DER NOTENBANK

Von Walter Neudörfer

Die Generation, die aus eigener Anschauung erlebt hat, wie Ersparnisse durch die Inflation nach dem ersten und während des zweiten Weltkrieges vernichtet wurden, hat eine tiefe Abneigung gegen alles, was nach der Erfahrung inflationsgefährdend sein könnte. Diese Mentalität ist auch die Grundlage für die österreichische Gesetzgebung über die Nationalbank. Sowohl der erste Weltkrieg als auch insbesondere der zweite Weltkrieg wurden weitgehend dadurch finanziert, daß die Zentralbanken Schuldverschreibungen und Wechsel des Staates akzeptierten und dadurch den Staaten den Zugang zur Notenpresse öffneten. Daher durchzieht das Nationalbankgesetz 1955, das zuletzt 1974 novelliert wurde, wie ein roter Faden das Verbot jeglicher Kreditgewährung an den Bund. Trotzdem spielt die Frage der Verschuldung des Bundes bei der Notenbank auch im monetären Geschehen der Republik Österreich eine wichtige Rolle.

Sehr verbreitet ist die Meinung, daß die Nationalbank der Wirtschaft Kredite zur Verfügung stellen dürfe. Diese Meinung wird noch durch eine gesetzliche Formulierung gestärkt, die aber — wie im folgenden gezeigt wird — keine Anwendung finden kann. Das ist der § 2 Absatz 4 des Nationalbankgesetzes, in dem es heißt:

> „Sie ist verpflichtet, im Rahmen ihrer Kreditpolitik für eine den volkswirtschaftlichen Erfordernissen rechnungtragende Verteilung der von ihr der Wirtschaft zur Verfügung zu stellenden Kredite zu sorgen."

Im ganzen Nationalbankgesetz gibt es aber keine Bestimmung, welche es der Nationalbank ermöglichen würde, der Wirtschaft Kredite zur Verfügung zu stellen. Nur der Abschnitt B über das Darlehensgeschäft berechtigt die Bank, Kreditunternehmungen Darlehen gegen Pfand auf nicht länger als drei Monate zu erteilen (Lombard). Es ist daher eine echte Antinomie, wenn im § 2 Absatz 4 davon gesprochen wird, daß die Nationalbank der Wirtschaft Kredite zur Verfügung stellt. Schon aus diesem Grund ist auch eine Kreditgewährung an den Bund mit der Tendenz des Nationalbankgesetzes nicht vereinbar. Hiebei ist auch wieder auf einen Widerspruch im Nationalbankgesetz hinzuweisen, wo in § 47, lit. b) generell von dem Recht der Nationalbank gesprochen wird, Darlehen gegen Pfand zu erteilen, wobei dieses Recht aber im § 51 dahingehend eingeschränkt wird, daß nur Kreditunternehmungen solche Lombarddarlehen gegeben werden dürfen. Somit ist die Oesterreichische Nationalbank nur insoweit Bank, als sie das Kreditgeschäft nur sehr eingeschränkt betreiben darf.

Bei aller theoretischer Geradlinigkeit konnte aber auch der Gesetzgeber des Nationalbankgesetzes an den tatsächlichen Gegebenheiten nicht vorbeigehen. Das ergibt sich in erster Linie aus den §§ 40 und 62 des zitierten Gesetzes. Im § 40 wird von der gemäß Notenbank-Überleitungsgesetz und Notenbank-Überleitungsgesetznovelle entstandenen Schuld des Bundes gesprochen und die Verpflichtung ausgesprochen, diese vom Zeitpunkt des Inkrafttretens des Nationalbankgesetzes zu verzinsen. Im § 62, in dem über die Deckungswerte bestimmt wird, wird gesagt, daß der Gesamtumlauf, insoweit er nicht durch die Bundesschuld gedeckt ist, durch taxativ aufgezählte Aktiven gedeckt sein muß. Es wird also davon ausgegangen, daß die Bundesschuld, und zwar eine bereits zum Zeitpunkt des Inkrafttretens des Notenbankgesetzes bestehende Bundesschuld als Deckungswert anzusehen ist. Die Geschichte der Bundesschuld bei der Oesterreichischen Nationalbank verdient, näher untersucht zu werden, da sie mit der Geschichte der zweiten Republik eng zusammenhängt.

Die Wiederherstellung der Selbständigkeit der Republik Österreich im Jahre 1945 hat naturgemäß das Geldwesen sehr betroffen. Hatte doch die neue österreichische Staatsregierung aus den Trümmern des Deutschen Reiches die auf dem Gebiet der Republik Österreich umlaufenden Reichsmark-Geldmittel quasi zu austrifizieren und ein eigenes österreichisches Geldwesen wieder herzustellen. Mit dem Notenbank-Überleitungsgesetz der provisorischen Staatsregierung vom 3. 7. 1945, Staatsgesetzblatt Nr. 45, wurde die Oesterreichische Nationalbank wieder hergestellt, welche jenen Teil des Banknotenumlaufes und der sofortigen Verbindlichkeiten der Deutschen Reichsbank zu übernehmen hatte, der durch Gesetz als österreichische Umlaufmittel erklärt wurde. Das waren praktisch die in Österreich domizilierten Verbindlichkeiten der Deutschen Reichsbank und der in Österreich zirkulierende Teil des Banknotenumlaufes, der ja damals nicht exakt abgrenzbar war. Als Deckung dieser Verpflichtung hatte die Oesterreichische Nationalbank in gleicher Höhe eine Forderung gegen die Deutsche Reichsbank in ihre Aktiven einzustellen. Die Oesterreichische Nationalbank, die damals interessanterweise im Gesetz als Österreichische und nicht als Oesterreichische Nationalbank bezeichnet wurde, hatte mit der Veröffentlichung von Wochenausweisen zu beginnen, sobald das Ausmaß der zu übernehmenden Verbindlichkeiten festgestellt war. Diese Ausweise hatten auf der Passivseite nur den Betrag der in Umlauf befindlichen Banknoten und sofort fälligen Verbindlichkeiten, auf der Aktivseite nur den Stand der zur Notendeckung dienenden Werte zu enthalten. Die Einführung der Schillingwährung durch das Schillinggesetz vom 30. 11. 1945, Staatsgesetzblatt Nr. 231, verursachte u. a. auch eine Abänderung der Bestimmungen des Notenbank-Überleitungsgesetzes und der in der Zwischenzeit erlassenen Satzung. Die Nationalbank hatte nunmehr das Recht, Banknoten der Schillingwährung auszugeben und die bei der Oesterreichischen Nationalbank und ihren Zweiganstalten bestehenden sofort fälligen Verbindlichkeiten als Schillingverbindlichkeiten der Nationalbank zu führen. Für die ausgegebenen Banknoten und der Schillingverbindlichkeiten wurde die Nationalbank berechtigt, eine Forderung gegen den Bundesschatz der Republik Österreich in gleicher Höhe in ihre Aktiven einzustellen. Damit war die Forderung der Notenbank gegen den Bundesschatz geboren.

Da die Einführung der Schillingwährung auch mit einem Umtausch der Reichsmarknoten verbunden war, der aber nur nach Quoten erfolgte, war der Umlauf an Schillingnoten auf Grund des Gesetzes zwangsläufig beschränkt. Den Besonderheiten der Notzeit während der Besatzung Rechnung tragend, konnte aber das Finanzministerium zur Deckung des Zahlungsmittelbedarfes der Besatzungsmacht Beträge anfordern, was die Forderung gegen den Bundesschatz erhöhte. Der daraus entstehende Forderungsbetrag war abgesondert auszuweisen. Der erste Wochenausweis der Oesterreichischen Nationalbank (Oesterreichische wurde damals bereits mit „Oe" geschrieben) vom 7. 10. 1946 ist ein erschütterndes Dokument und verdient, voll wiedergegeben zu werden:

Aktiva

	Schilling
Gold gemünzt	44 732,88
Devisen und Valuten	8 953 947,98
Teilmünzen	5 778 033,81
Forderungen aus Darlehen gegen Handpfand	7 300,—
Forderung gegen den Bundesschatz	12 545 077 116,79

Passiva

	Schilling
Banknotenumlauf (darunter für Besatzungskosten ausgefolgt S 2 605 000 000,—)	5 133 151 220,—
freie Verbindlichkeiten aus dem Giroverkehr und andere sofort fällige Verpflichtungen	3 112 988 969,91
auf Grund des Schillinggesetzes gesperrte Verbindlichkeiten	4 314 521 271,55

Daraus ergibt sich, daß die einzige Deckung der österreichischen Währung in einer Forderung gegen den österreichischen Bundesschatz bestand. Es ist auch interessant, daß von einem Banknotenumlauf von 5,13 Mrd. S 2,6 Mrd. S für Besatzungskosten aufgewendet wurden.

Vom Standpunkt der österreichischen Währung war dies die Stunde Null, und von da an hatte der Wiederaufbau zu erfolgen. Es war ein mühsamer Weg, die Aktiven der Deutschen Reichsbank, die sich auf österreichischem Staatsgebiet befanden und alle Ansprüche, die sich aus der Wegnahme des Barschatzes und der sonstigen Aktiven der alten Oesterreichischen Nationalbank ergaben, zu erfassen und der neuen Nationalbank wieder zuzuführen und somit ihr Eigenvermögen wieder herzustellen. Da dies aber keine Geschichte der Oesterreichischen Nationalbank ist, will ich mich auf dieses Kapitel nicht einlassen, sondern darauf beschränken, die Entwicklung der Bundesschuld seit dem Jahre Null zu beschreiben und zu kommentieren.

Nachdem im Wochenausweis vom 7. 10. 1946 außer einem Betrag von S 7 300,— für Forderungen aus Darlehen gegen Handpfand die Forderungen gegen den Bundesschatz praktisch allein als Deckungswert fungierte, sieht man aus dem Wochenausweis vom 31. 12. 1946 bereits einen Posten eskontierte Wechsel im Ausmaß von S 33 451,—. Die normale Geschäftstätigkeit der Notenbank zeichnet sich also bereits, wenn auch in ganz kleinem Umfang, ab.

Eine Bemerkung muß aber zur Klarstellung des Sachverhaltes bereits hier gemacht werden. Die Behauptung, der Bund hätte seine normalen Ausgaben im Wege der Notenbank finanziert, ist unrichtig. Der *Gesamt*umlauf war zuerst gegen eine Forderung gegen die Deutsche Reichsbank, dann zum allergrößten Teil durch eine Forderung gegen den Bundesschatz gedeckt. Dem Budget floß zur Bestreitung der österreichischen Staatsausgaben von der Notenbank nichts zu. Die Besatzungskosten allerdings, die über das Finanzministerium bezahlt wurden, wurden von der Notenbank bestritten. Sie beliefen sich zum 31. 12. 1946 auf S 2 792 000 000. Auf die Entwicklung der Besatzungskosten im Zusammenhang mit der Notenbank wird im folgenden eingegangen werden.

Zu den von der Nationalbank zur Verfügung gestellten 2,6 Mrd. S für den Aufwand der Besatzungsmächte kamen noch Militärschillingnoten, die von den Militärbehörden der Besatzungsmächte ausgegeben wurden und die ungefähr 1 Mrd. S betrugen. Um einer übermäßigen Erweiterung des Zahlungsmittelumlaufes durch Besatzungskosten entgegenzuwirken, erfolgte ab September 1946 auf Wunsch der Oesterreichischen Nationalbank die Finanzierung dieser Besatzungskosten durch Begebung von Bundesschatzscheinen, die am Geldmarkt untergebracht wurden und eine teilweise Bindung der dort vorhandenen flüssigen Mittel zur Folge hatten. Dies ergibt sich aus den Mitteilungen des Direktoriums der Oesterreichischen Nationalbank Nr. 1 vom 15. 10. 1946. Diese Schatzscheine waren bei der Oesterreichischen Nationalbank zahlbar und auch von ihr einzulösen. Um sie für die Erwerber attraktiver zu machen, wurden sie mit einer Rediskontzusage der Nationalbank ausgestattet. Da der österreichische Kreditapparat die Anlage an diesen Besatzungskostenschatzscheinen für attraktiv fand, erfolgten während der Zeit, in der diese Besatzungskostenschatzscheine im Umlauf waren, das ist bis zum Jahre 1964, keine Erhöhungen des Gesamtumlaufes durch die Finanzierung der Besatzungskosten durch die Nationalbank, was die Schuld des Bundesschatzes gegenüber der Nationalbank wesentlich niedriger hielt. Als es im Jahre 1964 teils aus rechtlichen, teils aus politischen Überlegungen zu einem Streit um die Prolongation dieser Besatzungskostenschatzscheine kam, mußten Wege gesucht werden, die Einlösung dieser Schatzscheine, deren Gegenzeichnung der Rechnungshof verweigerte, zu gewährleisten. Der Ausweg ergab sich durch eine Umwandlung der Verpflichtung des Bundes aus den Schatzscheinen in eine solche gegenüber der Oesterreichischen Nationalbank, so daß die Bundesschuld bei der Oesterreichischen Nationalbank im Jahre 1964 auf Grund dieser Operation um den damals aushaftenden Betrag von 1 991,1 Mill. S erhöht werden mußte.

Der Finanzminister bzw. der Gesetzgeber begann die Notenbank für staatliche, bugdetär wirksame Ausgaben erst zu einem Zeitpunkt in Anspruch zu nehmen, als es sich um die internationale Wiedereingliederung Österreichs in die westliche Staatengemeinschaft handelte. Im Zuge der amerikanischen Hilfeleistungen im Rahmen des Marshall-Planes auf Grund des Vertrages zwischen Österreich und den Vereinigten Staaten vom 2. 1. 1948 und eines Vertrages zwischen der Bundesregierung und der European Corporation Administration (ECA) war vorgesehen, daß die Schillingerlöse der amerikanischen Hilfsgüter auf Sonderkonten der Oesterreichischen Nationalbank einzuzahlen waren. Da der Schillingwert der Hilfsgüter früher zu bezahlen war, als die von den österreichischen Erwerbern bezahlten Gegenwerte einliefen, wurde das Finanzministerium ermächtigt, sich von der Nationalbank kurzfristige Kredite gewähren zu lassen. Das Finanzministerium war berechtigt, für diese Kredite Schatzscheine zu begeben (BGBl. vom 17. 11. 1948, Nr. 245). Mit Bundesgesetz vom 1. 2. 1950 wurde das vorerwähnte Bundesgesetz in der Richtung ergänzt, daß auch Schillingbeträge von der Nationalbank zu kreditieren waren, die im Rahmen des intereuropäischen Zahlungsabkommens vom 16. 10. 1948 auf Grund eines Bezuges von Gütern in europäischen Ländern zu erlegen waren.

Die Forderungen der Oesterreichischen Nationalbank bestehen heute grob gesprochen aus drei Kategorien (früher vier). Die eine Kategorie ist die Forderung gegen den Bundesschatz gemäß der Notenbank-Überleitungsgesetznovelle, die zweite umfaßt die Forderungen gegen den Bundesschatz wegen der Teilnahme oder die Leistung an internationale Finanzorganisationen und die dritte, nicht mehr bestehende Kategorie, ist eine Forderung gegen den Bundesschatz aus einem Kredit im Zusammenhang mit der Marshallplanhilfe.

Eine vierte Kategorie stellt die Forderung gegen den Bundesschatz wegen Krediten an internationale Institutionen dar. Sie wies am 31. 12. 1978 einen unveränderten Stand von 1 Mrd. S auf. Hier wird jener Kredit ausgewiesen, den die Oesterreichische Nationalbank gemäß dem Bundesgesetz vom 10. 7. 1973, BGBl. Nr. 382, für den Ankauf von US-Dollarbeträgen zwecks Gewährung von Krediten an drei internationale Finanzinstitutionen (Weltbank, Asiatische Entwicklungsbank, Interamerikanische Entwicklungsbank) eingeräumt hat. Die Tilgung dieses Teiles der Bundesschuld beginnt am 1. 10. 1979 in zehn gleichen Jahresraten. Die Verzinsung beträgt 4 % p. a.

Die Forderungen gemäß der Notenbank-Überleitungsgesetznovelle wurden in den Jahren bis 1963 ganz langsam bis auf einen Betrag von rund 1,15 Mrd. S, genau 1 144,4 Mill. S, abgebaut. Die große Zäsur kam mit dem Jahr 1964, als infolge einer Kontroverse mit dem Rechnungshof, wie schon dargelegt, die seit Jahren umlaufenden Besatzungskostenschatzscheine wieder als Forderung gegen den Bundesschatz gemäß Notenbank-Überleitungsgesetznovelle behandelt wurden und der Stand dieser Forderung zum 31. 12. 1964 wieder auf 3 126,2 Mill. S hinaufschnellte.

Die planmäßige Tilgung der Bundesschuld setzte im Jahr 1967 ein. Diese Tilgung beruht auf den Bundesgesetzen vom 27. 2. 1963, BGBl. Nr. 51 bzw. vom 13. 5. 1964, BGBl. Nr. 105. Auf Grund dieser Gesetze wurde zwischen dem Bundesministerium für Finanzen und der Oesterreichischen Nationalbank ein Übereinkommen geschlossen, laut dem ab 1. 1. 1967 zuerst die Forderungen gegen den Bundesschatz gemäß Notenbank-Überleitungsgesetznovelle und sodann die Forderungen aus Einlösung zugunsten internationaler Finanzinstitutionen begebener Bundesschatzscheine und wegen Beteiligung internationaler Finanzinstitutionen in der Weise zu tilgen sind, daß von den auf die Republik Österreich entfallenden Gewinnanteil an der Oesterreichischen Nationalbank $^1/_5$ dieses Gewinnanteiles und sollte dieser jedoch 100 Mill. S übersteigen, $^1/_4$ des Gewinnanteiles zur Tilgung verwendet wird. Die Forderung gegen den Bundesschatz auf Grund der Notenbank-Überleitungsgesetznovelle betrug am 31. 12. 1978 rund 1 219 Mill. S. Es ist also abzusehen, daß zumindest die erste Kategorie der Bundesschuld in kürzerer Zeit überhaupt aus den Büchern der Nationalbank verschwunden sein wird.

Die gesamte Bundesschuld gegenüber der Oesterreichischen Nationalbank belief sich am 31. 12. 1978 auf rund 3 507,08 Mill. S. Davon waren S 1 219 Mill. Grundbundesschuld auf Grund der Notenbank-Überleitungsgesetznovelle, 51,3 Mill. S auf die Beteiligung an internationalen Finanzinstitutionen, 1 236,8 Mill. S auf die Einlösung von Bundesschatzscheinen, die zugunsten internationaler Finanzinstitutionen begeben wurden, und 1 Mrd. S auf einen Kredit des Bundes an internationale Finanzinstitutionen zurückzuführen. Die entsprechenden gesetzlichen Grundlagen waren: Bei den Forderungen gegen den Bundesschatz wegen Beteiligung an internationalen Finanzinstitutionen das Bundesgesetz vom 18. 3. 1959, BGBl. Nr. 74, bei den Forderungen gegen den Bundesschatz aus der Einlösung zugunsten internationaler Finanzinstitutionen begebener Bundesschatzscheine wie bereits erwähnt, das Bundesgesetz vom 27. 2. 1963, BGBl. Nr. 51, und bei Forderungen gegen den Bundesschatz wegen Krediten an internationale Finanzinstitutionen das Bundesgesetz vom 10. 7. 1973, BGBl. Nr. 382.

Zum Zwecke der Beitragsleistung der Republik Österreich bei internationalen Finanzinstitutionen stellte die Oesterreichische Nationalbank der Republik Österreich Beträge zur Verfügung, die dem Erlag der österreichischen Quote beim Internationalen Währungsfonds und bei der Weltbank sowie für den Erlag der österreichischen Quote im Sinne des Europäischen Abkommens (Europäischer Fonds) dienten. Diese Geldbeträge wurden in Gold bzw. in Fremdwährungsbeträgen durch die Nationalbank geleistet. Der Höchstbetrag war nach dem zitierten Gesetz vom 18. 3. 1959 mit 650 Mill. S festgelegt. Die Verzinsung beträgt 2 % p. a. Inzwischen ist durch die Übernahme der österreichischen Quote beim Internationalen Währungsfonds durch die Oesterreichische Nationalbank ein Großteil der Beträge auf die Oesterreichische Nationalbank übergegangen, so daß es sich bei dem Betrag von 51 Mill. S nur mehr um eine Restgröße handelt.

Mit dem Bundesgesetz vom 27. 2. 1963, BGBl. Nr. 51, wurde der Finanzminister ermächtigt, auf Grund eines Übereinkommens mit der Oesterreichischen Nationalbank einen Kredit der Oesterreichischen Nationalbank in Anspruch zu nehmen, um zugunsten des Internationalen Währungsfonds und der Internationalen Entwicklungsorganisation (IDA) begebene Bundesschatzscheine einzulösen. Infolge der erwähnten Übernahme der österreichischen Quote beim Internationalen Währungsfonds durch die Oesterreichische Nationalbank handelt es sich derzeit nur mehr um die Einlösung von Bundesschatzscheinen, die zugunsten der Internationalen Entwicklungsorganisation (IDA) begeben werden. Infolge der ständigen Ausweitung der Aktivität dieser Organisation hat aber die Inanspruchnahme der Oesterreichischen Nationalbank aus diesem Titel steigende Tendenz. Dies ergibt sich aus der jüngsten Novelle vom 22. 2. 1979, BGBl. Nr. 97, zu dem erwähnten Bundesgesetz vom 27. 4. 1963 in der Fassung der Bundesgesetze Nr. 109/64 und 158/68. Mit dieser Novelle wird der Finanzminister ermächtigt, mit der Oesterreichischen Nationalbank eine neue Vereinbarung abzuschließen, nach welcher die Nationalbank dem Bund einen Kredit zwecks Einlösung von Schatzscheinen, die zugunsten von internationalen Finanzorganisationen begeben werden, gewährt. Der Kreis der internationalen Finanzorganisationen wurde gegenüber dem ursprünglichen Gesetz erweitert. Nunmehr können Schatzscheine zugunsten der Weltbank, der Internationalen Entwicklungsorganisation (IDA), der Asiatischen Entwicklungsbank, des Asiatischen Entwicklungsfonds, der Interamerikanischen Entwicklungsbank und deren Sonderfonds, als Grundlage für den Kredit der Notenbank an den Bund dienen. Der Höchstbetrag für diesen revolvierenden Kredit ist 3,5 Mrd. S.

Mit dieser Novelle wird einerseits die Finanzierung wichtiger österreichischer Beiträge zu internationalen Finanzorganisationen sichergestellt, auf der anderen Seite ist auf Grund dieses Abkommens und der gesetzlichen Ermächtigung zu erwarten, daß die sonst in allen anderen Kategorien fallende Bundesschuld in dieser besonderen Kategorie in den nächsten Jahren wieder ansteigen wird.

Eine etwas andere Geschichte hat der Kredit der Oesterreichischen Nationalbank an den Bund auf Grund des Bundesgesetzes vom 10. 2. 1973, BGBl. Nr. 382. Trotz der günstigen außenwirtschaftlichen Situation, die in Österreich im damaligen Zeitpunkt vorlag, war die Entwicklungshilfeleistung Österreichs damals eher unbefriedigend. Es wurde daher der Ausweg gewählt, daß der Bund an drei maßgebliche Entwicklungsbanken, nämlich die Weltbank, die Asiatische Entwicklungsbank und die Interamerikanische Entwicklungsbank einen Kredit zu weichen Bedingungen vergab, der von der Notenbank refinanziert wurde. Das Ausmaß dieses Kredites betrug 1 Mrd. S. Er wurde dazu verwendet, um von der Oesterreichischen Nationalbank Dollarbeträge im gleichen Gegenwert anzukaufen und an die genannten internationalen Organisationen auf Kreditbasis weiterzugeben. Die Kredite sind mit 4 % jährlich zu verzinsen und haben eine Laufzeit von 15 Jahren. Die Aufteilung erfolgte in der Weise, daß die Weltbank einen Kredit im Gegenwert von 600 Mill. S und die beiden anderen genannten Banken im Gegenwert von je 200 Mill. S erhielten. Die tilgungsfreie Zeit beträgt 5 Jahre in zehn gleichen Jahresraten. Derselbe Rückzahlungsmodus findet im Verhältnis zwischen Bund und Nationalbank Anwendung. Die Tilgung setzt nach Ablauf der fünfjährigen tilgungsfreien Zeit im Oktober 1979 ein. Bei allen anderen Forderungen der Nationalbank gegen den Bund aus dem Titel der Bundesschuld erfolgt die Tilgung nach dem üblichen Schema, das im Vorstehenden behandelt wurde.

Man kann also feststellen, daß der Bund außerhalb des Notenbank-Überleitungsgesetzes bzw. der Notenbank-Überleitungsgesetznovelle die Oesterreichische Nationalbank zwar für seine Zwecke auf Grund besonderer Bundesgesetze in Anspruch genommen hat, daß diese Inanspruchnahme aber nur aus außerwirtschaftlichen und entwicklungspolitischen Überlegungen erfolgte. Außerdem war damit eine Aufblähung des inländischen Geldumlaufes nicht verbunden, weil es sich ohne Ausnahme bei den durch die Nationalbank geleisteten Zahlungen um Zahlungen in das Ausland handelte, was bei der damaligen besonders günstigen Situation der österreichischen Währungsreserven durchaus im Sinne der Währungspolitik lag. Weiters muß festgestellt werden, daß der Prozentsatz der Bundesschuld an der Bilanzsumme der Oesterreichischen Nationalbank oder am Gesamtumlauf konstant zurückgegangen ist und im Jahre 1978 einen Satz von rund 3,21 % erreicht hat, der, verglichen zu der Ausgangslage im Jahre 1946, völlig unbedeutend geworden ist.

Die Bundesschuld wurde aber auch in anderer Richtung für die Währungspolitik eingesetzt. Nachdem bereits im Jahre 1962 ein Teil der Forderung der Oesterreichischen Nationalbank gegen den Bund durch Bundesschatzscheine mobilisiert wurde (780 Mill. S), wurde durch das Bundesgesetz vom 17. 2. 1965, BGBl. Nr. 29, eine eigene Ermächtigung gegeben, die Bundesschuld im Ausmaß von 3 000 Mill. S durch Geldmarktscheine zu mobilisieren und damit Instrumente für den Geldmarkt geschaffen. Es handelte sich um eine Versuchsoperation, weshalb die gesetzliche Ermächtigung nur bis zum Jahre 1970 erteilt wurde. Der Erfolg war mäßig. Offensichtlich fanden die Papiere wenig Anklang, so daß nach Ablauf der gesetzlichen Ermächtigung kein Versuch mehr unternommen wurde, die Bundesschuld währungspolitisch einzusetzen.

Eine echte Verschuldungsmöglichkeit auf Grund des Nationalbankgesetzes besteht für den Bund nur nach § 41 Absatz 1, wonach die Bank für Zwecke der Kassenführung des Bundes auf Verlangen des Bundesministeriums für Finanzen kurzfristige Bundesschatzscheine bis zu einem Betrag zu eskontieren hat, der 5 % der Bruttojahreseinnahmen des Bundes aus öffentlichen Abgaben nicht überschreiten darf. Diese Möglichkeit wurde in den ersten Jahren der zweiten Republik, d. h. bis zum Jahre 1955 in verschiedener Höhe zwischen 2,089 Mill. S im Jahre 1949 und 593 Mill. S im Jahre 1953 in Anspruch genommen, seit dem Jahre 1957 wurde dieses Instrument mit ganz geringfügigen Ausnahmen in den Jahren 1961 und 1962 überhaupt nicht eingesetzt. In den Ausweisen seit 1955 wurden die eskontierten Bundesschatzscheine daher nicht separat ausgewiesen, sondern der Bundesschuld zugeschlagen.

Im Jahre 1978 wurde eine kurzfristige Transaktion nach § 41 im Ausmaß von 1,5 Mrd. S für einige Monate vorgenommen.

Bei einem wichtigen Instrument der Nationalbank, nämlich bei der Offenmarktpolitik, wurde ebenfalls eine Bestimmung vorgesehen, welche einen Mißbrauch der Offenmarktpolitik zur Finanzierung des Bundes, der Länder oder der Gemeinden verhindern soll. Gemäß § 54 Absatz 1 ist die Oesterreichische Nationalbank berechtigt, *aus währungspolitischen Gründen* auf dem offenen Markt Wertpapiere zu kaufen und zu verkaufen. Bei den Papieren muß es sich entweder um festverzinsliche zum amtlichen Börsenhandel zugelassene Schuldverschreibungen des Bundes, der Länder oder der Gemeinden handeln oder um solche, die von einer der vorgenannten Gebietskörperschaften verbürgt sind. Ferner um kurze und mittelfristige verzinsliche und unverzinsliche Schatzscheine oder Schatzwechsel des Bundes und schließlich sonstige festverzinsliche zum amtlichen Börsenhandel zugelassene lombardfähige Schuldverschreibungen. Es ergibt sich nun schon bereits aus der Aufzählung der für Offenmarktgeschäfte zugelassenen Wertpapierkategorien, daß solche des Bundes, der Länder und der Gemeinden sowie Schatzscheine und Schatzwechsel des Bundes ohne weiteres offenmarktfähig sind, d. h. von der Oesterreichischen Nationalbank angekauft werden können. Nach § 54 Absatz 3 des zitierten Gesetzes darf ein Kauf für Offenmarktzwecke nicht dazu dienen, dem Bund, den Ländern oder den Gemeinden entgegen den Bestimmungen des § 41 Absatz 1 Kredithilfe zu leisten. Diese Bestimmung kann wohl nur dahingegend ausgelegt werden, daß die Notenbank zwar aus währungspolitischen Gründen Schuldverschreibungen der genannten Gebietskörperschaften kaufen kann, daß aber das Offenmarktgeschäft nicht als Umgehungsgeschäft für eine Kreditgewährung an den Bund dienen darf. Die Gefahr, daß die Bestimmung des § 54 Absatz 3 umgangen wird, wäre nur dann gegeben, wenn die Notenbank direkt aus dem Portefeuille der Kreditunternehmungen bestimmte Schuldverschreibungen einer der genannten Gebietskörperschaften ankaufen sollte. Hier könnte sehr wohl der Verdacht entstehen, daß durch eine Entlastung des Portefeuilles der verkaufenden Kreditunternehmung indirekt Platz geschaffen wird für neue Kreditoperationen einer Gebietskörperschaft bei der betreffenden Kreditunternehmung. Daher erscheint eine Offenmarktpolitik der Oesterreichischen Nationalbank über die Börse den Bestimmungen des § 54 eher zu entsprechen, weil der offene Markt am ehesten dem Börsenverkehr entspricht. Das oberste Prinzip der Nationalbank bei der Handhabung des § 54 muß daher sein, daß aus währungspolitischen Gründen auf die inländische Liquidität eingewirkt werden soll, wobei es keine Rolle spielt, welche Wertpapiere die Oesterreichische Nationalbank für diese Operationen heranzieht. Man darf auch nicht vergessen, daß der offene Markt keine Einbahnstraße ist und nur durch Ankäufe der Oesterreichischen Nationalbank entlastet werden soll. Genauso gut sind Verkäufe möglich. Werden von der Oesterreichischen Nationalbank Bundestitel verkauft, so tritt dadurch für den Bund als Emittenten die gegenteilige Wirkung als die eines Ankaufes ein; er hat dann gegebenenfalls den Druck auf die Konditionen seiner Emissionen selbst zu tragen.

Zusammenfassend läßt sich zu diesem Punkte sagen, daß bei einer ordnungsgemäßen Gestion der Offenmarktoperationen von einer Krediteinräumung an den Bund oder eine Gebietskörperschaft keine Rede sein kann.

Der Vollständigkeit halber sei noch auf eine weitere theoretische Verschuldungsmöglichkeit des Bundes bei der Oesterreichischen Nationalbank hingewiesen. Es handelt sich um eine Bestimmung des Scheidemünzengesetzes vom 4. 7. 1963, BGBl. Nr. 178 in der letzten Fassung, welche verhindern soll, daß der Bund über den Bedarf des Publikums hinaus Scheidemünzen und Silbermünzen ausgibt, welche über die Nationalbank in Verkehr zu setzen sind. Ist die Nationalbank mangels entsprechender Nachfrage nicht in der Lage, diese Münzen abzusetzen, so hat sie sie trotzdem dem Bund zum Nennwert gutzuschreiben. Um zu verhindern, daß die Nationalbank auf diese Weise mit nicht absetzbaren Münzen überschwemmt wird, trifft § 2 Absatz 2 Vorkehrung, daß bei Überschreitung des nichtverkauften Nationalbankbestandes an Scheidemünzen von 15 % dieser überschüssige Teil dem Bund zurückzuliefern ist, wofür die entsprechende Gutschrift rückgängig zu machen sein wird und der Bund mit dem entsprechenden Betrag zu belasten ist.

Zweck dieser Untersuchung ist nicht nur die Darlegung der historischen Entwicklung der Bundesschuld bei der Oesterreichischen Nationalbank, sondern auch die Darstellung der damit zusammenhängenden Probleme.

Die Untersuchung hat gezeigt, daß unter den Deckungswerten für den Gesamtumlauf die Forderung der Oesterreichischen Nationalbank gegen den Bundesschatz absolut und in Prozentsätzen zum Gesamtumlauf kontinuierlich zurückgegangen ist und heute unter den Deckungswerten an Bedeutung nur an zweitletzter Stelle steht. Die Heranziehung der Oesterreichischen Nationalbank für Finanzierungszwecke des Bundes über die Bundesschuld hat sich in den letzten Jahren zwar intensiviert, ja die Tendenz zur Heranziehung der Oesterreichischen Nationalbank für diese internationalen Zwecke wird sogar durch das Bundesgesetz vom 22. Februar 1979, BGBl. Nr. 97, noch verstärkt, doch wird eine etwaige Erhöhung aus diesem Titel durch die kontinuierliche Verringerung der Forderung gegen den Bundesschatz gemäß Notenbank-Überleitungsgesetznovelle kompensiert. So wird z. B. in der Bilanz vom 31. 12. 1978 diese Forderung gemäß Notenbank-Überleitungsgesetz von S 1 218 952 279'— durch Gewinnanteil des Bundes im Jahre 1978 um S 408 706 841'— vermindert, so daß diese Art der Bundesschuld im Jahre 1979 erstmalig unter 1 Milliarde gesunken ist.

Schließlich sei noch erwähnt, daß die Tilgung der Bundesschuld einen im Gesetz vorgesehenen Deckungswert immer mehr verringert, da ja die Rückzahlung einer Schuld an die Oesterreichische Nationalbank zur Vernichtung des zur Tilgung aufgewendeten Geldes führt. Wenn sich, wie zu erwarten, die Bundesschuld aus der Notenbank-Überleitungsgesetznovelle in wenigen Jahren in „Nichts" auflösen wird und wenn auch die Rückzahlung der von der Nationalbank unter besonderen Voraussetzungen im Jahre 1973 kreditierten Milliarde die Bundesschuld weiter verringern wird, so bleibt doch aus dem Titel der Novelle des Gesetzes aus dem Jahre 1963 ein kleiner Rest an Bundesschuld übrig, der als Deckungswert anerkannt ist, der aber währungspolitisch überhaupt keine Rolle spielt.

Österreich kann mit Recht darauf hinweisen, daß es eines derjenigen Länder ist, bei der die Verschuldung des Staates bei der Notenbank währungspolitisch völlig unbedeutend ist. Die schwierigen Probleme der Budgetfinanzierung auch bei hohen Defiziten sind immer auf konventionellem Wege der Kreditaufnahme im In- und Ausland gelöst worden. Dabei muß aber wohl auch in Betracht gezogen werden, daß die währungspolitischen Auswirkungen einer Schuldaufnahme im Ausland und einer Geldschöpfung im Inland durch Erhöhung der Bundesschuld, soweit es das Kapital betrifft, die gleichen sind. Der Umlauf wird erhöht, soweit die Kreditmittel im Inland verwendet werden. Vom Standpunkt der Zahlungsbilanz sind die währungspolitischen Auswirkungen einer Kreditaufnahme im Ausland sogar nachteiliger als einer Verschuldung bei der Notenbank. Die Zahlungsbilanz wird für die Kreditlaufzeit mit den Zinsenzahlungen belastet, was bei einer Verschuldung bei der Notenbank nicht der Fall wäre. Trotzdem erscheint eine strenge Trennung der budgetpolitischen Erfordernisse und der Erfordernisse der Währungs- und Kreditpolitik weiterhin erforderlich. Die strenge Beachtung dieser Grundsätze hat u. a. dazu beigetragen, daß Österreich heute dem Hartwährungsblock angehört.

DIE FÖRDERUNG DER LANGFRISTIGEN UNTERNEHMENSFINANZIERUNG DURCH HAFTUNGEN DIE REALISIERUNG DES EE-FONDS-KONZEPTES

Von Jörg Schram

Der im Jahre 1968 der Öffentlichkeit vorgelegte Koren-Plan sah als eine der wesentlichsten Maßnahmen die Errichtung des Entwicklungs- und Erneuerungsfonds vor. Der mit eigener Rechtspersönlichkeit auszustattende Fonds sollte durch die Übernahme von Haftungen und die Gewährung von Zinsenzuschüssen die Konzentration von Unternehmungen erleichtern, Betriebsneugründungen fördern und regionale Schwerpunktprogramme unterstützen.

Nach einstimmiger Verabschiedung des Gesetzes betreffend die Förderung der Finanzierung von Entwicklungs- und Erneuerungsinvestitionen wurde der Entwicklungs- und Erneuerungsfonds (EE-Fonds) Mitte 1969 als Gesellschaft mit beschränkter Haftung mit dem Bund als alleinigem Gesellschafter gegründet. Der Aufgabenbereich wurde zunächst auf die Förderung von Entwicklungs- und Erneuerungsinvestitionen von Produktions-, Forschungs- und Fremdenverkehrsunternehmungen durch die Übernahme von Bürgschaften für langfristige Kredite eingeschränkt. Die Gewährung von Zinsenzuschüssen war für eine weitere Ausbaustufe vorgesehen, die im Frühjahr 1979 auch realisiert wurde. Die unter Finanzminister Koren ins Leben gerufene Förderungsinstitution ist somit auch schon zehn Jahre alt und dieser Umstand mag es rechtfertigen, zum Anlaß dieser Festschrift mit einem Überblick über die bisherige Geschäftstätigkeit der Gesellschaft und mit einigen Hinweisen auf die gesammelten Erfahrungen aufzuzeigen, was aus dem Konzept der Finanzierungsförderung durch Haftungen geworden ist.

I. Der Umfang der Förderung

Die Gesellschaft hat seit ihrer Gründung bis Ende 1978 Haftungen für 261 Finanzierungen mit einem Volumen von rd. S 2,8 Mrd. übernommen. Mit diesen Haftungen wurden 183 Investitionsprojekte mit einem Präliminare von rd. S 5,8 Mrd. gefördert. Von dem garantierten

Finanzierungsvolumen und der geförderten Investitionssumme entfallen 83 % bzw. 79 % auf den Sektor der Produktionsunternehmungen einschließlich der Forschungs- und Verkehrsunternehmungen und die restlichen Anteile auf die Fremdenverkehrswirtschaft. Bei Beurteilung dieses Förderungsumfanges muß berücksichtigt werden, daß bisher verstaatlichte Industrieunternehmen und — von einer Ausnahme abgesehen — Beteiligungsunternehmungen der Kreditinstitute nicht unterstützt wurden. Läßt man die Investitionen dieser beiden Unternehmensgruppen außer Betracht, so dürften die durch die Gesellschaft geförderten Investitionen des Produktionssektors in keinem Geschäftsjahr mehr als 5 % der Industrieinvestitionen betragen haben. Dieser Geschäftsumfang wird einerseits von demjenigen als gering bezeichnet werden, der angesichts der rückläufigen Industrieinvestitionen in den Sechziger Jahren und der zunehmenden Besicherungsprobleme bei der langfristigen Investitionsfinanzierung von der neuen Förderungseinrichtung kräftige Impulse auf die Investitionstätigkeit erwartet hatte. In diesem Zusammenhang wäre allerdings darauf hinzuweisen, daß die von der Gesellschaft unterstützten Vorhaben im Gegensatz zu einem Großteil der im Rahmen anderer Aktionen geförderten Projekte zusätzliche Investitionen darstellen, weil deren Ausfinanzierung erst durch die Haftungsübernahmen ermöglicht wurde. Das bisherige Förderungsvolumen wird anderseits denen Genugtuung bereiten, die von diesem neuen Instrument eine Sozialisierung der Investitions- und Unternehmensrisken auf breiter Basis und damit einen weiteren Anschlag auf die marktwirtschaftliche Ordnung befürchtet haben.

Aus der Sicht des Konjunktur- und Währungspolitikers kann angemerkt werden, daß weder der Gesamtumfang der Haftungen noch der Verlauf der Geschäftigstätigkeit ein Problem für die konjunkturelle Steuerung und die Bemühungen um die Preisstabilisierung bedeutet haben. Von der Gesellschaft konnte bisher auch keine Abhängigkeit des eingereichten Antragsvolumens von der konjunkturellen Entwicklung festgestellt werden. Die Zahl der Anträge, die durch das günstige Investitionsklima bei guter Konjunkturlage begründet waren, dürfte sich mit den Anträgen, die sich aus einer pessimistischen Zukunftsbeurteilung der Kreditinstitute bei rückläufiger Konjunktur ergaben, annähernd ausgeglichen haben.

II. Die Struktur der Förderung

Die Förderung durch die Gesellschaft ist Bestandteil eines dreistufigen öffentlichen Haftungssystems, bei dem die Förderung der Kleinkredite (ursprünglich bis S 200 000,—) der Bürges und die Haftungsübernahmen für Großkredite ab S 2,5 Mill. bei Produktionsunternehmungen und ab S 1,0 Mill. bei Fremdenverkehrsunternehmungen dem EE-Fonds zugeordnet wurden, während die Kredite der mittleren Betragshöhe von Haftungseinrichtungen in den jeweiligen Bundesländern verbürgt werden sollten. Da im EE-Fonds-Gesetz keine maximale Kredithöhe für den Einzelfall festgelegt wurde und sich die Gesellschaft als Förderungsinstitution mit der Aufgabe, Risken aus fehlenden bankmäßigen Sicherheiten zu übernehmen, zu keiner betragsmäßigen Risikobeschränkung und zu keiner Risikostreuung verpflichtet sieht, wurden Haftungen für die Finanzierung eines einzelnen Unternehmens von der Kredituntergrenze bis zum Betrag von S 256 Mill. übernommen.

Die durchschnittliche verbürgte Kreditsumme errechnet sich mit rd. S 11 Mill., der ein durchschnittliches Präliminare aller geförderten Investitionsvorhaben von rd. S 32 Mill. gegenübersteht. Anzahlmäßig entfallen jedoch rd. 70 % auf Finanzierungen bis zu einer Summe von S 10 Mill. und über 60 % auf Projekte mit einem Volumen bis zu S 20 Mill. Diese Zahlen lassen erkennen, daß das Schwergewicht der Förderung bei den Industrie- und Fremdenverkehrsunternehmungen der mittleren Größenordnung lag, die in expansiven, vorwiegend auf Fremdfinanzierung abgestützten Entwicklungsphasen häufig Besicherungslücken aufweisen.

Bei Beurteilung der Struktur der Förderung ist die branchenmäßige Verteilung von besonderem Interesse, weil ein Ansatzpunkt der strukturpolitischen Überlegungen in der unterschiedlichen Entwicklung der Industriebranchen liegt. Obwohl die Förderung der Gesellschaft branchenmäßig breit gestreut ist, bestehen doch deutliche Förderungsschwerpunkte. Auf die Papier- und Metallwarenindustrie entfallen zusammen 45 % des garantierten Finanzierungsvolumens und des geförderten Projektspräliminares. Gemessen an der Anzahl der Projekte ist die Förderung am stärksten von den Unternehmungen der Metallwarenerzeugung und des Maschinenbaus, der Stein- und keramischen Industrie sowie von der Elektro- und Papierindustrie in Anspruch genommen worden. Diese Schwerpunkte sind nicht das Ergebnis einer branchenmäßig gezielten Projektsselektion, sondern das Resultat verschiedener Faktoren, wie z. B. Eigentumsverhältnisse und Eigenmittelausstattung der Unternehmungen, Höhe der Projektskosten im Vergleich zur Betriebsgröße, bisherige Ertragskraft, Innovationsgehalt der Erzeugnisse und der Produktionstechnologie, die für die Risikobeurteilung der Kreditinstitute bestimmend und neben den vorhandenen Sicherheiten für die Entscheidungen über die Kreditgewährung maßgeblich sind.

Gemäß internationalen Studien über Struktur und Wandel in der europäischen Industrie seit 1960 verzeichneten die Chemieindustrie,

Erdölverarbeitung und Elektroindustrie ein überdurchschnittliches Wachstum und die Industrien für Gummi, Maschinenbau, Fahrzeuge, Glas-Steine-Keramik, Eisen- und Metallwaren, Papiererzeugung sowie für Holzverarbeitung ein durchschnittliches Wachstum; die Metallgrundindustrie, die Druckereiindustrie und die Industrien für Nahrungsmittel, Bekleidung, Schuhe, Textilien, Tabak, Leder- und Papierverarbeitung expandierten hingegen nur unterdurchschnittlich.

Eine Bewertung der Förderung durch Aufgliederung der geförderten Unternehmungen nach diesem „Wachstumskriterium" ergibt, daß 12 % des geförderten Projektspräliminares im Produktionssektor auf Branchen mit einer überdurchschnittlichen Expansion, 71 % auf die Gruppen mit durchschnittlichem Wachstum und 17 % auf Branchen mit schrumpfenden Anteilen an der Industrieerzeugung entfallen. Der oft erhobene Einwand, daß das Konzept der Wachstumsbranchen zu wenig Trennschärfe aufweist, kann auch an Hand der Förderungsfälle der Gesellschaft bestätigt werden. Aufgrund der Entwicklung der geförderten Unternehmungen zählen jedenfalls die Maschienbau- und Metallwarenindustrie zu den wachtsumsstarken Industriezweigen.

Nach einer anderen, als strukturpolitisch relevant bezeichneten Klassifizierung[1] betreffen 25 % der Gesamtanzahl der im Produktionsbereich garantierten Finanzierungen technologieintensive Wirtschaftszweige, 26 % rohstoffintensive Branchen und 49 % arbeitsintensive Produktionen. Infolge der in der Papier- und Zellstoffindustrie geförderten Großprojekte erhöht sich der Anteil der rohstoffintensiven Branchen am garantierten Finanzierungsvolumen auf 45 %, gegenüber 42 % der arbeitsintensiven und 13 % der technologieintensiven Branchen.

Mißt man den strukturpolitischen Wirkungsgrad der Förderung an Hand der im Koren-Plan festgelegten Kriterien, wurden sowohl bei der Förderung von Betriebsneugründungen und Umstrukturierungen als auch bei der Unterstützung regionaler Schwerpunktprogramme günstige Ergebnisse erzielt: Bei der Hälfte der geförderten Investitionsvorhaben war die Errichtung neuer Betriebe Ziel der Förderung. Mit diesen Betriebsneugründungen wurden teilweise Produktionskapazitäten bestehender Firmen erweitert, teilweise die Erzeugung an einen neuen Standort verlagert. Fast ein Viertel der Gesamtförderung betrifft jedoch die Errichtung von Betrieben durch neu gegründete Unternehmungen. Bei einem Drittel der positiv erledigten Anträge wurde der regionalwirtschaftlichen und arbeitsmarktpolitischen Zielsetzung dadurch entsprochen, daß diese Projekte in struktur-

---

[1] Die Klassifizierung wurde übernommen von G. *Tichy*, Die Situation Österreichs im internationalen Wettbewerb, in Quartalshefte der Girozentrale, Heft 4/1978, Wien, S. 34.

schwachen Gebieten durchgeführt wurden, die gemäß den Richtlinien für ERP-Kredite eine besondere Förderungswürdigkeit genießen. Zu dieser Gruppe von Investitionen, deren Anteil am geförderten Volumen rd. 20 % beträgt, wurde auch die seilbahntechnische Erschließung von neuen Schizentren in touristischen Entwicklungsgebieten gezählt.

Obwohl durch eine Novellierung des EE-Fonds-Gesetzes bereits im Jahr 1970 der Kreis der förderungswürdigen Investitionen auf den Erwerb von Unternehmungen oder von Beteiligungen an Unternehmungen im In- und Ausland ausgeweitet wurde, waren bisher nur wenige Beteiligungsprojekte oder Vorhaben, die mit Konzentrationsmaßnahmen in Zusammenhang standen, zu behandeln. Lediglich 3 Kredite für Beteiligungen im Ausland und ein Kredit für eine Beteiligung an einem inländischen Unternehmen wurden verbürgt. Außerdem wurden bei einem Geschäftsfall Investitionen gefördert, die im Zuge eines Fusionsprojektes von drei Textilunternehmungen zur Produktionsbereinigung und zur Rationalisierung der Erzeugung geplant waren. Weder die 3 Beteiligungsinvestitionen im Ausland noch das Fusionsprojekt konnten mit Erfolg abgeschlossen werden.

Der Grund für die relativ geringe Effizienz der Förderung bei unternehmerischen Konzentrationsmaßnahmen, dem dritten Aufgabenschwerpunkt laut Koren-Plan, liegt nicht darin, daß die Dringlichkeit und Förderungswürdigkeit von Unternehmenskonzentrationen im Produktionsbereich abgenommen hat. Vielmehr hat die Wachstumsverlangsamung in den letzten Jahren Reorganisationsprobleme im Leistungs- und Finanzierungsbereich der Industrieunternehmungen deutlich gemacht, die in vielen Fällen nur gelöst werden können, wenn die Grenzen einzelner Unternehmungen überschritten und im Rahmen von Kooperations- und Konzentrationsmaßnahmen neue Produktions- und Entscheidungsstrukturen geschaffen werden, die mehrere Unternehmungen umfassen.

Allerdings stand dem EE-Fonds mit der Bürgschaft für langfristige Kredite nur ein Instrument zur Verfügung, mit dem bei der Förderung der Unternehmenskonzentration nur wenige Ansatzpunkte zu finden waren. Diesem Aspekt wurde bei der Erweiterung der Förderungsmöglichkeiten durch das Garantiegesetz 1977 Rechnung getragen. Die Gesellschaft ist nunmehr in der Lage, nicht nur Kreditrisken durch Bürgschaften gegenüber dem Kreditgeber, sondern auch Eigentümerrisken durch Garantien gegenüber dem Beteiligungserwerber zu übernehmen. Bisher wurden jedoch noch keine Anträge auf Beteiligungsgarantien im Zusammenhang mit Unternehmenskonzentrationen vorgelegt.

Die mit dem Garantiegesetz 1977 ermöglichte Garantieübernahme für Betriebsmittelkredite, für gegenüber den übrigen Gläubigern nachrangige Kredite und für Beteiligungen stellt für die Gesellschaft, deren Namen auf Finanzierungsgarantie-Gesellschaft mit beschränkter Haftung (FGG) abgeändert wurde, eine zusätzliche, über die Konzeption des Koren-Planes hinausreichende Aufgabenstellung dar: Finanzierungen sollen unabhängig von der Durchführung eines förderungswürdigen Investitionsprojektes garantiert werden können, wenn durch die zufließenden Mittel die Finanzierungsstruktur des Unternehmens und damit dessen Entwicklungsmöglichkeit in der Zukunft verbessert wird.

Mit der Garantie für einen nachrangigen Kredit wurde ein für Österreich neues Finanzierungsinstrument eingeführt; die Nachfrage nach dieser Finanzierung wird wesentlich davon abhängen, ob die Eigenmittelfunktion nachrangiger Kredite richtig verstanden und akzeptiert wird. Die Effizienz der Förderung durch Beteiligungsgarantien wird vor allem von der Zunahme der Unternehmenskonzentration und von der Geschäftsentwicklung der neugegründeten Kapitalbeteiligungsgesellschaften mitbestimmt werden.

III. Die Ertragskraft des Unternehmens als Förderungskriterium

Die im Rahmen der Gesellschaft eingerichtete Investitionsförderung unterscheidet sich von anderen Förderungsaktionen dadurch, daß kein Katalog von Förderungskriterien festgelegt wurde. Maßgebend für die Förderungswürdigkeit ist neben der Bedingung nicht ausreichender bankmäßiger Sicherheiten die Ertragskraft des antragstellenden Unternehmens. Gemäß den Bestimmungen des EE-Fonds-Gesetzes mußte die Durchführung des Investitionsvorhabens eine Steigerung der Ertragskraft erwarten lassen, durch welche zumindest die Verzinsung und Rückzahlung des Kredites gewährleistet erscheint. Dieses Förderungskriterium, das auch im Garantiegesetz 1977 in leicht geänderter Fassung übernommen wurde und bei keiner anderen Förderung eine entscheidende Rolle spielt, hat das gesamte Antrags-, Bearbeitungs- und Entscheidungsverfahren der Gesellschaft geprägt: Das Förderungsverfahren ist zukunftsbezogen, die Förderungswürdigkeit ist nicht nur mit verbalen Argumenten, sondern auch in quantifizierter Form zu belegen. Dementsprechend sollte der Kreditwerber bei Antragstellung eine finanzielle Vorschaurechnung im System der Jahresabschlüsse ausarbeiten und in diesem konsistenten Rahmen die Erwartungen und Planungen hinsichtlich des Projektes und der gesamten Entwicklung des investierenden Unternehmens dokumentieren. Dieses Erfordernis, über die Zukunft einer Firma nachzudenken, stellt bei der geringen Planungsintensität der österreichischen Unternehmungen einen nicht zu unterschätzenden strukturpolitischen Beitrag dar. Tatsächlich verfügte nur ein Teil der antragstellenden Unternehmungen über systematisch angelegte Planungsunterlagen und nur bei wenigen Gesellschaften war eine mehrjährige, das gesamte Unternehmen umfassende Vorschaurechnung bereits eingerichtet. Das hatte zur Folge, daß in vielen Fällen nicht vorgelegte Anträge im Detail zu überprüfen waren, sondern die für die Entscheidung notwendigen Unterlagen erst gemeinsam erarbeitet werden mußten. Im Vergleich zu anderen Förderungsinstitutionen ermöglicht diese Kooperation zwar einen besseren Einblick in die unternehmerischen Verhältnisse und eine bessere Beurteilung der Risken und Chancen der investierenden Betriebe. Anderseits gestaltete sich aber die Abwicklung der Förderung arbeitsintensiv und zeitaufwendig. Durch diese Erfahrung wurde die Zweckmäßigkeit des im Koren-Plan festgelegten Konzeptes bestätigt, die Förderung durch Haftungsübernahmen nicht im Bereich der öffentlichen Verwaltung abzuwickeln, sondern einer eigenen Gesellschaft zu übertragen, deren Schadensrisiko durch die mit den Bürgschaften und Garantien der Gesellschaft gekoppelten Haftungen des Bundes abgedeckt wird.

Die Tatsache, daß die Entscheidung über die Haftungsübernahme von der zukünftigen Ertragskraft abhängt, bedeutet, daß die Förderung durch die Gesellschaft nach einem marktwirtschaftlichen Prinzip ausgerichtet ist. Die Entwicklung der Ertragskraft ist der natürliche Maßstab für die Vorteilhaftigkeit einer Investition. Mit der Überprüfung der Frage, ob die durch ein Projekt gesteigerte betriebliche Ertragskraft zur ordnungsgemäßen Rückführung der bestehenden Kredite ausreicht, wird durch die Gesellschaft ein Selektionskriterium angewandt, das für den langfristigen Investitionskredit allgemeine Gültigkeit hat, unabhängig davon, ob Beleihungsgrenzen bei der Besicherung des Kredites eingehalten oder überschritten werden.

Mit diesem marktkonformen Beurteilungs- und Entscheidungskriterium ist die Förderung durch die Gesellschaft in erster Linie ein Instrument der dynamischen Kreditpolitik, das darauf abzielt, den bankmäßigen Kreditgewährungsspielraum für ertragstarke, aber risikoreiche Projekte zu erweitern. In strukturpolitischer Hinsicht wird damit, wie bei den anderen Finanzierungsförderungen, der Aufgabenstellung der Strukturanpassung besser entsprochen als den Anforderungen der aktiven Strukturpolitik. Eine stärkere Ausrichtung der gesamten Finanzierungsförderung auf eine vorausschauende Strukturgestaltung, die zweifellos zu der vielfach geforderten selektiven Vergabe der Förderungsmittel führen würde, setzt jedoch einerseits voraus, daß von der Wirtschaftspolitik die anzustrebenden strukturpolitischen Ziele konkret formuliert und nach Prioritäten gereiht werden; anderseits müßten das Beurteilungs- und Entscheidungsverfahren der Förderungseinrichtungen stärker objektiviert und rationalisiert werden. Dies könnte dadurch erfolgen, daß die auf Basis der strukturpolitischen Ziele für die Beurteilung von Unternehmungen und Investitionsprojekten festzulegenden Kriterien gemäß der Zielsetzung der einzelnen Förderungsaktion gewichtet und in einem Bewertungsschema zusammengefaßt werden. Die Erfüllung der einzelnen Kriterien wird mit Punkten bewertet, die unter Berücksichtigung der Gewichtung zu einem Gesamtergebnis addiert werden, das über die Förderungswürdigkeit entscheidet.

IV. Das Risiko bei den übernommenen Haftungen

Mit den Haftungen sollen Risken aus der Unsicherheit über die zukünftige Entwicklung des zu fördernden Unternehmens von der Gesellschaft übernommen werden, die vom Kreditnehmer wegen seiner ungünstigen Eigenmittelausstattung und vom Kreditgeber mangels ausreichenden Besicherungspotentials nicht mehr getragen werden können. Sind das nur vermeintliche Risken oder bestehen diese Risken tatsächlich? Die Schadensstatistik der Gesellschaft zeigt, daß nur ein relativ geringer Teil der Risken in dem Sinn schlagend geworden ist, daß die Haftung der Gesellschaft in Anspruch genommen wurde. Bei einem beschlossenen garantierten Finanzierungsvolumen von rd. S 2,8 Mrd. sind bis Ende 1978 Kredite mit einem aushaftenden Volumen von rd. S 47 Mill. notleidend geworden, was einen Anteil von 1,7 % ergibt. Berücksichtigt man den erst 1979 eingetretenen Haftungsfall für ein Großprojekt, erhöht sich dieser Prozentwert auf 7,0[2].

Diese Ziffern geben jedoch ein Bild, das die Risken, die mit der Investitionsfinanzierung des von der Gesellschaft betrauten Kreises von Unternehmungen verbunden sind, unterbewertet. Eine Durchsicht der Geschäftsfälle zeigt, daß etwa ein Drittel der geförderten Unternehmungen Fehlentwicklungen verzeichnete, die zwar teilweise zeitlich begrenzt waren, aber doch eine ernste Gefährdung für den Fortbestand des Unternehmens bedeutet haben. Aus den gesammelten Erfahrungen können folgende Ursachen für gravierende Abweichungen der tatsächlichen Entwicklung von den Planungen und Prognosen genannt werden:

— wesentliche Überschreitungen der Projektskosten,

— technische Anlaufschwierigkeiten der Produktion nach Durchführung der Investition,

— Marktveränderungen,

— mangelnde Qualifikation des Managements.

---

[2] Durch Rückflüsse aus Rückgriffsforderungen reduziert sich jedoch der bisherige Schadensbetrag um rd. S 9,0 Mill.

Die genannten Faktoren stehen in einem engen Zusammenhang und wirken vielfach gleichzeitig. Projektskostenüberschreitungen sowie andere im Prinzip vermeidbare Fehlentwicklungen gehen immer auch zu Lasten des Managements. Mangelnde Qualifikation des Managements ist jedoch dann als primäre Ursache von Unternehmenskrisen zu werten, wenn objektiv feststellbare Fehlentscheidungen mit nachhaltigen negativen Auswirkungen getroffen werden, oder das Management bei den gestellten Aufgaben allgemein überfordert ist. Es scheint, daß dieser Risikofaktor bei Projekten, die eine strukturelle Reorganisation oder eine Sanierung eines Unternehmens zum Gegenstand haben, besonders groß ist.

Im Rahmen der bisherigen Förderungen der Gesellschaft stellen Überschreitungen der für ein Projekt präliminierten Kosten die häufigste Ursache von Unternehmenskrisen dar. Kostenüberschreitungen, die vor allem die Folgen ungenügender Projektsplanungen und einer unzureichenden Kontrolle bei der Abwicklung der Investitionen sind, können wegen der fehlenden Ausfinanzierungsmöglichkeit kurzfristig oder infolge überhöhter Zahlungsverpflichtungen aus Krediten auf mittlere Sicht zu einer ernsten Gefährdung des Unternehmens führen. Die Vermutung, daß dieses Risiko eher bei kleinen oder mittleren Unternehmen als bei Großunternehmen anzutreffen ist, kann durch die Erfahrungen der Gesellschaft nicht belegt werden.

Technische Anlaufschwierigkeiten bei der Produktion nach Investitionsdurchführung stellen hingegen Risiken dar, die sich in der Regel auf größere Projekte beziehen. Die Installierung maschineller Großanlagen, wie z. B. einer Papiermaschine, und die Aufnahme neuer Produktionen vor allem bei Betriebsneugründungen mit einem noch nicht ausreichend angelernten und aufeinander eingespielten Personal, waren im Bereich der Geschäftsfälle der Gesellschaft von diesem Risiko besonders betroffen. Charakteristisch für dieses Risiko ist, daß sich die Wahrscheinlichkeit einer Fehlentwicklung, die Dauer der Anlaufschwierigkeiten und somit die Höhe der daraus entstehenden Kosten im vorhinein kaum abschätzen lassen.

Marktbedingte Unternehmenskrisen sind darauf zurückzuführen, daß sich die tatsächliche Entwicklung der Nachfrage nicht mit den Erwartungen, die der Projektsplanung zugrundegelegt wurden, deckt. Zu diesen Fehleinschätzungen kommt es, weil Marktveränderungen, die durch technologische Entwicklungen, Veränderungen des Verbraucherverhaltens oder internationale Standortverlagerungen der Produktion ausgelöst werden, in wellenförmigen Bewegungen mit unregelmäßigen und unterschiedlich starken Ausschlägen vom längerfristigen Trend verlaufen. Diese zyklischen Veränderungen sind jedoch oft der Grund dafür, daß die Unternehmensumwelt und die Ausgangslage für ein Projekt generell zu günstig bewertet werden. Auch sind viele Unternehmungen mit ihrer Finanzierungsstruktur nur ungenügend ausgerüstet, eine schubartige Verschlechterung des Marktes ohne Schwierigkeit zu verkraften.

Systematisch gesammelte und ausgewertete Erfahrungen der Finanzierungs- und Förderungsinstitute über die Risken der Investitionsfinanzierung liegen in Österreich nicht vor. Diese Informationen würden aufzeigen, daß die mit der Unternehmensfinanzierung verbundenen Risken durch eine Verbesserung der Projektsplanungen und Prognosegrundlagen für ein Unternehmen sowie durch eine verstärkte Kontrolle der Investitionsabwicklung und intensive Betreuung der Unternehmen seitens der Kreditgeber erheblich vermindert werden könnten. In dem Maße, in dem es möglich ist, die dynamische Kreditbesicherung der Kreditinstitute im Rahmen einer „management control" erfolgreich zu gestalten, würde sich der Förderungsschwerpunkt der Gesellschaft zunehmend auf die Übernahme von Risken verlagern, die in der Einführung neuer Produktionstechnologien und Erzeugnisse sowie in der strukturellen Reorganisation der Unternehmen begründet sind.

DIE FOLGEN VON WECHSELKURSÄNDERUNGEN — WAS HABEN WIR GELERNT?

Von Gunther Tichy*

Neue theoretische Ansätze bzw. die Renaissance vergessener Hypothesen und Theorien und das große Wechselkursexperiment der 70er Jahre haben unser Verständnis des Funktionierens von Wechselkurssystemen und der Folgen von Wechselkursänderungen erheblich verbessert. Nicht in wirklich neuen Erkenntnissen liegt dabei der Fortschritt — das wäre auf einem seit einem Vierteljahrtausend so intensiv untersuchten Gebiet auch gar nicht zu erwarten —, sondern in unserem Verständnis, unter welchen Bedingungen welche der theoretisch zwar möglichen, aber unterschiedlichen Folgen eintreten.

I. Zwei alte Fragen — zwei neue Orthodoxien

Zwei Fragen sind es vor allem, die seit langem schon die Diskussion anheizen: Ob Abwertungen tatsächlich ein geeignetes Instrument zur Verbesserung der Leistungsbilanz sind — infolge der Asymmetrie der Anpassung haben *Auf*wertungen die Gemüter stets viel weniger bewegt — und ob sich die Leistungsbilanz der Kapitalbilanz anzupassen hätte oder umgekehrt.

Die erste Frage wurde unter dem Schlagwort *Elastizitätsoptimismus versus Elastizitätspessimismus* bekannt. In den 30er Jahren zweifelte man daran, daß die Preiselastizität (genauer Wechselkurselastizität; zur Unterscheidung siehe Tichy 1975) der Nachfrage im Außenhandel groß genug wäre, um die Exportmenge nach Abwertungen entsprechend zu erhöhen und/oder die Importmenge entsprechend zu drücken; empirische Berechnungen schienen diesen Elastizitätspessimismus zu stützen. Die 50er und 60er Jahre hingegen kannten kaum Zweifel dieser Art, Wechselkursänderungen waren zwar vom internationalen Währungsfonds nicht gern gesehen, im Ernstfall aber dennoch das Standardinstrument der Leistungsbilanzpolitik. In den 60er Jahren entstand im

* Der Autor dankt seinen Kollegen Lutz Beinsen, Heinz Handler und Stefan Schleicher für die kritische Durchsicht des Manuskripts.

Monetarismus eine neue Orthodoxie, die nicht von den Annahmen über die Elastizität her, sondern von denen über Preis- und Zinsbildung die Wirksamkeit von Wechselkursänderungen in Frage stellte; auch haben zahlreiche der seit 1970 häufigeren Wechselkursänderungen nicht die erhofften Ergebnisse gebracht. Es ist aber gelungen, einen relativ breiten Konsens über die Bedingungen herzustellen, unter denen Wechselkursänderungen tatsächlich die Leistungsbilanz verbessern.

Die zweite „neue" Frage ist ihrer Natur nach grundsätzlicher, älter und von einem Konsens noch weit entfernt. Schon Ende des 18. Jahrhunderts stritten Bullionists und Antibullionists, ob die Verluste von Währungsreserven autonomen Änderungen der Leistungsbilanz oder übermäßiger Geldschöpfung zuzuschreiben wären. Vor dem 2. Weltkrieg gehörte es zur Lehrbuchweisheit, daß der nach Ländern unterschiedliche Ertrag der Investitionen (in Realkapital) Unterschiede im langfristigen Zinsniveau und damit bestimmte Saldenkonstellationen der langfristigen Kapitalbilanz bewirke; die Leistungsbilanz passe sich diesen Kapitalbilanzsalden via Änderungen der relativen Preise, der Wechselkurse und eventuell auch der Einkommen an. In den 50er und 60er Jahren war man hingegen rein leistungsbilanzorientiert, der Saldo der Leistungsbilanz war durch güterwirtschaftliche Faktoren bestimmt, Kapitalbilanz und Veränderung der Währungsreserven finanzierten die Leistungsbilanz, d. h. sie paßten sich via national bestimmtem Zinssatz und politisch kontrollierte Kapitalbewegungen an. Wieder war es der Monetarismus, der unter dem Eindruck zunehmender Liberalisierung des Kapitalverkehrs in den 60er Jahren diese Position in Frage stellte: Es wären vielmehr Umschichtungen in den Vermögenspositionen ((Finanzaktiva), die die Kapitalbilanz bestimmen, welche dann ihrerseits über Wechselkursänderungen die Leistungsbilanz bestimmen, die ihrerseits wiederum auf den Wechselkurs zurückwirkt.

Für das Umdenken in den letzten zehn Jahren — auf beiden Gebieten — waren, wie schon erwähnt, neue theoretische Ansätze monetärer Art, der Monetarismus, aber auch die New Cambridge Economics primär verantwortlich. Daneben darf jedoch auch die Erfahrung mit Wechselkursänderungen seit Beginn der 70er Jahre als wichtiges Lernobjekt nicht übersehen werden.

In den fünfziger und sechziger Jahren versuchte man primär die Leistungsbilanz bei vorgegebenen (exogenen) Wechselkursen zu erklären, und das mit Hilfe des Elastizitäts- und des Absorptionsansatzes. Beim *Elastizitätsansatz* (Marshall 1932, Lerner 1944) werden die Außenhandelsströme allein von den relativen Preisen (zwischen In- und Ausland) bestimmt: Eine Abwertung senkt die Exportpreise in Auslandswährung und erhöht die Importpreise in Inlandswährung.

Dadurch sinken zwar die Erlöse pro Exporteinheit und steigen die Aufwendungen pro Importeinheit; dieser negative (die Leistungsbilanz in Inlandswährung verschlechternde) Preiseffekt wird jedoch — teilweise, ganz oder vielfach — von dem positiven (Leistungsbilanz-verbessernden) Mengeneffekt kompensiert; wieviel durch die relative Verbilligung mehr exportiert und wieviel durch die relative Verteuerung weniger importiert wird, hängt von der Preiselastizität der jeweiligen Nachfrage ab. Der Marshall-Lerner-Bedingung zufolge muß die Summe beider Elastizitäten größer als 1 sein; diese Bedingung muß modifiziert werden, wenn das Angebot nicht unendlich elastisch und die Leistungsbilanz nicht ausgeglichen ist, was sie zum Zeitpunkt einer Abwertung wohl nie sein wird[1].

Die Mängel des Elastizitätsansatzes liegen hauptsächlich darin, daß er die Angebots-Nachfrage-Verhältnisse zum Zeitpunkt der Abwertung und die Folgen der Abwertung auf Angebot, Nachfrage und Preise vernachlässigt; bei diesen Mängeln setzte der *Absorptionsansatz* (Alexander 1952) ein. Da sich Angebots- und Nachfrageelastizität mit dem Niveau der Kapazitätsauslastung ändern, hängt der Außenhandelssaldo von der Differenz zwischen Produktion und heimischer Nachfrage, der heimischen Absorption (der eigenen Produktion) ab. Nach dem Absorptionsansatz kann eine Abwertung die Leistungsbilanz nur insoweit verbessern, als sie die Absorption einschränkt. Das bedeutet aber, daß Leistungsbilanzpolitik primär durch Nachfragesteuerung und erst sekundär durch Wechselkurspolitik erfolgt.

In den letzten zwei Jahrzehnten traten drei neue Betrachtungsweisen in den Vordergrund. Der Portfolio-Ansatz, die Zahlungsbilanztheorie des globalen Monetarismus und der Ansatz der New Cambridge Economics. Der *Portfolio-* oder auch Asset-Market-Ansatz (Myhrman 1976,

---

[1] Die einfache Marshall-Lerner-Bedingung

$$-\eta_x - \eta_m > 1$$

wird durch Einbeziehung der Elastizität des Angebotes zur Robinson-Bedingung

$$-\eta_x - \eta_m > 1 - \frac{\eta_x \eta_m}{\eta_x \eta_m} (\varepsilon_m + \varepsilon_x + 1)$$

und weiters durch das Zulassen von Leistungsbilanzungleichgewichten zur Formel

$$-\eta_x - \eta_m \frac{M}{X} > 1 - \frac{\eta_x \eta_m}{\varepsilon_x \varepsilon_m \frac{X}{M}} \left(\varepsilon_m + \varepsilon_x \frac{X}{M} + 1 \right) + \frac{1}{\varepsilon_x \varepsilon_m \frac{X}{M}} - \frac{\eta_m}{\varepsilon_m}$$

η_x, η_m : Nachfrageelastizitäten
$\varepsilon_x, \varepsilon_m$: Angebotselastizitäten
X, M : Außenhandelswert in Auslandswährung

Boyer 1977) versucht bei der Analyse der Handelsströme Elastizitäts- und Absorptionsansatz zu verbinden, berücksichtigt darüber hinaus jedoch auch monetäre Einflüsse. Die Wirtschaftssubjekte wollen ein bestimmtes Portefeuille an Geld sowie in- und ausländischen Wertpapieren halten, und Anpassungen nach Störungen betreffen sowohl monetäre als Gütermärkte. Da die einzelnen Anpassungsvorgänge unterschiedlich lang dauern, ist im Portfolioansatz die Unterscheidung von kurzfristigen (impact) und langfristigen Effekten besonders wichtig.

Die Zahlungsbilanztheorie des *globalen Monetarismus*[2] (Frenkel / Johnson 1975, Johnson 1977) beschränkt sich auf die langfristigen Effekte und macht den Bestand an Währungsreserven von der Differenz zwischen Geldangebot und Geldnachfrage abhängig; die Geldnachfrage *(MN)* ist infolge der small country assumption unbeeinflußbar, da ihre Bestimmungsgründe (Einkommen, Preise, Zinssätze) nach monetaristischer Ansicht weltweit bestimmt werden und daher für ein kleines Land gegeben sind. Perfekte Arbitrage im Güter- wie im Finanzbereich ist dafür natürlich Voraussetzung. Das Geldangebot *(MA)* stammt zum Teil aus der Zahlungsbilanz *(ZB)*, zum Teil aus autonomen Notenbanktransaktionen *(A)*:

$$MA = ZB + A$$
$$MA = MN$$
$$ZB = MN - A$$

Jede Erhöhung des autonomen Geldangebotes muß zu einer Verschlechterung der Zahlungsbilanz führen. Nach monetaristischer Ansicht überwiegend dadurch, daß ausländische Aktiva[3] so lange gekauft werden bis das zusätzliche Geld abgeströmt ist.

Die small-country-assumption schließt Rückwirkungen aus, insofern ist auch der monetaristische Ansatz partialanalytisch[4]. Wechselkursänderungen beeinflussen im monetaristischen Modell das Preisniveau, nicht jedoch die Zahlungs- oder gar die Leistungsbilanz.

Wie alle Theorien, die mit Ausschließlichkeitsanspruch auftreten, sind die extremen monetaristischen Ansätze zur Anwendung in der wirklichen Welt wenig geeignet, sie konnten jedoch das geistige Klima ändern und so neue/alte Fragestellungen wieder bewußt machen, die

---

[2] Der Ausdruck stammt von Neumann-Whitman (1975).

[3] Ob Güter- oder Finanzaktiva interessiert die meisten Modelle nicht, da für sie nur die Zahlungsbilanz, nicht jedoch deren Untergliederungen relevant sind.

[4] Gewisse partialanalytische Elemente hat jeder Ansatz: am deutlichsten der Elastizitätsansatz, aber auch der traditionelle Absorptionsansatz vernachlässigt die Rückwirkungen heimischer Absorptionsänderungen auf die Kapazitätsauslastung des Auslandes (Tichy 1977, 1979).

für den Umdenkprozeß, die Synthese der konkurrierenden Theorien notwendig waren; früheren, gemäßigteren Ansätzen (Stützel 1973) war das nicht gelungen.

Hat der Absorptionsansatz unser Bewußtsein für die je nach Nachfragekonstellation unterschiedlichen Wirkungen von Abwertungen geschärft, der globale Monetarismus für den Einfluß der Kapitalbilanz auf die Leistungsbilanz und die Folgen von Wechselkursänderungen auf das Preisniveau, so der in Mitteleuropa noch weniger geläufige Ansatz der *New Cambridge School* (Kaldor 1971, Smith 1976) bzw. der *Post-Keynesian Economics* (Eicher 1978)[5] für den Zusammenhang zwischen Budget- und Leistungsbilanzsaldo. Die Cambridge-Ökonomen gehen davon aus, daß die Netto-Ersparnis des privaten Sektors längerfristig recht stabil ist, so daß sich Änderungen der Einkommen primär in Änderungen der Ausgaben niederschlagen. Da nun aber nach der Geldstrom-Identität das Netto-Sparen aller inländischen Sektoren zusammen den Liquiditätsüberschuß bzw. die Netto-Verschuldung dem Leistungsbilanzdefizit entsprechen muß, schlägt sich jedes, das private Netto-Sparen übersteigende Budgetdefizit notwendigerweise in einem Leistungsbilanzdefizit nieder und die Änderung des Budgetsaldo ändert auch das Leistungsbilanzdefizit.

Die unterschiedlichen theoretischen Ansätze haben natürlich unterschiedliche wirtschaftspolitische Implikationen: Nach den traditionellen Ansätzen muß die Fiskalpolitik für das Beschäftigungsniveau sorgen, Wechselkursänderungen stellen — entsprechend hohe Elastizität vorausgesetzt — den Ausgleich der Leistungsbilanz sicher; daß das nur möglich ist, wenn dadurch die Absorption eingeschränkt wird, wird oft übersehen. Nach dem globalen Monetarismus sichert die Flexibilität von Preisen und Löhnen den natürlichen Beschäftigungsgrad, Wechselkursänderungen bestimmen das Preisniveau. Nach der Cambridge Schule soll die Fiskalpolitik für eine ausgeglichene Leistungsbilanz sorgen und der Wechselkurs Vollbeschäftigung durch exportinduziertes Wachstum sicherstellen.

Manches deutet darauf hin, daß sich aus der verwirrenden Vielfalt von Ansätzen, die oft auf recht spezifischen und nicht immer realistischen Annahmen beruhen, eine ekklektische Synthese herauskristallisiert. Zu ihrer Entstehung haben neben der differenzierten theoretischen Betrachtungsweise wohl auch die Erfahrungen mit — oft erfolglosen — Wechselkursänderungen und die Ergebnisse empirischer Studien mit zunehmend verbesserten Schätzansätzen beigetragen.

---

[5] Richtiger eigentlich Post-Kaleckian-Economics, wegen ihrer stärkeren Betonung von realen gegenüber finanziellen Phänomenen, dem besonderen Interesse an Verteilungsfragen und der Vernachlässigung von psychologischen und Unsicherheitsphänomenen zugunsten einfacherer Formulierung.

II. Die Folgen von Wechselkursänderungen — Auf dem Weg zu einer neuen Synthese

Schon seit den ersten ökonometrischen Versuchen werden Exporte und Importe als Funktion des Einkommens und der relativen Preise geschätzt. Für die Einkommenselastizität ergaben sich stets Werte in der Größenordnung von eineinhalb, für die Preiselastizität waren bis in die 50er Jahre hinein sehr niedrige negative oder gar positive Werte charakteristisch. Diese Ergebnisse und die schlechten Erfahrungen mit Abwertungen in den 30er Jahren standen hinter dem Elastizitätspessimismus, der bis in die später 50er Jahre hinein die Wirtschaftspolitik prägte.

1. Außenhandelsvolumen reagiert langfristig genügend elastisch

Heute ist der *Elastizitätspessimismus überwunden,* kaum jemand glaubt noch, daß eine Abwertung *infolge zu geringer Elastizitäten* die Leistungsbilanz nicht verbessern würde. Export- wie Importelastizität werden heute in der Größenordnung von —1 oder darüber geschätzt, ihre Summe (Marshall-Lerner-Bedingung) liegt also in der Größenordnung von 2 (siehe dazu die Übersichten 1 und 2). Die höheren Elastizitätskoeffizienten in den neueren Schätzungen ergeben sich zum Teil aus besseren Daten, zum Teil aus besseren Schätzmethoden. *Bessere Daten* sind einerseits Ergebnis neuer Erhebungen (Totalerhebungen statt einzelner Indikatoren, unit values statt Großhandelspreisen, echte Außenhandelspreise statt unit values; siehe dazu Tichy 1975, S. 10 ff.), andererseits besserer Aufbereitung: Man wurde sich bewußt, daß einfach gewichtete Außenhandelspreisindices sehr merkwürdige Annahmen über die Konkurrenzverhältnisse implizieren und ging zu doppelter Gewichtung über (Houthakker / Magee 1969, Schebeck / Suppanz / Tichy 1974, 1979).

Bessere Schätzmethoden bedeuten insbesondere bessere Technik der lag-Schätzung und bessere Modelle. Den Methoden der *lag-Schätzung* kommt insofern besondere Bedeutung zu, als Wechselkursänderungen sehr lange brauchen, bis sie voll wirksam werden: Deppler (1974, S. 606) kam auf zwei bis drei Jahre, Junz / Rhomberg (1973) auf drei bis vier Jahre. Vernachlässigt man die folgenden Perioden und schätzt den Mengeneffekt der Preisänderung bloß des ersten Jahres, muß die Elastizität wohl zu niedrig erscheinen. *Bessere Modelle* bedeutet insbesondere Einbeziehung von Absorptionsüberlegungen durch Berücksichtigung der Kapazitätsauslastung (Ripley 1978) und des Angebotes (Richardson 1976).

Von der Höhe der Preiselastizitäten her besteht also nach gängiger Ansicht kein Zweifel an der Leistungsbilanz-verbessernden Wirkung einer Abwertung, der Mengeneffekt reicht in (fast) allen Ländern aus, den Preiseffekt überzukompensieren; Theorie und Empirie haben uns jedoch gezeigt, daß das eine notwendige aber keine hinreichende Bedingung für Leistungsbilanz-verbessernde Wirkung von Abwertungen ist. Positive Wirkungen einer Abwertung auf die Leistungsbilanz können infolge verzögerter Mengen- oder Preisanpassung ausbleiben, in-

Übersicht 1: Schätzwerte für langfristige Preiselastizitäten im Außenhandel

Land	Import	Export
USA	—1.66	—1.41
Frankreich	—1.08	—1.31
Dänemark	—1.05	—1.28
Österreich	—1.32	—0.93
Schweiz	—1.22	—1.01
Irland	—1.37	—0.86
Schweden	—0.79	—1.96
BRD	—0.88	—1.11
Canada	—1.30	—0.79
Belgien — Luxemburg	—0.83	—1.02
Japan	—0.78	—1.25
Norwegen	—1.19	—0.81
Italien	—1.03	—0.93
Niederlande	—0.68	—0.95
Neuseeland	—1.12	—0.70
Finnland	—0.50	—0.78
Australien	—0.42	—0.74
Großbritannien	—0.65	—0.48
Insgesamt (Median)	—1.06	—0.93

Reihung nach der Summe von Import- und Exportelastizität.
Quelle: Stern / Francis / Schumacher 1976, S. 15 ff.

Übersicht 2: Schätzwerte für Preiselastizitäten im österreichischen Außenhandel

Import		Export	
Außenhandel insgesamt			
Schebeck / Thury (1978) ...	—0.4	Handler (1973)	—0.4
Smeral (1978)	—0.4	Hickman / Lau (1973)	—0.9
Heien (1968)	—0.7	Samuelson (1973)	—1.2
Samuelson (1973)	—1.0	Armington (1970)	—2.0
Armington (1970)	—1.3		
Außenhandel mit Industriewaren			
Schebeck / Suppanz / Tichy (1979)	—1.7	Schebeck / Suppanz / Tichy (1979)	—1
Tourismus			
Schulmeister (1978)	—1	Schulmeister (1978)	—1

folge zu hoher heimischer Absorption, infolge Fehlens unterstützender Nachfragesteuerung, Überwälzung der Importverteuerung oder infolge von Einkommenseffekten.

2. *Der perverse Primäreffekt*

Zumindestens vorübergehend verschlechtert eine Abwertung häufig die Leistungsbilanz, weil die Preiseffekte — Mindereinnahmen für Exporte und Mehreinnahmen für Importe — sofort im Zeitpunkt der Abwertung eintreten, die Mengeneffekte jedoch auf sich warten lassen. Das Ausmaß des perversen Primäreffektes hängt von den Fakturierungsgewohnheiten im Außenhandel und von der jeweiligen Machtposition der Importeure und Exporteure ab. Da die Leistungsbilanz stets in heimischer Währung erstellt wird, treten Preiseffekte bloß bei Fakturierung in ausländischer Währung auf (Siehe dazu Übersicht 3).

Somit ist mit einem perversen Primäreffekt dann *nicht* zu rechnen, wenn die Importe in heimischer Währung fakturiert werden. Bei Importfakturierung in Auslandswährung verschlechtert sich die Leistungsbilanz bei Leistungsbilanzdefiziten stets, sonst bloß dann, wenn die Exporte in Auslandswährung fakturiert werden; da jedoch eine Abwertung wohl nur bei Leistungsbilanzdefiziten vorgenommen wird, ist ein perverser Primäreffekt einer Abwertung stets dann zu erwarten, wenn die Importe in Auslandswährung fakturiert werden. Magee (1973, S. 314) nimmt das für die USA an, und auch die wenige Evidenz für Österreich spricht in diese Richtung: Nach einer Erhebung aus dem Jahr 1971 wurden bloß 12 % der Importe und 27 % der Exporte in

Übersicht 3: Einfluß der Fakturierungsgewohnheiten auf die Leistungsbilanz

		Fakturierung der Importe in ...	
		Auslandswährung	Inlandswährung
Fakturierung der Exporte in	Auslandswährung	Exporteur erlöst mehr S Importeur zahlt mehr S Leistungsbilanz in S?	Exporteur erlöst mehr S Importeur zahlt gleichviel S Leistungsbilanz in $S+$
	Inlandswährung	Exporteur erlöst gleichviel S Importeur zahlt mehr S Leistungsbilanz in $S-$	Exporteur erlöst gleichviel S Importeur zahlt gleichviel S Leistungsbilanz in $S=$

Schilling fakturiert (Weber 1971, S. 9); nach einer Erhebung aus dem Jahre 1974 waren es bereits 24 % der Importe und 59 % der Exporte (Moser 1975, S. 113), eine Steigerung, die zwar hoch, aber angesichts der Umstände (relative Stabilität der österreichischen Währung, Periode hoher Nachfrage) nicht unmöglich erscheint.

Von praktischer Bedeutung ist der perverse Primäreffekt einer Wechselkursänderung nur, wenn der Mengeneffekt gegenüber den Preiseffekten merklich verzögert ist; dann tritt das auf, was die neuere Literatur gerne als J-Kurveneffekt bezeichnet. Empirisch sind solche Effekte schwer zu isolieren, weil größere Wechselkursänderungen oft mit der Aufhebung verschiedener Importrestriktionen oder anderen wirtschaftspolitischen Maßnahmen verbunden sind, einmaligen Änderungen oft umfangreiche Spekulations- und Arbitragetransaktionen vorausegen und aufeinanderfolgend kleine Wechselkursänderungen schwierige Schätzprobleme aufwerfen. Dennoch fanden amerikanische (Clark 1974, S. 231 ff.) wie englische (Ball / Burns / Miller 1972, Ball / Burns / Laury 1977, S. 15 f.) Studien solche J-Kurven, deren negative Teile etwa ein Jahr dauern[6]. Daß der positive Teil des J im englischen Fall bloß ebenso groß war wie der negative, im amerikanischen hingegen etwa zehnmal so groß, erscheint nach der Höhe der Elastizitäten (siehe Übersicht 1) plausibel.

Die Dauer der Anpassungsperiode — die Form des J — hängt in entscheidender Weise vom Tempo der Preisanpassung ab: Exporteure, die in ausländischer Währung fakturieren, müssen den Abwertungsgewinn an ihre Kunden weitergeben, Importeure, die in ausländischer Währung zahlen, müssen die Schillingpreise erhöhen. Bei Schilling-Fakturierung werden die ausländischen Importeure österreichischer Güter die Preise senken, die ausländischen Lieferanten nach Österreich die Schillingpreise erhöhen müssen. Diese Preisanpassungen, Folge der Weitergabe der zunächst entstehenden Abwertungsgewinne und Abwertungsverluste (pass-through) sind Voraussetzung für das Auftreten von Mengeneffekten, und damit für Länge und Stärke des perversen Primär- wie des endgültigen Leistungsbilanzeffekts. Die theoretischen Möglichkeiten zeigt Übersicht 4.

Die allgemeine Theorie des Preisverhaltens auf Märkten mit beschränktem Wettbewerb ließe nun eine bloß teilweise, verzögerte und asymmetrische Weitergabe in dem Sinn erwarten, daß Erhöhungen rascher und vollständiger überwälzt werden als Verbilligungen. Die wenige Evidenz, die vorliegt, widerspricht diesen Erwartungen nicht was Ausmaß und Tempo betrifft: Abwertungen werden erfahrungs-

[6] Andererseits fand Kwack (1974 a) zwar eine verzögerte Anpassung doch keinen perversen Primäreffekt.

Übersicht 4: Einfluß von Preiszugeständnissen auf primären und endgültigen Leistungsbilanzeffekt

	Pervers. Primäreffekt	Endgült. Leistungsbilanzeffekt
Auslandsfakturierung (Senkung des Preises in Auslandswährung		
Importe:	kleiner	kleiner
Exporte:	größer	größer
Inlandsfakturierung (Erhöhung des Preises in Inlandswährung)		
Importe:	größer	größer
Exporte:	kleiner	kleiner

gemäß nicht voll weitergegeben, verbessern dadurch die Gewinnlage der Exportindustrie, wirken aber zunächst weniger leistungsbilanzverbessernd als zu erwarten wäre, Aufwertungen andererseits werden gleichfalls nicht voll weitergegeben um die Märkte zu halten, drücken daher die Gewinne der Exportindustrie und bremsen die Verschlechterung der Leistungsbilanz. Die Asymmetrie-Hypothese dürfte in allgemeiner Form nicht gelten.

Ausmaß und Stärke der Überwälzung und damit die Aufteilung der Wechselkursänderung auf Preis- und Mengeneffekt hängt natürlich von der Konjunkturlage und der Kapazitätsauslastung im In- und Ausland sowie von den Konkurrenzverhältnissen in der jeweiligen Branche ab. Die Schätzungen lassen vermuten, daß Wechselkursänderungen bloß zu etwa einem Fünftel in den Exportpreisen weitergegeben werden (Tichy 1978, S. 28). Auf längere Sicht (wie lange?) muß das allerdings zu Anpassungsprozessen führen, sei es, daß es doch gelingt, die Preise nachzuziehen, sei es, daß die Exportindustrie unterdurchschnittliche (Lohn)Kostensteigerungen durchsetzen kann, sei es, daß sie mangels Investitionen auch qualitativ konkurrenzunfähig wird und es zu einem deflatorischen Prozeß kommt.

Der perverse Primäreffekt und die langen Verzögerungen der Leistungsbilanzwirkungen von Wechselkursänderungen legen der Wirtschaftspolitik nahe, Wechselkursanpassungen relativ frühzeitig vorzunehmen, solange die Währungsreserven noch genügend hoch sind um die Anpassungsperiode zu finanzieren und — soweit möglich — dafür zu sorgen, daß die Preisanpassungen möglichst rasch vorgenommen werden.

3. *Der Einfluß von Nachfrage und Nachfragepolitik*

Länge und Erfolg des Anpassungsprozesses einer Abwertung hängen von der Konjunkturlage und der Nachfragepolitik ab. Herrscht Hochkonjunktur, ist also die Absorption hoch, wird der Export kaum steigen und der Import kaum sinken können — die Elastizitäten sind temporär kleiner als erwartet. Dabei ist zu beachten, daß es, mehr noch als auf den Grad der Kapazitätsauslastung im Inland, auf die Differenz von in- und ausländischer Kapazitätsauslastung ankommt (Tichy 1977, S. 210, Tichy 1979). Von erheblicher Relevanz ist dabei natürlich, ob die Abwertung selbst die Absorption reduziert. Die Antwort hängt von der jeweiligen Wirtschaftspolitik ab. Durch die Verteuerung der Importe und der Import-Substitutionsprodukte sinkt die reale Inlandsnachfrage und es wird Versuche geben, die Belastung zu überwälzen. Je höher das Niveau der Nachfrage (Kapazitätsauslastung) und je mehr die Wirtschaftspolitik versucht, die Nachfrageausfälle und Beschäftigungsfolgen einer Abwertung zu kompensieren, desto eher bleibt die Leistungsbilanzverbesserung danach aus, desto mehr wird die J- zu einer U-Kurve. Es ist daher auch offensichtlich, daß eine Abwertung bei Geldillusion stärker wirkt, da ja dann die reale Belastung gar nicht wahrgenommen wird und demgemäß Überwälzungsversuche unterbleiben. Ein gewisses Maß von Unterbeschäftigung ist für das Wirksamwerden einer Abwertung über die Einschränkung der Absorption hinaus auch deshalb notwendig, weil ja Produktionsverlagerungen vom geschützten Sektor (non traded goods) zum kompetitiven (traded goods) stattfinden müssen.

Schließlich muß ein Punkt betont werden, der zwar schon lange bekannt, der praktischen Wirtschaftspolitik aber zu wenig bewußt ist: Wechselkursänderungen können die Leistungsbilanz nur dann verbessern, wenn die Ursachen beseitigt sind, die zu dem Leistungsbilanzungleichgewicht führten. Wenn die Preise — wie etwa in Großbritannien — Jahr für Jahr stärker steigen als bei den Konkurrenten, hilft eine einmalige Abwertung ebensowenig, wie wenn ein Land versucht, Nachfrage und Beschäftigungsgrad dauernd höher zu halten als seine Konkurrenten. Solche Unterschiede können u. U. durch laufende Abwertung (flexible Wechselkurse) ausgeglichen werden (unter *welchen* Umständen ist heute allerdings mehr umstritten als noch vor wenigen Jahren).

4. *Die Folgen für das Preisniveau*

Bezüglich der Folgen von Wechselkursänderungen auf das Preisniveau ist die Spannweite der Argumente noch größer als bei den Folgen auf die Leistungsbilanz. Glaubte man früher, sie weitgehend vernachlässigen zu können, sind sie für den globalen Monetarismus das einzige Resultat, aber auch das nur in nationaler Währung; in einheitlicher Währung gibt es ja den Weltpreis. Beide Extrempositionen können nicht überzeugen. Ein Weltpreisniveau gibt es bloß bei einigen standardisierten Stapelwaren, für die übrigen Güter zeigen Alltagserfahrung wie Untersuchungen[7] erhebliche internationale Differenzen, die infolge von Kostenunterschieden in Erzeugung und Distribution, der Theorie der oligopolistischen Konkurrenz und den Erfahrungen mit der Preisbildung multinationaler Konzerne auch zu erwarten waren. Preisausgleichende Güterarbitrage in dem Ausmaß, wie es die globalen Monetaristen erwarten, wird derzeit von staatlicher Seite durch Zölle und administrative Behinderungen (von mengenmäßigen Beschränkungen über Einfuhrformalitäten bis zu technischen Vorschriften) ebenso verhindert wie von seiten der Produzenten durch den Aufbau der Vertriebsapparate, die Gewinnmaximierung durch internationale Preisdifferenzierung sicherstellen sollen. Andererseits zeigt sich ganz deutlich, daß es Kleinstaaten wie Österreich nicht möglich ist, aufwertungsbedingte Verteuerungen auf dem Weltmarkt mehr als teilweise unterzubringen.

Nach monetaristischer Ansicht wäre zu erwarten, daß nach einer Abwertung um 10 % das Außenhandelspreisniveau in lokaler Währung um 10 % steigt (Laffer 1974), das Verbraucherpreisniveau um 10 % mal dem Anteil der handelbaren Güter. Gemäßigteren Ansichten würde entsprechen, daß bei einer Abwertung weder die Verbilligung der Exporte noch die Verteuerung der Importe voll weitergegeben wird. Das Preisniveau des Abwertungslandes steigt zunächst weniger als Abwertungsrate und Importanteil entsprechen würde. In der Folge ist eine Verteuerung bei Importsubstitutionsgütern zu erwarten, und zwar desto stärker je höher die Kapazitätsauslastung. Bei entsprechend hoher Nachfrage wird die Teuerung weiter zu Lohnforderungen und diese zu einer zweiten Runde von Preissteigerungen führen. Das Ausmaß der abwertungsbedingten Preiserhöhungen wird somit vom Außenhandelsanteil bzw. von der Relation von handelbaren zu nicht-handelbaren Gütern, dem Niveau der Kapazitätsauslastung, dem Ausmaß der Geldillusion, der Stärke der Gewerkschaften und der Länge des Beobachtungszeitraumes abhängen; denn je länger der Beobachtungszeitraum, desto weiter wird der Anpassungsprozeß bereits fortgeschritten sein. Das macht es schwer, empirische Schätzungen zu vergleichen, die in der Regel den Anpassungsprozeß ungenügend spezifizieren.

---

[7] Hickman-Schleicher (1978, S. 687, 694) etwa fanden, daß die Konjunkturschwankungen in den Preisreihen weniger stark synchronisiert sind als in den Nachfragereihen. Die geringe Abhängigkeit selbst der Preisveränderungen macht identische Preisniveaus in den verschiedenen Ländern nur noch unwahrscheinlicher.

Trotz aller Schwierigkeiten dieser Art bestätigen die untersuchten empirischen Arbeiten (siehe Übersicht 5) die Hypothesen: Je außenhandelsabhängiger ein Land ist, desto mehr scheint die monetaristische Hypothese zu gelten; der Anpassungsprozeß dürfte recht lang sein, selbst wenn darüber wegen der Schwierigkeiten der lag-Schätzung und der Methodik zumindestens einer der Arbeiten[8] wenig gesagt werden kann. Im allgemeinen wird man aus den bisher vorliegenden Studien den Schluß ziehen müssen, daß ohne unterstützende Nachfragepolitik bis zur Hälfte des Abwertungseffektes durch induzierte Preissteigerungen verloren gehen kann, beim Versuch kompensierender natürlich noch viel mehr. Es muß ein Druck auf Weitergabe der Preisänderungen bestehen, sonst können sich die Mengeneffekte einer Wechselkursänderung nicht durchsetzen.

Übesicht 5: Preisfolgen einer Wechselkursänderung

Land	Autor	Preisänderung als Bruchteil der Wechselkursänderung		Tritt ein binnen ... Jahren
		Außenhandelspreise	Verbraucherpreise	
USA	Kwack 1974 b	·	$^{2}/_{10}$	langfristig
USA	Artus 1974	$^{1}/_{10}$	·	$^{1}/_{2}$
GB	Artus 1974	$^{1}/_{4}$	$^{1}/_{3}$ - $^{1}/_{4}$	$^{1}/_{2}$
GB	Goldstein 1974	·	$^{2}/_{10}$ - $^{3}/_{10}$	langfristig
BRD	Goldstein 1974	$^{2}/_{5}$	·	$^{1}/_{2}$
F	Goldstein 1974	$^{1}/_{2}$	·	$^{1}/_{2}$
I	Goldstein 1974	$^{3}/_{5}$	·	$^{1}/_{2}$
14 In- staaten dustrie-	Tichy 1978	$^{4}/_{5}$	$^{1}/_{2}$	3 - 4

Ohne unterstützende Nachfragepolitik besteht die Gefahr, daß eine Abwertung zum sogenannten vicious circle führt, wenn Länder mit hohem Nachfrageniveau und/oder hoher Inflationsrate Leistungsbilanzprobleme durch Abwertung zu lösen versuchen: Die Verteuerung der

[8] Tichy (1978) untersuchte in einem Querschnittsvergleich Wechselkursänderungen und Preisänderungen in elf bzw. vierzehn Industriestaaten zwischen 1970 und 1977. Wären die Wechselkursänderungen über den ganzen Zeitraum kontinuierlich erfolgt, würden die Preisreaktionen über einen Zeitraum von dreieinhalb Jahren erfaßt werden.

Importe ziehe Preiserhöhungen von Importsubstituten nach sich, der Auftrieb der Verbraucherpreise beschleunigt sich erheblich. Das führt zu Lohnforderungen der Gewerkschaften mit nachfolgender Überwälzung auf die Preise, die den ursprünglichen Konkurrenzvorteil im Ausland überwiegend bis ganz beseitigen. Umgekehrt führt eine Aufwertung in Ländern mit gedämpfter Nachfrage und Leistungsbilanzüberschüssen häufig statt zu einem Abbau der Überschüsse zu einer Senkung der Inflationsrate und damit zu weiteren Leistungsbilanzüberschüssen.

5. *Die Rückwirkungen auf das Einkommen*

Ein letzter Effekt, der bei Wechselkursänderungen gern übersehen wird, ist die Wirkung auf das Einkommen. Wenn eine Abwertung letztlich doch erfolgreich ist und die Leistungsbilanz ausgleicht, wird in der Regel das Einkommen bzw. die Kapazitätsauslastung steigen; der Effekt ist nicht unbeträchtlich: Wird ein Leistungsbilanzdefizit im Ausmaß von 3 % des BNP beseitigt[9], so steigt die gesamtwirtschaftliche Kapazitätsauslastung um etwa 3½ Prozentpunkte. Wieviel das ist, sieht man daran, daß die durchschnittliche Differenz der Kapazitätsauslastung zwischen Hochkonjunktur- und Rezessionsjahren in Österreich 7 Prozentpunkte beträgt. Von dieser höheren Kapazitätsauslastung nach der Beseitigung des Leistungsbilanzdefizites gehen Absorptions- und Inflationseffekte aus, die die Leistungsbilanz wieder passivieren können. Umgekehrt senkt eine Beseitigung von Leistungsbilanzüberschüssen die Kapazitätsauslastung.

III. Leistungsbilanz, Kapitalbilanz und Wechselkurssystem

Bei der Frage nach den Folgen von Wechselkursänderungen auf die Leistungsbilanz dürften wir einer Synthese recht nahe sein; die Bedingungen, unter denen eine Abwertung leistungsbilanzverbessernd wirkt, lassen sich nicht nur aufzählen, sondern auch größenordnungsmäßig abtasten. Wenn eine Abwertung nicht die erhofften Resultate zeitigt, liegen die Probleme erfahrungsgemäß nicht bei der Höhe der Elastizitäten: In allen Industriestaaten, vielleicht mit Ausnahme Englands, sind sie reichlich hoch, um den traditionellen Anforderungen zu genügen. Probleme können sich jedoch dadurch ergeben, daß

---

[9] Österreich hatte in den letzten Jahren Leistungsbilanzdefizite (ohne/mit statistischer Differenz) in folgender Relation zum Bruttonationalprodukt: 1976 : 3,6 % / 2,2 %, 1977 : 6,2 % / 3,6 %, 1978 : 2,6 % / 0,7 %.

— die Anpassungsperiode (J-Kurve) so lang ist, daß die Währungsreserven nicht ausreichen oder die Erwartung einer weiteren Abwertung entsteht;

— die Nachfrage so hoch ist bzw. so hoch gehalten wird, daß die Verlagerung der Produktionsfaktoren in den offenen Sektor, die Weitergabe der Verbilligungen durch die Exporteure und die Verringerung der Absorption durch die heimischen Konsumenten nicht erzwungen wird;

— mangels Beschränkung der Nachfrage oder durch Marktmacht ein vicious circle entsteht;

— die zusätzliche Nachfrage aus dem Abbau des Leistungsbilanzdefizits nicht durch wirtschaftspolitische Maßnahmen kompensiert wird.

Setzt man diese Bedingungen richtig, können Wechselkursänderungen sowohl als Leistungsbilanz- wie als Preispolitik eingesetzt werden; im ersten Fall ist jedoch eine nachfrage- und einkommenspolitische Absicherung, im anderen ein entsprechender Bestand an Währungsreserven und eine Absicherung gegen spekulative Kapitalbewegungen erforderlich.

Bezüglich der zweiten Frage, die am Beginn dieser Arbeit gestellt wurde, wie weit sich vielleicht eher doch die Leistungsbilanz auf die Kapitalbilanz einstellt als umgekehrt, sind wir selbst von Ansätzen einer Konvergenz der Meinungen noch weit entfernt. Nach der jahrzehntelangen Fixierung auf die Leistungsbilanz bei gebundenem Kapitalverkehr haben wir höchstens Bedingungen spezifiziert, unter denen die Leistungsbilanz auch längerfristig nicht ausgeglichen sein muß (Tichy 1977, S. 218). Die Monetaristen haben uns nun auf die alte Lehre wiederum aufmerksam gemacht, die allerdings freien Kapitalverkehr voraussetzt. Wir wissen allerdings wenig über den Grad der Interaktion unserer Kapitalmärkte, ihre Stabilität, das Ausmaß der Hemmungen und den Grad, in dem sich institutionelle Hemmungen durch den Zeitablauf verringern. Die Frage müßte daher auf viel theoretischerem Niveau behandelt werden, und sie würde den hier gegebenen Rahmen sprengen.

Die praktische Wirtschaftspolitik kann daher — mangels entsprechend geprüfter Ratschläge — zunächst noch ihrer Neigung nachgeben und weiterhin *Leistungs*bilanzpolitik auf der Basis eines als exogen angenommenen Wechselkurses betreiben, wenn auch vielleicht in Zukunft mit etwas mehr Bedacht auf die Rentabilität der Investitionen, daß nämlich Länder mit niederer Rentabilität eher Leistungsbilanzüberschüsse, solche mit hoher Leistungsbilanzdefizite anstreben und diese nicht bloß widerwillig zulassen sollten.

Doch selbst wenn wir weiterhin Leistungsbilanzpolitik betreiben wollen, sind Wechselkursänderungen angesichts des herrschenden Wechselkurssystems des Floating noch ein vernünftiges Instrument? Der neue Name des Wechselkurssystems und die Lockerung von ein paar Artikeln in internationalen Abkommen, an die man sich im Ernstfall ohnedies nicht hielt, sollten nicht dazu verleiten, das Ausmaß der Änderungen zu überschätzen: Die Kurse waren *nie fix* und sie sind *jetzt nicht flexibel:* Das Ausmaß der Interventionen der Zentralbanken ist außerordentlich hoch geblieben, und die Währungsreserven schwanken so stark wie eh und je (Williamson 1977). Nicht die einzelnen Staaten floaten, sondern Blöcke (optimal currency areas), die innerhalb quasifixe Kurse halten, gegeneinander jedoch flexible (Heller 1976). Da sich der überwiegende Teil des Welthandels innerhalb der Blöcke und nicht zwischen ihnen abspielt, eignet sich das Modell der festen aber änderbaren Kurse zur Beschreibung der Realität noch immer besser als das andere Extrem. Daran wird sich auch in Zukunft voraussichtlich wenig ändern; denn die Erfahrung der letzten Jahre hat ein paar unangenehme Eigenschaften flexibler Wechselkurse gezeigt, die die meisten Staaten nicht bereit sind, hinzunehmen:

— Erstens tendieren freie Wechselkurse offenbar doch stark zu schwanken, was die Praxis etwa der Schweiz gezeigt hat und was auch theoretisch nicht unplausibel ist; die Wechselkurse müssen auf unterschiedliche wirtschaftspolitische Maßnahmen im In- und Ausland stark reagieren und Märkte, auf denen Erwartungen eine große Rolle spielen, sind in der Regel unstabil, wie die Theorie des Portfolio-Ansatzes ebenso gezeigt hat wie alte Erfahrungen des Aktienmarktes.

— Zweitens passen sich die Wechselkurse, nach Störungen, ihrem Gleichgewichtsniveau nicht geradlinig, sondern nach beiden Richtungen überschießend an. Dieses Überschießen — beim Schweizerfranken (Schildknecht 1979, S. 30 f,) und beim Dollar offensichtlich — kann aus der verzögerten Anpassung (Neumann / Whitman 1975, S. 517, Kouri 1977, S. 169), falschen Erwartungen (Dornbusch 1977, S. 131 f.) oder monetaristisch aus elastischer Reaktion der Wechselkurse auf Änderungen der Geldmenge (Frenkel 1977, S. 75) erklärt werden.

— Drittens bringt jede Wechselkursschwankung nach unten Preissteigerungen und die Gefahr eines vicious circle mit sich.

— Viertens haben sich die Hoffnungen auf größere Autonomie der Wirtschaftspolitik bei flexiblen Kursen bloß recht beschränkt erfüllt. Einen Schutz vor realen Störungen von außen bieten auch flexible Kurse nicht, vor monetären bloß, wenn das Kapital nicht völlig mobil ist und zumindestens in- und ausländisches Geld keine perfekten Substitute sind, bzw. wenn sichere Wechselkurserwartungen fehlen; letzteres ist aber wiederum nur möglich, wenn die Wirtschaftspolitik wenig konzeptiv und für die Wirtschaftssubjekte nicht durchschaubar ist. Es ist fraglich, ob eine solche Wirtschaftspolitik bessere Resultate bringt als eine, die auf das Ausland Rücksicht nimmt.

Zitierte Literatur

Alexander, S. S.: Effects of a Devaluation on a Trade Balance. IMF Staff Papers Bd. 2, 1952. — *Armington,* P. S.: Adjustment of Trade Balances: Some Experiments with a Model of Trade Among Many Countries. IMF Staff Papers Vol. XVII (November 1970), S. 488 - 517. — *Artus,* J. R.: The Behavior of Export Prices for Manufactures. In: Clark-Logue-Sweeney 1974, S. 319 to 340. — *Ball,* R. J. / *Burns,* T. / *Miller,* G.: Preliminary Simulations of the London Business School Model. Mimeo July 1972. Zitiert nach Clark 1974. — *Ball,* R. J. / *Burns,* T. / *Laury,* J. S. E.: The Role of Exchange Rates in Balance of Payments Adjustment: The United Kingdom Case. Economic Journal Vol. 87 (March 1977), S. 1 - 29. — *Boyer,* R. S.: Devaluation and Portfolio Balance. American Economic Review 67 (March 1977), S. 54 - 63. — *Claasen,* E. / *Salin,* P., Eds.: Recent Issues in International Monetary Economics. Amsterdam 1976. — *Clark,* P. B.: The Effects of Recent Exchange Rate Changes on the US Trade Balance. In: Clark-Logue-Sweeney 1974, S. 201 - 236. — *Clark,* P. B. / *Logue,* D. E. / *Sweeney,* R. J.: The Effects of Exchange Rate Adjustments. Department of the Treasury, Washington 1974. — *Deppler,* M. C.: Some Evidence on the Effects of Exchange Rate Changes on Trade. IMF Staff Papers Vol. XXI No. 3 (November 1974), S. 605 - 637. — *Dornbusch,* R.: The Theory of Flexible Exchange Rate Regimes and Macro-Economic Policy. In: Herin / Lindbeck / Myhrman 1977, S. 122 - 143. — *Eicher,* A. E.: Post-Keynesian Theory: An Introduction. Challenge 21 (May - Juni 1978), S. 4 - 10. — *Frenkel,* J. A.: A Monetary Approach to the Exchange Rate: Doctrinal Aspects and Empirical Evidence. In: Herin / Lindbeck / Myhrman 1977, S. 68 - 92. — *Frenkel,* J. A. / *Johnson,* H. G.: The Monetary Approach to the Balance of Payments. Toronto 1975. — *Goldstein,* M.: The Effect of Exchange Rate Changes on Wages and Prices in the United Kingdom: An Empirical Study. IMF Staff Papers Vol. XXI, No. 3 (November 1974), S. 694 - 739. — *Handler,* H.: Quartalsfunktionen für den österreichischen Export. Monatsberichte des Österreichischen Instituts für Wirtschaftsforschung, Jg. 1973, Heft 4. — *Heien,* D. M.: Structural Stability and the Estimation of International Import Price Elasticities. Kyklos Bd. 21, No. 4 (1968), S. 695 - 711. — *Heller,* H. R.: The Choice of an Exchange Rate System: Theory and Practice. IMF DM 76/104 (Dec. 6, 1978). — *Herin,* J. / *Lindbeck,* A. / *Myhrman,* J.: Flexible Exchange Rates and Stabilization Policy. London 1977. — *Hickman,* B. G. / *Lau,* L. L.: Elasticities of Substitution and Export Demands in a World Trade Model. European Economic Review, Vol. 4 (1973), S. 347 - 380. — *Hickman,* B. G. / *Scheicher,* S.: The Interdependence of National Economies and the Synchronisation of Economie Fluctuations: Evidence from the LINK-Project. Weltwirtschaftl. Archiv 114 (1978), S. 642 - 708. —

Houtakker, H. S. / *Magee*, St. P.: Income and Price Elasticity in Foreign Trade. Review of Economics and Statistics, May 1966. — *Johnson*, H. G.: The Monetary Approach to the Balance of Payments: A Nontechnical Guide. Journal of International Economics 7 (August 1977), S. 251 - 268. — *Junz*, H. B. / *Rhomberg*, R. R.: Price Competitiveness in Export Trade Among Industrial Countries. American Economic Review, Vol. 63, No. 3 (May 1973), S. 412 - 418. — *Kaldor*, N.: Conflicts in National Objectives. Economic Journal, Vol. 81 (March 1971), S. 1 - 16. — *Kouri*, P. J. K.: The Exchange Rate and the Balance of Payments in the Short Run and in the Long Run: A Monetary Approach. In: Herin / Lindbeck 1977, S. 148 - 172. — *Kwack*, S. Y.: Simulations with a Model of the US Balance of Payments: The Impact of the Smithonian Exchange-Rate Agreements. In: Clark / Logue / Sweeney 1974 a, S. 237 - 280. — *Kwack*, S. Y.: The Effect of Foreign Inflation on Domestic Prices and the Relative Price Advantage of Exchange-Rate-Changes. In: Clark / Logue / Sweeney 1974 b, S. 387 - 397. — *Laffer*, A. B.: Exchange Rates, the Terms of Trade, and the Trade Balance. In: Clark / Logue / Sweeney 1974, S. 32 - 44. — *Lerner*, A. P.: The Economics of Control. New York 1944. — *Magee*, St. P.: Currency Contract, Pass-through, and Devaluation. Brook. Papers on Economic Activity, Jg. 1973, Heft 1, S. 303 - 323. — *Marshall*, A.: Money, Credit, and Commerce. London 1932. — *Moser*, R.: Die Wechselkursschwankungen und ihr Einfluß auf das Verhalten der österreichischen Unternehmungen. Eine empirische Untersuchung. Der Markt 54 (1975/2), S. 56 - 59 und 56 (1975/4), S. 112 - 118. — *Myhrman*, J.: Balance-of-Payments Adjustment and Portfolio Theory: A Survey. In: Claasen / Salin 1976, S. 203 - 237. — *Neumann-Whitman*, M. *v.*: Global Monetarism and the Monetary Approach to the Balance of Payments. Brook. Papers on Economic Activity, Jg. 1975, Heft 3, S. 491 - 536. — *Richardson*, J. D.: Some Issues in the Structural Determination of International Price Responsiveness. In: H. Glejser: Quantitative Studies of International Economic Relations. Amsterdam 1976. — *Ripley*, D.: Applications of the World Model of International Trade. IMF Manuskript 1978. — *Samuelson*, L.: A New Model of World Trade. OECD Economic Outlook, Occasional Studies. Paris 1973. — *Schebeck*, F. / *Suppanz*, H. / *Tichy*, G.: Preis- und Wechselkursindices für den Export österreichischer Halb- und Fertigwaren. Empirica 1974/2, S. 201 - 226. — *Schebeck*, F. / *Suppanz*, H. / *Tichy*, G.: The Effect of Exchange Rate Changes on Foreign Trade in Manufactured Goods and Prices in Small Open Economies — Preliminary Results for Austria. Erscheint demnächst als Beiheft zu Kredit und Kapital (1979). — *Schebeck*, F. / *Thury*, G.: Wifo-Modell. Nicht publiziert, Österreichisches Institut für Wirtschaftsforschung 1978. — *Schildknecht*, K.: Konjunkturpolitik in der BRD, in der Schweiz und in Österreich. Wien 1979. — *Schulmeister*, St.: Modellprognosen für den Reiseverkehr. Wien—Stuttgart 1978. — *Smeral*, E.: Ein gesamtwirtschaftliches Allokationsmodell: Das LES-System im Falle Österreichs. Empirica, Jg. 1978, Heft 1, S. 49 - 74. — *Smith*, R. P.: Demand Management and the "New School". Applied Economics 1976, 8, S. 193 - 205. — *Stern*, R. M. / *Francis*, J. / *Schumacher*, B.: Price Elasticities in International Trade — An Annotated Bibliography. London 1976. — *Stützel*, W.: Währung in weltoffener Wirtschaft. Frankfurt 1973. — *Tichy*, G.: Theoretische und empirische Schwierigkeiten bei der Messung von Wechselkursänderungen. Zeitschrift für Wirtschafts- und Sozialwissenschaften 1975, Heft 1, S. 1 - 15. — *Tichy*, G.: Einige absorptionstheoretische Überlegungen zum österreichischen Leistungsbilanzdefizit. Empirica 1977/2, S. 209 - 221. — *Tichy*, G.: Die Situation Österreichs im internationalen Wettbewerb. Quartalshefte der Girozentrale, Jg. 1978, Heft 4, S. 23 - 37. — *Tichy*, G.: Budgetdefizit und Leistungsbilanzsaldo — Replik. Empirica 1979/1 S. 121 - 130. — *Weber*, G.: Wechselkurse und Außenhandel. Die Industrie, Jg. 1971, No. 45 (5. 11. 1971). — *Williamson* J.: Exchange Rate Flexibility and Reserve Use. In: Herin / Lindbeck / Myhrman 1977, S. 195 - 207.

OFFENMARKTPOLITIK IN MAKROÖKONOMISCHEN MODELLEN

Ein Beitrag zum Verständnis von Offenmarktoperationen?

Von Wilhelm Weber und Eckhard Leithner

I. Einleitung

Modelle, in denen Offenmarktoperationen explizit berücksichtigt werden, haben in makroökonomischen Lehrbüchern eher selten Eingang gefunden. In den meisten Fällen beschränken sich die Autoren bei der Behandlung von Offenmarktpolitik auf eine mehr oder weniger knappe verbale Beschreibung sowie eine Darstellung von Bilanztransaktionen. Läßt sich hieraus vielleicht schon der Schluß ziehen, daß das Modelldenken für diesen Bereich der akademischen Lehre nicht angebracht ist[1]? Wenn ja, müßten wir uns weiters fragen, worauf man diesen Umstand zurückführen kann. Werden die Modelle zu kompliziert? Oder liegt es auch nur daran, daß die verbale Darstellung unter Einschluß von Bilanztransaktionen einen zumindest gleichwertigen Einblick für das Verständnis von Offenmarktoperationen bietet? Wenn die Schlußfolgerung zu voreilig wäre, ist es durch den Aufbau der derzeit überwiegenden Modelle bedingt? Wie müßten dann aber entsprechende Modelle aufgebaut sein bzw. in welcher Beziehung müßten die derzeitigen Modelle ausgebaut werden, damit die wirtschaftstheoretischen und -politischen Aussagen von Offenmarktoperationen deutlich zum Ausdruck kommen?

Ziel unserer Arbeit ist es, auf diese Fragen eine zumindest teilweise befriedigende Antwort zu geben. Zu diesem Zweck werden wir vorerst kurz ein makroökonomisches Modell[2] und seine Aussagen bezüglich Offenmarktoperationen betrachten. Sollte uns dieses Modell nicht schon

---

1 Mit solch einem Urteil (Vorurteil) ist natürlich keine Aussage darüber getroffen, inwieweit umfassende ökonometrische Modelle zur Vorhersage der Auswirkungen von Offenmarktoperationen geeignet sind.

2 Vgl. Stephen J. Turnovsky, Monetary Policy, Fiscal Policy and the Government Budget Constraint, Australian Economic Papers, 14 (1975), S. 197 - 215 und Kapitel 4 seines Lehrbuchs Macroeconomic Analysis and Stabilisation Policies, Cambridge, 1977, S. 68 - 85.

ausreichende Ergebnisse liefern, werden wir auf die gestellten Fragen in umgekehrter Reihenfolge eingehen. Wir werden uns daher zuerst mit der notwendigen Modifizierung des Modells befassen, um eine größere Aussagekraft bezüglich Offenmarktoperationen zu erlangen. Anschließend müßten wir untersuchen, ob dieser Weg einen umfassenden Einblick in die betrachteten wirtschaftlichen Zusammenhänge ermöglicht.

II. Ein einfaches makroökonomisches Modell

Das zu betrachtende Modell ist den Hicks-Hansen IS-LM-Modellen zurechenbar. Turnovsky stellt zwei Versionen dieses Modells auf, die insofern über die herkömmlichen IS-LM-Modelle hinausgehen, als die Budgetbeschränkung des Staates berücksichtigt wird. Die für unsere Zielsetzung zu betrachtenden Aussagen in IS-LM-Modellen sind die Auswirkungen von Offenmarktoperationen auf das Einkommen, die Geldmenge und den Zinssatz.

In der einfachen Version des Modells verwendet Turnovsky folgende Gleichungen: (1) eine Konsumfunktion in Abhängigkeit vom disponiblen Einkommen, wobei der Steuersatz ein fester Prozentsatz des Einkommens ist, (2) eine Investitionsfunktion, die von Einkommen und Zinssatz abhängig ist, (3) die Einkommensidentität in einer geschlossenen Volkswirtschaft mit Berücksichtigung des Staates, (4) eine Geldangebotsfunktion, die ebenfalls eine Funktion von Einkommen und Zinssatz ist, sowie (5) die Budgetbeschränkung des Staates. Letztere besagt, daß bei konstantem Steuersatz ein Budgetdefizit entweder durch Ausweitung der Geldmenge oder durch Ausgabe von Staatsschuldverschreibungen finanziert werden muß. Staat und Zentralbank werden in diesem Modell somit als eine einzige wirtschaftspolitische Einheit aufgefaßt[3]. Die Budgetbeschränkung bedingt, daß ein einmaliger Verkauf (Kauf) von Offenmarktpapieren bei Konstanthaltung der Staatsausgaben durch Reduzierung (Erhöhung) des Geldangebots und durch die von der Einkommensänderung bedingte Änderung des Steueraufkommens ausgeglichen werden muß.

---

[3] Die von Turnovsky verwendete Budgetbeschränkung kann dem Europäischen Beschränkungstypus zugerechnet werden. Vgl. Bent Hansen, On the Effects of Fiscal and Monetary Policy: A Taxonomic Discussion, American Economic Review, 63 (1973), S. 546 - 571. Werden hingegen Staat und Zentralbank als zwei getrennte wirtschaftspolitische Einheiten angesehen und somit zwei Beschränkungen eingeführt, so spricht Hansen vom U. S. Beschränkungstypus. Bei Betrachtung der österreichischen Verhältnisse wären eher zwei Beschränkungen angebracht, da der Bund seine Schuldverschreibungen nicht über die Österreichische Nationalbank ausgibt.

Von einer Gleichgewichtssituation ausgehend, führen die Auswirkungen eines einmaligen Verkaufs von Offenmarktpapieren in diesem Modell über eine Verringerung des Geldangebots vorübergehend zu einer Verminderung des Einkommens. Bei konstanten Staatsausgaben und den durch die Einkommensminderung bedingten geringeren Steuereinnahmen entstehen Budgetdefizite. Da die Auswirkungen eines einmaligen Verkaufs von Offenmarktpapieren untersucht werden, kann der Staat keine weiteren Staatsschuldverschreibungen ausgeben, so daß die Budgetdefizite eine Ausweitung der Geldmenge implizieren. Dieser expansive Prozeß hält so lange an, bis das Einkommen das ursprüngliche Niveau erreicht und das Budget wieder ausgeglichen ist. Offenmarktoperationen haben daher in dieser Version des Modells nur einen vorübergehenden Einfluß auf das Einkommen.

In der erweiterten Version des Modells berücksichtigt Turnovsky zusätzlich Vermögenseffekte und Zinszahlungen. Vermögenseffekte werden in diesem Modell in der Konsum- und Geldnachfragefunktion eingeführt. Die Geldnachfrage ist vom Einkommen, dem Vermögen zu Beginn der Periode und vom Zinssatz abhängig. Zinszahlungen scheinen in der Budgetbeschränkung des Staates als Ausgaben auf. Die Zinszahlungen des Staates erhöhen aber gleichzeitig das disponible Einkommen des privaten Sektors. Verkäufe von Offenmarktpapieren führen in diesem erweiterten Modell vorerst über eine Erhöhung des Zinssatzes und Verringerung der Geldmenge zu einer Verminderung des Einkommens. Erst in den auf den Verkauf folgenden Perioden wirken sich Zinszahlungen und Vermögenseffekte aus, wobei die Auswirkungen in der unmittelbar folgenden Periode nicht eindeutig sind. Langfristig ergibt sich aber, daß ein einmaliger Verkauf von Offenmarktpapieren das Einkommen erhöht, während über Geldmengen- und Zinssatzänderungen keine Aussagen getroffen werden können.

Die beiden Versionen von Turnovskys Modell liefern uns konträre Aussagen über die Auswirkungen eines einmaligen Verkaufs (bzw. Kaufs) von Offenmarktpapieren. Bei der Gegenüberstellung der beiden Modellvarianten haben wir dargelegt, daß das erweiterte Modell sich unter anderem dadurch unterscheidet, daß es Vermögenseffekte einbezieht. Da Vermögenseffekte in der einfachen Version nicht explizit betrachtet werden, hat dies aufgrund Walras' Gesetz zur Folge, daß eine Vermögensänderung keinerlei Auswirkungen auf die Geldnachfrage bzw. den Konsum des privaten Sektors hat, sondern sich ausschließlich in Bestandsänderungen an Staatsschuldverschreibungen niederschlägt. Dies ist aber sicherlich keine realistische implizite Annahme. Außerdem wird in der einfachen Version nicht berücksichtigt, daß der Verkauf von Offenmarktpapieren Zinszahlungen impliziert und dadurch ceteris paribus höhere Budgetdefizite (bzw. geringere Budgetüberschüsse) entstehen[4]. Der erweiterten Modellfassung ist aufgrund der Berücksichtigung dieser Sachverhalte der Vorzug zu geben, wobei aber zu bedenken ist, daß die Ableitung der Ergebnisse schon relativ aufwendig ist.

Wir haben noch zu prüfen, welchen Stellenwert wir den wirtschaftstheoretischen Aussagen der erweiterten Variante beimessen können. Ein Vergleich des Modellergebnisses mit verbalen Lehrbuchdarstellungen der Offenmarktpolitik ist daher angebracht. Verbale Lehrbuchdarstellungen unter Einschluß von Bilanztransaktionen betonen im allgemeinen den Einfluß auf die Liquidität und den Zinssatz. Bei den Liquiditätseffekten wird häufig noch zwischen der Liquidität des Bankensystems und des Publikums unterschieden, wobei mögliche Folgewirkungen wie Giralgeldvernichtung (bzw. Giralgeldschöpfung) und damit verbundene kontraktive (bzw. expansive) Wirkungen auf das Einkommen manchmal mit einbezogen werden. Bei den Zinseffekten wird entweder nur auf einen (= den) Zinssatz oder das Zinssatzgefüge abgestellt und der Zusammenhang zwischen Kursänderungen und effektiven Zinssatzänderungen ausgeführt. Die in Lehrbüchern wiedergegebenen (langfristigen[5]) Auswirkungen von Offenmarktoperationen entsprechen daher im wesentlichen den Ergebnissen, die im Modell für die Periode, in der der Verkauf (bzw. Kauf) erfolgte, ermittelt werden. Bei diesem Vergleich bleibt aber zu bedenken, daß das kurzfristige Modellergebnis den in Lehrbuchdarstellungen skizzierten (langfristigen) Auswirkungen gegenübergestellt wurde. Während uns das Modell für die Periode, in der die Offenmarktpapiere vom Publikum gekauft werden, noch eindeutige Resultate liefert, zeigen die abgeleiteten langfristigen Resultate bis auf die Einkommenswirkungen unbestimmte Auswirkungen von Offenmarktoperationen.

Verbale Lehrbuchdarstellungen gewähren in bezug auf die Liquiditätswirkungen, die häufig mittels Bilanztransaktionen beschrieben und getrennt für das Bankensystem und das Publikum ermittelt werden, ein etwas vertieftes Verständnis für Offenmarktoperationen. Das

---

[4] Diese vielleicht etwas aus dem Rahmen fallende Auswirkung ergibt sich im erweiterten Modell dadurch, daß Staat und Zentralbank als eine einzige wirtschaftspolitische Einheit gesehen werden. Diese Auswirkung trifft aber auch auf österreichische Verhältnisse zu, da der Bund als Hauptaktionär der Österreichischen Nationalbank Zinszahlungen, die er an die Österreichische Nationalbank leistet, teilweise wieder durch die Dividendenabführung der Österreichischen Nationalbank zurückerhält. Das bedeutet, daß der Bestand an Staatsschuldverschreibungen bei der Österreichischen Nationalbank indirekt zu verminderten (im Modell zu keinen) Zinszahlungen führt.

[5] Für eine Interpretation als eher langfristige Auswirkungen würden die in den Lehrbüchern teilweise berücksichtigten Multiplikatorprozesse sprechen.

Modell zeigt aber im Gegensatz zu den meisten verbalen Lehrbuchdarstellungen auf, daß es nicht sinnvoll ist, Offenmarktoperationen ohne die direkten Rückwirkungen auf die vom Staat kontrollierten Variablen zu betrachten. Durch die Budgetbeschränkung des Staates wird nämlich berücksichtigt, daß Verkäufe von Offenmarktpapieren das Budgetdefizit verändern und sich somit Rückwirkungen auf die Finanzierung des Budgetdefizits bzw. auf die Staatsausgaben ergeben. Dadurch ergeben sich aber andere Aussagen über die Auswirkungen von Offenmarktoperationen auf Einkommen, Zinssatz und Geldmenge.

III. Notwendige Modifizierungen

Die aus makroökonomischen Modellen ableitbaren Aussagen werden unter Umständen stark von den getroffenen Annahmen, oder anders ausgedrückt, von den nicht berücksichtigten Größen, geprägt. Der Aufschluß, den wir aus Offenmarktgeschäften gewinnen können, hängt z. B. bei Turnovsky davon ab, ob wir Vermögenseffekte und Zinszahlungen in die Analyse einbeziehen oder die einfachere Version wählen. Aber auch die erweiterte Version des im Abschnitt II betrachteten Modells bietet zu wenig Einblick für das Verständnis von Offenmarktoperationen, da sie in entscheidenden Punkten noch zu sehr von der Realität abstrahiert. Um eine größere Aussagekraft zu erlangen, erweist es sich als notwendig, mehrere Ergänzungen an diesem Modell vorzunehmen. Die Erweiterungen beziehen sich dabei sowohl auf Disaggerierungen einzelner Größen des Modells als auch auf die Berücksichtigung außer acht gelassener Variablen.

Eine erste Änderung, die denkbar wäre, ist die Einbeziehung von Staat und Zentralbank als zwei wirtschaftspolitische Einheiten. Diese Umformung ist zwar keine in jedem Fall notwendige Modifizierung, sondern wird sich nach den dem Modell zugrundegelegten institutionellen Gegebenheiten richten. Wenn wir uns mit österreichischen Verhältnissen beschäftigen, ist sie aber angemessen. Dadurch kann auch eine Unterscheidung zwischen Verkäufen von Offenmarktpapieren durch die Zentralbank und einer Ausgabe von Staatsschuldverschreibungen vorgenommen werden, die in Turnovskys Modell nicht möglich ist. Weiters sind auch debt-management Operationen im engeren Sinn (Kurspflege von Staatsschuldverschreibungen) und Offenmarktoperationen wirtschaftliche Handlungen, die auseinandergehalten werden können. Diese mögliche Erfassung unterschiedlicher Vorgänge wird durch die Einführung je einer Beschränkung für den Staat und die Zentralbank anstelle der gemeinsamen Budgetbeschränkung erreicht. Die Budgetbeschränkung des Staates enthält nun aber keine Geldmengenänderungen mehr. Die Beschränkung der Zentralbank beschreibt, wodurch Geldmengenänderungen verursacht werden. Welche Größen neben Bestandsänderungen an Offenmarktpapieren dabei noch berücksichtigt werden, hängt von der umfassenden Spezifizierung dieser Bilanzgleichung ab.

Ein Verkauf von Offenmarktpapieren wirkt sich auch unter Berücksichtigung dieser Erweiterung vorerst wieder über eine Erhöhung des Zinssatzes und Verringerung der Geldmenge in einer Verminderung des Einkommens aus. Die Beachtung der institutionellen Trennung von Staat und Zentralbank kommt erst in den auf den Verkauf folgenden Perioden zum Tragen. Der Verkauf von Offenmarktpapieren bewirkt wieder höhere Zinszahlungen des Staates, wenn unterstellt wird, daß die Zentralbank nur Staatsschuldverschreibungen für Offenmarktgeschäfte verwendet und sie ihre Gewinne zumindest teilweise in Form von Dividendenzahlungen an den Staat abführt. Das durch die höheren Zinszahlungen verursachte Budgetdefizit wird aber in der Regel niedriger sein als im Turnovsky Modell, ausgenommen der Fall, daß die Zentralbank sämtliche Gewinne an den Staat überweist. Die Einkommensminderung bei konstantem Steuersatz bedeutet analog zu der im Abschnitt II betrachteten erweiterten Variante ein geringeres Steueraufkommen. Während aber bei dem im vorhergehenden Abschnitt beschriebenen Modell das durch den Verkauf bedingte Budgetdefizit durch eine Ausweitung der Geldmenge finanziert wurde, ist ein Ablauf in genau der gleichen Form nun nicht möglich. Da Steuersatz und Staatsausgaben annahmegemäß konstant gehalten werden, aber der Staat nun keinen direkten Einfluß auf die Geldmenge hat, kann der Staat das Budgetdefizit nur durch Ausgabe von Schuldverschreibungen finanzieren. Als Käufer der Staatsschuldverschreibungen kommen Publikum und Zentralbank in Frage. Erwirbt die Zentralbank die Schuldverschreibungen, so wird ähnlich wie in Turnovskys Modell die Geldmenge vergrößert. Zur besseren Vergleichbarkeit kann unterstellt werden, daß von dem Ankauf durch die Zentralbank keine Auswirkungen auf den Sekundärmarkt ausgehen, d. h. Änderungen des effektiven Zinssatzes sind ausgeschlossen. Für den Staat bedeutet die Ausgabe von Schuldverschreibungen, von dem oben erwähnten Sonderfall abgesehen, höhere Zinszahlungen und somit höhere Budgetdefizite. Wir können auch ohne genaue Spezifizierung der geänderten Gleichungen erwarten, daß die langfristigen Ergebnisse der Tendenz nach mit den in Abschnitt II abgeleiteten Aussagen übereinstimmen. Würde die Zentralbank die Schuldverschreibungen nicht erwerben, müßten sie in einer geschlossenen Volkswirtschaft im privaten Sektor untergebracht werden. Diese Bestandsänderung an Schuldverschreibungen im Publikum würde in Turnovskys Modell die Annahme verletzen, daß die Auswirkungen einer einmaligen Offenmarktoperation analysiert werden. Aufgrund der gemeinsamen Budgetbeschränkung für Staat und Zentralbank ist ja eine Unterscheidung zwischen Offenmarktgeschäften und Ausgabe bzw. Tilgung von Staatsschuldverschreibungen nicht sinnvoll, da beide die gleichen Wirkungen aufweisen. Dies trifft aber bei geänderten institutionellen Gegebenheiten nicht mehr zu. Der Erwerb der Schuldverschreibungen durch das Publikum verändert nämlich nicht unmittelbar die Geldmenge, während die Zinssätze beeinflußt werden. Die Reaktionen des Publikums ergeben sich dann aus den Bestandsänderungen an Schuldverschreibungen aufgrund der Offenmarktoperation und den ausgegebenen (bzw. getilgten) Wertpapieren. Die Untersuchung dieses Falles kann aber ein realistischeres Bild der Auswirkungen von Offenmarktgeschäften aufzeigen, da der direkten Finanzierung des Staates durch die Zentralbank im allgemeinen Grenzen gesetzt sind.

Die zweite Änderung betrifft die weitere Untergliederung der Wirtschaftssektoren. Neben Staat, Zentralbank und privatem Sektor sind die Banken als eigenständiger Sektor zu berücksichtigen. Die Banken werden im allgemeinen nur in Modellen, die den monetären Sektor untersuchen, explizit betrachtet, während sie in makroökonomischen Modellen eher selten Eingang gefunden haben[6]. Dieser Umstand ist insofern problematisch, als bei einer Beschränkung auf den monetären Sektor das Investitionsverhalten der Unternehmer z. B. keinen Einfluß auf die Banken ausübt, während umgekehrt eine Untersuchung der geldpolitischen Maßnahmen der Zentralbank, ohne die Reaktionen der Banken einzubeziehen, beinahe paradox anmutet[7]. Man könnte einwenden, daß in herkömmlichen makroökonomischen Modellen die von geldpolitischen Maßnahmen ausgehenden unterschiedlichen Liquiditätswirkungen auf Banken und Publikum durch die totale Liquiditätspräferenzfunktion erfaßt werden. Den Banken wird jedoch dann nur ein passives Verhalten zugebilligt, das nicht ihrer Rolle im Wirtschaftsprozeß entspricht.

Als Käufer der Offenmarktpapiere kommen nunmehr auch die Banken in Frage. Unterschiedliche Liquiditätswirkungen auf Publikum und Banken können analog zu verbalen Lehrbuchdarstellungen erfaßt

---

6 Eine frühe Ausnahme in dieser Hinsicht stellt der instruktive Artikel von Leif Johansen, The Role of the Banking System in a Macro-Economic Model, International Economic Papers, 8 (1958), S. 91 - 110 dar. Zuerst publiziert als Bankenes Rolle i en Makroøkonomisk Modell, Statsøkonomisk Tidsskrift, 4 (1956).

7 Bei einer schrittweisen Darstellung der Auswirkungen geldpolitischer Maßnahmen kann natürlich mit einer Wirtschaft, in der nur eine einzige Bank (Einbankensystem) existiert, begonnen werden. Vgl. z. B. Erich Schneider, Einführung in die Wirtschaftstheorie, III. Teil, 9. Aufl., Tübingen 1965, S. 14 ff.

werden. Die Berücksichtigung der Liquiditätswirkungen bei den Banken erfordert, daß einige Größen in die Analyse einbezogen werden, die im betrachteten Modell höchstens implizit eingegangen sind. So ist es zweckmäßig, neben Bargeld und Staatsschuldverschreibungen auch Sichteinlagen und Termineinlagen zu erfassen. Diese Ergänzung erweist sich als bedeutsam, da zwischen diesen finanziellen Aktiva Substitutionsbeziehungen bestehen, die die Wirksamkeit der Offenmarktpolitik, aber natürlich auch anderer geldpolitischer Maßnahmen beeinflussen können[8]. So zeigt sich bei einer Berechnung des Kreditschöpfungsmultiplikators, daß Zinssatzänderungen aufgrund einer Offenmarktoperation über eine Substitution zwischen Termineinlagen und Schuldverschreibungen den absoluten Wert des Kreditschöpfungsmultiplikators verringern. Die Banken werden aber auch ihre Überschußreserve und ihre Kredite bei der Zentralbank in Antwort auf Zinssatzänderungen anpassen. Zinssatzänderungen bewirken dann über die freien Reserven der Banken eine Verminderung des absoluten Wertes des Kreditschöpfungsmultiplikators.

Durch eine entsprechende Spezifizierung der einzufügenden Gleichungen ist es weiters möglich, den Einfluß von Offenmarktoperationen auf die Erhältlichkeit von Krediten mit zu berücksichtigen. Dadurch kann die aktive Rolle, die die Banken im Wirtschaftsprozeß spielen, betont werden. Das bedeutet, daß bei den Verhaltensgleichungen, die den Bankensektor betreffen, angegeben werden muß, unter welchen Bedingungen die Banken bereit sind, Kredite zu vergeben. Diese Bedingungen können nicht nur vom Zinssatz abhängig sein, sondern auch institutionelle Regelungen, die z. B. Kreditobergrenzen vorsehen[9], einbeziehen. Die Berücksichtigung von Kreditobergrenzen kann aber u. a. auch Auswirkungen auf die Investitionen aufzeigen, da der fremdfinanzierte Teil der Investition direkt von Kreditobergrenzen betroffen sein kann. In der Investitionsfunktion muß daher eine entsprechende Änderung berücksichtigt werden. Erwerben die Banken die vom Staat ausgegebenen Schuldverschreibungen, so ist weiters zu

---

[8] Vgl. z. B. die Analyse der kurzfristigen Wirkungen von Offenmarktoperationen bei Warren L. Smith, Time Deposits, Free Reserves, and Monetary Policy, in: Issues in Banking and Monetary Analysis, ed. by Giulio Pontecorvo, Robert P. Shay and Albert G. Hart, New York 1967, S. 79 - 113 bzw. die etwas vereinfachte Behandlung in Kapitel 14 seines Lehrbuchs Macroeconomics, Homewood, Ill. 1970, S. 295 - 322. In diesen beiden Abhandlungen wird allerdings nur ein Modell des monetären Sektors ausführlicher diskutiert, während bei der Darstellung des makroökonomischen Modells wieder Vereinfachungen vorgenommen werden.

[9] In Österreich werden Kreditobergrenzen — genauer gesagt Grenzen für die Ausweitung von durch Banken gewährten Krediten — bekanntlich in sogenannten Kreditplafondabkommen und durch Limesbestimmungen festgelegt.

untersuchen, ob diese Transaktion unter den im Modell getroffenen Annahmen nicht auch direkt eine Verdrängung der Investitionen des privaten Sektors bedeuten kann. Die Aussagen über die Wirksamkeit von Offenmarktoperationen könnten dadurch eine weitere Modifikation erfahren.

IV. Zusammenfassung

Den beiden im Abschnitt III diskutierten Ergänzungen zu dem zuvor betrachteten makroökonomischen Modell könnten natürlich noch eine Reihe weiterer Änderungen hinzugefügt werden. Denkbar wäre z. B. die Einführung eines Preisniveaus. Aber jede Erweiterung würde das Modell weiter komplizieren. Man müßte jeweils die Frage beantworten, ob von der Berücksichtigung zusätzlicher Größen eine so große Veränderung bezüglich der Ergebnisse zu erwarten ist, daß sie den Verlust an Übersichtlichkeit bzw. eine erschwerte Ableitbarkeit der Modellergebnisse rechtfertigt. Sicherlich kann aber nicht auf das Bankensystem und bei entsprechend vorliegenden institutionellen Gegebenheiten auf eine Trennung von Staat und Zentralbank verzichtet werden, wenn Offenmarktoperationen das Ziel der Untersuchung sind.

Entschließt man sich zum Einbau der beiden genannten Erweiterungen, so ist damit noch nicht die Frage beantwortet, ob das Modell für die Darstellung von Offenmarktoperationen in Lehrbüchern geeignet ist. Da im Rahmen dieser Arbeit ein solches Modell nicht spezifiziert wird, ist eine Beantwortung dieser Frage nur eingeschränkt möglich. Aufgrund vergleichbarer Modelle ist aber zu erwarten, daß dieses erweiterte Modell für eine Lehrbuchdarstellung eher weniger angebracht ist. Werden aber verbale Darstellungen zur Beschreibung der Auswirkungen von Offenmarktoperationen in Lehrbüchern verwendet, so müßten die Rückwirkungen auf den Staatshaushalt, die sich durch Einbeziehung der Budgetbeschränkung ergeben, ebenfalls diskutiert werden.

DIE NOTENBANKAUTONOMIE DER OESTERREICHISCHEN NATIONALBANK

Von Karl Wenger

I.

Das Verhältnis der Notenbank zum Staat ist in den letzten Jahren verschiedentlich wieder zum Gegenstand sowohl wirtschaftspolitischer als auch staats- und verwaltungsrechtlicher Diskussionen geworden[1]. Als entscheidenden Grund hiefür wird man den beispielsweise von Hans Joachim *Arndt* wiederholt hervorgehobenen Umstand ansehen müssen, daß mit dem Übergang vom finanz- und wirtschaftspolitisch lediglich punktuell intervenierenden Staat des ausgehenden 19. und des beginnenden 20. Jahrhunderts zum modernen, eine umfassende und permanente wirtschaftspolitische Steuerungskompetenz in Anspruch nehmenden Wirtschafts- und Sozialstaat unserer Tage auch die Funktion der Notenbank einen Wandel erfahren hat[2]. Ebenso wie die staatliche Wirtschaftspolitik durch den Einsatz auch nichtmonetärer Steuerungsmittel die Kaufkraft des Geldes beeinflußt, verändert auch

---

[1] *Wolfgang Schmitz,* Die Notenbank im Spannungsfeld von Demokratie und Währung, Europäische Rundschau, 3. Jg. (1975), Nr. 3, S. 15 ff.;

derselbe, Deficit spending ohne Finanzkrise — durch die Nationalbank, Wipol Bl 1979, S. 103 ff.;

Ewald Nowotny, Wirtschaftliche Krisenerscheinungen und öffentlicher Sektor, in Markmann / Simmert (Hrsg.), Krise der Wirtschaftspolitik, Köln 1978, S. 209 ff.;

derselbe, Deficit spending ohne Finanzkrise — eine Erwiderung, Wipol Bl 1979, S. 118 ff.;

H. René Laurer, Probleme der Staatsaufsicht über die Oesterreichische Nationalbank, Österr. Bank-Archiv, 26. Jg. (1978), S. 334 ff.;

Peter Oberndorfer, Wie unabhängig ist die Nationalbank? Vortrag im Kummer-Institut am 15. Nov. 1977 (siehe den Bericht darüber in der „Presse" v. 17. Nov. 1977, S. 9);

Beat Schmid, Die Unabhängigkeit der Schweizerischen Nationalbank und ihre rechtliche Sicherung, Bern 1979;

Otto Pfleiderer, Die Notenbank im System der wirtschaftspolitischen Steuerung, in: J. H. Kaiser (Hrsg.), Planung III, Baden-Baden 1968, S. 409 ff.;

Heiko Faber, Wirtschaftsplanung und Bundesbankautonomie, Baden-Baden 1969.

[2] *Hans Joachim Arndt,* Politik und Sachverstand im Kreditwährungswesen, Berlin 1963, und derselbe, Einführung zu Faber, Wirtschaftsplanung (FN 1), S. 9 ff.

die Notenbank vor allem in ihrer Eigenschaft als Kreditsteuerungszentrale die Möglichkeiten und Grenzen von Investitionstätigkeit, Beschäftigungs- und Budgetpolitik[3].

Diese Veränderungen gegenüber der Zeit des Metallwährungssystems, in der die Notenbank lediglich die Schwächen des „Selbstkorrektur-Mechanismus“[4] der Gold- bzw. Goldkernwährung auszugleichen hatte, warfen nicht nur neue Fragen ökonomischer, sondern auch solche rechtlich-institutioneller Art auf. Gerade dieser Aspekt aber wurde von den einschlägigen Wissenschaften viel weniger beachtet und analysiert als die veränderte ökonomische Problematik seitens der Wirtschaftswissenschaften[5]. Es spricht vieles dafür, daß dieses Versäumnis der Juristen und der Politologen mit daran schuld ist, daß die parlamentarischen Demokratien, deren Verfassungen das Konzept des gewaltentrennenden Rechtsstaates zugrunde liegt, bei der Einfügung der Notenbank in ihren staatlichen Ordnungsrahmen zu „durchaus verschiedenen, ja sich widersprechenden Ergebnissen gelangt sind“[6]. Herbert *Giersch* kam 1960 in seiner „Allgemeinen Wirtschaftspolitik“ zu der Feststellung, vor allem wegen der Deflationserfahrungen der dreißiger Jahre seien heute sehr viele Notenbanken keine unabhängigen Institutionen (mehr). Sofern sie nicht überhaupt nur ausführende Organe der Regierung seien, müßten sie zumindest bei geld- und kreditpolitischen Entscheidungen von größerer Tragweite mit ihr kooperieren. Im einzelnen lägen die Verhältnisse von Land zu Land verschieden[7].

Wie konkret die institutionellen Unterschiede verteilt sind, geht aus einer 1968 veröffentlichten Studie Oswald *Hahns* hervor, der die Organisation von mehr als hundert Notenbanken daraufhin untersucht, inwieweit ihre Leitung von der Zentralregierung abhängig ist. In der zusammenfassenden Wertung kommt er zu dem Schluß, daß 76 Institute mehr oder weniger „abhängige“ Zentralbanken darstellen, während nur 39 Institute als „weitgehend von der Zentralregierung unabhängige Notenbanken“ betrachtet werden können. Allerdings könnten nur bei 19 dieser 39 Staaten die Parlamente als „echte demokratische Körperschaften“ angesehen werden[8]. Daß die Gleichung parlamenta-

---

[3] *Carl Th. Samm*, Die Stellung der Deutschen Bundesbank im Verfassungsgefüge, Berlin 1967, S. 58; im selben Sinne bereits *Hans Seidel*, Die Erhaltung des Geldwertes — eine Gemeinschaftsaufgabe der gesamten Wirtschaftspolitik, Wipol Bl Nr. 5/6/1954, S. 5 ff.

[4] *Ludwig A. Hahn*, Geld und Kredit, Tübingen 1929, S. 22.

[5] *Arndt*, Einführung (FN 2), S. 11 f.

[6] *Arndt*, Politik (FN 2), S. 9.

[7] *Herbert Giersch*, Allgemeine Wirtschaftspolitik — Grundlagen, Wiesbaden 1960, S. 250 f.

[8] *Oswald Hahn*, Die Währungsbanken der Welt, Bd. II, Die Abhängigkeiten der Zentralbankleitung, Stuttgart 1968, insbes. S. 223 ff.

rische Demokratie — relativ unabhängige Notenbank nicht stimmt, zeigt auch der Umstand, daß traditionell autonome Notenbanken trotz Beibehaltung des parlamentarisch-demokratischen Regierungssystems in den letzten Jahrzehnten ihre Autonomie verloren haben. Die bekanntesten Beispiele dafür sind die französische und die englische Notenbank. Die Bank von Frankreich wurde 1936 personell und 1945 auch kapitalmäßig dem Staate einverleibt[9]. Die Bank von England unterliegt seit 1946 auch formell dem Weisungsrecht des Schatzkanzlers, der die faktische geldpolitische Verantwortung bereits seit der Aufgabe des Goldstandards übernommen hatte[10].

Auch in der jüngsten Entwicklung lassen sich mehrfach Anzeichen dafür feststellen, daß sich der Trend zu einer Verstärkung der Abhängigkeit der Notenbank vom Staat[11] offenbar nicht abgeschwächt hat. So hat in der Bundesrepublik Deutschland das 1967 beschlossene und 1971 novellierte Gesetz zur Förderung der Stabilität und des Wachstums der Wirtschaft[12] die grundsätzliche Gleichgewichtigkeit der Wirtschaftspolitik von Bunderegierung und Bundesbank verstärkt, „was allerdings nicht heißt, daß jede einzelne Maßnahme nur einvernehmlich getroffen werden darf“[13]. In den USA muß seit 1975 auf Grund der von Senat und Repräsentantenhaus einvernehmlich verabschiedeten und mit Gesetzeskraft ausgestatteten Concurrent Resolution 133 der Präsident des Federal Reserve System zweimal jährlich in Hearings vor beiden Häusern des Kongresses Rechenschaft ablegen und seine geldpolitischen Pläne für die nächsten 12 Monate mit dem Kongreß abklären[14].

In der Schweiz brachte die am 15. 12. 1978 beschlossene und am 1. 8. 1979 in Kraft getretene Novelle des Nationalbankgesetzes[15] neben einer Erweiterung des notenbankpolitischen Instrumentariums die legistische Verankerung der Koordinationspflicht zwischen Nationalbank und

---

[9] *Arndt,* Politik (FN 2), S. 81 ff. (86).

[10] *Beat Schmid,* Unabhängigkeit (FN 1), S. 82 f., *Giersch,* Wirtschaftspolitik, (FN 7), S. 251.

[11] *Gert v. Eynern,* Die Unabhängigkeit, der Notenbank, Berlin 1957, S. 10.

[12] BGBl 1967 I, S. 582 idF des Art. 12 des Finanzanpassungsgesetzes v. 30. 8. 1971 (BGBl I, S. 1426).

[13] *Klaus Stern / Paul Münch / Karl Heinrich Hansmeyer,* Gesetz zur Förderung der Stabilität und des Wachstums der Wirtschaft, 2. Aufl., Stuttgart—Berlin—Köln—Mainz 1972, S. 286.

[14] *Karl Brunner,* Zur Grundsatzdiskussion über die Geldpolitik der USA, NZZ v. 26. und 27. 4. 1975;
Schmitz, Notenbank (FN 1), S. 17;
Botschaft des schweizerischen Bundesrates über die Revision des Nationalbankgesetzes v. 27. 2. 1978, BBl 1978 I, 769 ff. (784).

[15] AS 1979, S. 983.

Bundesrat bezüglich wichtiger konjunktur- und geldpolitischer Maßnahmen[16]. Faktisch pflegte allerdings die Schweizerische Nationalbank schon bisher jeweils vor der Entscheidung wichtiger Fragen auf den Gebieten der Geld- und Kreditpolitik mit dem Bundesrat Fühlung zu nehmen und Entscheidungen auf dem Gebiet der Wechselkurspolitik gemeinsam mit dem Bundesrat vorzubereiten[17].

Der in der Diskussion im Zusammenhang mit der Stellung der Notenbank zum Staate meist unreflektiert verwendete Ausdruck „Unabhängigkeit“ bedarf freilich noch einer begrifflichen Klärung. Eine Unabhängigkeit in dem Sinne, daß die Notenbank gänzlich außerhalb der staatlichen Einflußnahme stünde, daß sie sozusagen einen „Staat im Staate“ bilden könnte[18], ist im parlamentarisch-demokratischen Rechtsstaat undenkbar. Ihre grundlegende Organisation und ihre Befugnisse sind Ausfluß von Entscheidungen des demokratisch legitimierten Gesetzgebers. Über Rechtsverletzungen durch die und gegenüber der Notenbank entscheiden systembedingt die Gerichte. Was von der Unabhängigkeit tatsächlich bleibt, ist eine „ganz bestimmte begrenzte Selbständigkeit“[19] gegenüber der Regierung, also gegenüber der auch als Exekutive bezeichneten staatlichen Verwaltung. Es handelt sich also um ein ähnliches Phänomen wie beim Rechtsinstitut der Selbstverwaltung, die von der österreichischen Verwaltungsrechtslehre als „dezentralisierte Verwaltung durch relativ unabhängige Rechtsträger“ definiert wird, wobei sich die relative Unabhängigkeit von der Staatsverwaltung aus der Weisungsfreiheit der Selbstverwaltungsorgane gegenüber den Organen der staatlichen Verwaltung ergibt[20]. Was diese Weisungsfreiheit von der ebenfalls als „Unabhängigkeit“ bezeichneten Weisungsfreiheit des Richters unterscheidet, ist, daß Selbstverwaltungskörper, aber auch mit relativer Unabhängigkeit ausgestattete Notenbanken, anders als der Richter regelmäßig nicht nur retrospektive Einzelfallentscheidungen treffen, sondern auf Grund ihres Organisationsgesetzes typischerweise auch prospektive allgemeine Richtlinien, also

---

[16] Der neu eingefügte Abs. 2 des Art. 2 des Nationalbankgesetzes lautet: „Bundesrat und Nationalbank unterrichten sich vor Entscheidungen von wesentlicher konjunkturpolitischer und monetärer Bedeutung über ihre Absichten und stimmen ihre Maßnahmen aufeinander ab.“

[17] Botschaft des Bundesrates v. 27. 2. 1978, BBl 1978, 828 f.

[18] So stellte der Bericht des mit der Beratung des Gesetzentwurfes über die Deutsche Bundesbank befaßten Bundestagsausschusses (sog. „Scharnberg-Bericht“, auszugsweise abgedruckt im Beck'schen Kommentar zum Gesetz über die Deutsche Bundesbank, Mainz—Consenheim-Düsseldorf 1959, S. 597 ff.) ausdrücklich fest, „Unabhängigkeit darf selbstverständlich nicht dahin verstanden werden, daß die Währungsbank ein Staat im Staate wird“ (S. 602, Pkt 432).

[19] *v. Eynern*, Unabhängigkeit (FN 11), S. 7.

[20] *Walter Antoniolli*, Allgemeines Verwaltungsrecht, Wien 1954, S. 155.

Normen genereller Art, erlassen[21], weshalb man hier besser von „Autonomie“[22] spricht. In Untersuchungen über die rechtlich-institutionelle Seite der Notenbank ist daher der Ausdruck *„Notenbankautonomie“* dem in der Alltagssprache und von den Ökonomen meist verwendeten Ausdruck „Unabhängigkeit der Notenbank“ vorzuziehen[23]. Dies nicht zuletzt auch deshalb, weil mit dem Begriff „Autonomie“ auch die Vorstellung verbunden ist, daß ihr Ausmaß je nach Fall und Institution durchaus unterschiedliche Grade aufweisen kann; ein Umstand, der, wie erwähnt, beispielsweise von *Giersch* zur Charakteristik des Verhältnisses von Staat und Notenbank in der sozialen Wirklichkeit speziell betont wurde[24].

In der einschlägigen Literatur werden meist verschiedene Formen der Notenbankautonomie unterschieden[25]. Am zweckmäßigsten für die Beantwortung der Frage, wie weit die staatliche Exekutive die Notenbankpolitik beeinflußt bzw. wie weit diese Ausfluß einer autonomen Gestaltung sein kann, erscheint mir die Unterscheidung zwischen *personeller, funktioneller* und *vermögensrechtlicher* Autonomie einer Notenbank[26]. Dabei ist man sich heute weitgehend darüber einig, daß die letztgenannte Form, d. h. die Eigentumsverhältnisse am Grundkapital bei einer Notenbank, für deren rechtliche Handlungsfreiheit bei der Erfüllung der währungspolitischen Aufgaben nicht ausschlaggebend ist[27].

---

[21] *Otto Veit*, Grundriß der Währungspolitik, 2. Aufl., Frankfurt/Main 1961, S. 190 und *Ortrun Lampe*, Die Unabhängigkeit der Deutschen Bundesbank — Eine verfassungs- und verwaltungsrechtliche Rechtfertigung, Diss. Univ. Mainz 1966, S. 136 m. w. Nachweisen.

[22] Vgl. *Antoniolli*, Verwaltungsrecht, S. 156.

[23] In diesem Sinne z. B. *Engelbert Bernauer*, Staat und Notenbank — Autonomie und Koordination, Diss. Univ. Freiburg i. Br. 1960.

[24] Siehe FN 7.

[25] So unterscheidet beispielsweise *Schmidt* (FN 1) zwischen personeller, materieller (= sachlicher oder funktioneller) und institutioneller Unabhängigkeit, wobei sich die letztgenannte nach der rechtlichen Organisationsform richtet. Ähnlich auch *Max Bernhuber / Hartwig Hauck*, Funktionen und Instrumente der Zentralbanken in den EWG-Staaten und in Österreich, Sonderheft der Wiener Studien zur Wirtschafts- und Sozialpolitik, Wien 1965.

[26] So *Joachim v. Spindler / Willy Becker / O. Ernst Starke*, Die Deutsche Bundesbank — Grundzüge des Notenbankwesens und Kommentar zum Gesetz über die Deutsche Bundesbank, 4. Aufl., Stuttgart—Berlin—Köln—Mainz 1973, S. 265; *Bernauer* (FN 23), S. 49 und *Wolfgang Frank*, Der Einfluß des Staates auf die Notenbanken der BRD, Österreichs und der Schweiz, Diplomarbeit an der Hochschule für Welthandel, Wien 1970, S. 4 f.

[27] *Spindler / Becker / Starke* (FN 26), S. 265 f., *Bernauer* (FN 23), S. 50 und *Beck*, Kommentar (FN 18), S. 119.

II.

Nach der einführenden Problemskizze, die deutlich machen sollte, welche grundlegenden Sachverhalte und Ordnungsvorstellungen der als Rechtsinstitut[28] zu begreifenden Notenbankautonomie überhaupt zugrunde liegen, ist nunmehr zu prüfen, welche konkrete Ausformung diese im geltenden österreichischen Recht erfahren hat. Aus den Materialien zum Nationalbankgesetz 1955[29], in denen — zum Unterschied vom Gesetzestext selbst — expressis verbis von der „Unabhängigkeit" der Oesterreichischen Nationalbank die Rede ist, ergibt sich, daß sich der Gesetzgeber bei der Normierung der Notenbankautonomie auch an deren Ausgestaltung in den früheren Satzungen der Oesterreichischen Nationalbank und an ausländischen Lösungen mitorientiert hat[30]. Eine rechtsdogmatische Analyse hat dies entsprechend zu berücksichtigen.

1. Personelle Autonomie

Die personelle Autonomie einer Notenbank hängt davon ab, ob und in welchem Ausmaß die Regierung die Bestellung und Abberufung der leitenden Notenbankfunktionäre beeinflussen kann[31].

Gemäß § 20 des *österreichischen NBG* obliegt die oberste Leitung und Überwachung der gesamten Geschäftsführung und der Verwaltung des gesamten Vermögens der Bank dem *Generalrat.* Von seinen in § 21 NBG näher geregelten Befugnissen sind für die Beurteilung der personellen Autonomie vor allem relevant die ihm vorbehaltene Beschlußfassung über die Ernennung des Generaldirektors, des Generaldirektorstellvertreters, der übrigen Mitglieder des Direktoriums, des Direktors der Wertpapierdruckerei, der Direktorenstellvertreter und der Vorstände der Zweiganstalten sowie ihre Pensionierung, Kündigung oder Entlassung, ferner die Beschlußfassung über die für die Bediensteten der

---

28 Zur methodologischen Problematik des institutionellen Rechtsdenkens, auf die hier nicht näher eingegangen werden kann, grundlegend *Ernst Forsthoff,* Lehrbuch des *Verwaltungsrechts,* Bd. I (Allg. Teil), 10. Aufl., München 1973, S. 165 f. und diesem weitgehend folgend *Theo Öhlinger,* Institutionelle Grundlagen der österreichischen Integrationspolitik aus rechtlicher Sicht — eine Zwischbilanz, in: *Öhlinger / Mayrzedt / Kucera,* Institutionelle Aspekte der österreichischen Integrationspolitik, hrsg. v. *Wilhelm Weber,* Wien 1976, S. 15 ff., 54.

29 BGBl Nr. 184, idF der Bundesgesetze vom 31. 5. 1967, BGBl Nr. 200, vom 27. 6. 1969, BGBl Nr. 276, vom 15. 6. 1972, BGBl Nr. 224 und vom 11. 7. 1974, BGBl Nr. 494.

30 RV v. 19. 7. 1955, 602 BlgNR, 7. GP, Erl. Bem S. 15, Bericht des Finanz- und Budgetausschusses, 611 BlgNR, 7. GP, S. 1; ProtNR, 7. GP, S. 3530, 3549, 3569.

31 Vgl. *Bernauer* (FN 23), S. 49; *Schmid* (FN 1), S. 32 f.

Bank maßgebenden Dienst- und Arbeitsordnungen sowie die die Besoldung und Pensionsbezüge der Bediensteten regelnden Vorschriften[32].

Der Generalrat besteht aus dem Präsidenten, zwei Vizepräsidenten und elf weiteren Mitgliedern. Der Präsident wird vom Bundespräsidenten gemäß Art. 67 B-VG auf Vorschlag der Bundesregierung, die beiden Vizepräsidenten und weitere fünf Mitglieder des Generalrates von der Bundesregierung auf die Dauer von fünf Jahren ernannt. Die übrigen sechs Mitglieder des Generalrats werden von der Generalversammlung der Aktionäre auf die Dauer von fünf Jahren gewählt. Wiederernennung und Wiederwahl von Generalratsmitgliedern sind zulässig. Bezüglich des aktiven Wahlrechtes der Aktionäre in der Generalversammlung ist zu beachten, daß gemäß § 12 NBG je 100 Aktien — das Grundkapital von 150 Mio. S ist gemäß § 8 NBG in 150 000 Namensaktien zu je 1000 S zerlegt — eine Stimme ergeben und nach § 9 Abs. 2 NBG die Hälfte des Grundkapitals dem Bund zukommt, während § 9 Abs. 3 NBG zufolge die Bundesregierung bestimmt, welche Personen und Unternehmen zur Zeichnung des restlichen Grundkapitals der Bank zugelassen sind[33]. Daß bei solchen Bestellungsrechten die personelle Autonomie zugunsten des Regierungseinflusses stark eingeengt ist, bedarf wohl keiner näheren Begründung. Den Ermessensspielraum für die Bestellungsakte hat freilich das NBG selbst in mehrfacher Hinsicht dadurch vermindert, daß es für die Bestellung zum Mitglied des Generalrates bestimmte Voraussetzungen festlegt. Gemäß § 22 NBG können Mitglieder des Generalrates nur österreichische Staatsbürger sein, die vom Wahlrecht zum Nationalrat nicht ausgeschlossen sind. Sie sollen[34] Fachleute der Volkswirtschaft oder leiten-

[32] Im einzelnen siehe dazu den Kommentar von *Alfred Schwarzer*, *Walter Csoklich* und *Walter List*, Das österreichische Währungs- und Devisenrecht, 3. Aufl., Wien 1979, S. 141 ff.

[33] Lt Beilage N des Amtsbehelfes zum Bundesfinanzgesetz 1979 (S. 533) entfallen derzeit vom Grundkapital der OeNB auf den Bund 75 Mill. S = 50 %. Weitere Aktionäre sind: Bundeskammer der gewerblichen Wirtschaft, Österreichischer Gewerkschaftsbund, Sozialistischer Verlag und Zentralkasse der Konsumgenossenschaften (je 12,5 Mill. S = 8,3 %); Genossenschaftliche Zentralbank AG (10,5 Mill. S = 7 %); Versicherungsanstalt der österreichischen Bundesländer (4 Mill. S = 2,6 %); Vereinigung Österreichischer Industrieller (3 Mill. S = 2 %); Bankhaus Schoeller & Co. (2 Mill. S = 1,3 %); Wechselseitige Versicherungsanstalt in Graz und Pensionsfonds der Niederösterreichischen Landes-Landwirtschaftskammer (je 1 Mill. S = 0,6 %); Erste nö. Brandschadensvers. AG (0,8 Mill. S = 0,5 %); Niederösterreichische Genossenschafts-Zentralkasse (0,6 Mill. S = 0,4 %) usw. Diese Verteilung der Anteilsrechte wurde seinerzeit so festgelegt, weil damit der Einfluß der beiden Koalitionsparteien ÖVP und SPÖ zufolge des Nahverhältnisses der Aktionäre zu diesen beiden politischen Parteien gleichgewichtig verteilt war. Seit dem Übergang zu Alleinregierungen i. J. 1966 dominiert dadurch stark die jeweilige Regierungspartei, eine Ausschaltung der großen Oppositionspartei wird durch diese Beteiligungsstruktur allerdings verhindert.

de Persönlichkeiten des praktischen Wirtschaftslebens sein. Unter ihnen sollen sich je ein Vertreter der Banken, der Sparkassen, der Industrie, des Handels und Gewerbes, der Landwirtschaft sowie zwei Vertreter der Angestellten- und Arbeiterschaft befinden. Im aktiven Dienst des Bundes oder eines Landes stehende Personen sowie Mitglieder des Nationalrates, des Bundesrates oder eines Landtages, der Bundesregierung oder einer Landesregierung können dem Generalrat nicht angehören. Von den Mitgliedern des Generalrates dürfen nicht mehr als vier hauptberuflich der Verwaltung von Instituten angehören, die Bankgeschäfte betreiben. Die Ernennung eines Bankenvertreters zum Präsidenten oder zu einem der beiden Vizepräsidenten ist gesetzlich ausgeschlossen. Intention dieser Bestimmungen ist zweifellos die Sicherung einer hinreichenden fachlichen Qualifikation sowie einer entsprechenden Interessenpluralität bei gleichzeitiger Vermeidung einer einseitigen Interessenorientierung zu den Banken, die für eine Notenbank als „Bank der Banken" besonders bedenklich wäre.

Sowohl die gesetzlich festgelegten Bestellungsrechte der Bundesregierung, in denen Max *Scheithauer* eine Betonung des Grundsatzes der „Verantwortlichkeit der Generalratsmitglieder der Allgemeinheit gegenüber" sieht[35], als auch die mit der dargelegten Beteiligungsstruktur verbundenen Einflußrechte des Bundes haben die personelle Autonomie der Oesterreichischen Nationalbank gegenüber den Satzungen von 1922[36] wesentlich eingeschränkt. Diese hatten lediglich die Ernennung des Präsidenten durch den Bundespräsidenten auf Vorschlag der Bundesregierung vorgesehen, während die übrigen Mitglieder des Generalrates von der Generalversammlung gewählt wurden. Die Wahl der beiden Vizepräsidenten, die der Generalrat aus seiner Mitte vorzunehmen hatte, hatte lediglich der Bestätigung durch die Bundesregierung bedurft. Eine heute nicht mehr aktuelle Beschränkung der personellen Autonomie hatte allerdings zwischen 1923 und 1929 das Amt des auf Grund einer Nominierung des Völkerbundes durch den Bundespräsidenten bestellten Beraters dargestellt, den Karl *Ausch* pointiert, aber nicht unzutreffend als „Vormund" der Nationalbank bezeichnete[37].

---

[34] Die Sollvorschrift bedeutet laut *Schwarzer / Csoklich / List*, S. 146 (Nr. 3), daß Ausnahmen zwar zulässig sind, jedoch nur in begründeten Sonderfällen.

[35] *Max Scheithauer,* Die Oesterreichische Nationalbank, in „Das Kreditwesen in Österreich", FS für Hans Krasensky zum 65. Geburtstag, hrsg. von der Österreichischen Bankwissenschaftlichen Gesellschaft, Wien 1968, S. 335 ff. (342).

[36] BGBl 1922/823.

[37] *Karl Ausch,* Als die Banken fielen, Wien—Frankfurt—Zürich 1968, S. 92 und 188. Die Rechtsgrundlage für die Bestellung des Beraters hatte die mit Bundesgesetz v. 28. 4. 1923, BGBl 251 erfolgte Satzungsänderung (Titel XV

Positiv für die personelle Autonomie der Oesterreichischen Nationalbank ist hingegen zu werten, daß eine *Abberufung* des Präsidenten und der Vizepräsidenten während ihrer fünfjährigen Amtsdauer nur zulässig ist, wenn sie die Voraussetzungen ihrer Ernennung verloren haben oder durch länger als ein Jahr an der Ausübung ihrer Funktion behindert sind[38]. Dasselbe gilt für die Amtsdauer der übrigen Mitglieder des Generalrates, für die ein *vorzeitiges Ausscheiden* während ihrer Amtsdauer nur vorgesehen ist, wenn sie die für die Ernennung oder Wahl geforderten Voraussetzungen verloren haben[39]. Vergleicht man die konkrete Ausgestaltung der personellen Autonomie der Oesterreichischen Nationalbank mit der der Deutschen Bundesbank und der der Schweizerischen Nationalbank, so zeigt sich auch bei diesen eine erhebliche Einschränkung. Eine Gegenüberstellung mit den entsprechenden Regelungen in der Bundesrepublik Deutschland und in der Schweiz erscheint nicht nur wegen der Ähnlichkeit der staatsrechtlichen sowie der gesellschaftsrechtlichen und wirtschaftlichen Situation in diesen Staaten, sondern auch im Hinblick auf die Feststellung *Gierschs* besonders angebracht, wonach die Zentralbanken im Dollarraum, in der Schweiz, in Österreich und in der Bundesrepublik Deutschland weniger von der Regierung abhängig seien als die übrigen Notenbanken.

Nach dem Gesetz über die *Deutsche Bundesbank* vom 26. Juli 1957[40] sind deren (leitende) Organe der Zentralbankrat, das Direktorium und die Vorstände der Landeszentralbanken. Der Zentralbankrat, der die Währungs- und Kreditpolitik der Bank bestimmt, allgemeine Richtlinien für die Geschäftsführung und Verwaltung aufstellt und auch im Einzelfall dem Direktorium und den Vorständen der Landeszentralbanken Weisungen erteilen kann, besteht aus dem Präsidenten und

---

„Zeitweilige Bestellung eines Beraters", der die Art. 124 bis 130 der Satzungen umfaßte) gebildet. Gemäß dem mit BG v. 1. 12. 1925, BGBl 417, geänderten Art 130 der Satzungen endete das Amt des Beraters drei Jahre nach Beendigung der durch den Generalkommissar des Völkerbundes ausgeübten Kontrolle. Zufolge der Verordnung BGBl 1926/160 in Verbindung mit § 2 leg cit galt als Beendigungstermin der Völkerbundkontrolle der 1. Jänner 1926.

38 § 23 Abs 1 und § 24 Abs 1 NBG.

39 § 25 NBG.

Der damalige Präsident der OeNB Dr. *Margaretha* interpretierte diese Bestimmung in einem Vortrag bei der 8. österr. betriebswirtschaftlichen Woche m. E. zutreffend als „Unabsetzbarkeit der Mitglieder des Generalrates" (Wr. Ztg. v. 21. 10. 1955, Nr. 245, S. 2). Die dagegen von *Otto Weinberger* in JBl 1956, S. 328 (S. 326 ff. „Zweifelhafte juristische Fragen im neuen österreichischen Nationalbankgesetz") vorgebrachten Zweifel müssen bei teleologisch-systematischer Interpretation des Gesetzes als unberechtigt angesehen werden.

40 BGBl I, S. 745 idgF (eine Übersicht über die seit 1959 erfolgten Änderungen in zeitlicher Reihenfolge enthält die Tabelle in *Spindler / Becker / Starke* [FN 26], S. 146 - 149).

dem Vizepräsidenten der Deutschen Bundesbank, den weiteren 8 Mitgliedern des Direktoriums und den Präsidenten der 11 Landeszentralbanken. Der Präsident und der Vizepräsident der Deutschen Bundesbank sowie die weiteren Mitglieder des Direktoriums werden vom Bundespräsidenten auf Vorschlag der Bundesregierung für 8 Jahre, ausnahmsweise auch für kürzere Zeit, mindestens jedoch für 2 Jahre bestellt. Die Bundesregierung hat bei ihren Vorschlägen den Zentralbankrat anzuhören. Die Mitglieder des Direktoriums, die besondere fachliche Eignung besitzen müssen, stehen in einem öffentlich-rechtlichen Amtsverhältnis. Die Präsidenten der Landeszentralbanken werden vom Bundespräsidenten auf Vorschlag des Bundesrates bestellt. Der Bundesrat macht seine Vorschläge auf Grund eines Vorschlages der nach Landesrecht zuständigen Stelle und nach Anhörung des Zentralbankrates. Die Vizepräsidenten und die weiteren Vorstandsmitglieder der Landeszentralbanken werden auf Vorschlag des Zentralbankrates vom Präsidenten der Deutschen Bundesbank bestellt. Auch die Vorstandsmitglieder, die für 8 Jahre und nur ausnahmsweise für kürzere Zeit, mindestens aber auf 2 Jahre bestellt werden, stehen in einem öffentlich-rechtlichen Amtsverhältnis. Die Verträge der Vorstandsmitglieder der Landeszentralbanken bedürfen ebenso wie die der Mitglieder des Direktoriums der Deutschen Bundesbank der Zustimmung der Bundesregierung. Obwohl die Einflußnahme der Bundes- und Landesregierungen auf die Bestellung der leitenden Notenbankfunktionäre der Deutschen Bundesbank ähnlich weit reicht wie in Österreich, erscheint die personelle Autonomie der deutschen Notenbank doch weniger parteipolitischen Einflüssen ausgesetzt, weil die Anhörungsrechte des Zentralbankrates, die Pluralität der Vorschlagsinstanzen und die verhältnismäßig lange Amtsperiode der Funktionäre eine Auswahl nach primär parteipolitischen Gesichtspunkten gegen den Willen des Zentralbankrates stark mindern[41].

Das *schweizerische Nationalbankgesetz*[42] unterscheidet zwischen den für die Aufsicht und Kontrolle und den für die Leitung der Notenbank zuständigen Organen. Aufsichts- und Kontrollorgane sind die Generalversammlung der Aktionäre und als „Bankbehörden" der Bankrat, der Bankausschuß, die Lokalkomitees und die Revisionskommission. Leitungsorgane sind das Direktorium und die Lokaldirektionen[43]. Da die Befugnisse der Generalversammlung für die personelle Auto-

---

41 Vgl. *Dirk Uhlenbruck*, Die verfassungsmäßige Unabhängigkeit der Deutschen Bundesbank und ihre Grenzen, Diss. Univ. Köln 1967, S. 79 f., der zudem auf die Kontrolle durch die Öffentlichkeit hinweist.

42 Nationalbankgesetz (NBG) v. 23. 12. 1953, SR 951.11 idF der Änderung v. 15. 12. 1978, AS 1979, 983.

43 Art 28 NBG.

nomie der Schweizerischen Nationalbank nur von geringer Bedeutung sind, die Revisionskommission nur Wirtschaftsprüfungsfunktion hat, Lokalkomitees und Lokaldirektionen nur über örtlich begrenzte Zuständigkeiten verfügen und der Bankausschuß lediglich vom Bankrat delegierte Aufgaben wahrzunehmen hat[44], erscheinen für die personelle Autonomie nur Bankrat und Direktorium relevant. Der Bankrat, der z. T. ähnliche Aufgaben hat wie der Aufsichtsrat einer österreichischen AG[45], besteht aus 40 für eine Amtsdauer von 4 Jahren gewählten Mitgliedern, von denen 15 durch die Generalversammlung der Aktionäre und 25 durch den Bundesrat zu ernennen sind. Im Bankrat sollen die verschiedenen Wirtschaftskreise und die einzelnen Landesteile unter Berücksichtigung der wichtigeren Bank-, Industrie- und Handelszentren vertreten sein. Der Wahlvorgang wird in mehreren Abschnitten durchgeführt. Zuerst ernennt der Bundesrat den Präsidenten und den Vizepräsidenten. Sodann wählt die Generalversammlung[46] 15 Mitglieder und gibt dem Bundesrat Kenntnis von den getroffenen Wahlen. Hierauf schreitet der Bundesrat zur Wahl der übrigen 23 Mitglieder, wovon höchstens 5 der Bundesversammlung und 5 den Kantonsregierungen angehören dürfen[47]. Das Direktorium ist das oberste geschäftsleitende und ausführende Organ der Bank. Es vertritt diese nach außen und ist die den Beamten und Angestellten der Sitze[48] sowie den Lokaldirektionen unmittelbar vorgesetzte Stelle. Das Direktorium besteht aus 3 Mitgliedern, denen Stellvertreter und Abteilungsdirektoren beigegeben werden können. Die Mitglieder des Direktoriums, ihre Stellvertreter, die Direktoren der Zweiganstalten und die Abteilungsdirektoren müssen ebenso wie alle übrigen Mitglieder der Bankbehörden und die Beamten und Angestellten der Bank in der Schweiz niedergelassene Schweizer Bürger sein. Sie dürfen weder der Bundes-

---

44 Vgl. *Schmid,* Unabhängigkeit (FN 1), S. 41 ff.

45 *Frank,* Einfluß (FN 26), S. 56.

46 Das Grundkapital der als AG organisierten Schweizerischen Nationalbank beträgt gemäß Art 5 NBG 50 Mill. sfr. Es ist zur Hälfte einbezahlt. Die Mehrheit (1977: 58,45 %) liegt seit Bestehen der Nationalbank bei den Kantonen und anderen kantonalen öffentlich-rechtlichen Körperschaften und Anstalten. Die Aktien sind auf 100 sfr lautende Namensaktien. Das Stimmrecht privater Aktionäre ist, ohne Rücksicht auf den Aktienbesitz, auf 100 Stimmen beschränkt. Aktionäre können nur Schweizer Bürger und schweizerisch beherrschte Gesellschaften werden (*Leo Schürmann,* Wirtschaftsverwaltungsrecht, Bern 1978, S. 272 f.). Die nicht in Kantonalbesitz stehenden Aktien gehören Privaten, der Bund besitzt keine Aktien (Schmid, Unabhängigkeit, S. 55).

47 Art 40 bis 42 NBG.

48 Gemäß Art 3 NBG hat die Bank ihren rechtlichen und administrativen Sitz in Bern, der Sitz des Direktoriums ist Zürich. Die Geschäfte der Schweizerischen Nationalbank werden in Bern und Zürich durch ihre Sitze, an den bedeutendsten Verkehrsplätzen durch Zweiganstalten und an anderen Plätzen durch Agenturen besorgt (Art. 4 Abs. 1 NBG).

versammlung noch den kantonalen Regierungen noch dem Bankrat angehören. Die Mitglieder des Direktoriums und ihre Stellvertreter werden vom Bundesrat auf Vorschlag des Bankrates für eine Amtsdauer von 6 Jahren ernannt. Der Bundesrat wählt aus der Mitte des Direktoriums den Präsidenten und den Vizepräsidenten[49]. Die weitestgehende Einschränkung der personellen Autonomie enthält Art. 60 NBG, demzufolge die Mitglieder der Bankbehörden sowie die Beamten und Angestellten der Nationalbank durch Beschluß des Organs oder der Behörde, durch die sie gewählt oder ernannt sind, unter Angabe der Gründe abberufen werden können. Beat *Schmid* bemerkt dazu allerdings, theoretisch bedeute eine solche Abberufungsmöglichkeit zwar eine starke Beschränkung der personellen Unabhängigkeit, praktisch aber keine Gefahr, weil davon kaum Gebrauch gemacht wird. Zusammenfassend sei allerdings zu sagen, daß die personelle Autonomie de jure nicht verwirklicht ist. Nach den einschlägigen Bestimmungen des Notenbankgesetzes stehe dem Bundesrat das Recht zu, „ganz nach Gutdünken dafür zu sorgen, daß seine Interessen in der obersten Notenbankleitung personell stark genug vertreten werden“[50].

Als Ergebnis des Vergleiches der einschlägigen rechtlichen Regelungen der personellen Notenbankautonomie in Österreich, in der Bundesrepublik Deutschland und in der Schweiz läßt sich feststellen, daß sie in allen drei Staaten durch einen maßgeblichen Regierungseinfluß auf die Bestellung der leitenden Notenbankfunktionäre stark eingeschränkt ist. Am stärksten ist diese Einschränkung in der Schweiz im Hinblick auf die der Regierung eingeräumten Abberufungsrechte; in der Bundesrepublik Deutschland ist die Einschränkung wegen der langen Amtsdauer für die Funktionäre, deren erschwerter Abberufung sowie zufolge der Anhörungsrechte der Bank im Ernennungsverfahren und der Pluralität der bankexternen Ernennungsinstanzen noch am geringsten. Die personelle Autonomie der Oesterreichischen Nationalbank dürfte graduell zwischen der deutschen und der schweizerischen Lösung liegen.

2. Funktionelle Autonomie

Die funktionelle Autonomie einer Notenbank hängt davon ab, ob und in welchem Ausmaß die Regierung die Notenbank bei der Erfüllung der dieser vom Notenbankgesetz übertragenen spezifischen geldpolitischen Aufgaben beeinflussen kann[51].

---

[49] Art 52, 53, 55 und 56 NBG.

[50] *Schmid,* Unabhängigkeit, (FN 1), S. 46.

[51] Vgl. die Begriffsbestimmungen bei *Bernauer,* Staat (FN 23), S. 49 und *Spindler / Becker / Starke,* Kommentar (FN 26), S. 265.

In *Österreich* bestimmt § 2 des NBG die Nationalbank als Notenbank der Republik und überträgt ihr die Aufgabe, den Geldumlauf in Österreich zu regeln und für den Zahlungsausgleich mit dem Ausland Sorge zu tragen. Sie hat mit allen ihr zu Gebote stehenden Mitteln dahin zu wirken, daß der Wert des österreichischen Geldes im Inland sowie in seinem Verhältnis zu den wertbeständigen Währungen des Auslandes erhalten bleibt. Sie ist verpflichtet, im Rahmen ihrer Kreditpolitik für eine den volkswirtschaftlichen Erfordernissen Rechnung tragende Verteilung der von ihr der Wirtschaft zur Verfügung zu stellenden Kredite zu sorgen[52]. Der Bund, die Länder und die Gemeinden dürfen die Mittel der Bank in keiner Weise, also weder mittelbar noch unmittelbar, für ihre Zwecke in Anspruch nehmen, ohne daß sie den Gegenwert in Gold oder Devisen leisten. Die Bank kann lediglich für Zwecke der Kassenführung des Bundes auf Verlangen des BMF kurzfristige Bundesschatzscheine eskontieren, deren Betrag aber 5 Prozent der jährlichen Bruttoabgabeneinnahmen nicht überschreiten darf[53]. Aus § 3 NBG ergibt sich, daß der Oesterreichischen Nationalbank bei der Erfüllung der ihr vom Nationalbankgesetz übertragenen Aufgaben volle Handlungsfreiheit zukommt[54]. Eine generelle Einschränkung dieser Handlungsfreiheit enthält allerdings § 4 NBG, wonach bei Festsetzung der allgemeinen Richtlinien der Währungs- und Kreditpolitik[55], welche die Oesterreichische Nationalbank zwecks Erfüllung der ihr zufallenden Aufgaben auf diesem Gebiete zu beobachten hat, auf die Wirtschaftspolitik der Bundesregierung Bedacht zu nehmen ist. Aus den Materialien ergibt sich, daß nach der Intention des Gesetzgebers durch diese Bestimmung lediglich die Koordinierung der Währungs- und Kreditpolitik mit der Wirtschaftspolitik der Bundesregierung gewährleistet, die Unabhängigkeit (d. h. die Weisungsfreiheit gegenüber der Bundesregierung) der Notenbank aber bei Erfüllung der ihr obliegenden Aufgaben dadurch nicht berührt werden soll[56]. Eine wichtige Gewährleistung der funktionalen Autonomie enthält § 41 Abs. 3 bis 6 NBG. Nach dieser Bestimmung kann nicht nur der Generalrat in seiner Gesamtheit, sondern auch jedes einzelne Generalratsmitglied wegen Verletzung des Verbotes der finanziellen Inanspruchnahme der Bank durch die Gebietskörperschaften, wegen der Durchbrechung des Monopols zur Ausgabe staatlichen Papiergeldes sowie wegen des

---

[52] Siehe dazu auch die Erl bei *Schwarzer / Csoklich / List,* Kommentar (FN 32), S. 126 ff.

[53] § 41 Abs 1 NBG.

[54] Arg. „unbeschadet der Aufrechterhaltung ihrer vollen Handlungsfreiheit bei Erfüllung ihrer Aufgaben im Rahmen dieses Bundesgesetzes".

[55] Die Festlegung dieser Richtlinien kommt gemäß § 21 Z 1 NBG dem Generalrat zu.

[56] Erl Bem z RV 602 BlgNR, 7. GP zu § 4.

Ergreifens sonstiger die Bank an der Erfüllung ihrer Verpflichtung behindernder Maßnahmen durch den Bund ein Schiedsgericht anrufen. Dieses aus dem Präsidenten des OGH und je 2 von der Bunderegierung und von der Bank ernannten Mitgliedern bestehende Schiedsgericht hat innerhalb von 3 Tagen zu entscheiden, ob die angefochtenen Verfügungen zu unterbleiben haben oder aufrecht bleiben[57]. Die in Artikel IX (§§ 45 f.) geregelte *Staatsaufsicht* beschränkt als reine Rechtsaufsicht die funktionelle Autonomie der Oesterreichischen Nationalbank nicht. Die Erläuterungen zur Regierungsvorlage haben hiezu klargestellt: „Die Überwachung durch das BMF erstreckt sich lediglich darauf, daß die Bank gemäß den Gesetzen vorgeht. Auf die einzelnen Geschäfte der Bank kann somit, wenn sie dem Gesetz entsprechen, kein Einfluß genommen werden[58].“ Aus dem Gesetz und aus den Materialien ergibt sich sohin eindeutig, daß dem mit der Vollziehung des NBG betrauten BMF, der zur Ausübung des staatlichen Aufsichtsrechtes einen Staatskommissär zu bestellen hat, gegenüber der Oesterreichischen Nationalbank hinsichtlich der ihr durch das NBG übertragenen Aufgaben *kein Weisungsrecht* zusteht[59]. Der Staatskommissär kann gegen ihm gesetzwidrig erscheinende Beschlüsse des Generalrates lediglich Einspruch erheben. Ein solcher Einspruch hat zunächst aufschiebende Wirkung und tritt entweder durch Widerruf des BMF oder wegen ungenützten Ablaufs einer 7tägigen Frist außer Kraft. Im zweiten Falle hat das genannte Schiedsgericht innerhalb von 3 Tagen zu entscheiden, ob der beanstandete Beschluß gesetzmäßig und seine Vollziehung demgemäß zulässig ist oder nicht[60]. Vergleicht man die Regelungen des NBG 1955 mit denen der Satzungen von 1922 bezüglich der rechtlichen Ausgestaltung der funktionellen Autonomie, so kann man — anders als bezüglich der personellen Autonomie — feststellen, daß das gegenwärtige Recht sich weitgehend an den früheren Regelungen orientiert und keine Einschränkungen gebracht hat. Neu sind lediglich die Normierung der kreditpolitischen Steuerungsfunktion im Aufgabenkatalog des § 2 NBG und die Erweiterung des Instrumentariums durch die

---

[57] Das Schiedsgericht hat auch über Einsprüche zu entscheiden, die der Staatskommissär gegen Generalratsbeschlüsse wegen Gesetzwidrigkeit erhebt, wenn ein solcher Einspruch vom BMF nicht widerrufen wird (§ 46 NBG). Im übrigen siehe Erl bei *Schwarzer / Csoklich / List,* Kommentar (FN 32), S. 162 ff. und 175.

[58] 602 BlgNR, 7. GP, S. 17.

[59] *Schwarzer / Csoklich / List,* Kommentar (FN 32), S. 175 (Nr. 1).

[60] Trotz des wegen des Grundsatzes der Trennung von Justiz und Verwaltung (Art 94 B-VG) erforderlichen Außerkrafttretens des als Verwaltungsentscheidung zu klassifizierenden beanstandeten Beschlusses bereits nach Ablauf der 7tägigen Frist bleibt kraft ausdrücklicher gesetzlicher Bestimmung (§ 46 Abs 1 letzter Satz NBG) die aufschiebende Wirkung des Einspruchs bis zur schiedsgerichtlichen Entscheidung aufrecht.

Einführung der Offenmarktpolitik[61] und der Mindestreservenvorschreibung[62]. Insofern kann man sogar von einer Ausweitung der funktionellen Autonomie gegenüber der Ersten Republik sprechen.

Bei einem Vergleich mit der rechtlichen Ausgestaltung der funktionellen Autonomie der *Deutschen Bundesbank* fällt fürs erste auf, daß § 12 des deutschen Bundesbankgesetzes auch expressis verbis normiert, daß die Deutsche Bundesbank „bei Ausübung der Befugnisse, die ihr nach diesem Gesetz zustehen, von Weisungen der Bundesregierung unabhängig ist“[63]. Der deutsche Gesetzgeber hat diese Unabhängigkeit sogar so verstanden, daß er ihretwegen auch *keine Staatsaufsicht* über die Bundesbank vorsah[64]. Bestimmte Zustimmungsrechte der Bundesregierung können allerdings „auch als Rudimente der im Gesetz nicht vorgesehenen Aufsicht über die Bundesbank“ angesehen werden[65]. Auf der anderen Seite verpflichtet § 12 BBG die Deutsche Bundesbank, „unter Wahrung ihrer Aufgabe die allgemeine Wirtschaftspolitik der Bundesregierung zu *unterstützen*“, wogegen § 4 des österreichischen NBG der Oesterreichischen Nationalbank (lediglich) vorschreibt, „auf die Wirtschaftspolitik der Bundesregierung *Bedacht zu nehmen*“. Trotz dieser sprachlichen Unterschiede wird man jedoch keine ins Gewicht fallenden Abweichungen im normativen Sinngehalt ableiten dürfen[66]. Das deutsche BBG sieht zur Austragung von Konflikten auch keine schiedsgerichtliche Lösung vor, weil eine solche schließlich für fachlich zu wenig kompetent und für zu schwerfällig erachtet wurde[67]. Dafür ist die Form der Zusammenarbeit von Bundesbank und Bundesregierung in § 13 BBG näher geregelt, wobei auch ein mit 14 Tagen begrenztes Beschlußaussetzungsverlangen der Regierungsmitglieder im Zentralbankrat, an dem sie mit beratender Stimme teilnehmen können, vorgesehen ist. Sanktionen für die aus der Möglichkeit, an dem Leitungskollegium wechselseitig teilzunehmen, erwachsenden beiderseitigen Rechte und Pflichten sind allerdings nicht vorgesehen[68]. Die Begrenzung von Notenbankkrediten an öffentliche Ver-

---

[61] §§ 54 f. NBG.

[62] § 43 NBG.

[63] *Schmid*, Unabhängigkeit (FN 1), S. 122, meint, mit der Formulierung des § 12 BBG stehe die BRD „bezüglich der rechtlichen Ausgestaltung und Sicherung der Unabhängigkeit der Deutschen Bundesbank einzig da. Kein anderes Notenbankgesetz“ habe „sich so klar und unzweideutig zu dieser Frage in Verfassung oder Gesetz geäußert“.

[64] *Spindler / Becker / Starke*, Kommentar (FN 26), S. 266.

[65] *Schmid*, Unabhängigkeit (FN 1), S. 123.

[66] Vgl. dazu beispielsweise die Kommentierungen bei *Spindler / Becker / Starke*, S. 257 ff. und bei *Schwarzer / Csoklich / List*, S. 130 f.

[67] *Beck*, Kommentar, S. 225 f., *Spindler / Becker / Starke*, S. 254 f.

[68] *Spindler / Becker / Starke*, Kommentar, S. 269 ff., *Beck*, Kommentar, S. 227 ff.

waltungen ist in § 20 BBG ähnlich geregelt wie in den §§ 41 und 42 des österreichischen NBG.

Das *schweizerische Nationalbankgesetz* weist bezüglich der funktionellen Notenbankautonomie gegenüber den österreichischen Regelungen nach der oben erwähnten Novellierung[69] noch geringfügigere Unterschiede auf als das deutsche Bundesbankgesetz.

Als Ergebnis unserer Analyse der für die funktionelle Notenbankautonomie der Oesterreichischen Nationalbank relevanten Rechtsvorschriften läßt sich zusammenfassend feststellen, daß diese Autonomie trotz der in diesem Zusammenhang zweifellos relevanten Verpflichtung der Bank zur Bedachtnahme auf die Wirtschaftspolitik der Bundesregierung eindeutig gegeben ist und daß sich weder gegenüber der Ersten Republik noch in einem Vergleich zu den Notenbanken unserer Nachbarstaaten Bundesrepublik Deutschland und Schweiz wirklich ins Gewicht fallende Einschränkungen feststellen lassen.

3. *Auftragsangelegenheiten*

Die als Ausdruck der funktionellen Notenbankautonomie gewährleistete Weisungsfreiheit der Notenbank ist nicht nur vertikal, sondern auch horizontal, das heißt in ihrem sachlichen Umfang, begrenzt. Das ergibt sich eindeutig aus Formulierungen wie „volle Handlungsfreiheit bei Erfüllung ihrer Aufgaben im Rahmen dieses Bundesgesetzes (§ 3 österr. NBG) oder „bei der Ausübung der Befugnisse, die ihr nach diesem Gesetz zustehen, von Weisungen der Bundesregierung unabhängig" (§ 12 deutsches BBG). Es liegt nahe, derartige Umschreibungen als Analogon zu den Bezeichnungen bestimmter Angelegenheiten als dem eigenen oder selbständigen Wirkungsbereich der Gemeinden oder anderer Selbstverwaltungskörper zugehörig anzusehen. Diese Analogie wirft aber gleichzeitig die Frage auf, ob nicht der Gesetzgeber die Notenbank auch mit Agenden der Staatsverwaltung betrauen kann, die im übertragenen Wirkungsbereich, also bei Aufrechtbleiben des Weisungsrechtes der zuständigen staatlichen Verwaltungsorgane, zu besorgen sind. Mit dieser Frage hat sich, soviel ich sehe, bisher nur die deutsche Lehre näher befaßt. *Spindler / Becker / Starke* führen dazu aus, die Beschränkung der Unabhängigkeit auf bestimmte Funktionen bedeute, daß die Bundesbank in *„Auftragsangelegenheiten"* an Weisungen der Bundesregierung gebunden werden könne. Art und Ausmaß dieser Weisungen blieben der Regelung im Einzelfall vorbehalten. Der Gesetzgeber werde bei der Übertragung von weisungsgebundenen „Nebenaufgaben" jeweils auf die besondere Stellung der Bundesbank

---

69 Siehe oben S. 267.

Bedacht zu nehmen haben. Da eine weisungsgebundene, nicht ihrer Grundaufgabe entsprechende Tätigkeit der Notenbank eine Ausnahme von ihrer normativen Funktion sei, seien in Betracht kommende Tatbestände eng auszulegen und streng auf den Rahmen der besonderen gesetzlichen Ermächtigung zu beschränken. Ohne eine ausdrückliche gesetzliche Ermächtigung sei im Zweifel davon auszugehen, daß die Bundesbank aus selbständiger Initiative in ihrem weisungsfreien Ermessensbereich handle[70].

Heinz *Beck* führt u. a. folgende übertragene Sonderaufgaben an, bei deren Besorgung die Bundesbank nicht unabhängig von Weisungen ist: Aufgaben auf dem Gebiete des Devisenrechts, sonstige Aufgaben auf dem Gebiete des Außenwirtschaftsrechts, Vertretung der Bundesrepublik Deutschland und Wahrnehmung der sich aus deren Mitgliedschaft bei bestimmten internationalen Organisationen ergebenden Aufgaben[71]. Dasselbe Phänomen können wir in Österreich bezüglich der Oesterreichischen Nationalbank feststellen. Das deutlichste Beispiel ist das *Devisengesetz*[72], dessen Präambel festlegt, daß zur Durchführung die Oesterreichische Nationalbank als *„Beauftragte des Bundes“* herangezogen wird. Vom Gesetzeswortlaut her bietet sich also auch bei uns der Ausdruck „Auftragsangelegenheiten“ zur Bezeichnung dieser Agenden an. Aus der Sonderregelung des § 1 Abs. 2 DevG, der eine Berufung gegen Feststellungsbescheide der Oesterreichischen Nationalbank an das BMF vorsieht, schließen *Schwarzer / Csoklich / List* mit Recht, daß in diesen Angelegenheiten das BMF der Oesterreichischen Nationalbank gegenüber ein Weisungsrecht besitzt, weil § 1 Abs. 2 DevG als Spezialnorm der generellen Regelung des § 45 NBG, der nur ein Aufsichtsrecht des BMF vorsieht, derogiert[73]. Es kennt also auch das österreichische Recht die Übertragung von außerhalb ihrer funktionellen Autonomie liegenden Verwaltungsangelegenheiten zur weisungsgebundenen Besorgung an die Notenbank.

---

70 Kommentar, S. 266 f.

71 Kommentar, S. 222 f.

72 Bundesgesetz vom 25. 7. 1946 über die Devisenbewirtschaftung (Devisengesetz), BGBl Nr. 162/1946, idF des Bundesgesetzes vom 16. 7. 1952 (II. Strafgesetznovelle 1952), BGBl Nr. 160/1952, der Kundmachung des Bundeskanzleramtes vom 8. 7. 1954, BGBl Nr. 160/1954, des Bundesgesetzes vom 28. 4. 1955, BGBl Nr. 87/1955, des Bundesgesetzes vom 4. 7. 1963 (Strafgesetznovelle 1963), BGBl Nr. 175/1963, des Bundesgesetzes vom 11. 7. 1974 (Strafrechtsanpassungsgesetz), BGBl Nr. 422/1974 und des Bundesgesetzes vom 24. 5. 1978, BGBl Nr. 264/1978.
Zur Rechtsstellung der OeNB in der Devisenbewirtschaftung siehe *Reinhard M. Knorreck*, Die rechtliche Stellung der Oesterreichischen Nationalbank im Devisenverkehr, Diplomarbeit an der Sozial- und Wirtschaftswissenschaftlichen Fakultät der Universität Wien, 1979.

73 Kommentar, S. 339 (Nr. 5).

III.

Abschließend bleibt noch zu prüfen, ob es nach der österreichischen Bundesverfassung zulässig ist, daß die Oesterreichische Nationalbank als „ein außerhalb des staatlichen Verwaltungsapparates stehendes Institut“[74] mit der weisungsfreien Besorgung hoheitlicher Verwaltungsaufgaben[75] betraut wird. In der Lehre wurde diese vor allem durch die Aufnahme der eine Rechtsverordnung darstellenden Mindestreservenvorschreibung gemäß § 43 NBG in das notenbankpolitische Instrumentarium aktuell gewordene Frage im Hinblick auf Art. 20 B-VG bisher zum Teil vorsichtig verneint[76]. Die Devisenerkenntnisse des VfGH[77], aus denen die österreichische Lehre[78] überwiegend die rechtliche Qualifikation der Oesterreichischen Nationalbank als „beliehener Unternehmer“ ableitet (was m. E. seit Inkrafttreten des NBG 1955 recht fragwürdig geworden ist), können für die Beantwortung unserer Frage nur bedingt herangezogen werden, da es sich bei der Betrauung mit Maßnahmen der Devisenbewirtschaftung um Auftragsangelegenheiten im obigen Sinn handelt, die außerhalb des Bereichs der funktionellen Notenbankautonomie liegen. Viel wichtiger für unsere Frage ist vielmehr, daß der VfGH in seinem Erk Slg 3708/1960 die einfachgesetzlich normierte Autonomie der Sozialversicherungsträger für verfassungsrechtlich unbedenklich fand und diese Meinung in seinem Erk Slg 8215/1977 neuerlich bekräftigte, obwohl die Autonomie der Sozialversicherungsträger verfassungsrechtlich nicht mit dem zur Rechtfertigung der weisungsfreien beruflichen Selbstverwaltung herangezogenen Versteinerungsargument begründet werden kann[79].

Die Tätigkeit der Oesterreichischen Nationalbank im Rahmen ihrer funktionellen Autonomie ist zweifelsohne dezentralisierte, mittelbare öffentliche Verwaltung, entspricht also organisatorisch weitgehend der

---

74 VfGH Slg 1946/1950.

75 *Schwarzer / Csoklich / List,* Kommentar S. 168 (Nr. 3), *Günter Krottenmüller,* Die Oesterreichische Nationalbank, Wien 1971, S. 105 ff. Außer bei der Festlegung der Mindestreserven wird die OeNB noch in einer Reihe anderer zum Autonomiebereich zählender Fälle in behördlicher Funktion tätig. Siehe dazu die Aufstellung bei *Schwarzer / Csoklich / List,* S. 133.

76 *H. René Laurer,* Wirtschafts- und Steueraufsicht über Kredit- und Versicherungsunternehmungen, Wien 1972, S. 44 f.,
Elmar Puck, Erfüllung von Verwaltungsaufgaben durch juristische Personen des Privatrechts, die von der öffentlichen Hand beherrscht werden, in: „Erfüllung von Verwaltungsaufgaben durch Privatrechtssubjekte“, Schriftenreihe der Bundeskammer, Wien o. J., S. 9 ff. (34 f.).

77 Slg 1455/1932, 1946/1950, 2689/1954, 2690/1954, 7338/1974, 7342/1974, 7417/1974.

78 So z. B. *Antoniolli,* Verwaltungsrecht S. 186 f.

79 Siehe insbes. *Robert Walter,* 1. ÖJT, Bd. I/4 (Gutachten), S. 38 ff. (insbes. 48 ff.).

Selbstverwaltung. Der VfGH hat dies selbst vorsichtig dadurch anerkannt, daß er in seinem Erk Slg 1946/1950 meinte, bei der Nationalbank liege „keine Selbstverwaltung im eigentlichen Sinne“ vor. „Im eigentlichen Sinne“ kann nämlich nur bedeuten, daß lediglich eines oder wenige Elemente des Rechtsinstituts Selbstverwaltung fehlen, während die sonstigen Wesensmerkmale des Strukturtypus Selbstverwaltung vorhanden sind, nämlich selbständiger Rechtsträger, Weisungsfreiheit, fehlender Instanzenzug zur Staatsverwaltung, Aufsichtsrecht der Staatsverwaltung. Diese Meinung wird nicht nur dadurch erhärtet, daß einerseits in der deutschen Lehre von einem der Bundesbank verliehenen „Selbstverwaltungsrecht“ gesprochen wird[80] und andererseits die Schweizer Lehre die nahe Verwandtschaft der Schweizerischen Nationalbank zu den Selbstverwaltungskörpern betont[81], sondern auch dadurch, daß Peter *Pernthaler* in seinem Gutachten für den 3. Österreichischen Juristentag die Nationalbank den „Mischformen gesellschaftlich-öffentlicher Selbstverwaltung“ zugeordnet hat. Der Ausdruck „Selbstverwaltung“ hat eben in der österreichischen Rechtssprache noch keine abschließenden scharfen Konturen gewonnen[82]. Sieht man an der „Selbstverwaltung“ wie Adolf J. *Merkl* und Walter *Antoniolli* und die überwiegende Zahl der österreichischen Autoren nur als wesentlich an, daß es sich um „dezentralisierte Verwaltung durch relativ unabhängige Rechtsträger“ handelt, dann ist sicherlich auch die Tätigkeit der Oesterreichischen Nationalbank im Rahmen ihrer funktionellen Autonomie Selbstverwaltung. Dann ist aber deren Einrichtung durch den einfachen Gesetzgeber im Hinblick auf Art. 20 B-VG[83] gemäß dem VfGH-Erk Slg 8215/1977 ebensowenig unzulässig wie die vorher erwähnte Autonomie der Sozialversicherungsträger.

Diese Ansicht deckt sich übrigens mit der von Heinz *Schäffer* bereits früher vertretenen Ansicht zur verfassungsrechtlichen Zulässigkeit einer einfachgesetzlich eingerichteten mittelbaren Verwaltung in Österreich. Er sieht in dieser eine funktionelle „Angliederung“ an die staatliche Verwaltung, bei der als organisatorischer Verbindungsstrang zur Staatsverwaltung — wohl im Hinblick auf das demokratische Prinzip (Einfügung d. Verf.) — ein entsprechend ausgestaltetes Aufsichtsrecht

---

80 *Beck,* Kommentar (FN 18), S. 222.

81 *Schmid,* Unabhängigkeit (FN 1), S. 54.

82 *Walter,* 1. ÖJT/I, S. 47, FN 49.

83 Die hier maßgebliche Stelle des Art. 20 Abs. 1 B-VG lautet:
„Unter der Leitung der obersten Organe des Bundes und der Länder führen nach den Bestimmungen der Gesetze auf Zeit gewählte Organe oder ernannte berufsmäßige Organe die Verwaltung. Sie sind, soweit nicht verfassungsgesetzlich anderes bestimmt wird, an die Weisungen der ihnen vorgesetzten Organe gebunden und diesen für ihre amtliche Tätigkeit verantwortlich.“
Dazu Referat von *Kurt Ringhofer,* 3. ÖJT/II/3.

bestehen muß[84]. Ein solches, die politische und rechtliche Verantwortlichkeit des mit der Vollziehung des NBG betrauten BMF gewährleistendes Aufsichtsrecht ist aber, wie oben ausgeführt, im österreichischen Notenbankrecht gegeben. Ohne ein solches stünde die funktionelle Notenbankautonomie der Oesterreichischen Nationalbank mit der österreichischen Bundesverfassung im Widerspruch. So aber ist sie verfassungsrechtlich durchaus zulässig, wenngleich nicht geboten.

---

84 *Heinz Schäffer,* Erfüllung von Verwaltungsaufgaben durch Private (Beleihung und Inpflichtnahme) in: „Erfüllung von Verwaltungsaufgaben durch Privatrechtssubjekte" (FN 76), S. 58 ff. (73 f.).

LEBENSLAUF

Stephan Koren wurde am 14. November 1919 in Wiener Neustadt in Niederösterreich geboren. Sein Vater war Arbeiter und stammte aus der Südsteiermark, seine Mutter aus einer Bauernfamilie im Waldviertel.

Von 1930 bis 1938 besuchte er die Oberrealschule in Wiener Neustadt und legte dort die Reifeprüfung ab.

Im Krieg wurde er als Flugzeugführer Ende 1941 in einem Luftkampf über Rußland schwer verwundet und verlor dabei die rechte Hand.

Koren studierte Volkswirtschaft an der Universität Wien und erwarb im Jahre 1945 den Grad eines Diplomvolkswirtes. 1946 wurde er zum Doktor rer. pol. promoviert.

Im Jahre 1945 heiratete er Marianne Possek, eine gebürtige Niederösterreicherin. Er ist Vater von zwei Söhnen und vier Töchtern.

Im selben Jahr wurde er Mitarbeiter im Österreichischen Institut für Wirtschaftsforschung. In den folgenden mehr als zwanzig Jahren seiner Tätigkeit in diesem Institut arbeitete er in nahezu allen Bereichen der empirischen Wirtschaftsforschung und erwarb sich insbesondere einen Namen als Fachmann für industriepolitische und energiewirtschaftspolitische Fragen.

Mit einer Arbeit über die „Sozialisierungsideologie und Verstaatlichungsrealität in Österreich" habilitierte er sich im Jahre 1964 an der Universität Wien für das Fach Wirtschaftspolitik. 1965 erhielt er eine Berufung an die dritte Lehrkanzel für Nationalökonomie an der Universität Innsbruck, war aber auch als Konsulent des Wirtschaftsforschungsinstitutes in Wien und als Mitglied zahlreicher Fachgremien (z. B. als Vorsitzender einer Arbeitsgruppe des Beirates für Wirtschafts- und Sozialfragen, als Mitglied des Beirates für die Renten- und Pensionsanpassung, in Fachbeiräten des Österreichischen Statistischen Zentralamtes usw.) tätig. An der Universität wurde im Frühjahr 1966 das Institut für Wirtschafts- und Sozialpolitik eingerichtet, dessen Vorstand Koren wurde.

Im März 1967 trat er als Staatssekretär für Wirtschaftsfragen in die Regierung Klaus ein. Im Jänner 1968 löste Koren Wolfgang Schmitz als Finanzminister ab. Im selben Jahr wurde er zum ordentlichen Professor für Volkswirtschaftslehre und Weltwirtschaftslehre an der Hochschule für Welthandel in Wien bestellt.

Als Finanzminister wirkte er maßgeblich am sogenannten Konzentrationsförderungsgesetz, am Arbeitsmarktförderungsgesetz sowie an der Schaffung des Entwicklungs- und Erneuerungsfonds mit.

Im Jahre 1970 kandidierte Koren für den Nationalrat und wurde, nachdem der damalige Obmann des Parlamentsklubs der Österreichischen Volkspartei, Dr. Hermann Withalm, überraschend zurückgetreten war, zum neuen Klubobmann gewählt.

Nach zweimaliger Wiederwahl übte er diese Funktion bis zu seiner Ernennung zum Präsidenten der Österreichischen Nationalbank per 1. Februar 1978 aus.

SCHRIFTENVERZEICHNIS

1. Beiträge in Sammelwerken und Broschüren

Der Betriebszensus in der Wirtschaftsstatistik (32 S) in: Die erste Bestandsaufnahme der österreichischen Wirtschaft, Wien 1956

Die österreichische Erdölwirtschaft (37 S), 10. Sonderheft des Österreichischen Institutes für Wirtschaftsforschung, Wien 1957

Österreichs Industrie und der europäische Markt, I. Teil (96 S), II. Teil (92 S); Hrsg.: Österreichisches Institut für Wirtschaftsforschung, Wien 1957, 1958

Die Energieversorgung Österreichs (32 S), in: Die Wirtschaft geht jeden an, Heft 29, Wien 1960

Struktur und Nutzung der Energiequellen Österreichs (64 S) in: Österreichs Wirtschaftsstruktur, gestern, heute, morgen; Hrsg. Wilhelm Weber, Berlin 1961

Die Industrialisierung Österreichs — vom Protektionismus zur Integration (326 S), in: Österreichs Wirtschaftsstruktur, gestern, heute, morgen, Hrsg. Wilhelm Weber, Berlin 1961

Sozialisierungsideologie und Verstaatlichungsrealität in Österreich (304 S), in: Die Verstaatlichung in Österreich, Hrsg. Wilhelm Weber, Berlin 1964

Zur Problematik der Wohnungspolitik in Österreich (80 S), in: Wiener Studien zur Wirtschafts- und Sozialpolitik, Hrsg. Th. Pütz, Wien 1965

Der Koren-Plan (64 S), Hrsg. Bundesministerium für Finanzen, Wien 1968

Strukturpolitische Schwerpunkte der österreichischen Wirtschaftspolitik, in: H. Gewandt: Die Zukunft des Mittelstandes, Düsseldorf 1969

*2. Zeitschriftenaufsätze (Auswahl)**

L'Evoluzione dei Prezzi e dei Salari in Austria, in: Economia Internazionale, Vol. I., No. 2. 1948

Die Entwicklung von Produktion, Beschäftigung und Produktivität in der österreichischen Industrie. Statistische Vierteljahreszeitschrift, 1952

---

* Bei den Zeitschriftenaufsätzen soll noch eigens auf die über 200 ungezeichneten Artikel hingewiesen werden, die Koren zwischen 1945 und 1963 in den „Monatsberichten des Österreichischen Instituts für Wirtschaftsforschung" veröffentlichte.

Schwache Stellen der österreichischen Industriestruktur. Wirtschaftspolitische Blätter, Jg. V./1958, No. 2

„Strukturprobleme" der Wirtschaftspolitik; ebenda No. 4, 1958

Wirtschaftspolitik und Energiekrise; ebenda No. 4, 1959, S. 219 ff.

Betriebsgröße als Strukturproblem; ebenda, Nr. 2, 1962, S. 171 ff.

Verstaatlichte Wirtschaft und Wirtschaftsplanung; ebenda, No. 6 1962, S. 477 ff.

Struktur- und Koordinierungsprobleme der österreichischen Energiewirtschaft; ebenda, Jg. IX. Nr. 2, 1962

Die Elemente des unternehmerischen Marktverhaltens, ebenda, Nr. 1/1, 1963, S. 17 ff.

Bremsklötze der Unternehmerinitiative, ebenda, Jg. X/Nr. 3. 1963, S. 150 ff.

Strukturänderungen auf dem internationalen Stahlmarkt, Monatsberichte des österr. Institutes für Wirtschaftsforschung, Heft 2, 1964

Eine Prognose des Energieverbrauches, ebenda, Heft 5, 1964

Zur Marktlage der eisenerzeugenden Industrie, ebenda, Heft 8, 1964

Die Automatisierung in der Industrie, ebenda, Heft 11, 1964

Marktänderungen seit der Kohlenkrise, ebenda, Heft 1, 1965

Die Energiewirtschaft im österreichischen Außenhandel, Wirtschaftspolitische Blätter, Jg. XII/1965, No. 1, S. 54 ff.

Zur Problematik empirischer Grundlagen der Investitionspolitik, Zeitschrift für Nationalökonomie, Heft 1 - 3, 1966, S. 322 ff.

Strukturpolitik und Wirtschaftswachstum, Wirtschaftspolitische Blätter, Jg. XII/1966, Nr. 1

Gesellschaftsrecht und Wirtschaftswachstum, ebenda, Jg. XIII/1966, No. 2

Entstehungsgründe der österreichischen Regionalpolitik (Regionalpolitik und Entwicklungsgebiete), ebenda, Jg. XIII/1966, Nr. 5/6

Untersuchung über zentrale Probleme der österreichischen Bundesfinanzen, in: Dr. Stigleitner Schriftenreihe Bd. 6, 1966

Strukturpolitik, Licht und Irrlicht der Wirtschaftspolitik, ebenda, Jg. XIII/1967, Nr. 1

Possibilities of Productivity Measurement in Austria (25 S) in: Productivity Measurement, Vol. III, OECD, Paris 1966

Konjunktur- und Wachstumspolitik vor neuen Aufgaben, in: Die Industrie, Nr. 38/1967, S. 5 ff.

Budgetkrise — Krise der Budgetpolitik, Wirtschaftspolitische Blätter, Jg. XXII/1975, Nr. 6, S. 16 f.

AUTORENVERZEICHNIS

Dr. *Georg Albrecht,* Direktor der Oesterreichischen Nationalbank, Wien

Prof. Dr. *Clemens-August Andreae,* Vorstand des Instituts für Finanzwissenschaft der Universität Innsbruck

Mag. *Hubert Büchel,* Assistent am Institut für Finanzwissenschaft der Universität Innsbruck

Prof. Dr. *Werner Clement,* Vorstand des Instituts für Sozialökonomie der Wirtschaftsuniversität Wien

Prof. Dr. *Gottfried Haberler,* American Enterprise Institute for Public Policy Research, Washington

Mag. *Eckhard Leithner,* Assistent am Institut für Wirtschaftswissenschaften der Universität Wien

Dr. *Fritz Leutwiler,* Präsident des Direktoriums der Schweizerischen Nationalbank, Zürich

Prof. Dr. *Franz Nemschak,* Direktor des Wiener Instituts für Internationale Wirtschaftsvergleiche i. R.

Dr. *Walter Neudörfer,* Sektionschef im Bundesministerium für Finanzen, Wien

Prof. DDr. *Adolf Nußbaumer,* Staatssekretär im Bundeskanzleramt, Wien

Dkfm. Dr. *Helmut Pech,* Vorstandstellvertreter der Oesterreichischen Nationalbank, Wien

Prof. Dr. *J. Hanns Pichler,* Vorstand des Instituts für Politische Ökonomie der Wirtschaftsuniversität Wien

Prof. Dr. *Kurt Rothschild,* Vorstand des Instituts für Volkswirtschaftstheorie und Wirtschaftspolitik der Johannes Kepler Universität Linz

Dkfm. Dr. *Jörg Schram,* Geschäftsführer der Finanzierungsgarantie Ges.m.b.H., Wien

Prof. Dkfm. *Hans Seidel,* Leiter des Österreichischen Instituts für Wirtschaftsforschung, Wien

Prof. Dr. *Karl Socher,* Vorstand des Instituts für Wirtschaftstheorie und Wirtschaftspolitik der Universität Innsbruck

Prof. Dr. *Gunther Tichy,* Institut für Volkswirtschaftslehre und Volkswirtschaftspolitik der Universität Graz

Prof. DDr. *Gerhard Tintner,* Institut für Ökonometrie der Technischen Universität Wien

Dr. *Heinrich Treichl,* Vorsitzender des Vorstands der Creditanstalt-Bankverein, Wien

Prof. Dr. *Wilhelm Weber,* Institut für Wirtschaftswissenschaften der Universität Wien

Prof. DDr. *Karl Wenger,* Institut für Staats- und Verwaltungsrecht der Universität Wien

Dipl. Ing. *Andreas Wörgötter,* Assistent am Institut für Volkswirtschaftslehre und Wirtschaftspolitik der Technischen Universität Wien

Dipl. Ing. Dr. *Gabriele Wörgötter,* Assistent am Institut für Ökonometrie der Technischen Universität Wien